余姚年鉴

YUYAONIANJIAN

（2017）

余姚市地方志编纂委员会　编

方志出版社
Publishing House of Local Records

图书在版编目（CIP）数据

余姚年鉴. 2017 / 余姚市地方志编纂委员会编. --
北京 : 方志出版社，2018.3
ISBN 978-7-5144-3045-5

Ⅰ. ①余… Ⅱ. ①余… Ⅲ. ①余姚－2017－年鉴
Ⅳ. ①Z525.54

中国版本图书馆CIP数据核字（2018）第070761号

余姚年鉴（2017）

编　　者：余姚市地方志编纂委员会
责任编辑：宁　芳
出 版 人：冀祥德
出 版 者：方志出版社
　　　　　地址　北京市朝阳区潘家园东里9号（国家方志馆4层）
　　　　　邮编　100021
　　　　　网址　http://www.fzph.org
发　　行：方志出版社图书经销中心
　　　　　电话（010）67110500
经　　销：各地新华书店
印　　刷：浙江省良渚印刷厂
开　　本：889×1194　　1/16
印　　张：20.5
字　　数：532千字
版　　次：2018年3月第1版　　2018年3月第1次印刷
印　　数：0001～1000册
ISBN 978-7-5144-3045-5　　定价：180.00元

余姚市地方志编纂委员会

《余姚年鉴（2017）》编辑部

内部用图

余姚市政区图
海盐县
海宁市
杭州湾
钱塘江
平湖市
宁波杭州湾新区
余姚经济开发区滨海新城
浙江杭州湾上虞工业园区
慈溪市
上虞市
江北区
鄞州区
奉化市
嵊州市
小曹娥镇
泗门镇
临山镇
黄家埠镇
朗霞街道
低塘街道
阳明街道
凤山街道
马渚镇
牟山镇
兰江街道
梨洲街道
三七市镇
河姆渡镇
大隐镇
陆埠镇
丈亭镇
鹿亭乡
大岚镇
四明山镇
梁弄镇
图例
余姚市政区图
比例尺 1:75000
余姚市地名委员会
浙江省工程勘察院 编制
余姚市测绘与地理信息局 监制
审图号：浙S(2012)144号 2012年09月

2016年余姚市国民经济主要指标情况表

项目	单位	指标值	增长率（%）
一、地区生产总值	亿元	887.11	7.3
其中：第一产业	亿元	45.15	2.7
第二产业	亿元	486.89	6.3
第三产业	亿元	335.07	9.4
人均生产总值	元	105973	1.1
二、农业总产值	亿元	69.75	3.0
其中：农业	亿元	48.32	3.8
林业	亿元	3.84	0.4
牧业	亿元	10.80	-1.1
渔业	亿元	5.87	1.9
农林渔牧服务业	亿元	0.93	22.1
三、规模以上工业			
总产值	亿元	1446.2	6.4
销售收入	亿元	1354.4	5.0
新产品产值	亿元	582.0	1.1
利税总额	亿元	115.6	11.8
其中：利润总额	亿元	75.4	18.7
四、全社会固定资产投资额	亿元	584.97	3.8
其中：第一产业	亿元	8.72	38.3
第二产业	亿元	278.13	9.0
第三产业	亿元	298.12	-1.3
五、社会消费品零售总额	亿元	390.17	11.0
其中：城镇消费品零售额	亿元	143.92	23.0
农村消费品零售额	亿元	3.06	-1.3
旅游总收入	亿元	102.61	11.0
六、对外经济			
自营进出口总额	亿美元	93.11	4.8
其中：自营出口总额	亿美元	65.89	-3.1
实际利用外资	亿美元	5.0	9.3
七、财政			
财政总收入	亿元	139.11	3.8
其中：公共财政预算收入	亿元	81.16	7.8
公共财政预算支出	亿元	93.69	1.2
八、金融			
金融机构年末存款余额（本外币）	亿元	1376.07	8.4
金融机构年末贷款余额（本外币）	亿元	1203.46	-3.7
九、城乡居民收入			
农村居民人均纯收入	元	28589	7.9
城镇居民人均可支配收入	元	48831	7.7

1 月 5 日，省委副书记、省长李强（左五）到余姚调研特色小镇建设

2 月 24 日，常务副省长袁家军（左二）调研余姚模客小镇

3月10日上午，宁波市委常委、常务副市长陈奕君（右四）到浙江甬易电子支付有限公司调研

3月30日，宁波市人大常委会主任王勇（左三）到余姚调研中意宁波生态园、浙江“千人计划”余姚产业园建设发展情况

5月17日下午，宁波市委副书记、代市长、宁波市政协主席唐一军（左三）到余姚调研“机器人小镇”建设

6 月 9 日，国务院侨办主任裘援平（右五）到余姚考察海外归国人士创新创业工作及“侨梦苑”申报建设情况

6 月 23 日，宁波市委常委、组织部部长、统战部部长杨立平（左一）到四明山镇为山区乡镇干部上党课

8 月 10 日上午，宁波市副市长林静国（中）到梁弄镇横路村走访调研“安居宜居美居”工作

8月31日，省委常委、宁波市委书记、代市长唐一军（中）到余姚四明山革命老区调研

9月21日，宁波市政协主席杨戌标（左三）到余姚调研工作，先后参观四明山革命烈士事迹陈列馆、浙东抗日根据地旧址

10月14日，省委常委、宣传部部长葛慧君（中）到余姚调研农村文化礼堂及新农村建设工作

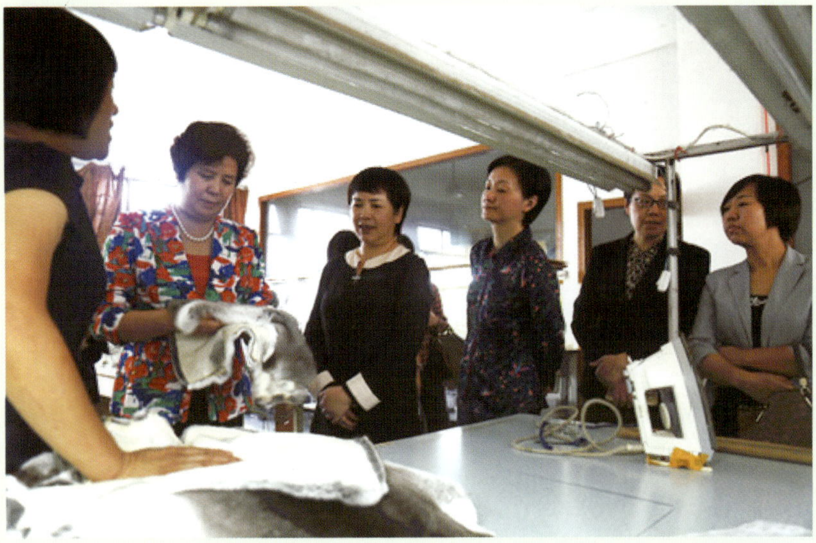

10 月 26 日下午，全国妇联书记处书记杨柳（左二）到余姚调研妇女创业就业工作

11 月 2 日上午，省委副书记、代省长车俊（右三）在余姚调研传统制造业升级情况

12 月 8 日，文化部副部长丁伟（左五）到余姚考察文化产业工作，参观王阳明故居

1 月 1 日，市武术协会在城区通济桥等地组织庆元旦太极拳展示活动

1 月 18 日上午，市政协十二届五次会议在余姚影城开幕

1 月 19 日上午，市十六届人大五次会议在余姚影城开幕

4 月 9 日上午，以“多彩山水，美丽四明”为主题的 2016 宁波四明山旅游节在大岚镇开幕

5 月 3 日，召开全市“两学一做”专题党课暨学习教育动员部署会

6 月 13 日至 14 日，以“人机融合，让机器人更智能”为主题的第三届中国机器人峰会暨全球海归千人宁波峰会在余姚举行

6 月 25 日，余姚市举行纪念建党九十五周年公益集市活动

6 月 30 日下午，余姚市举行庆祝中国共产党成立九十五周年大会暨“一路上有你”主题党日活动

7 月 22 日下午，由市委宣传部、市文明办主办，泗门镇党委、政府承办的 2016 年第二季度“余姚好人”榜现场发布暨泗门镇第二期“阳光少年”暑期乐园活动启动仪式在泗门影剧院举行

8 月 12 日，宁波市推进节约集约用地暨城镇低效用地再开发现场会在余姚召开，与会代表现场参观舜宇集团兰江厂区（原宁波思宏电器公司）零土地技改项目

9 月 16 日晚，受台风“莫兰蒂”影响，海军驻余姚某部战士在梨洲街道黄箭山村与群众共同筑堤排险

9 月 25 日晚，由市文广局主办的“合奏新农村乐章共建中国梦伟业”2016 余姚市农民器乐演奏大赛决赛在市龙山剧院举行

10 月 18 日上午，由宁波市委宣传部、宁波广电集团和余姚市委联合全国多家媒体开展的“知行合一·重走阳明路”大型全媒体跨地域联合行动在王阳明故居启程

10 月 27 日下午，由市文联、市教育局、市社科联联合举办的“铂丽姿杯”全市小学生余姚方言才艺大赛在市实验二小举行

10 月 30 日上午，余姚市举行阳明文化日开幕式暨“从余姚出发·寻时代精神”重走阳明路活动成果发布会

11 月 6 日上午，第十八届中国塑料博览会在中塑国际会展中心开幕

11 月 17 日下午，由宁波市委宣传部、宁波市文明办、余姚市委和余姚市人民政府共同主办的宁波市“五彩四明”文明示范线启动仪式在梁弄镇举行

12 月 25 日晚，第七届感动余姚新闻人物、余姚市道德模范颁奖典礼在龙山剧院举行

编辑说明

一、《余姚年鉴（2017）》以马克思列宁主义、毛泽东思想、邓小平理论、“三个代表”重要思想、科学发展观、习近平新时代中国特色社会主义思想为指导，坚持辩证唯物主义和历史唯物主义的立场、观点和方法，使年鉴既为当今的改革开放和经济建设服务，又为后人提供资料和借鉴。

二、《余姚年鉴（2017）》采用分类编辑法。卷首设特载、专记、大事记、市情概览，正文部分设类目、分目、条目三个层次，其中条目为主要的信息载体。卷末设有附录。

三、《余姚年鉴（2017）》的栏目设计和编排次序是根据年鉴的基本体例和行业归类的特点而设置的，与每一个具体部门的行政级别高低无关。

四、《余姚年鉴（2017）》收录的资料和记载的事件未予特别说明的，均局限于2016年度。各单位主要负责人名录也以2016年度在职者为准。文中所述领导职务以事件发生时的相关主要职务为准。

五、《余姚年鉴（2017）》所采用的统计数据一般以市统计局口径为准；市统计局未作统计的，由各业务部门和单位提供。

六、为方便读者检索，《余姚年鉴（2017）》在末尾附有主题索引，按主题词首字汉语拼音字母顺序排列。

《余姚年鉴》编辑部

2017年12月

部分组织机构全称、简称对照表

全　称	简　称
中共浙江省委员会	省委
浙江省人民政府	省政府
中共宁波市委员会	宁波市委
宁波市人民政府	宁波市政府
中共余姚市委员会	市委
余姚市人民代表大会常务委员会	市人大常委会
余姚市人民政府	市政府
中国人民政治协商会议余姚市委员会	市政协
中共余姚市纪律检查委员会	市纪委
余姚市人民法院	市人民法院
余姚市人民检察院	市人民检察院
中国人民解放军余姚市人民武装部	市人武部
中共余姚市委政法委员会	市委政法委
中共余姚市委办公室	市委办
余姚市人民政府办公室	市府办
中共余姚市委组织部	市委组织部
中共余姚市委宣传部	市委宣传部
中共余姚市委统一战线工作部	市委统战部

续表

全　称	简　称
余姚市机构编制委员会办公室	市编委办
中共余姚市委政策研究室	市委政研室
中共余姚市直属机关工作委员会	市直机关党工委
中共余姚市委老干部局	市委老干部局
中共余姚市委党校	市委党校
余姚市流动人口服务与管理办公室	市流管办
余姚市行政审批管理办公室	市审管办
中共余姚市委台湾工作办公室、余姚市人民政府台湾事务办公室	市台办
余姚市人民政府侨务办公室	市侨办
余姚市民族宗教事务局	市民宗局
中共余姚市委、市人民政府农村工作办公室	市农办
余姚市革命老区开发建设领导小组办公室	市老区办
中国共产主义青年团余姚市委员会	团市委
余姚市妇女联合会	市妇联
余姚市文学艺术界联合会	市文联
余姚市科学技术协会	市科协
余姚市残疾人联合会	市残联
余姚市社会科学联合会	市社科联
余姚市关心下一代工作委员会	市关工委
中国民主促进会余姚市基层委员会	民进余姚市基层委员会
中国农工民主党余姚市基层委员会	农工党余姚市基层委员会
中国国民党革命委员会余姚市支部委员会	民革余姚支部
余姚市工商业联合会	市工商联
余姚市发展和改革局	市发改局

续表

全　称	简　称
余姚市经济和信息化局	市经信局
余姚市科学技术局	市科技局
余姚市老龄工作委员会办公室	市老龄办
余姚市国家税务局	市国税局
余姚市地方税务局	市地税局
余姚市人力资源和社会保障局	市人社局
余姚市安全生产监督管理局	市安监局
余姚市住房和城乡建设局	市住建局
余姚市公共项目建设管理中心	市公建中心
余姚城投集团有限公司	余姚城投集团
余姚市环境保护局	市环保局
余姚市交通运输局	市交通局
余姚市综合行政执法局	市城管局
余姚市房屋动迁管理办公室	市动迁办
余姚市国土资源局	市国土局
余姚市农业机械管理局	市农机局
余姚市工业国有资产经营公司	市工业国资公司
余姚市供销合作社联合社	市供销联社
余姚市文化广电新闻出版局	市文广局
余姚市卫生和计划生育局	市卫生计生局
余姚市招投标管理办公室	市招管办
余姚市市场监督管理局	市市场监管局
余姚出入境检验检疫局	余姚检验检疫局
宁波海关驻余姚办事处	海关余姚办事处

续表

全　称	简　称
宁波镇海海事处余姚办事处	海事余姚办事处
余姚市盐务管理局	市盐务局
余姚市烟草专卖局	市烟草局
中国移动通信有限公司余姚分公司	中国移动余姚分公司
中国人民银行余姚市支行	人行余姚支行
宁波银监局余姚办事处	银监余姚办事处
中国工商银行股份有限公司余姚支行	工行余姚支行
中国银行股份有限公司余姚分行	中行余姚分行
中国建设银行股份有限公司余姚支行	建行余姚支行
中国农业银行股份有限公司余姚市支行	农行余姚支行
宁波余姚农村商业银行股份有限公司	余姚农村商业银行
交通银行股份有限公司宁波余姚支行	交行余姚支行
上海浦东发展银行余姚支行	浦发银行余姚支行
中国农业发展银行余姚市支行	农发行余姚支行
中国人民财产保险股份有限公司余姚中心支公司	人保余姚中心支公司
中国人寿保险股份有限公司余姚市支公司	中国人寿余姚支公司
中国太平洋财产保险股份有限公司余姚支公司	太保余姚支公司

目　录

大事记

市情概览

中共余姚市委员会

余姚市人民代表大会

余姚市人民政府

政协余姚市委员会

中共余姚市纪律检查委员会

民主党派

社会团体

法治 · 军事

农业·水利·气象

工业·工业园区

贸　易

财政・税务

金融·保险

经济综合管理

交通·信息

城建·环保

文化・旅游・传媒

教育·科技·卫生

社会生活

街道·镇乡

组织机构及主要负责人名录

先进集体·先进个人

2016 年余姚市国民经济和社会发展统计公报

文件选编

索　引

CONTENT

特　载

知行合一　勇立潮头
为建设现代化创新型生态城市而奋斗

——在中国共产党余姚市第十五次代表大会上的报告

中共余姚市委书记　奚　明

（2016 年 12 月 27 日）

中国共产党余姚市第十五次代表大会开幕了！这次会议的主要任务是：回顾总结市第十四次党代会以来的工作，研究确定今后五年的奋斗目标和重点任务，选举产生中共余姚市第十五届委员会、中共余姚市第十五届纪律检查委员会和出席宁波市第十三次党代会的代表，团结动员全市各级党组织、广大党员和干部群众，为高水平全面建成小康社会，在全国同等城市中争先进位，加快建设现代化创新型生态城市而努力奋斗。

一、五年来的工作成绩和经验启示

市第十四次党代会以来的五年，是余姚应对重大挑战、经受重大考验、实现重大发展的五年。五年来，我们在中央和省委、宁波市委的正确领导下，团结带领全市广大党员和干部群众，紧紧围绕市第十四次党代会确定的发展目标和战略任务，全面推进经济、政治、文化、社会、生态文明和党的建设，保持了经济社会平稳发展、各项事业协调并进的良好态势。

过去五年，综合实力稳步提升。主动适应经济发展新常态，积极应对特大洪灾影响，有力推进稳增促调。经济总量持续扩大，2016年全市预计实现地区生产总值865亿元，较2011年增长31.3%；一般公共预算收入80.95亿元，增长47.1%；完成固定资产投资580亿元，增长123.7%；城镇和农村居民人均可支配收入分别为48760元和28670元，增长45.1%和78.4%。产业结构不断优化，三次产业比例为4∶56∶40；建成标准化粮食功能区10.5万亩、省级现代农业综合区3个，荣获“国家农业产业化示范基地”称号，农业现代化发展水平跃升至全省第三；实现规模以上工业总产值1430亿元、规模以上工业增加值265亿元，分别增长36.9%和38.7%，高新技术产业、战略性新兴产业、装备制造业增加值分别达到120亿元、107亿元和171亿元，百亿企业实现零的突破，成为省首批工业强市；实现第三产业增加值350亿元、社会消费品零售总额386亿元，分别增长53.8%和82.2%，中国塑料城等专业市场做强做优，中国塑博会影响力不断扩大，甬易支付结算金额突破1000亿元，金融、文化创意等蓬勃发展，旅游业总收入实现翻番。浙江“千人计划”余姚产业园、中意宁波生态园等重大平台成功搭建，余姚经济开发区、余姚工业园区等发展能级有效提升，智能经济示范区启动建设，特色小镇建设布局基本形成。

过去五年，发展动能明显增强。创新驱动发展战略深入实施，中国机器人峰会永久落户，宁波市智能制造产业研究院等创新服务平台建成运行；市级以上企业工程（技术）中心达到312家，承担国家级科技项目86项，研究与试验发展经费支出占GDP比重达到2.65%；发明专利授权年均增幅超25%，各级名牌产品数量居宁波第一，驰（著）名商标数量居宁波第二，成为国家知识产权试点城市；各类高层次人才超过5600人，其中“国千”专家50名。全面深化改革步伐加快，商事制度、投融资体制、营改增等经济体制改革成效显现，“四张清单一张网”、行政审批等行政体制改革不断深化，统筹城乡改革、社会领域改革等稳步推进。互联网经济促进中心挂牌运作，慧聪家电产业新城项目落户建设，大数据平台和电商园区建设扎实有效，成为省首批电子商务示范市。开放水平切实提升，招商引资“一号工程”持续深化，外贸转型、外资提质、外经拓展联动并进，实现自营进出口总额89.8亿美元，其中自营出口66亿美元，分别增长18.5%和17.4%；累计实到外资20.8亿美元，实到内资283.2亿元人民币。

过去五年，城乡建设扎实推进。规划引领作用更加凸显，多规融合进展顺利，新一轮市域总体规划、乡镇规划修编基本完成，土地利用总体规划和环境功能区划调整实施，各类专项规划编制有序推进。统筹城乡发展水平进入全面融合阶段，城市化率达到60.5%。基础设施日益完善，余姚北站及综合交通枢纽中心、古乍线河姆渡段和城东水厂、220千伏武胜变、玉皇山公园等建成投用，姚江干流防洪整治等重大水利工程发挥作用，杭州湾跨海大桥杭甬高速连接线开工建设，城乡公交实现一体化。品质城区建设步伐加快，西南组团、南雷路两侧等重点区块形象显现，万达广场、华润五彩城等项目建成开业，“智慧城管”实现中心城区全覆盖，改造老小区140万平方米、危旧房24万平方米，建成区面积扩大至50.5平方千米。新型镇村建设扎实推进，泗门镇成为省美丽乡村示范乡镇，梁弄镇荣获“全国文明镇”称号，陆埠镇被列为全国发展改革试点小城镇，我市被评为省美丽乡村建设先进市。城乡环境持续改善，全民共建“美丽家园”深入开展，“五水共治”“三改一拆”“四边三化”“两路两侧”整治等强势推进，四明山区域生态发展体制机制更加健全，落后产能淘汰、重点行业治理、农村环境卫生整治成效明显，节能减排完成上级任务，创建成为全国节水型社会建设示范区、省森林城市和省环保模范城市。

过去五年，民生保障持续改善。全力破解“五难二多”民生突出问题，每年办好十方面民生实事，全市一般公共预算收入用于民生支出累计326.2亿元，4次获得“中国最具幸福感城市”称号。城乡居民乐业增收计划和全民创业行动深入实施，累计帮助 11.17 万人次实现就业再就业，新增创业实体 6.06 万家，城镇登记失业率控制在 3% 以内。社会保障体系不断完善，城乡居民社会养老保险参保率达 92.8%，低保标准提高 42.8%，城乡居民医保基本实现同城同待遇，建成保障性住房 27.96 万平方米，社会救助更加精准高效，慈善、福利、红十字等事业稳步发展。社会事业实现新进步，"做文明崇德余姚人"主题活动持续深化，大运河（余姚段）列入世界文化遗产名录，"阳明文化日"、百姓文化节等品牌效应不断放大，"文化物流"模式创新推行，全国文化先进县和省文明市、体育强市通过复评，获评省农村文化礼堂建设先进市，蝉联全国文明城市提名城市；累计投资 22.14 亿元新建迁建改造学校 123 所，乡镇（街道）中心幼儿园建园率和达标率达 100%，通过省教育基本现代化市考评，创建成为全国义务教育发展基本均衡市；医药卫生体制改革得到深化，公共卫生服务更趋均等化，"全面两孩"政策平稳实施，人均期望寿命高于全省、全国，获评国家慢性病综合防控示范区，省卫生强市通过复评；居家养老服务实现城乡全覆盖。广电、气象、史志、档案、外事等工作成效明显。

过去五年，民主法治不断进步。"法治余姚"深入推进，市委总揽全局、协调各方的领导核心作用进一步增强，法治政府建设进一步深化，支持人大、政协履行职能的力度进一步加大，各民主党派、工商联和无党派人士参政议政、民主监督的渠道进一步拓宽；新时期统一战线不断巩固壮大，侨务、对台、民族宗教工作取得新成效，基层协商民主建设经验在全省推广；工青妇等群团组织的桥梁纽带作用得到更好发挥，文联、残联、科协、关工委等工作实现新突破；对政法工作的领导切实加强，司法改革稳步推进，"六五"普法任务圆满完成；人民武装、国防动员工作取得新进步，实现省双拥模范城"三连冠"。"平安余姚"深化推进，基层社会治理"一张网"建设全面启动，社会治安防控体系更为严密，矛盾纠纷调处更具成效，流动人口服务管理更加高效，安全生产、食品药品监管更趋规范，用网管网、舆论导控和突发公共事件应急处置更上水平，G20 杭州峰会等安保任务出色完成，成功赢得平安银鼎。

过去五年，从严治党切实加强。自觉以党的十八大、十八届历次全会和习近平总书记系列重要讲话精神武装头脑、指导实践，党的群众路线教育实践活动、"三严三实"专题教育、"两学一做"学习教育扎实开展，设立省委党校四明山分校，"小载体"宣讲团和姚江讲坛、阳明讲堂等平台有效运转，党员干部的理想信念、宗旨意识、党性修养普遍增强。干部人事制度改革不断深化，"20 字"好干部标准切实执行，一线历练、姚城赛马等举措积极推出，不作为追责、容错免责等机制建立实施，考核评价、日常管理、教育培训等体系日益完善。基层党建责任制有效落实，基层服务型党组织建设扎实推进，"党员组织生活日"制度全面推行，乡镇党委换届工作顺利完成，"两新"组织党建成效明显，44 个软弱落后基层党组织得到整顿转化，获评省推进"五好"服务型乡镇（街道）建设先进市。老干部工作满意度不断提高。党风廉洁建设"两个责任"严格落实，"四专三书一报告"制度深化实施；党章党规党纪教育、"家规家训"教育和廉政文化建设有效强化；权力"阳光"运行体系基本形成，"三转"工作推进到位，派驻纪检组织实现全覆盖，巡察制度探索试行；"八项规定"精神贯彻落实，"四风"问题得到有效治理；监督执纪"四种形态"深入实践，797 名违纪党员受到严肃处理。省委巡视组反馈意见整改完成，省经济责任审计反馈问题整改工作取得阶段性成效。

同志们，五年的不懈努力，我们取得了令人鼓舞的成绩。这些成绩的取得，得益于上级党委的正确领导，得益于历届市委打下的坚实基础，得益于全市广大党员和干部群众的顽强拼搏，得益于各民主党派、工商联、无党派人士和人民团体的密切合作，得益于广大老干部、老同志和驻姚部队、武警官兵以及社会各界的大力支持。在此，我代表中共余姚市第十四届委员会，向所有参与、支持、关心余姚改革开放和现代化建设的同志们、朋友们，表示衷心的感谢，致以崇高的敬意！

五年的实践，我们收获了有益启示：第一，必须始终坚持把加快发展作为第一要务。五年来，我们主动把握机遇，积极应对挑战，以项目建设扩大发展总量，以产业转型激活发展活力，以生态建设引领发展新路，以高效服务优化发展环境，走出了一条增长与转型良性互动、发展与生态相得益彰的有效路径，保持了良好的发展势头。实践证明，发展才是硬道理，只有毫不动摇地坚持发展为先、发展为重，才能不断增创新优势，推动实现新跨越。第二，必须始终坚持把改革开放作为根本动力。五年来，我们突出问题导向、效果导向，敢闯敢试、敢为人先，更加注重用改革的办法冲破发展障碍，更加注重用创新的思路激发内生动能，更加注重用开放的胸襟集聚优质资源，活力源泉充分涌动，发展天地越来越广。实践证明，改革开放是推动发展的必由之路，只有坚定不移地沿着这条路子走下去，才能赢得主动，赢得优势，赢得未来。第三，必须始终坚持把群众满意作为最高标准。五年来，我们始终把人民放在心中最高位置，认真听取群众意见，积极回应群众呼声，做到民生工作优先部署、民生政策优先落实、民生投入优先保障，努力让改革发展成果更多更公平更实在地惠及群众。实践证明，党的根基在人民、力量在人民，只有一切为了人民、一切依靠人民，才能赢得广大群众的拥护和点赞。第四，必须始终坚持把苦干实干作为成事之基。五年来，我们大力弘扬担当精神，始终突出实干导向，充分激发广大党员干部闯的魄力、争的意识、抢的劲头、拼的勇气，对看准的事、认定的工作务求实效、一抓到底。实践证明，实干是成就事业的最好“捷径”，只有苦干实干，才能推动决策部署落地生根，把发展蓝图变成美好现实。第五，必须始终坚持把党的建设作为坚强保障。五年来，我们切实把严的要求贯穿于管党治党全过程，全面推进党的思想、组织、作风、反腐倡廉和制度建设，注重调动方方面面的积极性，营造了政通人和、风清气正的好环境。实践证明，事业兴衰、关键在党，只有不断加强和改进党的领导，才能更好地凝聚人心、集聚力量，我们的事业才能无往而不胜。这五方面经验启示，既是过去工作实践的深刻体会，也是未来发展必须遵循的重要原则，我们要长期坚持，不断完善。

在肯定成绩、总结经验的同时，我们也必须清醒地看到发展中存在的问题和不足：经济发展进入新常态，传统产业改造提升还不够快，新经济、新动能培育发展仍要付出很大努力，影响发展的体制性机制性障碍还未根本消除，转型升级任重道远；城乡功能品质、生态环境还存在不少短板，基础设施承载能力有待提升，四明山区域生态发展步伐亟须加快，民生工作与群众期待尚有差距，社会事业部分领域发展滞后；网络安全、食品安全、生产安全、社会治安等方面存有薄弱环节，社会治理信息化、智慧化进程有待提速，防灾减灾能力尚需提升；意识形态领域的工作还要进一步加强，弘扬主旋律、传播正能量的力度仍需加大；党风廉洁建设和反腐败斗争任务依然艰巨，“四风”问题、干部不作为问题整治需要持续发力。对此，我们将高度重视，采取有效措施，切实加以解决。

二、今后五年的奋斗目标和总体要求

今天的余姚已经站在了一个新的起点上。纵观国内外大势，世界政治、经济格局正在发生广泛而深刻的变化，我国经济发展新常态的特征愈加明显，宏观形势依然复杂。审视余姚自身，经过改革开放三十多年的不懈努力，总体上进入了由量的积累迈向质的跃升的新阶段。综合判断，我们仍处于可以大有作为的重要战略机遇期，也面临着一系列严峻挑战。全市上下要准确把握战略机遇期内涵的深刻变化，趋利避害，顺势而为，不断开辟发展新境界。

今后五年全市发展的指导思想是：高举中国特色社会主义伟大旗帜，以邓小平理论、“三个代表”重要思想和科学发展观为指导，深入贯彻习近平总书记系列重要讲话精神，紧紧围绕“五位一体”总体布局和“四个全面”战略布局，践行新发展理念，坚持知行合一、勇立潮头，大力实施“六大行动”战略，全面加强党的建设，推动各项事业发展新跨越，高水平全面建成小康社会，在全国同等城市中争先进位，加快建设经济活力强、品质环境优、人民幸福水平高的现代化创新型生态城市。

一代人有一代人的使命、一代人有一代人的担当。到2020年全面建成小康社会，是我们党确定的第一个百年奋斗目标，省委和宁波市委拉高标杆，确立了“高水平全面建成小康社会”的奋斗目标，我们必须积极有为，把高水平全面建成小康社会作为一项必须完成的战略任务。省委强调要认真落实习近平总书记“秉持浙江精神，干在实处、走在前列、勇立潮头”的新要求，号召全省上下建设好“浙江的今天”，努力为“中国的明天”提供更多的浙江实践；宁波市委确定了“建设国际港口名城、打造东方文明之都，跻身全国大城市第一方队”的宏伟目标，我们必须自觉对标、自我加压，把在全国同等城市中争先进位作为一种坚定不移的战略追求。根据浙江方位、宁波定位，重新审视余姚的区位优势、发展基础和未来趋势，我们必须明确方向、认准定位，把建设经济活力强、品质环境优、人民幸福水平高的现代化创新型生态城市，作为今后一个时期共同奋斗的战略目标。

围绕这一战略目标，今后五年我们要重点打造“两区三城”：

——打造更具高端型、综合型的智能经济示范区。坚持把智能经济作为主攻方向，围绕“智能升级、智慧转化、智力集聚”，深入实施创新驱动发展和人才强市战略，大力推进信息化和三次产业深度融合，切实加快生产方式向智能化、网络化、数据化转型，积极发展新产业、新技术、新业态和新模式，推动余姚由“制造大市”向“智造强市”跃升。到2021年，地区生产总值突破1300亿元，研究与试验发展经费支出占地区生产总值比重达3.0%，实现规模以上工业增加值380亿元，战略性新兴产业、装备制造业增加值年均分别增长8%，率先进入省创新型城市行列，成为省内领先、国内有影响的智能经济示范区。

——打造更强吸引力、竞争力的开放合作先行区。坚持把扩大开放作为重要法宝，提升“双向开放、全面开放、深度开放”，拓宽全球视野、增强世界眼光，主动对接国家、省、宁波市开放总布局，深度融入全球产业链、供应链、价值链，大力营造法治化、国际化、便利化营商环境，推动余姚由“开放大市”向“开放强市”跃升。今后五年累计实到外资12.5亿美元，实到内资250亿元人民币，外贸进出口总额突破500亿美元。

——打造更高知名度、美誉度的历史文化名城。坚持把先进文化作为前进方向，着眼“文城共振、文人相亲、文旅互融”，充分放大河姆渡文化、姚江文化、红色文化三大文化品牌效应，深入挖掘阳明文化时代价值，大力彰显文献名邦独特神韵，让文化成为余姚最鲜明的印记。到2021年，形成文化事业繁荣、文化产业发达、文化旅游兴盛、文化生活多彩的良好局面，文化产业增加值占地区生产总值比重提高到8.2%，力争成为国家历史文化名城。

——打造更加一体化、绿色化的生态品质之城。坚持把全域美丽作为执着追求，围绕“精美城乡、秀美山水、怡美家园”，加快推进市域布局、功能品质、建设管理同步优化，生产方式、生活方式和消费方式绿色转型，产业结构、能源结构和生态治理结构持续改善，让美丽成为余姚最鲜亮的底色。到2021年，城乡统筹发展进入更高层次的全面融合阶段，城市化率达66%，力争成为全国城乡统筹发展样板、国家生态文明建设示范区。

——打造更有获得感、归属感的幸福和谐之城。坚持把人民幸福作为最终目标，铭记“民富为先、民享为要、民安为基”，加快推动城乡居民收入与经济发展同步增长，公共服务供给数量和供给质量同步提升，社会治理方式和治理效能同步提高，让幸福成为余姚最鲜活的感受。到2021年，城镇和农村居民人均可支配收入分别突破71000元和43000元，创建成为国家卫生城市，力争成为全国文明城市，建成更高品质的民生幸福城市。

“两区三城”，既是各成体系的目标定位，也是紧密联系的有机整体；既是历史赋予我们的重大使命，也是全市人民的共同期待。我们必须从全局出发，整体谋划，统筹推进，精准发力，确保“两区三城”同频共振、齐头并进。

三、今后五年的重点任务和主要举措

未来五年，完成重要使命，实现既定目标，必须抓住全局中的重点、重点中的关键，大力实施“六大行动”，全力以赴，坚持不懈地把各项事业推向前进。

（一）实施产业升级行动，不断提升发展能级。坚持“产业立市”不动摇，着力振兴实体经济这一基础，切实加快转型升级步伐，推动产业层次迈向中高端，经济增长保持中高速。

1. **打造智能制造新高地**。主动对接省“国家信息经济示范区”和宁波“中国制造2025”试点示范城市建设，全面实施“中国制造2025”余姚行动计划，加快编制智能经济发展整体规划、专项规划和产业政策，确立智能经济先行先发优势。不断扩大中国机器人峰会影响力，精心筹建机器人学院，全力抓好机器人展览交易市场、智能机器人小镇建设，做强做优宁波市智能制造产业研究院，着力构筑智能经济生态圈。深入实施工业强基工程，综合应用大数据、物联网、云计算等新技术，扎实推进“四换三名”，加快家用电器、塑料模具、机械五金、化纤纺织等传统优势产业转型升级。聚焦新装备、新材料、新能源与节能、新一代信息技术等战略性新兴产业，主攻机器人、新能源汽车及关键零部件、光电信息、智能家电等重点领域，培育建设一批智能制造产业和项目，积极抢占新一轮竞争制高点。大力弘扬“工匠精神”，支持企业瞄准“专精特新”进行技术、管理、生产方式和商业模式创新。强化“六型企业”培育，引导企业再次创业，鼓励优势企业开展兼并重组，打造资本市场“余姚板块”，到2021年，拥有百亿元企业3家、高新技术企业200家以上。平等全面依法保护各种所有制经济财产权，健全更加精准、更加公平的服务体系。

2. **增强服务经济竞争力**。深入开展服务经济扩容提质行动，到2021年，第三产业增加值占地区生产总值比重达到41.5%。推动制造业与服务业加速融合，加快中国塑料城、中国裘皮城等专业市场转型提升，壮大工业设计、现代金融、现代物流、信息服务、会展培训等产业，力促生产性服务业向专业化和价值链高端延伸。着眼满足群众日益增长的生活性服务需求，支持发展养老家政、法律服务、体育健康、教育文化等产业，力促生活性服务业向精细化和高品质转变。按照“全域旅游”新要求，顺应“大众休闲旅游时代”新趋势，完善“一带四区”功能，大力发展特色民宿、运动休闲、观光旅游、度假养生等业态，积极打造梁弄四明山旅游门户区，加快建设四明山省级旅游度假区，力争成为长三角人文休闲旅游胜地。

3. **推动现代农业上台阶**。坚持藏粮于地、藏粮于技，坚守耕地红线，不断深化粮食功能区建设，确保粮食安全。切实加快滨海现代农业园区建设步伐，大力发展绿色都市、生态循环、休闲创意、精品特色农业，积极促进农业全产业链发展。不断创新农业生产经营方式，支持开展适度规模经营，积极培育新型经营主体和新型职业农民，稳定和壮大农技人才队伍，充分激发农业发展活力。继续加大农业科技、金融、保险、装备、气象等服务保障力度，着力提高信息技术和智能装备应用率，高标准完善农田水利基础设施，进一步优化农业发展环境。

4. **开拓经济发展新领域**。深化落实“互联网+”行动计划，支持实体经济嫁接互联网，引导电子商务产业园特色错位发展，积极发展跨境电商、农村电商和社区电商，鼓励发展分享经济，到2021年，力争互联网经济规模突破1500亿元，成为省特色产业电子商务发展引领区。实施大数据战略，深化大数据平台建设，推进数据资源广泛深度应用，扶持发展信息经济。推广新型孵化模式，加快建设一批低成本、便利化、全要素、开放式的众创、众包、众扶、众筹空间，推动产业组织、商业模式、供应链、物流链创新，促进新技术、新产业、新业态发展壮大。

5. **促进平台能级大提升**。坚持产城融合、龙头带动、强链补链，持之以恒抓好重大发展平台建设。加快推进中意宁波生态园开发建设，优化发展空间布局和基础设施配套，千方百计招引集聚一批引领性、带动性、标志性的大企业、好项目，打造成为支撑区域发展的产业高地、生态新城。深化浙江“千人计划”余姚产业园开发建设，推动高端人才集聚和高端产业集群，加快建设国家级留创园。积极推进余姚经济开发区创建国家级开发区，提升余姚工业园区发展能级，高水平抓好高铁新城、牟山湖休闲度假区等重点功能区块建设，提高集聚集约发展水平。深入实施特色小镇培育计划，认真抓好模客、智能光电、塑料家电 O2O 等特色小镇建设，构筑新型创业创新平台。

（二）实施动能转换行动，不断增强活力后劲。全力促进新动能成长集聚，积极推动传统动能转型提升，加快形成新旧动能协调拉动经济增长的良好格局。

1. *全面激发创新活力*。深入实施创新驱动发展战略，加快形成以创新为引领和支撑的发展模式。突出企业主体，持续抓好“科技领航”计划，深化完善产学研用区域协同创新机制，支持建立产业技术创新联盟，组织实施一批重大科技专项，推动规上工业企业研发机构、科技活动全覆盖。高效运作市科创中心等载体，整合资源建设一批高能级科创平台，不断提升创新要素集聚水平和创新成果转化功能。坚持人才优先发展，统筹推进“姚江英才”海内外高层次人才引育、基础型骨干人才培育、“蔚蓝”系列人才开发等工程，创新人才政策和人才服务体系，切实加大人才发展保障力度，打造人才生态最优市，到 2021 年，“国千”“省千”专家总人数分别突破 100 名和 40 名。推进创新链、产业链、资金链精准对接，加大对新兴产业发展、创新产品市场拓展等支持力度，实现政府从创新管理向创新服务转变。联动推进质量强市、品牌强市、标准强市建设，强化知识产权法律保护。

2. *加大力度改革攻坚*。坚持供给侧结构性改革主线，狠抓重点领域和关键环节的改革。推动“三去一降一补”取得实质性进展，提高供给体系质量和效率。深度激发市场主体活力，全面落实民间资本准入平等待遇，健全民营经济持续健康发展机制。坚定推进资源要素市场化配置改革，突出“亩产效益”导向，实施差别化价格机制，盘活用好城镇低效用地、闲置用地、沿杭州湾滩涂资源，实现资源要素更快速、更合理、更高效流动。深化投融资体制改革，做大做强投融资平台，推广政府和社会资本合作模式，放大政府产业基金引导撬动效应，发展天使、创业、风险投资等基金，强化政府性债务风险管控，推动形成市场化、可持续的投入运营机制。大力促进政府职能转变，动态完善权力清单和责任清单，深化行政审批制度、综合行政执法体制、公共资源交易监管、政府向社会力量购买服务等改革，打造服务型政府。加大农村改革力度，持续抓好“三权到人（户）、权跟人（户）走”改革，完成农村土地承包经营权确权登记颁证，深化户籍制度、“三位一体”等改革，做好村级集体经济增收减负化债工作，增强“三农”发展后劲。

3. *大力拓展开放空间*。顺应经济全球化和区域经济一体化趋势，不断丰富开放内涵，构筑全方位、多层次、宽领域的开放新格局。抢抓新一轮产业转移机遇，深入实施招商引资“一号工程”，优化改进招商模式，强力推动浙商姚商回归，让更多的世界 500 强、大型央企民企落户余姚。主动对接“一带一路”战略，鼓励企业“走出去”，推动优质企业扩大海外投资，支持实施项目承包、进行跨国并购、设立研发机构、完善营销网络，推行“建工厂 + 建市场”模式，促进产业转型升级。增进区域交流合作，有效融入长三角城市群、上海自贸区、宁波港口经济圈和都市区，拓展更为广阔的发展空间。

4. *积极扩大有效需求*。更加注重“三驾马车”协调拉动，确保经济持续向稳向好。充分发挥投资的关键作用，扩大有效投资，谋划实施战略性重大项目千亿投资计划，促进社会投资健康发展。充分发挥消费的基础作用，着力打造高端商业街区，积极培育消费新热点，联动扩大信息消费、绿色消费、时尚消费、品质消费和农村消费，力促房地产市场平稳健康发展，推动实体零售企业线上线下融合，全面释放消费潜能。充分发挥出口的促进作用，深入实施“科技兴贸、品牌强贸”战略，大力推进市场开拓多元化、对外贸易便利化，构筑出口竞争新优势。深挖国内市场潜力，抢占更多市场份额。

（三）实施品质提升行动，不断优化城乡功能。加快推动城市化进程从注重规模扩张向内涵提升转变，进一步提升城市功能品质、环境品质和服务品质。

1. *切实强化规划引领*。围绕“南闲、中城、北工”发展框架，进一步明确优化开发、重点开发、适度开发和限制开发等功能布局。充分发挥市域总体规划统领作用，不断提高控制性详细规划、乡镇总体规划、村庄规划的设计水平和覆盖率，加快编制城市近期建设规划，及时修编完善各类专项规划，构建全领域、多层次、全覆盖的规划体系。深入推进多规融合，实现各项规划有效衔接，形成全市空间规划一张图。更加注重重点片区、重要街区、重要节点的规划设计，加强对空间立体性、平面协调性、风貌整体性、文脉延续性等方面的引领管控。切实增强规划编制的科学意识和规划执行的刚性意识，保证规划的指导性、权威性、严肃性和连续性。

2. *全面提升建管水平*。推动城区有机更新，抓好西南组团等重点区块建设，精心打造南雷路—新建北路城市中轴线核心景观，扎实推进城中村、危旧房和老旧小区改造，更加重视城市绿化、街景美化、夜景靓化，打造精致城区。提升城市副中心发展能级，深化泗门卫星城建设和省小城市培育试点，加快姚北新城产城联动，增强辐射能力。着力提高梁弄镇、陆埠镇、马渚镇综合承载和带动能力，精心培育一批特色风情小镇。加强农村自然风貌、传统建筑和农俗文化保护，深入实施农村“安居宜居美居”专项行动，积极打造美丽乡村示范镇、示范村、风景线。注重网格化、智慧化、精细化、常态化管理，强化市容市貌、交通秩序和小城镇环境等综合整治，落实环境卫生长效保洁机制，规范物业管理，不断提高城乡管理水平。继续强力推进“三改一拆”，创新完善长效工作机制，创建成为基本无违建市。

3. *持续优化基础设施*。加快建设杭州湾跨海大桥杭甬高速公路连接线、杭甬高速复线、G228国道余姚段、胜陆公路余姚段、宁波—余姚城际铁路等重大项目，扎实推进丰山路改造、南兰江西路新建等工程，及早谋划四明山高速公路建设，打通一批“断头路”“卡脖路”，推动交通设施完善和升级。加强供水、供电、供气等市政公用设施建设，提高城乡共享水平。推动信息技术和城市发展全面深度融合，构建高速、稳定、安全的通信网络，重视城市地下空间开发和地下综合管廊建设，不断提高基础设施现代化水平。按照“东泄、南蓄、北排、西分、中疏、低围”治水思路，扎实推进城区包围、扩大北排、姚江西分等工程，完善提升排涝设施，探索开展海绵城市建设，切实提高城乡防洪排涝能力。

（四）实施美丽建设行动，不断改善宜居环境。坚定不移照着“绿水青山就是金山银山”的路子走下去，深化推进全民共建“美丽家园”，展现美丽余姚新面貌。

1. *深入推进低碳循环发展*。培育壮大循环经济和节能环保产业，推进企业循环式生产、园区循环化改造，推行清洁生产，构建覆盖全社会的低碳循环发展产业体系。强化能源和水资源消耗、建设用地等总量和强度“双控”，开展重点用能企业和重点产业能效提升行动，实施全民节能行动计划，加快交通运输低碳发展，提高再生资源回收利用水平，促进资源节约高效利用。落实节能减排目标责任制，严格实施环境准入、污染物排放、产品能耗限额标准，坚决淘汰落后产能，万元地区生产总值能耗降低率、主要污染物排放量等指标完成上级任务。

2. *不断强化环境综合治理*。持续深化“五水共治”，完善“河长制”等常态治理机制，强化重点行业、重点企业和重点区域、重点流域水污染防治，加大饮用水源地保护和河湖库塘清淤力度，全面消除劣五类水体。积极实施清洁空气行动计划，统筹治理工业废气、车船尾气、餐饮油烟、秸秆焚烧和扬尘，优化大气环境监测监控系统，全面提升大气环境质量。开展土壤环境综合治理，抓好农业面源污染和重金属、持久性有机污染物防治，不断改善土壤环境质量。大力推行垃圾分类管理，推动垃圾减量化、无害化、资源化。

3. *切实筑牢生态安全屏障*。深化“森林余姚”建设，持续推进“四边三化”、森林美化彩化等工作，加大公园绿地、平原绿化建设力度，扩大生态公益林面积。加快四明山区域生态发展，把生态环境保护与山区农业转型升级、休闲旅游业快速发展有机结合起来，坚持不懈抓好生态修复、污染防治等工作，全力推进生态发展项目建设，把绿水青山保护好、建设好。推动实现城镇截污纳管和农村生活污水治理“两个全覆盖”，全面完成“污水零直排区”建设任务，建设完善危险废弃物、工业废弃物等安全处置设施，不断提升环保基础设施承载能力。

4. *健全完善生态保障机制*。加强用能权、用水权、排污权、碳排放权交易制度建设，加快环境治理和生态保护市场化步伐。完善生态资源有偿使用和生态补偿机制，增加对重点生态功能区转移支付。实施领导干部生态环境损害责任追究制度，优化反映生态文明建设要求的绩效评价体系。加大政府绿色采购力度，推广绿色信贷、环境污染责任保险等制度。健全环境执法机制，依法严厉查处环境违法行为。深化生态环境共同参与保护和监督机制建设，大力构建企业环保自律体系，充分发挥公众、新闻媒体和社会组织的作用，培育弘扬生态文化，积极倡导绿色生活方式，进一步巩固全民共建生态文明的良好风尚。

（五）实施文化强市行动，不断厚植城市文明。以高度的文化自觉和文化自信，积极融入宁波东方文明之都建设，深入实施“文化强市”战略，以文化特质引领现代文明，不断增强推动发展的文化力量。

1. *推进以文润城工程*。积极创建国家历史文化名城，建立完善名城、名镇、名村可持续保护体系，严格落实文物古迹、名人故居、历史街区和非物质文化遗产等保护举措，重视文化典籍、史迹史料、档案文献等收集整理，更好地传承历史根脉，典藏人文记忆。突出抓好阳明文化的研究与传播，加快改造建设武胜门历史文化街区，丰富拓展“阳明文化日”的内容和形式，高起点、高标准、高水平谋划建设“阳明故里”。积极打造河姆渡国家文化主题园，充分发挥姚江文化、红色文化的影响力。更加注重城市历史、文化和精神空间的塑造，把文化元素更多地融入城市规划设计和改造建设，让城市充盈历史人文气息。

2. *提升以文化人工程*。强化精神主导，积极培育和践行社会主义核心价值观，深入开展中国特色社会主义和“中国梦”宣传教育，大力弘扬新时期余姚精神和乡贤文化，巩固全市人民团结奋斗的思想基础。强化道德倡导，围绕争创全国文明城市，积极践行“致良知”等先贤思想，持续推进“做文明崇德余姚人”等活动，丰富社会公德、职业道德、家庭美德、个人品德教育形式，注重加强青少年思想道德和公民科学素质建设，广泛开展群众性精神文明创建，积极推动志愿服务常态化长效化，让崇德向善成为社会风尚。强化舆论引导，抓牢意识形态主导权，加强社会舆情导控，重视网络空间治理，推进传统媒体和新兴媒体融合发展，积极传播正能量。

3. *优化以文惠民工程*。加快市公共文化中心、基层综合性文化服务中心等设施建设，推动农村文化礼堂均衡覆盖。健全送文化下乡长效机制和公共文化产品“订单式”配送机制，办好百姓文化节等活动，提供更多“余姚原创”精品供给，让群众享受更加丰富优质的文化生活。有效提升文艺社团创作服务能力，提高市民文艺素养，促进“一人一艺”。创新公共文化服务管理模式，实施政府购买公共文化服务清单制和文化共享工程，推进文化设施免费开放，不断提高服务水平。

4. *强化以文兴业工程*。着力构建“一核引领、三带齐驱”的文化产业总体布局，加快建设一批文化产业集聚区，引育一批骨干文化企业，推进一批文化产业项目，培强一批文化产业品牌。实施“文化+”发展战略，大力发展创意设计、教育培训、影视动漫、文化会展等产业，积极培育新的经济增长点。深入推进文化旅游产业培育突破工程，创新供给旅游产品，推动文旅互动融合。优化文化管理体制和文化生产经营机制，构建统一开放、有序竞争的现代文化市场体系。

（六）实施富民惠民行动，不断增进民生福祉。始终坚持以人民为中心，顺应群众期盼，办好民生实事，维护公平正义，让群众生活一年更比一年好。

1. *促进居民乐业增收*。大力实施城乡居民乐业增收计划，深化充分就业市和省级创业型城市创建。完善平等就业制度和均等化服务机制，做好高校毕业生、农村转移劳动力等重点群体就业工作，注重发挥服务业吸纳就业的作用，推动实现更高质量、更加稳定的就业。充分发挥“政策+平台”的叠加效应，不断完善创业创新环境。高度重视低收入群体和困难群众增收，拓宽四明山区域农民增收致富渠道，加大产业扶持、就业帮扶、转移支付、政府兜底等力度。健全收入分配调控机制，多渠道增加城乡居民收入。

2. *完善社会保障体系*。加快完善社会保险制度，认真落实全民参保计划，推进各类社会保险转移接续，推动社会保险扩面提标，到2021年，城乡居民社会养老保险参保率突破95%。完善以城乡低保制度为基础，以医疗、教育、法律等专项救助为辅助，以临时救助、社会互助、慈善帮助为补充的新型社会救助体系，统筹推进扶老、助残、救孤、济困等社会福利事业发展。实施保障性安居工程，改善低收入群众住房条件。

3. *提升公共服务水平*。落实教育“立德树人”根本任务，大力促进教育优质均衡发展，积极推动学前教育公益普惠、义务教育均衡化、高中教育特色化、职业教育专业化，关心和发展特殊教育、成人教育、社区教育，支持和规范民办教育，积极引进和办好高等学校，着力构建现代终身教育体系，全面实现教育现代化。深化医药卫生体制改革，加快市级公立医院综合改革，完善卫生基础设施布局，扩大优质医疗资源供给，加强“双下沉、两提升”工作，抓好医联体、分级诊疗体系、契约式家庭医生制服务等建设，优化重大传染病、慢性病防控和突发公共卫生事件应急机制，强化计划生育公共服务，实施全民健身计划，打造“健康余姚”。健全养老服务制度体系，推行医养结合、居家养老、邻里守望等模式，支持社会力量参与养老服务，让每位老人安享晚年。加大民生保障投入，确保每年新增财力的三分之二以上用于民生。

4. *推进社会治理创新*。整合提升基层社会治理“一张网”功能，加快建设乡镇（街道）和社区公共服务中心，注重激发社会组织活力，加强基层群众自治组织建设，推动政府治理和社会调节、居民自治良性互动。强化矛盾纠纷排查调处和社会稳定风险评估，健全多元化纠纷解决机制，加强和改进信访工作。深化“平安余姚”建设，创新社会治安立体防控体系，预防和打击各类违法犯罪活动，落实安全生产管理责任，狠抓食品药品安全监管，注重应急联动处置，切实增强群众安全感。深化“法治余姚”建设，大力打造法治政府，完善依法决策、行政执法、政务公开等机制，优化公共法律服务，重视“信用余姚”建设，精心组织“七五”普法，不断提高社会法治化水平。加强流动人口、特殊人群管理服务。

四、持之以恒推进全面从严治党

实现既定目标，党的领导是根本、干部队伍是关键。党的十八届六中全会结合新的实践，提出了一系列管党治党的新观点新举措，对新形势下加强和规范党内政治生活、加强党内监督作了总体部署，提供了推进全面从严治党、开创党的建设新局面的行动纲领。省委十三届十次全会作出了《认真学习贯彻党的十八届六中全会精神从严加强干部队伍建设的决定》。要认真贯彻落实中央和省委的决策部署，切实强化管党治党责任，把严的要求贯穿党的建设各方面、全过程，做到管党有方、治党有力、建党有效，为改革发展各项事业提供坚强保证。

（一）强化执政能力建设，挺起铁一般的脊梁。突出把方向、管大局、作决策、保落实，不断改进和完善市委的领导方式和执政方式，充分发挥市委总揽全局、协调各方的领导核心作用。加强对人大工作的领导，支持人大及其常委会依法行使权力，使人大工作更好地体现人民意志、维护人民权益。加强对政协工作的领导，发挥政协作为协商民主重要渠道作用，推进政治协商、民主监督、参政议政制度建设。加强对政法工作的领导，支持法院和检察院依法独立公正行使审判权和检察权，稳步推进司法体制改革。加强对群团工作的领导，增强工会、共青团、妇联等群团组织的政治性、先进性、群众性。加强对武装和双拥工作的领导，促进军民深度融合发展。加强对统一战线的领导，支持民主党派、工商联和无党派人士切实履行职能，全面落实党的民族政策、宗教政策、侨务政策、对台政策和知识分子政策，不断巩固和壮大最广泛的爱国统一战线。

（二）强化思想理论建设，坚定铁一般的信念。坚持把理想信念教育放在首要位置，牢牢把握“两个巩固”根本任务，深刻领会落实党的十八大以来党中央治国理政新理念新思想新战略，深入学习贯彻习近平总书记系列重要讲话精神，着力引导党员干部坚定“四个自信”。深化党章党规党纪教育，引导各级干部切实增强“四个意识”特别是核心意识、看齐意识，坚定地向以习近平同志为核心的党中央看齐，在思想上拥护核心，政治上维护核心，行动上紧跟核心。切实按照《关于新形势下党内政治生活的若干准则》，严肃党内政治生活，严格落实民主生活会、组织生活会等制度，用好批评和自我批评武器，开展严肃认真、积极健康的思想交锋，让党内生活真正成为党员干部加强党性锻炼、提高党性修养的大熔炉。深入推进学习型党组织建设，健全各级党组织中心组理论学习制度，完善领导干部讲学考学述学评学办法，充分发挥各类学习平台作用，加强基层党员教育培训，不断提高党员干部运用党的最新理论研究新情况、解决新问题的能力。

（三）强化干部队伍建设，锤炼铁一般的担当。坚持好干部标准，按照“五个干事五个过硬”要求，以选拔“狮子型”干部为重点配强好班长，以增强整体功能为重点建设好班子，以加强优秀年轻干部队伍建设为重点培养好梯队，着力打造勇立潮头的余姚铁军。突出崇尚实干、重视基层、注重实绩、群众公认的选人用人导向，把握想干事、敢干事两大关键环节，完善干部选拔任用和考核评价体系。注重干部队伍专业化能力建设，引进培养余姚发展急需的紧缺型干部，优化干部队伍结构。持续从严监督管理干部，深入治理“为官不为”，加大不适宜不胜任现职干部调整力度，健全干部能上能下机制，进一步激发干部队伍的精气神。加强对干部关心关爱和正向激励，健全完善容错免责机制，支持和保护作风正派、锐意进取的干部，为敢于担当的干部担当、敢于负责的干部负责。

（四）强化基层基础建设，构筑铁一般的堡垒。深化“两学一做”学习教育，以“前哨支部”为基本单位，以“党员组织生活日”为基本形式，把党员教育管理和作用发挥融入日常，不断焕发基层党组织和党员队伍的生机活力。完善“8736”党建责任制，建立乡镇（街道）党（工）委书记抓基层党建评价体系，推行基层党组织“一单一图一表”。深入实施“整乡推进、整市提升”行动计划，打造党建示范群、精品线，推动形成“拼图效应”。深化拓展“党建+”工作模式，增强党建工作牵引力。深入推进“头雁领航”行动，健全选配、激励、培训和保障机制，注重发挥“三十佳”村（社区）党组织书记示范带动作用，提升基层干部的综合素质和工作水平。强化区域党建资源整合，推动人财物向基层倾斜。深化党内民主，完善党代表任期制，规范乡镇党代会年会工作，继续推进党务公开。

（五）强化党风廉洁建设，严明铁一般的纪律。运用好监督执纪“四种形态”，把纪律挺在前面，抓早抓小、防微杜渐，有效遏制苗头性、倾向性问题。压实全面从严治党“两个责任”，完善明责、履责、述责、问责一体化的责任体系，推进纪检监察体制改革，深化纪检组织“三转”，健全反腐败协调工作机制。强化纪律教育和纪律约束，认真学习贯彻《中国共产党党内监督条例》《中国共产党问责条例》等党内法规，筑牢拒腐防变的思想和制度防线。进一步完善市委巡察监督和纪检派驻监督机制，形成横向到边、纵向到底的监督体系。深入持久抓好作风建设，切实加强党内政治文化建设，构建“亲”“清”新型政商关系，重视家庭、家教、家风建设，教育引导各级干部明大德、守公德、严私德。坚持有腐必反、有贪必肃，减少腐败存量，遏制腐败增量。推动全面从严治党向基层延伸，切实解决好群众身边的不正之风和腐败问题。

同志们，发展成就令人鼓舞，美好未来催人奋进。让我们更加紧密地团结在以习近平同志为核心的党中央周围，在省委和宁波市委的坚强领导下，知行合一、真抓实干，勇立潮头、奋发作为，为高水平全面建成小康社会，在全国同等城市中争先进位，加快建设现代化创新型生态城市而努力奋斗！

注释

①因统计时间关系，本报告中部分2016年数据和过去五年累计数均为预计数，后面不再一一说明。

②如无特别说明，增长幅度均为2016年与2011年相比较。

③2015年，我市人均期望寿命80.74岁，浙江省78.22岁，全国76.34岁。

名词解释

1. **五水共治**：指治污水、防洪水、排涝水、保供水、抓节水。

2. **三改一拆**：指旧住宅区、旧厂区、城中村改造和拆除违法建筑。

3. **四边三化**：指在公路边、铁路边、河边、山边等区域开展洁化、绿化、美化行动。

4. **“两路两侧”专项整治**：指干线公路和铁路两侧环境专项整治。

5. **“五难二多”民生突出问题**：指洁美城乡难、部分群众生产生活难、城市管理难、就学优教难、看病住院难和创业创新环境问题多、公共安全治理监管问题多等民生突出问题。

6. **“20字”好干部标准**：即信念坚定、为民服务、勤政务实、敢于担当、清正廉洁。

7. **四专三书一报告**：“四专”是指确定专门机构、落实专门人员、健全专项机制、构建专门平台；“三书”是指向市领导发《责任分工告知书》，向党风廉洁建设工作任务牵头单位发《牵头任务告知书》，向未完成工作和需要改进的单位发《责任落实督办书》；“一报告”是指履行党风廉洁建设主体责任情况报告。

8. **三转**：指各级纪检监察干部围绕监督、执纪、问责、深化转职能、转方式、转作风。

9. **四种形态**：指经常开展批评和自我批评、约谈函询，让“红红脸、出出汗”成为常态；党纪轻处分、组织调整成为违纪处理的大多数；党纪重处分、重大职务调整的成为少数；严重违纪涉嫌违法立案审查的成为极少数。

10. **四换三名**：指腾笼换鸟、机器换人、空间换地、电商换市和知名企业、知名品牌、知名企业家。

11. **六型企业**：指百亿旗舰型、总部型、上市型、高新型、品牌型、成长型企业。

12. **“一带四区”**：指姚江文化旅游带和中心城区、四明山生态旅游区、牟山湖休闲度假区、河姆渡文化旅游区。

13. **分享经济**：指利用移动互联网、大数据等技术整合重构闲置资源的商业模式。

14. **“蔚蓝”系列人才开发**：是指培养高技能人才为主的“蓝领人才”、以培养现代服务业城市经济人才为主的“蓝经人才”和以培养农村实用人才为主的“蓝田人才”开发行动。

15. **三去一降一补**：指去产能、去库存、去杠杆、降成本、补短板。

16. **“三位一体”**：指将农民合作经济组织和各类为农服务组织联合起来，建立具有生产、供销、信用“三位一体”服务功能的农民合作经济组织体系。

17. 海绵城市：指城市能够像海绵一样，在适应环境变化和应对自然灾害等方面具有良好的“弹性”，下雨时吸水、蓄水、渗水、净水，需要时将蓄存的水释放并加以利用。

18. 一核引领、三带齐驱：“一核引领”是指以主城区文化产业核心区域引领全市文化产业的集聚化发展；“三带齐驱”是指以北部制造型文化产业带、南部生态型文化旅游带、东部传统型文化产业带驱动全市文化产业规模化、特色化发展。

19. 双下沉、两提升：指城市优质医疗资源下沉和医务人员下基层，提升县域内医疗卫生服务能力和群众就医满意度。

20. “两个巩固”：即巩固马克思主义在意识形态领域的指导地位，巩固全党全国人民团结奋斗的共同思想基础。

21. “五个干事五个过硬”：即忠诚干事政治过硬、担当干事本领过硬、奋发干事实绩过硬、为民干事责任过硬、干净干事廉洁过硬。

22. “8736”党建责任制：指乡镇（街道）党（工）委抓基层党建负有8项“主体责任”，党（工）委书记负有7项“第一责任”，党（工）委副书记、党（工）委委员负有3项“直接责任”，其他党员班子成员负有6项“一岗双责”责任。

政府工作报告

——在余姚市第十七届人民代表大会第一次会议上

余姚市人民政府代市长　潘银浩

（2017年2月8日）

一、本届政府工作回顾

市十六届人大一次会议以来，面对严峻复杂的国内外形势和各种困难挑战，我们在上级党委政府和市委的正确领导下，在市人大及其常委会和市政协的监督支持下，以习近平总书记系列重要讲话精神为引领，主动适应经济发展新常态，牢牢把握稳中求进总基调，开拓创新，真抓实干，全市经济社会发展取得了新的长足进步。

五年来，我们坚持稳增促调、统筹兼顾，经济发展稳中有进。面对特大洪涝灾害的持续影响，我们负重奋进，综合施策，推动经济转型发展行稳致远。地区生产总值年均增长7.9%，累计固定资产投资突破2400亿元，一般公共预算收入年均增长8.1%，城乡居民收入年均分别增长9.2%和9.9%，县域经济基本竞争力排名继续保持全国前列。着力推进农业现代化，建成标准化粮食功能区10.5万亩、省级主导产业示范区和特色农业精品园33个，新增农民专业合作社41家、农业龙头企业34家、家庭农场420家，余姚·河姆渡农业博览会升格为国字号展会，我市跻身全国首批基本实现主要农作物生产全程机械化示范区，荣获“国家农业产业化示范基地”称号，农业现代化发展水平位居全省第三。着力打造工业升级版，中意宁波生态园、“千人计划”产业园和一批特色小镇等重大产业平台孕育而生，成为未来新的增长极；传统产业高端化持续显现，新兴经济规模化不断提速，战略性新兴产业、装备制造业增加值占规上工业比重分别提高到41.2%和65.1%，我市荣获省首批“工业强市”称号，连续四年获得宁波市工业转型升级综合考评一等奖。着力提升现代服务业，相继建成一批现代商业、文化创意、电子商务、会议培训项目，新增物流、金融等现代服务业企业9400余家，社会消费品零售总额、旅游总收入比 2011 年分别增长 84.1%和 104%，中国塑料城年交易额突破千亿元，我市荣获“全国休闲农业与乡村旅游示范县”、省“十大市场强市”等称号。

五年来，我们坚持锐意改革、开放创新，发展动能加快转换。推进重点领域和关键环节改革攻坚，完成不动产统一登记、工商注册登记制度改革，“营改增”全面实施。全市在册市场主体、注册资本（金）分别突破十万户和千亿元大关，双双实现翻番。深化投融资体制改革和价格形成机制改革，设立产业基金，政府购买服务、PPP 合作等工作走在宁波市前列，差别电价、水价全面实行。不断完善多层次资本市场政策，上市企业、新三板挂牌企业分别达到 6 家和 7 家。深入实施创新驱动战略，建成智能制造、塑料模具等一批重大创新服务平台，授权发明专利年均增幅超过 25%，各级名牌产品总量列宁波第一，地理标志证明商标数量位居全省首位；研究与试验发展经费支出占地区生产总值比重提高 1 个百分点，高新技术产业增加值占规模以上工业增加值比重提高 19 个百分点，我市荣获省“知识产权工作示范市”称号，连续六次被评为全国科技进步先进单位。大力实施“人才+”，引育“国千”专家 50 名，其中自主培养 14 名，新建院士工作站 7 家。实施招商引资“一号工程”，“引进来”“走出去”全面拓展，累计实到外资 20.9 亿美元、内资 295 亿元人民币，进出口总额达到 435 亿美元，新设境外企业 152 家，认定外包企业 44 家，与波兰凯尔采市缔结为友好城市。与松阳、望谟等地山海协作和对口帮扶工作取得明显成效。

五年来，我们坚持品质优先、生态先行，城乡环境更具魅力。扎实推进“多规融合”，市域总体规划修编顺利完成，土地利用总体规划调整完善，环境功能区划获批实施，统一衔接、功能互补、相互协调的空间规划体系基本形成。推动城区有机更新扩容，西南组团等重点区块形象功能日臻完善，新建改造道路 21.8 公里，打通断头路 13 条，建成开放玉皇山、屯山公园等一批公园绿地，改造老小区 140 万平方米、危旧房 24 万平方米，一批低洼地段和排涝设施完成改造提升。“一把扫帚扫城乡”环卫机制建立健全，“智慧城管”实现中心城区全覆盖。余姚第一条高速高架——杭州湾跨海大桥杭甬高速公路连接线开工建设，浒溪线拓宽改造、古乍线河姆渡段等重要交通工程相继建成，城乡公交实现村村通，姚江干流防洪整治、陶家路江泗门泵站等工程竣工投用，供电、供水、供气、通信等一大批设施扩容升级，城乡互联互通、同质共享的基础设施网络加速形成。持续推进新型城镇和美丽乡村建设，泗门、陆埠和梁弄入选全国重点镇，泗门镇四次获得省小城市培育试点考核优秀，梁弄镇荣获全国文明镇称号；新增宁波市级全面小康村 30 个，成为省美丽乡村创建先进县（市）。四明山区域统筹发展成效明显，累计整治提升山区村庄 55 个，搬迁山区自然村 24 个。“三改一拆”“五水共治”“四边三化”深入推进，累计拆除违法建筑 791.8 万平方米，新增通道绿化 430 公顷，新铺设污水管网 496 公里，依法关闭畜牧养殖场所 1300 余处，关停各类高耗能、高污染企业超过 1000 家，208 个村相继开展农村生活污水治理，河道水质持续好转，节能减排圆满完成上级下达任务，成为全国节水型社会建设示范区、全国首批地质灾害防治高标准“十有县”和省森林城市。

五年来，我们坚持以人为本、惠普民生，人民生活持续改善。每年确定的十方面民生实事均圆满完成，一般公共预算用于民生支出累计 321.6 亿元，多次荣获“中国最具幸福感城市”称号。坚持以创业带动就业，新增创业实体 6.06 万家，城镇登记失业率始终控制在 2.5% 以内。本市户籍人口养老保险、医疗保险参保率分别达到 92.8% 和 95%，低保标准提高 42.8%，社会救助更加精准高效。一批养老机构投入运营，居家养老服务实现城乡全覆盖。累计新建迁建改造学校 123 所，基本实现乡镇（街道）公立幼儿园全覆盖，职业教育水平全省领先，创建成为全国义务教育发展基本均衡市和省教育基本现代化市。医药卫生体制综合改革不断深化，医疗资源共享中心模式在全省推广，市第二人民医院、中医医院迁建工程完工在即，市康复医院建成使用并填补我市空白，创建成为国家慢性病综合防控示范区，通过省卫生强市复评。《余姚市志（1988—2010）》出版发行，大运河（余姚段）列入世界文化遗产名录，百姓文化节、全民读书节等文化活动持续开展，涌现了一批文艺创作精品，公共文化配送经验全国推广，全国文化先进县、省体育强市通过复评。“做文明崇德余姚人”主题活动不断深化，创新建立“道德银行”、“姚文德”基金，通过省文明市复评，蝉联全国文明城市提名城市。坚持军民融合，实现省“双拥模范城”三连冠。基层治理“一张网”建设扎实推进，新型城市社区治理格局基本形成，矛盾纠纷调处化解工作在创新中加强，流动人口服务管理机制不断完善，食品药品安全监管机制更加健全，安全生产形势持续稳定好转，刑事案发量逐年下降，平安建设实现“九连冠”，捧得平安银鼎。

五年来，我们坚持简政放权、正风肃纪，政府建设全面加强。全面完成新一轮行政审批制度改革，模拟审批、联合验收等模式得到推广，非行政许可事项全面取消，审批时限缩减89%。深入推进行政管理体制改革，“四张清单一张网”建设取得阶段性成效，本级保留权力削减51%，政府机构精减到25个。深入开展“三进三送”“两万”走访服务企业等活动，努力防范化解企业金融风险，转贷基金累计转贷金额547.5亿元。完善政府控债减债机制，加大闲置资产处置力度，在全省率先试行应收账款债权流转业务，公款竞争性存放、国库集中支付和公务卡结算全面推开，“三公”经费逐年下降。坚持依法行政，严格规范执法行为，推进综合行政执法改革，政府法律顾问、重大决策程序、公职人员学法用法等制度不断健全。始终把听民意、汇民智贯穿于决策施政全过程，自觉接受人大政协和社会各界监督，重大事项向人大报告、与政协民主协商，累计办理人大代表建议1123件、政协委员提案788件，完成重大决策咨询课题45项，主动公开政府信息7.1万条，政务微博“余姚发布”走在全省前列，政府用权更加透明阳光。强化基层管理，全面落实基层巡察、责任审计等措施，全面推进农村基层权力运行规范化，被评为全国农村集体“三资”管理示范县，乡镇内审模式成为全省审计创新样板。全面落实中央“八项规定”精神，扎实开展党的群众路线教育实践活动、“三严三实”专题教育和“两学一做”学习教育，出台市政府党组履行党风廉政建设主体责任实施办法、行政不作为问责办法，认真整改各级巡视组、督查组、审计组发现的问题，严肃查处违法违纪行为，干净干事氛围更加浓厚。

各位代表，2016年是本届政府任期的收官之年，也是“十三五”规划实施的开局之年。一年来，我们坚持以“五大发展理念”为引领，扎实做好稳增长、促改革、调结构、惠民生、防风险、补短板等各项工作，经济社会发展呈现稳中有进、进中向好的良好态势。全市实现地区生产总值887.11亿元，增长7.3%；一般公共预算收入81.16亿元，增长7.8%；城乡居民人均可支配收入48831元、28589元，分别增长7.7%和7.9%。

集中力量抓大事。聚焦补齐“八大短板”，明确量化目标和时间表、路线图、责任人，加快培育发展新动能，切实增强发展协调性。成功举办第三届中国机器人峰会暨全球海归千人宁波峰会，中国机器人峰会永久会址落户我市，以“六个一”为重点的智能经济示范区建设全面推进。全力以赴护航G20杭州峰会，环境质量保障、安全维稳工作等各项目标任务圆满完成。狠抓城中村、老小区等重点部位环境整治，国家卫生城市创建取得阶段性成果。重大产业平台开发建设加速推进，中意宁波生态园吉利新能源整车制造项目签约，清华启迪宁波科技城一期进展顺利，“千人计划”产业园新落户项目30个，智能光电小镇一期基本完成土建，机器人小镇城市客厅开工建设。有效整合旅游资源，四明山省级旅游度假区创建通过评审。

精准施策转动能。积极推进供给侧结构性改革，全面落实“三去一降一补”工作，制定出台降本减负“35条”政策意见，商品房去库存周期缩短至14.2个月，为企业减负23.24亿元，淘汰不锈钢熔炼落后产能20万吨。实现规模以上工业增加值269.2亿元、利润75.4亿元，分别增长8.1%和18.7%，4款产品入选全省首批“浙江制造”重点培育产品目录，新增发明专利授权675件，我市成为首批“中国制造2025浙江行动”县级试点示范区。大数据平台建设进展顺利，规（限）上企业电子商务应用率达到65%，塑料城网上市场荣获“2016中国大宗商品电商50强”，我市入选省“两化深度融合国家示范区”和“信息经济示范区”。农批市场迁建工程完成土地摘牌，慧聪家电产业新城众创空间投入使用，塑博会成为全球展览协会会员展会。组织开展“十佳特色农业精品线”评选推介，农村土地承包经营权确权登记工作全面推开。企业上市实现新突破，朗迪集团在主板上市，大丰实业、江丰电子等待上市审核。

建管并重提品质。城区品质有效提升，高铁新城“中国云城”项目成功签约，金山路一期等一批道路新建改造工程启动实施，城区污水纳管二期工程基本完工，原二轻宿舍、花园新村等危旧房改造加快实施，市综合行政执法局挂牌成立。重大基础设施项目扎实推进，甬余线（姚州大桥—余姚大道段）、G228陆埠互通开工建设，329国道（黄家埠段）改建工程完工，姚江城区段堤防加固一期、二期实现封闭。特色城镇建设步伐加快，泗门四海公园、陆埠宝湾物流、马渚旧城改造、梁弄四明山旅游门户区打造等进展顺利。全民共建“美丽家园”深入实施，农村“安居宜居美居”专项行动全面开展，11个市本级美丽乡村精品村建设项目全面完成，28个四明山区域生态发展项目通过验收，新增农村生活污水治理项目村43个。电镀等重点行业整治扎实推进，“两路两侧”整治任务圆满完成。

共建共享惠民生。全市一般公共预算用于民生支出74.37亿元，占总支出比重达到79.4%。推进大众创业、万众创新，就业创业联合会组建成立，创业带动就业比例达到1∶6，新增城镇就业人员2.4万人。社会保障体系日趋完善，新增本市户籍养老、职工医疗参保人数1.6万人和1.3万人，提档升级居家养老服务中心32家。社会事业加快发展，梦麟中学等一批新建中小学校投入使用，高考取得历史最好成绩，市公共文化中心确定选址并启动前期工作，首次参与承办阳明心学高峰论坛，新建农村文化礼堂20家，建成“书香余姚”数字阅读工程（网上图书馆），省级等级乡镇（街道）卫生院实现全覆盖，契约式家庭医生服务全面推广。社会治理水平不断提升，深化落实重大决策社会稳定风险评估机制，“多网合一、多员合一”的社会治理模式推广实施，标本兼治遏制较大以上事故试点全面启动，社会秩序总体稳定。

与此同时，积极做好国防、征兵、优抚、安置等工作，军政军民关系更加密切；民族、宗教、台务、侨务、统计、档案、气象、工商联等工作取得新成效，慈善、红十字、妇女儿童、关心下一代等事业实现新发展。

各位代表，发展的成就来之不易，积累的经验弥足珍贵。所有这一切，离不开上级党委政府和市委的正确领导，离不开市人大、市政协的监督支持，离不开社会各界的鼎力相助，离不开全市人民的团结奋斗。在此，我代表市人民政府，向辛勤工作在各条战线的广大干部群众，向给予政府工作大力支持的全体人大代表、政协委员、民主党派、工商联和社会各界人士，向离退休老干部、老职工，向驻姚部队和武警官兵，致以崇高的敬意！向所有关心支持余姚发展的海内外朋友，表示衷心的感谢！

在肯定成绩的同时，我们也清醒地认识到，发展中还存在一些问题，主要是：经济下行压力依然较大，部分企业生产经营困难，“两链”风险需要加强防范；全领域创新氛围还不够浓厚，“人才+”“资本+”“互联网+”等融合提升刚刚起步，企业家队伍建设需要更加重视，新旧动能转换亟须取得根本性突破；城乡功能布局和环境面貌有待优化提升，美丽余姚建设整体上提升任务还比较重并存在不平衡性，山水文化资源尚未真正转化为发展动力和竞争优势；重大平台开发和重大项目投入绩效还不够高，政府债务结构需要进一步优化，投融资平台运作效率仍需提升；民生和社会治理领域还存在不少短板，教育、医疗、文化等公共服务优质资源布局不均衡，基层治理、矛盾调处、安全生产等社会建设领域治本机制需要进一步健全。同时，少数政府工作人员精神状态不佳，责任意识、改革意识还不够强，勇于担当、敢于破难的氛围、机制与新形势新要求还有一定差距。对此，我们将高度重视，采取有效措施，切实加以解决。

二、今后五年奋斗目标和战略重点

未来五年，既是余姚实现转型发展、跨越发展的战略机遇期，也是高水平全面建成小康社会的决战决胜期，机遇与挑战并存，希望与艰辛同在。我们必须抓住机遇、迎接挑战，以敢为人先的锐气、勇于担当的斗志，推动余姚改革发展形成新优势、开创新局面。

根据市第十五次党代会精神，今后五年政府工作的指导思想是：高举中国特色社会主义伟大旗帜，以邓小平理论、“三个代表”重要思想和科学发展观为指导，深入贯彻习近平总书记系列重要讲话精神，按照“五位一体”总体布局和“四个全面”战略布局要求，践行新发展理念，围绕打造“两区三城”，大力实施“六大行动”，推动实现“六大跨越”，知行合一、勇立潮头，高水平全面建成小康社会，在全国同等城市中争先进位，加快建设经济活力强、品质环境优、人民幸福水平高的现代化创新型生态城市。

依据“十三五”规划，今后五年我市发展的总体目标是：地区生产总值年均增长 7.5%，一般公共预算收入年均增长 7.5%，居民收入提高与经济增长同步，公共服务均等化、优质化水平显著提升，县域竞争力、综合实力实现争先进位。

具体而言，要推动实现“六大突破跨越”：

——产业转型实现突破跨越。经济增长保持中高速、产业水平迈上中高端，现代产业体系基本建立。“工业强市”提速换挡，智能经济示范区初步成型，重大产业平台开发建设出形象出经验，若干千百亿产业集群形成雏形，实现规模以上工业增加值 380 亿元，其中战略性新兴产业增加值 150 亿元、高新技术产业增加值 190 亿元。服务经济提质扩容，现代商贸实现升级换代，“互联网 +”、休闲旅游、金融服务、健康养生等成为新兴支柱产业，第三产业增加值占地区生产总值比重达到 41.5%。农业发展提效增收，产业形态、产品品质和经营主体实现同步提升，现代化水平继续走在全省全国前列。

——改革创新实现突破跨越。机制障碍在更深层次突破，创新活力在更广领域迸发，改革创新成为推动发展的主动力。行政体制、经济体制等重点领域和关键环节改革持续深化，企业重组、上市和产业基金引育等资本多元化建设取得重大进展，引领发展新常态的体制机制加快形成。深化户籍制度改革和农村“三权”改革成果，农村产权交易制度逐步完善，有利于人口有效集聚、要素自由流动的城乡统筹机制不断健全。以科技创新为核心的全面创新加快推进，研究与试验发展经费支出占地区生产总值比重达到 3%，率先进入省创新型城市行列。

——对外开放实现突破跨越。“走出去”与“引进来”双向开放向纵深拓展，着力构建全方位、多层次的对外开放大格局。两种资源得到更好利用，深度参与“一带一路”和长江经济带战略，全面接轨上海，融入宁波，共享杭州，招商引资、浙商姚商回归和总部经济引育实现质量效益齐升，累计实到外资、内资、浙商创业创新资金分别达到 12.5 亿美元、250 亿元和 155 亿元。两种市场得到更好拓展，扩大出口与提升进口协调推进，努力在技术、质量、标准、品牌、服务等核心要素上抢占先机、赢得优势，自营进出口总额累计达到 3350 亿元。

——城乡品质实现突破跨越。城乡统筹由外延拓展向内涵提升转变，城市化率达到 66%，全域景区化建设取得明显成效。高铁新城等重点区块开发建设和城中村、危旧住宅区改造全面推进，着力打造现代化中心城区。全面建成杭州湾跨海大桥杭甬高速公路连接线等六大交通工程、姚江北排等四大防洪排涝工程、220 千伏滨海变等四大能源工程和城区污水收集五期等四大生态建设工程，保发展、保安全、保民生的基础设施实现重大跃升。

全域美丽创建扎实推进，“三改一拆”“五水共治”等走在前列，生态环境持续优化，让美丽、魅力成为余姚最鲜亮的底色。

——文化引领实现突破跨越。文化强市战略深入实施，文化繁荣与城市发展互促共融，力争跻身全国文明城市和国家历史文化名城行列。文化产业繁荣发展，增加值比重提高到8.2%以上。历史街区和遗存得到进一步保护和开发，先贤思想和文化得到进一步传承和弘扬，“文献名邦、东南名邑”焕发时代新活力。建成投用集图书馆、文化馆、青少年宫等功能于一体的市公共文化中心，再规划建设一批集健身、休闲、景观于一体的城市小阳台和步道，崇文崇德成为每个人的行动自觉，让现代文明的阳光普照余姚大地。

——民生福祉实现突破跨越。继续确保每年新增财力的2/3以上用于民生，让人民群众在共建共享中增强获得感、提高满意度。建成投用市技师学院和新第二人民医院、中医医院等一批公共服务设施，不断完善创业就业、养老医疗、助困助残等社会保障体系，城镇登记失业率控制在3%以内，每千人常住人口执业（助理）医师数达到3.2人，城乡居民社会养老保险参保率达到95%，社会养老床位增加到1.2万张，残疾人小康实现度达到97%，力争基本实现劳有多得、病有良医、老有赡养、学有优教、住有宜居。

在工作中，我们必须：

牢牢把握争先进位这一奋斗目标。实现在全国同等城市中争先进位，是发展所需、群众所盼、责任所系。我们必须放眼更大格局，确立更高目标，在标杆中寻找差距，在压力下奋起直追，努力在发展路径、发展质量和发展内涵上求突破，为宁波跻身全国大城市第一方队、浙江继续走在全国前列作出贡献。

牢牢把握平台阵地这一重要支撑。产业平台和创新阵地，是培育壮大新动能、新产业的突破口，是优化提升旧动能、旧产业的切入点。我们必须顺应新一轮技术革命和产业发展趋势，搭高台，攀高亲，请高手，引才引资引项目，科学整合配置科技、人才、资本等要素，着力打造产业转型升级主引擎。

牢牢把握文化山水这一鲜明特色。念好山水经，打好文化牌，余姚的发展才能神形兼备。我们必须更加重视传统文化资源的挖掘和弘扬、独特山水资源的保护和开发，奏响红色文化、阳明思想的时代音符，绘好碧波姚江、五彩四明的壮丽画卷，切实提高城市感染力，不断增强发展向心力。

牢牢把握改善民生这一根本目的。保障和改善民生，是科学发展的要求，是社会和谐的基础。我们必须顺应人民群众新期待，多办促进公共服务水平提升的实事好事，多建促进生产生活条件改善的工程项目，多解群众迫切需要解决的热点难点，让这座城市的人们享有更高的幸福感、获得感和自豪感。

牢牢把握补短破难这一有效抓手。扬长补短、攻坚克难，是余姚争先进位的当务之急，是余姚勇立潮头的关键之举。我们必须以更宽视野、更高标准，查补制约转型发展的根本性、关键性短板，精准施策、持续发力，打好打赢补短破难攻坚战，切实肩负起“干在实处永无止境，走在前列要谋新篇”新使命。

牢牢把握凝心聚力这一强大保障。余姚发展已确立新的目标、步入新的阶段，需要全市一盘棋、一条心、一股劲。我们必须把全市干部群众、新老余姚人的思想和力量凝聚在一起，谋事以实、创业以实、做人以实，一步一个脚印，一年一个台阶，协力推动余姚经济社会发展不断开创新局面。

三、2017年主要工作任务

2017年，是新一届政府的开局之年，也是“十三五”规划实施的关键一年。做好今年的政府工作，意义十分重大。综合考虑各种因素，建议今年全市经济社会发展的主要目标为：地区生产总值增长7%左右，一般公共预算收入增长7%左右，固定资产投资超过600亿元，城乡居民人均可支配收入分别增长7%左右和8%左右，城镇登记失业率控制在3%以内，节能减排完成上级下达任务。

今年的政府工作，必须牢牢把握稳中求进总

基调，主动适应经济发展新常态，在扩大总需求的同时，着力推进供给侧结构性改革，推动产业转型提速、城乡环境提质和人民生活提升，努力以经济社会发展的优良成绩迎接党的十九大胜利召开。

（一）坚定不移推进智能经济，着力实现工业强市新跨越。

打造智能经济新名片。全面推进“中国制造2025浙江行动”县级试点示范区建设，编制出台智能经济（机器人产业）专项规划，细化落实政策措施，全力打造智能经济示范区。精心办好第四届中国机器人峰会，着力打造国际化、高端化、实效化的行业盛会。筹建浙江大学机器人研究院（学院），努力建设国际一流的机器人教育和科研机构。着眼高规格、专业化，全面建成国内一流的综合性机器人展览交易市场。推进智能制造产业研究院功能拓展和延伸，积极构筑智能制造核心支撑平台。

培育智能制造新标杆。主攻机器人、新能源汽车及关键零部件、光电信息、智能家电、高端金属合金材料等重点领域，加快培育智能制造产业集群。力争战略性新兴产业增加值、装备制造业增加值分别增长8%和7.5%。组织开展智能化改造专项试点，深化实施“四换三名”工程，大力推进技术革新、工艺更新、产品换新和模式创新，加快传统产业和块状经济高端化。以“三强一制造”工程为抓手，强化中小微企业扶持培育，深化“质优余姚”建设，实施“隐形冠军”“单打冠军”培育计划，推动发展个性定制、虚拟制造等新型模式。力争规上工业增加值增长7%。

构筑智能发展新高地。全力推进中意宁波生态园、“千人计划”产业园建设，全面启动“中国云城”开发，着力打造智能经济发展主阵地。提升发展余姚工业园区，加快建设城西工业园，推动城区工业企业布局优化，努力培育高端都市工业集聚区。推动机器人小镇、智能光电小镇、模客小镇、塑料家电O2O小镇开发建设提速提效，打造一批全省领先的新型创新创业平台。深入实施“百团计划”，培育发展各类众创空间，加快形成高端人才集聚特区，力争新引进高层次人才200人以上。

（二）坚定不移推进产业融合，着力推动服务经济新提升。

提升商贸服务业。引导城市综合体错位发展，改造提升特色街区，积极推广邻里中心商业模式，繁荣发展镇级商贸中心，培育打造“智慧商圈”，力争社会消费品零售总额增长9%。推动中国塑料城、中国裘皮城转型发展，基本建成中国慧聪家电产业新城，着力打造新型专业市场。强化“菜篮子”“米袋子”保障和安全，加快第三中心粮库、海吉星农批市场建设。大力发展现代物流、法律服务、文化创意等新兴服务业态，积极发展普惠金融，加大金融对实体经济的支持力度。

做强休闲旅游业。实施“全域旅游”发展战略，完善旅游基础设施配套，加强引擎性引领性旅游项目招商，稳步推进牟山湖休闲度假区开发建设，力争打造一批特色鲜明的景点景区。实施梁弄四明山旅游门户区改造提升，加快浒溪线百里风光带建设，培育发展民宿度假、健康养生、体育运动等产业，提高四明山旅游度假区的知名度和吸引力。实施“文化+”发展战略，着力培育一批文化产业项目，切实抓好河姆渡遗址、天下玉苑等区域战略投资者引进，打响余姚文化旅游品牌。力争新增AAA级、AAAA级景区各1家，旅游总收入突破115亿元。

推进“互联网+”。深化“智慧余姚”建设，实施“三网融合”等工程，提升公共网络速度，扩面免费无线网络，加快城市大数据平台、互联网经济公共服务平台建设和应用。深化“两化深度融合国家示范区”和“信息经济示范区”建设，扎实推进“物联网”等信息技术集成运用。做强做大“甬易支付”，引导电商园区发展提升，深化电子商务“七进”工程，鼓励支持企业发展电子商务。力争互联网经济规模突破1000亿元。

（三）坚定不移推进农村发展，着力构建强村富民新体系。

大力发展现代农业。深化粮食功能区建设，培育发展“农旅结合”等新型业态，打造精品农业风景线和都市农业产业集聚区。提升农产品品质，加强“三品一标”创建管理，努力创建成为省级农产品质量安全放心示范县。强化科技支农，发展壮大家庭农场、龙头企业等经营主体，大力推进农业领域“机器换人”，推动农业高效化发展。

积极推进农村改革。巩固和完善农村土地承包关系，基本完成农村土地承包经营权确权登记颁证工作，稳步推进农村土地流转。积极探索村级集体经济发展新路子、新机制。深化“三位一体”农民合作经济组织体系建设，力争实现乡镇农业公共服务中心全覆盖。稳步推进农业转移人口市民化，促进产业人口有效集聚。深化农村金融服务创新，进一步扩大农信担保、政策性农业保险覆盖面。

不断提高农民收入。大力发展农村电子商务，完善农产品网络销售体系，扩大优质农产品竞争力。科学推进“下山移民”，鼓励引导农村富余劳动力向技术工人、三产服务或中小微企业主转型。健全新型职业农民培育培训机制，着力培养一批高素质、专业型的农业经营管理领军人才。以山区老区为扶持重点，深入实施低收入农户增收工程，推进精准帮扶动态管理，加大就业帮扶力度，不断拓宽农民增收渠道。

（四）坚定不移推进改革创新，着力激发转型发展新动力。

强化科技创新。提升科创中心等创新平台服务水平，不断完善创新创业孵化体系。鼓励企业组建产学研实体和技术创新联盟，联合开展行业内关键共性技术攻关。深化科技金融改革，积极推广科技创新券制度，发挥科技金融风险池基金等作用，扶持科技型中小企业做大、高新技术企业做强。力争研究和试验发展经费占地区生产总值比重达到2.68%，高新技术产业增加值增长9%，新增发明专利授权700件。

深化体制改革。加快推进差别化要素价格供给机制等专项改革，提高要素配置绩效。强化国资国企体制创新，做好资产、资金、资源、资本“四资”文章。推进国有投融资平台整合提升，完善PPP合作、政府购买服务等模式，不断提高投融资绩效。积极探索资产证券化，严控政府性债务规模和风险。重视和扶持本土企业做大做强，鼓励企业实施股份制改造、兼并重组或引进战略投资，强化上市企业梯度培育，着力引进各类产业投资基金、天使基金等，积极发展多层次资本市场。

扩大开放合作。强化针对性招商，充分盘活存量厂房、土地等资源，扎实推进以企引企和产业链招商、税源型企业招商，确保实到外资2.5亿美元，实到内资58亿元人民币。鼓励在外浙商姚商通过企企合作、抱团投资、总部回迁等方式回乡创业，力争实到浙商创业创新资金31亿元。深入实施市场多元化战略，鼓励企业产品创新和品牌培育，大力发展跨境电商，提高贸易便利化水平，力争自营出口增长2%。深化山海协作和对口帮扶，促进合作共赢。

（五）坚定不移推进品质提升，着力构筑城乡统筹新格局。

优化全域一体的规划体系。强化规划体系研究和刚性执行，加快重点片区控规修编，加强重点区块城市设计，完善交通、地下管廊等设施专项规划，启动老城区支路网系统布局研究，实现城镇控规和村庄规划全覆盖。更加重视泗门卫星城、姚北新城和三个中心镇的改革发展，优化功能布局和要素配置，切实提高其综合承载和带动能力。深化姚东片区发展研究，加强与宁波都市区的规划对接、产业对接和功能对接。

强化全域共享的承载功能。全力推进危旧住宅区和棚户区改造，加大“拆迁清零”攻坚力度，大力推行“模拟拆迁”“阳光征收”，完善“房票”安置模式，进一步改善人居条件和城市环境。开通运营余姚至宁波城际列车，推进余梁线北延等工程建设，打通四明东路等3条城区断头路，完成杭州湾跨海大桥杭甬高速公路连接线等主体工程。开工建设姚江上游西分工程，基本完成陶家路江整治二期、候青江泵站等工程，加快河道清淤和水系沟通，探索开展海绵城市规划建设。继续实施“三江六岸”拓展提升工程，开工建设姚江公园。实施电网升级改造，加快天然气管网向集镇延伸。深化综合行政执法体制改革，增强智慧城管平台实效，深化保洁保序保畅通，提高城市精细化管理水平。

深化全域覆盖的美丽创建。以“一加强三整治”为重点，全面推进小城镇环境综合整治行动。深入开展全民共建“美丽家园”活动和农村“安居宜居美居”专项行动，实施美丽乡村分类创建，深化“美丽小区”“美丽单位”等六项创建，启动农村“改旧”试点，巩固完善农村环卫长效保洁机制，加快实现城乡环境“洁序美”。持续推进“三改一拆”，突出控违拆违，加强拆后利用，力争50%的乡镇达到“基本无违建”创建标准，争创“无违建创建先进市”。

（六）坚定不移推进生态建设，着力促进环境质量新改善。

强化污染源头管控。严把项目环评、能评审批关，严控高污染、高耗能行业新增产能。实行煤炭消费、碳排放总量控制，稳步推进工业园区集中供热和煤改气。加快淘汰高污染燃煤锅炉等落后产能，大力发展循环经济和节能环保产业，不断提升绿色发展水平。加大行业整治力度，推进挥发性有机污染物治理，高标准建设电镀园区。力争腾出用能空间2万吨，实施节能改造重点项目30项。

强化环境综合治理。深入推进“五水共治”，编制实施水污染防治行动计划，全面开展“污水零直排区”建设，加快推进城市污水处理厂三期扩建及输送管网复线工程，完善城乡污水治理体制机制，强化饮用水源地保护，持续提升水环境质量。实施工业废气、机动车尾气、秸秆垃圾焚烧等专项治理，不断改善空气质量。巩固提升畜禽养殖污染治理成果，深化农业面源污染治理，强化固体废弃物污染防治，进一步优化土壤环境质量。深化森林余姚建设，力争建成省级森林村庄6个，完成平原绿化1000亩、四明山生态修复2000亩。

强化环保基层基础。加强环境监管的预警预测和动态跟踪，完善污染源随机抽查制度，推进污染源在线监测系统、刷卡排污系统等建设，深化环境监管网格化管理，着力构建企业排污监管长效机制。强化环保执法，推动部门联防联控，始终保持对违法行为的严打高压态势。培育弘扬生态文化，倡导绿色生活方式，推动形成全民共建生态文明的良好风尚。

（七）坚定不移推进惠民安民，着力开创民生保障新局面。

提高社会保障水平。深化实施全民创业乐业增收新三年计划，完善就业创业扶持政策，做好大中专毕业生、残疾人、困难群众等重点群体就业创业指导服务。深入实施全民参保登记计划，推动社会保险扩面提质。落实定点医药机构协议管理办法，提升医保基金使用绩效。重视发展老龄事业，支持社会力量参与养老服务，构建智慧养老服务平台，推行医养结合、邻里守望等模式，推动居家养老服务规范提升。健全社会救助体系，完善残疾人社会保障和服务机制，提高社会福利和慈善事业发展水平。

协调发展社会事业。推动教育均衡优质发展，科学配置学前教育资源，调整优化中小学校布局，建成交付姚江中学新建等工程，推进职业教育综合改革，深化特色学校建设，积极开展省教育现代化市创建。着力建设“健康余姚”，开工建设精神卫生中心迁建工程，基本完成市第二人民医院、中医医院迁建工程，深化医药卫生体制综合改革，深入推进“双下沉、两提升”，稳步提高家庭医生签约服务水平，进一步健全分级诊疗服务体系。稳妥实施“全面两孩”政策，加快计划生育服务管理模式转变。全力做好重大疾病防控，大力开展爱国卫生运动，努力创建成为国家卫生城市。启动建设市公共文化中心，推进农村（社区）文化礼堂、村落文化宫建设，深入实施文艺精品创作三年行动计划和“一人一艺”工程，不断提高全民科学文化素养。弘扬优秀传统文化，启动“阳明故里”项目规划建设，精心举办“阳明文化日”和阳明心学高峰论坛等活动，加强历史街区和古村落、古建筑等保护。持续深化“做文明崇德余姚人”主题活动，不断提升市民道德素养和文明程度。

全力促进社会和谐。加强乡镇（街道）“四个平台”建设，深化网格化管理、组团式服务，健全“一张网”体系，积极培育各类社会组织，提高基层共建共治水平。致力“平安余姚”建设，完善立体化社会治安防控体系，加强人民调解与行政调解、司法调解有机衔接，扎实开展标本兼治遏制较大以上事故试点工作，切实提高人民群众的安全感和认同感。健全社会普法教育机制，积极营造“大普法”工作格局。完善流动人口服务管理体系，推进新型居住证制度，实行流动人口积分制管理。加强食品药品安全监管，争创省食品安全示范市。加强极端气候、突发事件应对和地质灾害防治，完善预防预警和应急管理体系。

各位代表，2017 年我们将全力办好促进安居乐业、保障市场供应、交通治堵保畅等十方面民生实事，努力让广大人民群众得到更多实惠。

（八）坚定不移推进自身建设，着力树立勤政廉政新形象。

坚持依法行政。增强法治思维，坚持学法制度，严格落实重大行政决策程序，严格执行规范性文件、行政机关合同合法性审查制度，提升依法决策水平。推行“双随机”抽查监管，严格执法责任制，进一步规范执法行为。自觉接受人大法律监督、工作监督和政协民主监督，切实提高人大意见建议、政协提案办理质量。推进重点领域政府信息公开，增强政府行政透明度，以政府“法治指数”提升社会“公平指数”。

坚持科学施政。加强调查研究，强化重大事项前瞻性研判，广泛听取群众、专家意见建议，健全科学民主决策和问责、纠错机制。深化“四张清单一张网”建设，推进乡镇（街道）行政体制改革，使事权、财权、要素配置逐步向乡镇（街道）倾斜。完善绩效考核评价体系，强化重点工作督察督办，构建“一竿子插到底”的工作落实机制。推进行业协会商会与行政机关脱钩，构建“亲”“清”新型政商关系，精准高效服务企业。推动服务下沉，增强镇级便民服务功能，打造“线上线下”一体化审批模式，建立覆盖全市的公共资源交易系统，以政府“效率指数”提升经济“发展指数”。

坚持勤廉优政。坚决贯彻落实上级和市委关于加强干部队伍建设的决定精神，牢固树立“四种意识”，弛而不息查纠“四风”，大力倡导担当精神，大力整治懒政怠政，苦干实干团结干，着力形成“争做铁军先锋，争立发展新功”的干事创业格局。严格履行全面从严治党主体责任，切实加强政府系统党风廉洁建设，认真贯彻党内政治生活若干准则等党纪党规，全面落实“四专三书一报告”制度，用足用好“一馆五基地”廉洁教育资源，积极构建不敢腐、不能腐、不想腐的体制机制。稳步推进国有资产清理整合，加强财政专项资金管理，倡导厉行节约，严控“三公”经费，深化土地出让、工程招标等重点领域审计监督和行政监察，以政府“清廉指数”提升人民“信任指数”。

各位代表，回首过往，余姚一直在创造辉煌；展望未来，余姚必将会续写华章！让我们紧密团结在以习近平同志为核心的党中央周围，在中共余姚市委的坚强领导下，知行合一，勇立潮头，为高水平全面建成小康社会，在全国同等城市中争先进位，加快建设现代化创新型生态城市而努力奋斗！

名词解释

1. PPP：是指民间资本参与公共基础设施建设和公共事务管理的模式统称为公私（民）伙伴关系（Public-Private Partnership——简称 PPP）。

2. 三改一拆：是指旧住宅区、旧厂区、城中村改造和拆除违法建筑。

3. 五水共治：是指治污水、防洪水、排涝水、保供水、抓节水。

4. 四边三化：是指在公路边、铁路边、河边、山边等区域开展洁化、绿化、美化行动。

5. 十有县：是指国土资源部开展的地灾防治高标准“十有县”建设，要求做到有制度、有机构、有经费、有检测、有预警、有评估、有避让、有宣传、有演练、有效果。

6. 基层治理“一张网”：是指在村（社区）内划分若干网格，每个网格都是党委政府开展社会治理的最小管理单位，按照“资源进网格、事务进网格、人员进网格”的工作要求，借助信息化手段，实现“管理网格化、指挥平台化、运行信息化、服务全程化、考核智能化、参与全员化”的基层社会治理新模式。

7. 三进三送：是指进村（社区）、进企（含个体工商户）、进户，送政策、送服务、送温暖。

8. “两万”走访服务企业：是指“助万企转型、促万众创新”走访服务企业。

9. 应收账款债权流转业务：指债务人承诺到期付款或由债权人承诺到期回购，提供担保或保险公司承保，经债权人向应收账款债权管理公司申请应收账款债权凭证（合同），记载应收账款债权转让的相关信息，使应收账款债权持有人、受让人可以凭此全部转让、部分转让或质押债权，实现融资、融货、流转、抵付或应收账款融资服务平台融资等功能。

10. 六个一：“一会”即中国机器人峰会，“一院”即宁波市智能制造产业研究院，“一市”即机器人展览交易市场，“一镇”即机器人小镇，“一校”即浙江大学（余姚）机器人研究院（学院），“一策”即智能经济发展政策。

11. 三去一降一补：是指去产能、去库存、去杠杆、降成本、补短板。

12. “两路两侧”整治：指主要公路干线和铁路（高铁）干线两侧1000米可视范围内环境问题的整治工作。

13. 多网合一、多员合一：是指按照“资源进网格、事务进网格、人员进网格”的工作要求，统筹职能、力量、资源，将各个部门的不同网格整合到统一的社会治理基础网格中，并将原有各条线基层工作人员以及各类协辅人员队伍整合分配到网格中，建立以网格长为核心、以网格为责任区的工作模式，解决多网多头管理、力量职责交叉分散、工作效率不高等问题。

14. 三强一制造：是指质量强省、标准强省、品牌强省建设和打造“浙江制造”品牌。

15. 百团计划：围绕新装备、新材料、新能源与节能、电子信息、医疗器械与生物医药等五大战略性新兴产业，着眼于服务创业，激活创新，在浙江“千人计划”余姚产业园构建特别机制，采取特殊政策，实行特事特办，加大对海内外高层次人才及团队的引进培养力度，计划用5年左右时间，引进100个以上由“千人计划”专家或同等水平高层次人才领衔的高端创业创新团队落户园区，将“千人计划”产业园打造成科技创新核心区和高端产业集聚区。

16. 三网融合：是指电信网、广播电视网、互联网在向宽带通信网、数字电视网、下一代互联网演进过程中，三大网络通过技术改造，其技术功能趋于一致，业务范围趋于相同，网络互联互通、资源共享，为用户提供语音、数据和广播电视等多种服务。

17. 电子商务“七进”工程：是指电子商务进商贸流通企业、进工业生产企业、进外贸企业、进市场、进社区、进农村、进生活。

18. 三品一标：是指无公害农产品、绿色食品、有机农产品和农产品地理标志。

19. “房票”安置：是指在集体所有土地房屋拆迁安置中，被拆迁人凭借已签订的就地调产安置协议，向拆迁人申请“房票”（即根据其按政策可获得补偿的安置房、车位〈车库〉、架空层〈储藏室〉面积，折算成价值而制作成的专门单子），并在规定期限内凭“房票”自行选购符合条件的商品房的一种安置方式。

20. 海绵城市：是指城市能够像海绵一样，在适应环境变化和应对自然灾害等方面具有良好的“弹性”，下雨时吸水、蓄水、渗水、净水，需要时将储存的水释放并加以利用。

21. 一加强三整治：是指加强规划设计引领，整治环境卫生，整治城镇秩序，整治乡容镇貌。

22. “污水零直排区”建设：是指到2020年，全市中心城区、乡镇（街道）建成区、工业园区（集聚区）的污水管网实现全覆盖，排水许可证实现全覆盖、农村生活污水治理自然村实现全覆盖，沿河排口晴天无排污，全市基本建成“排水用户全分流、污水管网全覆盖、城镇污水全处理”的城镇排水综合管理体系，城镇黑臭水体全面消除，辖区污水全面实现零直排标准要求，建成宁波市

"污水零直排区"。

23. 双下沉、两提升：是指推动城市优质医疗资源下沉和医务人员下基层，提升市域医疗卫生机构服务能力和群众就医满意度。

24. 四个平台：是指综治工作平台、市场监管平台、综合执法平台和便民服务平台。

25. "双随机"抽查监管：是指采取随机方式抽取被检查对象，随机方式选派执法检查人员，及时公开检查结果，并按照公正、透明的原则组织实施。

26. 四专三书一报告："四专"即确定专门机构、落实专门人员、健全专项机制、构建专门平台；"三书"即向市领导发《责任分工告知书》，向党风廉洁建设工作任务牵头单位发《牵头任务告知书》，向未完成工作和需要改进的单位发《责任落实督办书》；"一报告"即履行党风廉洁建设主体责任情况报告。

27. 一馆五基地：即王阳明故居纪念馆和严氏宗祠、蒋梦麟故居、浙东（四明山）抗日根据地旧址群、中共余姚四明山第一党支部纪念室、侵华日军火烧长泠江史迹馆等 6 个廉政教育基地。

专　记

中国机器人峰会暨全球海归千人宁波峰会

【概况】

6月13日上午，第三届中国机器人峰会暨全球海归千人宁波峰会在余姚市梁弄镇开幕。省委书记、省人大常委会主任夏宝龙出席；省委常委、常务副省长袁家军宣布开幕；省委常委、省委秘书长陈金彪，科技部原副部长、“中国制造2025”领导小组副组长曹健林出席，宁波市委副书记、代市长唐一军致辞。中国科学院院士、北京大学原校长许智宏，中国科学院院士丁汉，中国工程院院士蔡鹤皋、李德毅、谭建荣，美国工程院院士克特利，瑞典皇家工程科学院院士顾纯元，加拿大皇家科学院院士李明，日本科学院院士福田敏男，德国工业4.0产业联盟常务理事林德，德国汉堡科学院院士张建伟，中国机电一体化技术应用协会副理事长张入通，中国兵器北方科技信息研究所党委书记王文明等国内外智能科技方面的著名专家参加开幕式。宁波市领导王剑波、杨立平、陈仲朝，宁波市政府秘书长王建社，余姚市领导毛宏芳、奚明出席开幕式。

会上举行中国机器人峰会永久落户仪式，标志该峰会将永久落户梁弄镇。

国家“千人计划”专家联谊会副会长、宁波智能制造产业研究院院长甘中学在会上宣读《机器人TOP30发起倡议书》，30名顶尖的机器人科学家共同发起“TOP30机器人智库”。日本川崎机器人（天津）有限公司董事长矶部正史致辞。一批智能经济产业项目、政府服务项目、人才合作项目签约，涉及金额200余亿元。

此次峰会主题为“人机融合、让机器人更智能”，由宁波市人民政府、中国机电一体化技术应用协会、中国兵器北方科技信息研究所联合主办。中共宁波市委组织部（市委人才办）、宁波市经信委、宁波市科技局、余姚市人民政府、《机器人技术与应用》杂志社承办。峰会以主旨报告、主题论坛和展览展示相结合的方式举行，同时举行全国工业机器人论坛、服务机器人论坛、人工智能与无人驾驶技术论坛、医疗机器人产业发展论坛、并联机器人应用论坛等10余个分论坛。

（余姚日报社）

“五水共治”专项行动

【工程项目】

防洪水排涝工程行动　2016年，全市计划实施项目12个，计划总投资10.06亿元，累计完成8.42亿元，完成率83.7%。其中，省重点工程姚江城区段堤防加固工程(一期)计划投资1.67亿元，已完成1.64亿元，完成率98.2%；姚江城区段堤防加固工程(二期)计划投资1.7亿元,已完成1.54亿元，完成率90.6%；食禄桥江陶家路江整治二期工程计划完成1.3亿元，已完成1.1亿元，完成率84.6%；三期堤防加固工程和城北圩区候青江泵闸工程、陶家路江整治二期、梁弄镇东溪整治工程完成90%。排涝水项目中，除泵站工程尚在资料审查外，其余3个全部完工。

治污水行动　全年计划实施项目11个，计划总投资5.69亿元，累计完成投资4.26亿元，完成投资率74.9%。其中，村级生态河道治理16.06千米,完成率179.9%；隐溪河创建宁波市“五水共治”典型示范河道工程，完成率100%，累计实现河道清淤3.2万立方米。

保供水行动　全年计划实施项目3个，计划总投资1.07亿元。上半年累计完成投资0.64亿元，完成投资率63.4%。

抓节水行动　全年计划实施项目4个，计划总投资0.26亿元。上半年累计完成投资0.25亿元，投资完成率96.2%，至年底，4个项目已全部完成。

【“清三河”】

严控农业面源　全年沼液消纳利用量39.6万吨，测土配方施肥技术实施面积4.33万公顷，推广商品有机肥1.5万吨，推广应用配方肥800吨，农药减量技术应用面积2万公顷,农药减量39.5吨。

畜牧场整治　年内，全市在前三年开展三轮整治的基础上，组织开展禁养区内畜禽养殖场关停拆除扫尾清零行动，对禁养区内遗留的所有畜禽养殖场进行关停拆除。全市需关停拆除的养殖场（户）667家，截至10月中旬，完成签订关停拆除协议568家,签约率85%；完成关停拆除392家，完成率58%；完成市级验收77家。

清淤行动　按照五年清淤计划，2016年计划完成河道180万立方米的清淤任务，已全部完成。按照宁波市“明年任务提前做”要求，年内完成2017年清淤46万立方米，清淤总方量居宁波市前列，同时完善河道淤积情况监测和清淤长效机制。

农村生活污水治理　继续开展“PPP”项目，43个村开展农村生活污水治理，已完成建设村21个，建设中22个。

【污水纳管】

管网建设　2014—2016年，全市通过实施城区污水收集四期工程、城区污水纳管一期、二期工程、侯青江区域污水纳管工程等工程，共新建城市污水管网61.4千米。通过“以奖代补”政策，推进各乡镇污水处理设施建设，三年中各乡镇共铺设污水管网约197千米，新建泵站10座。全市累计建成城市污水收集管网及污水输送管网约484.14千米，乡镇污水收集管网约385千米。

污水处理　根据宁波市及余姚市政府“十二五”任务要求，于2014年4月1日启动一期日处理12万立方米的升级改造及二期扩建工程，2014年年底，工程完工并进入试运行，日处理规模达到15万立方米，出水执行标准为环评批复《城镇污水处理厂污染物排放标准》（GB　18918—2002）一级A排放标准。工程投资额为9300万元左右，累计总投资达2.26亿元。经改造后，污水厂处理能力基本能满足全市污水处理需要，2016年，日均污水处理量为14.9万立方米，负荷率约为99%。开展企事业单位污水纳管工作，三年共核发排水许可证1835本，名列宁波各县（市、区）前列。

【排污（水）口标识专项行动】

根据省入河排污（水）口标识专项行动要求，创新推出排污（水）口“户口簿”管理机制，设立“一河一村一牌”。即一条河经过一个村设立一个块牌，设置地点主要在离入河排污（水）口较近的位置（或村与村交界处）。在省要求统一标识牌基础上，新增“三色分类”标注：污水口用红色标注，雨水口用蓝色标注，雨污混合口用黄色标注。全市1579条河道的排查建档工作已基本结束，共计排查出市级河道排污（水）口1978个、镇级河道排污（水）口4217个、村级河道排污（水）口6720个。竖牌工作已完成60%。

【“污水零直排区”创建】

10月24日，召开《余姚市创建“污水零直排区”工作实施意见》座谈会，专题听取相关职能部门建议意见，总体上按照“突出重点、有序推进、网格管理”原则加快“污水零直排区”建设工作。突出重点，即突出水源保护地、主城区、集镇、工业园区和“十小”（造纸、制革、印染、染料、炼焦、炼硫、炼砷、炼油、电镀、农药）行业等重点，尤其突出“一大三中”（一个大型水库，三个中型水库）水库水源地保护和城区四街道截污纳管全覆盖，并按照宁波市政府提出的建设八大功能区的规划要求全力推进。有序推进，即按照宁波市政府提出的分年度按比例完成乡镇街道创建达标，加快“污水零直排区”建设。初步计划2017年，梁弄、四明山、大岚、鹿亭等4个乡镇和经济开发区创建成宁波市“污水零直排区”；2018年，朗霞、低塘、泗门、马渚等4个乡镇（街道）创建成宁波市“污水零直排区”；2019年，凤山、阳明、梨洲、兰江等城区4个街道创建成宁波市“污水零直排区”；2020年，其余9个乡镇创建成宁波市“污水零直排区”。网格管理，即按照老小区、城中村、拆迁区块和工业园区、集镇等不同类型制订不同方案推进截污纳管。结合前段时间开展入河排污（水）口工作，对排摸出来的排污口、雨污混排口做到封堵一批、限期改造一批。

【制度化建设】

完善河长制　继续开展“致全市河长的一封信”活动，同时对市级河道河长呈送每月水质检测报告，并提出优化措施。继续开展“党员河长巡河日”活动，通过河长、河道警长、民间河长合力治水，加大河道保洁力度。

规范水质检测　继续引进第三方每月对95个断面开展水质检测，水质已逐月好转。其中Ⅲ类及以上断面30个，较2015年12月底增加19个，较2014年12月底增加28个；劣Ⅴ类断面24个，较2015年12月底减少15个，较2014年底减少41个。

强化考核　将截污纳管、入河排污（水）口工作、“污水零直排区”建设工作纳入年度“五水共治”考核，各乡镇、街道、经济开发区将“污水零直排区”建设工作纳入政府年度考核重点工作指标，对工作不力、进展滞缓的乡镇、街道进行约谈。

（市“五水共治”工作领导小组办公室）

“三改一拆”专项行动

【概况】

2016年，是新一轮“三改一拆”五年计划的开局之年，全市上下以拆违结合改造利用，以去存结合长效管理，重点聚焦新增违建管控，深化无违建创建，巩固“三改一拆”行动成果，推动“三改一拆”行动向纵深发展，全面完成年度工作目标任务。

【“三改”工作】

全年实施“三改”面积206.2222万平方米（其中，旧住宅25.6419万平方米，旧厂区154.4851万平方米，城中村26.0952万平方米），完成全年任务的158.63%。推进旧厂区改造，为企业转型升级、腾笼换鸟开辟空间，如更大集团、舜扬电器等老牌企业智能化设备“机器换人”，产品质量和企业效益得到大幅度提升，光耀热电烟气超低排放改造项目社会效益明显。推进旧住宅和老小区改造，启动花园新村、山后新村、二轻宿舍地块、马渚旧城改造等老旧住宅和棚户区改造项目。

【“拆违”工作】

根据宁波市政府下达的全年拆违170万平方米的目标任务，年初细化分解到各乡镇、街道，要求于10月底前完成全年任务。每月进行排名通报，对进度较慢的乡镇、街道进行督办，同时每月指定一批重点违建进行限期拆除，确保拆违进展。全年实施违法建筑处置196.73万平方米，完成全年任务的 115.72%。

【专项行动】

以“两路两侧”“四边三化”“蓝色屋面”“安居宜居美居”等专项行动为契机，整治机场起降航线和铁路、高速公路、国道、省道、城市出入口等重点区域乱搭乱建、脏乱差、蓝色屋面等问题点位 226 处，共约 515 万平方米。开展消防安全拆违专项整治工作，对城中村、农村居民区、外来人员集中租住区、旧住宅区、旧厂区和城市核心区域进行排摸整治，拆除严重影响消防安全违法建筑 27 处，涉及违法建筑面积近 10 万平方米。

【“无违建”创建活动】

年内，在梁弄镇、四明山镇、大岚镇成功创建“基本无违建乡镇”，鹿亭乡成功创建“无违建创建先进乡镇”的基础上，在上述 4 个乡镇继续开展宁波市“无违建创建先进单位”创建活动，建立健全防违控违长效机制，突出重点区域和重点类型存量违法建筑处置。截至年末，4 个乡镇在自查自评基础上，查漏补缺，整改提升，等待宁波市组织的考评验收。

（市“三改一拆”行动领导小组办公室）

姚江流域防洪工程

【概况】

2016 年，市流域防洪工程建设指挥部继续实施重点水利工程建设。其中，北排重点工程陶家路江二期整治工程一标段竣工，二、三标段农田段已全部完成，整个工程完成年度目标任务的 101%；三期整治工程完成项建书报批工作。城区堤防加固工程一期、二期完成堤防封闭，堤防绿化尚在施工。城北圩区候青江泵闸工程、姚江上游余姚西分工程、四明湖水库下游河道整治工程等开工建设。

【陶家路江二期整治工程完成农田段施工】

陶家路江二期整治工程列入省级及宁波市级重点工程，同时也是余姚市“五水共治”“治水强基”行动的重要实施项目。工程位于泗门镇境内，南起泗门泵站，北至陶家路江老闸，整治河道长 5.2 千米，整治后河面宽 80—100 米，批复概算 8.8 亿元。2 月，工程农田段开工，至年末，长 2.6 千米的农田段河道主体工程完成。

【食禄桥江整治工程整治河道 2.8 千米】

食禄桥江整治工程是全市“五水共治”城区防洪排涝工程项目的重要组成部分。工程建设任务以防洪排涝为主，整治河道全长 4.593 千米，设计河面宽 44.2—51.6 米，两岸堤防各 11 米。工程概算投资 41500 万元。工程于 2014 年 11 月 28 日开工，至 2016 年 12 月，已整治河道 2.8 千米。

【姚江城区段堤防加固工程（二期）实现堤防封闭】

姚江城区段堤防加固工程（二期）为全省“五水共治”重点工程。工程位于中心城区段，加固堤防总长度 20 千米，总投资 2.38 亿元。工程于 4 月动工，在主汛期前实现堤防封闭。11 月，经前期对景观绿化方案的优化，正式启动二期绿化工程，设计绿化带总长约 15 千米。

【城北圩区候青江排涝泵闸工程开工】

候青江排涝泵闸工程是城北圩区排涝工程中的骨干工程。工程位于城区玉皇山公园东侧，离候青江河口凤山桥约 310 米。工程建设规模为新建泵站总流量 80 立方米 / 秒，新建节制闸总净宽 60 米。工程概算总投资 29930.86 万元，建设总工期 24 个月。工程于 8 月 18 日开工兴建，年内完成导流明渠施工、河道截流围堰施工以及基础钻孔灌注桩施工。

【四明湖水库下游河道整治一期工程（余姚段）开工】

四明湖水库下游河道整治一期工程（余姚段）为全省“五水共治”重点工程。工程位于梁弄镇四明湖水库下游，主要建设内容为余姚段河道整治 0.80 千米，新建两岸堤防 1.60 千米，排水渠加固改造 70 米，新建分洪渠 0.17 千米，新建泵站 1 座、闸站 1 座、节制闸 1 座、桥梁 1 座等，总投资 7370 万元。9 月 10 日开工，计划于 2017 年主汛期前完成全部工程建设。

（市流域防洪工程建设指挥部）

大事记

1月

4日，余姚市与宝湾物流控股有限公司就余姚宝湾国际电商物流港项目正式签约。市委书记毛宏芳出席签约仪式并致辞。

5日，省委副书记、省长李强到余姚调研特色小镇建设。

6日，宁波市委副书记余红艺到余姚调研农村环境卫生整治、农房美居和“十三五”时期“三农”发展思路。

13日，市公共自行车服务系统正式运营。

18—20日，市政协召开十二届五次会议。

19—21日，市人大召开十六届五次会议。

同日，由《中国科学报》、科学网、《医学科学报》和《科学新闻》杂志共同主办的“2015中国科学年度新闻人物”评选活动正式公布结果，余姚籍科学家蔡祖聪等10人当选“2015中国科学年度新闻人物”。

20日，全市启动雨雪冰冻Ⅳ级应急响应。

22日，宁波市慈善工作经验交流会暨县（市、区）慈善总会会长会议在余姚召开。

28日，省级特色小镇第二批创建名单正式出炉，包括余姚模客小镇在内的42个小镇入围第二批名单。模客小镇是余姚市首个省级特色小镇。

是月，第八批浙江省现代农业园区（综合区）名单公布。四明山省级现代农业综合区、滨海省级现代农业综合区入榜。

2月

14日，市房屋交易服务中心和市住房保障中心揭牌。

16日，省人大常委会副主任袁荣祥到余姚开展查找“短板”专题调研。

24日，常务副省长袁家军到余姚调研特色小镇建设和工业企业生产情况。

3月

3日，宁波市副市长林静国率有关部门负责人到余姚，调研现代农业发展。

10日，市政府与盛世投资举行余姚产业投资基金委托管理合作协议签约仪式。市委副书记、市长奚明出席签约仪式。

同日，宁波市委常委、常务副市长陈奕君率有关部门负责人，到浙江甬易电子支付有限公司开展调研。

11日，浙江省小城市培育试点工作组对泗门镇小城市培育试点工作进行考核。

15日，浙江省全国浙商五金机电营销联盟2016发展论坛在中塑国际会展中心举行。

15—17日，2016中国慧聪（余姚）家电交易会暨第九届中国小家电博览会在中塑国际会展中心举行，共达成意向销售订单13.5亿元。

23日，市城市大数据平台建设工作正式启动。

24日，全市“立家规、正家风，建设清廉余姚”活动正式启动，机关党员大课堂同时开讲。

25日，宁波市副市长王仁洲率有关部门负责人到余姚调研城建交通及金融有关工作。

29日，全国政协副主席、台盟中央主席林文漪参观河姆渡遗址博物馆。宁波市政协主席徐明夫，余姚市委副书记、市长奚明，市政协主席陈建泰等陪同参观。

同日，宁波市人大常委会副主任、宁波市文联主席翁鲁敏到余姚调研余姚市文联工作和乡镇（街道）文联建设发展等情况。

30日，宁波市人大常委会主任王勇到余姚，就中意（宁波）生态园、浙江“千人计划”余姚产业园建设发展情况进行调研。

同日，熊汝霖纪念馆在朗霞街道熊家街村正式开馆。

30—31日，宁波市副市长林静国到余姚调研四明山区域生态发展工作。

4月

1日，浙江省榨菜机械化收割现场会在泗门镇光育农场举行。

9日，2016宁波四明山旅游节在余姚市大岚镇主会场启幕，宁波市副市长林静国宣布旅游节开幕。

13日，宁波市副市长李关定率有关部门负责人到余姚，调研生态环保及招商引资工作。

14日，市政府与农业发展银行宁波分行举行战略发展合作框架协议签约仪式。

15日，宁波市道德模范与身边好人现场交流活动在马渚镇文化中心举行，现场发布“宁波好人”榜（3—4月）和第一季度“余姚好人”榜名单。

19日，市新一轮的危旧房棚户区改造工作全面启动。

21日，市政府与国家开发银行宁波分行举行深化合作备忘录签约仪式。

27日，宁波市副市长林静国到余姚调研生态绿色产业发展。

28日，由中国工程院院长、院士周济任组长的中国工程院领导、院士和国内制造业领域专家一行到余姚，开展“中国制造2025”宁波“院士行”调研活动。

同日，由中央电视台科教频道《探索·发现》栏目组、浙江省新四军历史研究会和余姚市委、市政府等联合出品的理论文献纪录片《不朽的番号·新四军浙东游击纵队》在梁弄镇举行开机仪式。

同日，纪念何克希同志诞辰110周年座谈会在梁弄镇召开。

同日，市政府在市行政服务中心举行不动产登记颁证仪式。宣告全市不动产统一登记制度正式实施，成为宁波大市范围内第二个实行不动产统一登记制度的县（市、区）。

是月，全国首个村级党建研究室在泗门镇谢家路村成立。

5月

5日，省政协副主席吴晶率省政协港澳委员、港澳台侨和外事委特邀委员30余人到余姚，视察中意（宁波）生态园开发建设情况。

7日上午，第九届、十届全国人大常委会副委员长、中国文化院院长、北京师范大学人文宗教高等研究院院长许嘉璐参观考察王阳明故居，并在余姚博物馆报告厅出席“王阳明心学的现实意义”座谈会。宁波市委常委、宣传部部长万亚伟，宁波市委宣传部常务副部长张爱琴，余姚市委书记毛宏芳等陪同考察。

9日，泗门镇小路下村召开村党委成立二十周年纪念会，市委书记毛宏芳出席。小路下村党委为全市首个村级党委。

10日，宁波市委副书记余红艺到余姚调研基层治理“一张网”建设和企业创新发展工作。

11日，省委书记、省人大常委会主任夏宝龙到余姚调研。

同日，宁波市人大常委会副主任苏利冕率宁波市人大常委会检查组到余姚，开展大气污染防治执法检查和“五水共治”工作专项监督活动。

17日，宁波市委副书记、代市长、宁波市政协主席唐一军到余姚调研机器人小镇建设。

18日，副省长朱从玖到余姚调研中国塑料城市场建设情况以及食品安全工作。

21日，中国皮草在线总部启用仪式在中国裘皮城三期举行，标志中国皮草在线总部正式落户余姚市朗霞街道。

31日，任祖伊道德模范工作室成立。为全市首个道德模范工作室。

是月，浙江朗迪集团股份有限公司在上交所挂牌，成为全市第6家上市公司。

是月，宁波市政府批复马渚镇等4个乡镇（街道）的土地利用总体规划（2006—2020年）。至此，全市乡两级土地利用总体规划调整完善工作完成。

6月

6日，市文联举行市第三届优秀文艺作品“杜鹃花奖”颁奖会暨文艺名家讲座。

8日，临山镇农民合作经济组织联合会正式挂牌成立，为全市首个农民合作经济组织联合会。

9日，2016中国余姚杨梅节暨首届网络杨梅节开幕。

13日，省委书记、省人大常委会主任夏宝龙在余姚主持召开智能经济发展情况汇报会。省委常委、常务副省长袁家军，省委常委、省委秘书长陈金彪等参加。宁波市委副书记、代市长唐一军，余姚市委书记毛宏芳分别作关于宁波市智能经济发展情况和余姚市智能经济示范区发展规划的汇报。

同日，第三届中国机器人峰会暨全球海归千人宁波峰会在余姚四明湖国际会议中心开幕。省委书记、省人大常委会主任夏宝龙出席，省委常委、常务副省长袁家军宣布开幕，宁波市委副书记、代市长唐一军致辞。省委常委、省委秘书长陈金彪，科技部原副部长、“中国制造2025”领导小组副组长曹健林，宁波市领导王剑波、杨立平、陈仲朝，宁波市政府秘书长王建社，余姚市领导毛宏芳、奚明出席开幕式。

同日，全市有8个项目在第三届中国机器人峰会暨全球海归千人宁波峰会开幕式上签约，总投资200余亿元。

14日，全球海归千人宁波峰会人才项目对接洽谈会在四明湖国际会议中心举行。欧美同学会副会长、教育部原副部长吴启迪，宁波市委常委、组织部部长、统战部部长杨立平在洽谈会上致辞。

同日，宁波北京多源成像智能技术研发基地在余姚成立。

16日，宁波市副市长林静国率相关部门负责人到余姚调研防洪排涝工程建设情况。

同日，全市农村生活污水治理工作现场推进会在朗霞街道召开。

22日，2016年浙江高考成绩和首批控制分数线揭晓。全市考生文理科首批上线976人，一本上线率23.1%，比上年提升2.2个百分点，上线绝对数及上线率均创历史新高。

30日，市政府举行《余姚市志（1988—2010）》首发式。市委副书记、市长、市地方志编纂委员会主任奚明，市政协主席、市地方志编纂委员会副主任、《余姚市志（1988—2010）》主编陈建泰出席。

7月

3日，前乒乓国手陈剑乒乓球俱乐部在阳明电子商务产业园成立，陈剑中法文体交流项目同时启动。国际乒联终身名誉主席、原中国乒协主席徐寅生，乒乓球奥运会冠军吕林到场祝贺。

7日，宁波市用人单位职业卫生基础建设示范企业现场会在大隐镇召开。

8日，省高级人民法院党组书记、院长陈国猛到余姚考察调研法院工作。

13日，浙江大学党委书记金德水到余姚，就推进校地合作、共建政产学研合作平台进行调研。

14日，省委常委、省军区政委王新海少将到余姚检查指导人民武装工作。

21日，市全民共建“美丽家园”暨农村环境卫生长效保洁工作推进会召开，市委副书记、市长奚明在会上讲话。

同日，宁波市人大常委会党组副书记、副主任宋伟到泗门镇调研县乡人大换届选举试点工作。

28日，宁波市委副书记余红艺率宁波市联合督察组到余姚，专项督察经济工作责任落实、环境保障等工作。

是月，由市供销联社投资3000万元建成的农资配送中心开业，为全市规模最大的农资配送中心。

是月，市四明湖水库项目通过市财政局和市水利局共同主办的“物有所值”专家评价论证，成为全市首个开展并通过“物有所值”评价论证的存量PPP项目。

8月

3日，由市委副书记、市长马辉带队的四川省江油市考察团到余姚，考察现代农业发展情况。

8日，由省发改委重大项目稽查特派员陶国胜任组长的省督察组在余姚召开督察工作汇报会，对市“三改一拆”和“五水共治”工作进行督察。

同日，2016中国慧聪（余姚）家电交易会暨第十届中国小家电博览会在中塑国际会展中心开幕。

9日，宁波市政协在余姚举行余慈地区生态建设和环境保护民主评议会。宁波市委副书记、代市长、市政协主席唐一军出席会议并讲话。

同日，宁波市农村“安居宜居美居”专项行动现场会在余姚召开。宁波市委副书记余红艺在会上讲话。

17日，全市创建国家卫生城市城中村整治现场推进会在凤山街道永丰村召开。

31日，省委常委、宁波市委书记、代市长唐一军到四明山革命老区调研。

是月，曹娥江至慈溪引水工程（余姚段）通过省环保厅组织的环境保护设施竣工验收。

是月，余姚市建立全省首个互联网经济统计体系。

是月，全市注册商标总量突破2万件大关，达20013件，位列宁波各县（市、区）前茅，区域性品牌地理标志9件，位居全省各县（市、区）首位。

9月

1日，宁波市副市长林静国到余姚督察调研农村生活污水治理工作。

7日，副省长冯飞到余姚调研。

7—8日，省政府第一督察组到余姚市企业、小区和危旧房改造区块进行现场检查，召开降本减负工作座谈会，并听取余姚市关于保持经济平稳发展、推进供给侧结构性改革、促进创新驱动发展、保障和改善民生和“三去一降”工作情况专题汇报。

9日，市人武部举行欢送余姚籍新兵仪式。市征兵工作领导小组组长、副市长郑桂春，市征兵工作领导小组副组长、人武部部长傅沧海等出席欢送仪式。

11日，北京海外高层次人才协会专家宁波（余姚）行活动开幕，北京海外高层次人才协会余姚产业基地揭牌成立。

12日，省水利厅党组书记、厅长陈龙到余姚检查指导防汛防台和水利工作。

同日，宁波市委常委、常务副市长陈奕君到余姚调研智能经济发展情况。

18日，宁波市委常委、纪委书记李会光到余姚检查防台防汛工作。

18—19日，由市政府主办的“2016浙江·台湾合作周”宁波专场“甬台乡村旅游民宿交流活动”在四明湖开元山庄举行。

21日，宁波市政协主席杨戌标到余姚调研。

同日，由余姚市制作的微电影《时光出租车》获2016年第25届金鸡百花电影节微电影展映单元及第五届（国际）大学生微电影盛典最佳摄影奖，为余姚市作品首次获金鸡百花奖奖项。

28日，市、镇两级人大代表同步换届选举试点工作结束。宁波市人大常委会副主任宋伟，余姚市人大常委会主任孙钜昌等到泗门镇各选区的固定投票站进行现场观摩。

30日，市委、市政府在四明山革命烈士陵园和胜归山革命烈士陵园同时举行烈士公祭仪式。毛宏芳、奚明、孙钜昌、陈建泰、诸晓蓓等市四套班子领导出席。

是月，住建部、国家发改委等七部委共同发布最新一批全国重点镇名单。泗门镇、陆埠镇、梁弄镇3个镇入选。

是月，农业部公布2016年中国美丽休闲乡村推介名单。鹿亭乡中村村榜上有名，成为继大岚镇柿林村后全市又一获此殊荣的乡村。

10月

10日，余姚·中兴智能经济发展战略合作的4个项目正式签约，总投资70亿元。市委书记毛宏芳出席签约仪式并致辞，市委副书记、市长奚明主持签约仪式。

10—11日，陕西省咸阳市三原县县委书记孙景宏率三原县代表团到余姚参观考察。

11日，第八届中国·宁波农民电影节暨首届中国戏曲电影展在四明湖畔开幕。国家新闻出版广电总局电影局局长张宏森、副局长李国奇，中国电影集团公司董事长焦宏奋，中国电影科学技术研究所党委书记栾国志，国家新闻出版广电总局电影数字节目中心主任王富强，中国电影发行放映协会常务副会长耿西林，中国电影评论学会会长、中国电影家协会秘书长饶曙光，宁波市副市长张明华，余姚市委副书记、市长奚明等出席开幕式。

12日，全国农村电影发行放映工作座谈会在余姚举行。

同日，“小康中国·富美乡村”主题聚焦放映活动在梁弄镇横坎头村启动。

12—13日，宁波市乡镇（街道）文联建设现场推进会在余姚召开。宁波市委常委、宣传部部长万亚伟出席会议并讲话。

14日，省委常委、宣传部部长葛慧君到余姚调研农村文化礼堂及新农村建设工作。

15—16日，由中国文化院、北京三智文化书院主办，余姚市人民政府协办的中国阳明心学高峰论坛在北京举行。此次论坛是新中国成立以来规模最大、规格最高、影响最大的阳明学专题论坛。中国文化院院长、全国人大常委会原副委员长、论坛组委会主任许嘉璐，全国政协原副主席白立忱，宁波市副市长张明华，余姚市委副书记、市长奚明出席论坛并致辞。

17日，梁弄镇后杨岙水库和鹿亭乡中村供水站标准化管理工作通过省级专家组的验收，成为全省首座通过标准化管理验收的小型水利工程和农民饮用水工程。

18日，由宁波市委宣传部、宁波广电集团和余姚市委联合全国多家媒体开展的“知行合一·重走阳明路”大型全媒体跨地域联合行动在余姚市王阳明故居启程。宁波市委常委、宣传部部长万亚伟和余姚市领导奚明等出席启程仪式。

20日，市委书记毛宏芳率相关部门负责人，对姚东片区河姆渡镇、陆埠镇、梨洲街道、凤山街道、丈亭镇和三七市镇等6个乡镇、街道的美丽家园建设工作进行督察。

26日，全国妇联书记处书记杨柳到余姚调研妇女创业就业工作。省妇联主席劳红武等陪同调研。

27日，全市推进综合行政执法改革工作会议举行，市综合行政执法局正式挂牌成立。

28—30日，由中国女企业家协会副会长、山西省女企业家协会会长王巧兰率领的山西省女企业家协会一行到余姚学习考察。

31日，余姚市举行阳明文化日开幕式暨“从余姚出发·寻时代精神”重走阳明路活动成果发布会。宁波市委常委、宣传部部长万亚伟，中国阳明心学高峰论坛组委会副主任、中国文化书院院长王守常，余姚市领导毛宏芳、奚明、孙钜昌、陈建泰、诸晓蓓等出席开幕式。

同日，中国阳明心学高峰论坛——“知行合一创新发展”阳明文化研讨会在余姚召开。宁波市副市长张明华和余姚市领导奚明、陈长锋、范焕平、郑传统出席。中科院地理所研究员、建设创新型国家战略推进委员会专家张义丰，中国阳明心学高峰论坛组委会副主任、北京大学哲学系教授王守常，中国创意研究院院长陈放，清华启迪董事长王济武等参加研讨。

是月，省发展改革委正式批复姚江上游西排工程可行性研究报告。

11月

1日，宁波市副市长李关定到余姚调研“五水共治”工作。

2日，省委副书记、代省长车俊在余姚调研传统制造业升级情况。

5日，第十二届中国塑料产业发展国际论坛在余姚举行。中国石油和化学工业联合会副会长傅向升，市委副书记、市长奚明等出席论坛开幕式。

6—9日，第十八届中国塑料博览会在中塑国际会展中心举行。展会共吸引有效客商2.5万人，比上届增长4.2%，总交易额36亿元，有15个合作项目签约，其中总投资10亿元以上的项目有8个。

7日，第十八届中国塑料博览会材料峰会暨宁波市第九届学术大会新材料分会在余姚召开。中国工程院院士、大连理工大学教授蹇锡高，北方材料科学与工程研究院总经理孙敏，中国兵器工业集团首席专家、北方材料科学与工程研究院总工程师魏化震，市委副书记诸晓蓓等出席开幕式。

8日，慧聪网宁波跨境电子商务中心项目启动暨聚优澳品澳洲跨境馆开馆仪式在电子商务产业园举行。副市长卢建国出席启动仪式。

9日，副省长孙景淼率相关部门负责人到余姚考察调研水利工程建设和“三农”工作。

11日，由省发改委重大项目稽查特派员陶国胜任组长的省督察组到余姚开展“三改一拆”“五水共治”督察工作，并举行督察反馈会。市委副书记、市长奚明等出席情况汇报会和督察反馈会。

17日，宁波市“五彩四明”文明示范线启动仪式在梁弄举行。宁波市委常委、宣传部部长万亚伟出席并讲话。市委副书记、市长奚明致辞。

同日，市首家残疾人电子商务创业孵化基地在市供销联社淘宝“特色中国·余姚馆”挂牌成立。

19日，市委召开全市领导干部会议。宁波市委常委、组织部部长、统战部部长杨立平出席会议并讲话。宁波市委组织部常务副部长、人才办主任张良才宣布浙江省委和宁波市委对余姚市新一届领导班子人事安排的决定。奚明任余姚市委书记，潘银浩任余姚市委副书记并提名为余姚市市长候选人，毛宏芳不再担任余姚市委书记，任北仑区委书记。

同日，2016健峰国际CEO论坛在余姚开幕。海峡两岸关系协会副会长叶克冬，副市长毛丕显等出席开幕式。

22日，“甬耀银辉2016——走进余姚·红色四明”现场志愿服务活动暨宁波市第二个辉”志愿者服务月主题活动启动仪式在梁弄镇举行。市委常委、组织部部长叶枝利出席启动仪式。

23日，副市长薛晓伟在余姚会见由日本茨城县日中友好协会副会长、副理事长森秀男率领的日本茨城县代表团一行。

24日，宁波市人大常委会副主任翁鲁敏率省人大代表宁波中心组全体代表、部分在甬全国人大代表到余姚开展会前视察活动，重点视察余姚市在推进“中国制造2025”试点示范城市建设中的做法。

25日，东海舰队副政委曹竹兵少将到余姚考察梁弄镇横坎头村拟帮扶项目情况。东海舰队政治部主任李道明少将等陪同。

同日，第二届阳明海峡两岸医院管理知行论坛暨第四届阳明急救论坛在市人民医院开幕。市委常委、副市长张丽娜到会祝贺。

同日，余姚姚剧团在市龙山剧院举行建团60周年纪念大会，市委常委王娇俐到会祝贺并观看演出。

同日，全市首个乡村俱乐部——马渚镇斗门村俱乐部正式建成并投入使用。

28日，绍兴市柯桥区委书记徐国龙率柯桥区党政考察团到余姚参观考察。

30日，中国“关工委”常务副主任武韬到余姚专题调研市青少年普法教育工作。

12月

1日，2016“中国最具幸福感城市”调查推选结果在北京发布。余姚市第六次获“中国最具幸福感城市”称号。

2日，市首届互联网应用展览展示会暨第二届农村电子商务创业大赛在华润五彩城开幕。市领导谢勇毅、郑传统出席开幕式。

6日，余姚市举行梦麟中学落成暨蒋梦麟陈列馆开馆仪式。北京大学校长林建华发来贺信。

7日，宁波市人大常委会主任王勇到余姚就余姚市开展县、乡两级人大换届选举工作进行专项督察。

同日，市人民法院知识产权巡回法庭在中意（宁波）生态园正式成立。

8日，为市、镇两级人大代表换届选举投票日。全市共设置固定投票站3333个、流动投票站555个，70余万名选民参加投票，通过差额选举，产生新一届市人大代表317人，各乡镇也同时选举产生新一届乡镇人大代表。

同日，文化部党组成员、副部长丁伟到余姚考察文化产业工作。宁波市委常委、宣传部部长万亚伟，浙江省文化厅副厅长蔡晓春，余姚市委书记奚明等陪同考察。

同日，省人大常委会副主任毛光烈到余姚调研智能经济发展情况。宁波市人大常委会主任王勇，宁波市人大常委会秘书长杨剑耀等陪同考察。

同日，市电子商务公共服务中心成立。

13日，宁波市政协主席杨戌标到余姚调研姚江流域综合治理工作。

14日，宁波市委常委、副市长宋越舜到余姚调研。

15日，省政协党组副书记、副主席王建满到余姚调研“五水共治”和小城镇环境综合整治工作。

19日，全市22家企业在宁波股权交易中心集中挂牌。

12月21日，中组部人才局副局长牛伟宏到余姚，就贯彻落实中央《关于深化人才发展体制机制改革的意见》等相关工作进行调研。省委组织部副部长、省委人才办主任姚志文，宁波市委常委、组织部部长、统战部部长杨立平等陪同调研。

25日，市第七届“感动余姚”新闻人物、余姚市道德模范颁奖典礼在龙山剧院举行。

27—29日，中国共产党余姚市第十五次代表大会召开。

市情概览

基本地情

【市名由来】

余姚之名由来大致有四：一、“舜后支庶所封之地，舜姓姚，故云余姚”（见《元和郡县图志》《史记正义》等）；二、“夏少康封少子无余于会稽以奉禹祀，姚乃其属邑，故云余姚”（见明万历《绍兴府志》《余姚县志》等）；三、“考余姚帝舜所生之地，故其江曰姚江，南有句余山，合山水之名为余姚”（见康熙《新修余姚县志》、乾隆《余姚县志》，黄宗羲《四明山志》《孟子师说·舜生诸冯章》等）；四、“余姚为古越语”（见清李慈铭《越缦堂日记》）。“‘余’即‘盐’，越人谓盐曰余”（见《越绝书》），“又临姚江，故称余姚”。

【历史沿革】

据《禹贡》记载，余姚在夏、商、周三代为“扬州之域”。春秋时属越国，战国时属楚国。秦始皇三十七年（前210），置余姚县（一说置于汉），属会稽郡。隋开皇九年（589），撤余姚县入句章县，属越州。唐武德四年（621），复置余姚县。唐长庆元年（821），废上虞县入余姚县，次年复置上虞县。南宋建炎五年（1131），升越州为绍兴府，余姚县属绍兴府。元朝元贞元年（1295），升余姚县为余姚州，属绍兴路。明洪武二年（1369），废余姚州复余姚县，属绍兴府。民国元年（1912）废府，余姚县为浙江省直辖，次年属会稽道。民国16年废道，余姚县复为省直辖。民国21年，属浙江省第五特区行政专员公署。民国23年，改属第三行政督察专员公署。民国37年，改称第二行政督察专员公署。1949年5月23日，余姚解放，次月建立余姚县人民政府，隶属宁波专区（1970年改宁波地区，1983年改宁波市）。1985年7月，余姚撤县建市（县级市）。

【地理位置】

余姚市境位于浙江省东部、杭州湾南岸，介于北纬29° 39′—30° 21′、东经120° 55′—121° 25′之间，东西相距58.2千米，南北相距79千米。区域总面积1527平方千米，其中陆地面积1336.8平方千米，海域面积190.06平方千米。地势南高北低，呈丘陵、平原、滩涂三级朝杭州湾展开，山地丘陵、平原（含海涂）、水域（含海域）面积比为53∶29∶18，素有“五山二水三分田”之称。

【地形地貌】

市境南部为四明山区，包括四明山镇、大岚镇、梁弄镇、鹿亭乡、大隐镇、陆埠镇（不含郭姆、沿江片）、河姆渡镇车厩片、梨洲街道（不含明伟片）。区域面积822.55平方千米，占市域总面积的46.4%。四明山脉自西南向东北方向延伸，低山丘陵起伏，地势由南向北逐步倾斜。其中海拔500—1000米之间的中低山占21.2%，海拔250—500米的山丘占22%，海拔250米以下的丘陵占56.8%。最高峰为四明山镇青虎湾岗，海拔979米。

中部为姚江平原，包括牟山镇、马渚镇、阳明街道、兰江街道、梨洲街道明伟片、凤山街道、丈亭镇、三七市镇、河姆渡镇（不含车厩片）、陆埠镇（不含兰山、洪山片）。区域面积460.14平方千米，占市域总面积的34.8%。其中，平原占66%，丘陵占27%，水面占7%。

北部为滨海冲积平原，包括临山镇、黄家埠镇、泗门镇、小曹娥镇、朗霞街道、低塘街道。位于钱塘江南岸、大古塘前后，50%的土地由海涂围垦而成。面积253.10平方千米，占市域总面积的18.9%。其中，平原占86.4%，丘陵占9.7%，河流水库占5.9%。

【行政区划】

唐时，余姚县设15个乡，历宋、元、明无大变动。清光绪三十四年（1908），全县划为45个乡。民国17年（1928）推行村里制，全县划为7个区、512个村、50个里。民国19年，改村里为乡镇，全县设163个乡、28个镇，7个区如故。民国23年，推行保甲制，至民国29年整编结束，全县设8个区、55个乡、12个镇。中华人民共和国成立后，调整行政区划，至1950年4月，全县建12个区、134个乡、11个镇、826个行政村。1954年10月，余姚、慈溪两县调整县界，大古塘以北棉区划归慈溪县，慈溪县南部稻区、山区划归余姚县，全县设12个区、120个乡、5个镇。1958年10月，推行政社合一，全县建立13个公社、122个管理区。1961年9月，恢复区建制，改管理区为公社，全县重新划为10个区、1个镇、77个公社。1979年9月，余姚、慈溪两县再次调整县界，龙南区及所属8个公社划归慈溪县辖，泗门区及所属10个公社划归余姚县辖。1985年7月，余姚撤县建市，全市设9个区、63个乡、8个镇。1992年5月，撤区扩镇并乡，全市划为19个镇、3个乡。2001年9月，撤销余姚镇、梁辉镇、肖东镇建制，设城区东北、西北、东南、西南街道（2006年6月改名凤山、阳明、梨洲、兰江街道）。2003年5月，撤销朗霞镇、低塘镇建制，设朗霞街道和低塘街道。截至2016年12月，全市设6个街道办事处、14个镇、1个乡，共有265个行政村、19个居委会和37个社区。

（谢建龙）

历史人文

【河姆渡文化】

1973年6月，原丈亭区罗江公社在河姆村（今河姆渡镇芦山寺村）西南姚江渡口建排涝站，基础工程掘进约3米时，发现大量陶器碎片、鹿角及各种动物骨骸的混合堆积物。1973年11月4日至1974年1月10日，1977年10月8日至1978年1月28日，浙江省考古队进行两次较大规模的科学发掘，确定遗址面积约4万平方米，由4个相互叠压文化堆积层构成，文物遗物丰富，保存完好，属于新石器时代遗物，文物特征与长江流域其他新石器时代遗址出土文物不同，即命名为河姆渡文化。河姆渡文化的发现与确立，是中国新石器时代考古的重大突破，证明长江流域和黄河流域同为中华民族远古文化的发祥地，从而改写中国文明发展的历史。河姆渡文化遗址是指遗址蕴含、反映河姆渡文化的人类生产生活及人与自然关系的文化遗存，丰富的栽培稻、成熟的干栏式木构建筑、独特的夹炭陶器和精美的象牙雕刻艺术品等是其主要文化内涵。河姆渡文化遗址主要分布于杭州湾南岸的宁（波）绍（兴）地区东部，越海东达舟山群岛，南至台州路桥区，迄今共发现40余处，集中分布于姚江流域，余姚市境内有20余处。

【余姚四先贤】

严光（前 39—公元 41），又名遵，字子陵。原姓庄，后人因避汉明帝刘庄讳改其姓。余姚人，东汉著名隐士。少有高名，与刘秀同游学。曾数次拒绝王莽新朝征辟。及刘秀建立东汉，授谏议大夫，执意不就，归隐富春山。后再次特征，仍不就。终老于余姚，葬于城东客星山。宋范仲淹有“云山苍苍，江水泱泱。先生之风，山高水长”之赞语。

王守仁（1472—1529），幼名云，字伯安，号阳明。余姚人，明代著名思想家、哲学家、教育家和军事家。弘治十二年（1499）进士，因触犯权阉被贬为贵州龙场驿丞，其间认识到“圣人之道，吾性自足”，史称龙场悟道。后以平定宸濠之军功封新建伯、南京兵部尚书、都察院左都御史。谥文成，赠新建侯，葬绍兴兰亭洪溪。其一生文治武功，被誉为“立德、立功、立言皆居绝顶”的“明第一流人物”。

朱之瑜（1600—1682），字鲁屿，也作楚屿，号舜水。余姚人，明清之际著名学者和教育家。明贡生，朝廷十二次下诏征辟，均不就。清兵入关后，流亡各地参加抗清复明活动。南明亡后，东渡定居日本，在长崎、江户等地授徒讲学 24 年，深受日本朝野推崇，被尊为“胜国宾师”。葬于日本茨城县常陆太田市。其为学提倡“实理实学、学以致用”，对后来日本明治维新产生巨大影响。

黄宗羲（1610—1695），字太冲，号南雷，学者称梨洲先生。余姚人，明末清初思想家、史学家、教育家。少年时曾庭锥阉党，为父复仇，崇祯帝叹为“忠臣孤子”，朝野咸誉“姚江黄孝子”。后积极参加复社活动。清兵南下，黄宗羲毁家纾难，拥戴鲁王抗清复明。失败后潜心著述，勤于讲学，在哲学、历史、天文、地理、数学、文学、宗教、文字等领域均有独到研究，有“中国思想启蒙之父”之誉。

【文物保护单位】

全国重点文物保护单位 7 处。河姆渡遗址，位于河姆渡镇河姆渡村，1982 年 2 月公布；浙东抗日根据地旧址，位于梁弄镇建成区及横坎头村，2006 年 5 月公布；王守仁故居，位于阳明街道武胜门路，2006 年 5 月公布；黄宗羲墓，位于陆埠镇十五岙村，2006 年 5 月公布；鲻山遗址，位于丈亭镇汇头村，2013 年 3 月公布；田螺山遗址，位于三七市镇二六市村，2013 年 3 月公布；大运河（余姚段），2013 年 3 月公布。

省级文物保护单位 11 处。五桂楼，位于梁弄镇学堂弄，1988 年 12 月公布；胡公岩，位于阳明街道胜归山，2005 年 3 月公布；阳明先生讲学处，位于阳明街道龙泉山，2005 年 3 月公布；通济桥与舜江楼，位于凤山街道北滨江路，2011 年 1 月公布；长命山古石宕遗址（含山王庙），位于大隐镇大隐村，2011 年 1 月公布；白云桥，位于鹿亭乡中村，2011 年 1 月公布；谢氏始祖祠堂，位于泗门镇后塘河社区，2011 年 1 月公布；马渚横河水利航运设施，2011 年 1 月公布；姚江（余姚）水利航运设施及相关遗址群，2011 年 1 月公布。

【姚剧】

姚剧，原名余姚滩簧，又名鹦歌戏、灯戏、灯班等，属吴语系滩簧类地方剧种，脱胎于余姚当地“车子灯”“采茶蓝”“旱船”等民间歌舞及“雀冬冬”等民间说唱艺术。形成于 17 世纪中叶，距今已有近三百年发展历史。主要流行于浙东余姚、慈溪、上虞等地，是浙江省四大滩簧之一、宁波市第二大地方剧种。1956 年 9 月，经浙江省文化局批准，成立专业的余姚县姚剧团，余姚滩簧正式定名姚剧。同时，在余姚、慈溪一带还活跃着大量业余或半职业性质的民营姚剧团。2008 年，姚剧被列入第二批国家级非物质文化遗产保护名录，沈守良被文化部命名为第三批国家级非物质文化遗产项目（姚剧）代表性传承人。

（谢建龙）

资源特产

【水资源】

全市年均地表水资源总量 11.66 亿立方米，人均水资源量1330立方米，低于全省人均2100立方米和全国人均2200立方米的水平，远低于世界人均近9000立方米的水平。时间上，年内降水集中在梅汛期和台汛期，非汛期少雨甚至干旱无雨，三伏时期往往出现一段时间的伏旱。年际之间变化也很大，枯水年份全年降水量不足1000毫米，而丰水年份全年降水量高达2000毫米。空间上，南部山区降水量大于中部姚江平原，姚江平原降水量大于北部滨海平原，降水量自南向北递减。全市水域总面积71.2平方千米，相应水面率5.36%，容积率23.34万立方米/平方千米。有河流1579条，水库、山塘1137座，湖泊、池塘20座，人工渠道26条。牟山湖为境内最大海迹湖，正常蓄水420万立方米。四明湖水库为境内最大人工水库，库容1.24亿立方米。全市年均地下水储量13475万立方米。其中，丘陵山区9390万立方米，占地下水总量的70%；平原地区1850万立方米，占14%；灌溉2235万立方米，占16%。赋水地段集中于姚江南岸较大的溪沟出口处。根据地下水类型和埋藏条件分为潜水和承压水两类。

【动植物资源】

全市陆生野生脊椎动物454种，分别隶属于哺乳纲、鸟纲、爬行纲和两栖纲，共31目、91科、241属。野生哺乳动物主要有野猪、麂狼、短耳兔、黄鼬、香狐狸等；爬行动物有山乌龟、各种蛇类等；两栖动物有石鸡（蟆）等；鸟类有杜鹃、猫头鹰、雉鸡等10余种；昆虫有蝉、各式蝴蝶品种等20余种。水产资源有淡水鱼类58种；甲壳类主要有青蟹、甲鱼等；海水渔业资源有黄泥螺、黄蛤、沙蟹、梭子蟹、鲳鱼、海鳗、鲚鱼等20余种。被列为国家一级保护动物的有白颈长尾雉，国家二级保护动物有河麂、貉、鼬獾、豹猫、红嘴相思鸟等。1998年后，先后建立四明湖、河姆渡、小曹娥杭州湾3个鸟类保护区及市河麂保护小区，总保护面积5300公顷。

市境内植物分布特征复杂，地理成分多样，热带、温带和特有成分兼而有之。共有蕨类植物26科67种、裸子植物9科47种、被子植物123科1253种，其中具有药用价值的植物共有827种。列入国家一级保护植物名录的有苏铁、银杏、水杉、南方红豆杉、东北红豆杉等，列入国家二级保护植物名录的有金钱松、台湾杉、福建柏、高山柏、榧树、长序榆、榉树、厚朴、凹叶厚朴、鹅掌楸、香樟、野大豆、喜树、香果树、七子花、野荞麦等。

【矿产资源】

全市已探明有铁、锰、铜、铅、锌、金、银、萤石、黏土、高岭土、石英、饰面石材、建筑用石料、砖瓦黏土、泥炭、矿泉水等15个矿种，31处矿产地。其中，萤石中型和小型矿床各1处，保有资源储量（CaF_2）82万吨；矿泉水小型水源地2处，合计日涌水量120吨；矿点、矿化点25处，无开采价值。探明的矿产资源特点，建筑用凝灰岩资源丰富，萤石资源一般，其他金属、非金属和能源资源贫乏。

【水稻】

水稻为余姚的主产作物，栽培历史悠久。在距今七千年的河姆渡遗址第四文化层中，发现大量的稻谷、谷壳、稻叶、茎秆及木屑、苇编等堆积物，厚度从10—20厘米至30—40厘米不等，最厚处达70—80厘米，堆积范围2600余平方米。出土时，谷粒金黄，芒刺清晰，稻秆碧绿挺硬，经农学家鉴定考证，大部为人工栽培籼稻，从而证明中国是世界水稻的起源地之一，宁绍平原杭州湾地区是稻作起源的中心。唐代，余姚开始普及插秧法，标志水稻栽培技术已日臻完善。宋代，余姚首次出现双季间作稻（即早稻行间嵌插晚青），单位面积产量大为提高。民国24年（1935），浙江省建设厅确定余姚为双季稻推广重点区。1965—1966年，全县水稻亩产分别达445.5千克和515千克，成为全省首批实现农业发展“纲要”和超千斤的县。1988年，全市29453.3公顷粮田平均亩产833千克，成为全省乃至全国第一批实现粮食超“双纲”的县（市）。2006年后，余姚市多次被农业部授予“全国粮食生产先进县（市）”称号。

【茶叶】

2004年，考古专家在田螺山遗址距今六千年的文化层中，发现位于干栏式木构房屋附近的两大片原生于土层中的密集树根根块。经国内外专家综合分析和多家专业机构检测鉴定，被认定为山茶属茶种植物的遗存，从而把中国开始种植茶树的历史，由过去认为的距今约三千年，上推至六千年前。余姚田螺山是迄今为止考古发现的中国最早人工种植茶树的地方。另据晋代王浮《神异记》记载，余姚人虞洪入山采茗，在瀑布山遇道士丹丘子赠大茗（即瀑布仙茗）。唐代陆羽在《茶经》中三次提及余姚瀑布仙茗，瀑布仙茗也是《茶经》中唯一有名号的茶叶。南宋嘉泰年间，余姚瀑布茶在会稽诸茶中名列第三。宋元明时期，浙江有18种贡茶，而陆埠车厩岙所产“四明十二雷”每年贡茶量为130千克，数量占18种贡茶的一半，为浙江第一大贡茶。民国4年（1915），陆埠十五岙化安山所产化安双瀑茶参加巴拿马世界食品展览会，获三等奖。2008年6月，在梁弄镇道士山发现多株高度超3米的古茶树，国内外茶学专家在分析树冠和树根等形态特征后断定，树龄在500—800年。道士山古茶树的发现，进一步证实余姚是名茶故里，在中国茶叶史上具有“中国名茶发源地，茶文化之起源”的地位。

【杨梅】

余姚是中国杨梅的发源地之一，据河姆渡遗址考古发现，早在七千年前就有杨梅原种存在，人工栽培历史则有两千余年。经过数千年的自然演变和梅农的精心筛选，余姚杨梅逐渐形成乌种、红种、粉红种、白种四大品种群系，荸荠种、粉红种、水晶种、荔枝种、湖南种、早大种、迟种等20余个品种，品种数量之多位居全国前列。其中，荸荠种杨梅是余姚主要栽培品种，以其果实成熟时呈紫黑色，形似荸荠而得名。主要分布于三七市镇、丈亭镇、大隐镇、陆埠镇、凤山街道等姚东地区，俗称“东山乌杨梅”。荸荠种杨梅也是国内引种推广区域最广的品种，栽培面积最大，在福建、江西、湖南、四川、云南、贵州及广东均有引种栽培。姚西马渚镇、牟山镇、临山镇一带主产白种、粉红种杨梅，俗称“西山白杨梅”。水晶种杨梅又名白砂杨梅。为中国品质最优的白杨梅。2004年，余姚杨梅被列入全国唯一实施国家原产地域产品保护名录的杨梅产品。2008年，市林业特产技术推广总站等单位在丈亭镇建立占地16.7公顷的中国杨梅种质资源圃，含有国内外杨梅品种137份，为迄今为止国内规模最大、品种最多的杨梅种质资源圃。

【棉花】

余姚于南宋时开始引种棉花，明代已广泛种植于大古塘以北围垦涂地。其时，棉花品种分江花、北花、浙花三种，其中浙花是指江浙一带的棉花。明末徐光启在《农政全书》中称“浙花出余姚”，说明余姚产棉花不但品种优异，栽培技术也居领先地位。清乾隆年间，棉花种植发展到大古塘以南地区，形成相对连片种植的半稻半棉区。民国时期，全县年均种植棉花3.7万公顷，占全省棉花种植总面积的1/3以上。1989年，余姚被农业部定为商品棉基地县。1998年，再次被农业部定为优质棉生产基地县。

【榨菜】

榨菜起源于四川东部，品种是原产于川东的一个芥菜变种——茎瘤芥，民国24年（1935）传入浙江。1962年，泗门区曹娥公社（现属小曹娥镇）农民姚长灿从萧山引入榨菜籽0.75千克，在自留地试种成功，此后附近棉农相继效仿种植，逐渐在姚北泗门、小曹娥、临山、黄家埠等4个镇棉区普及。从1984年开始，余姚榨菜种植面积和产量一直居全国首位，成为全国榨菜的主产地，在国内市场占有率在60%以上。榨菜产业成为余姚种植业中除水稻以外面积最大、效益最好的农作物。1995年，余姚市被农业部命名为中国榨菜之乡，2003年获准使用“余姚榨菜”原产地注册标记证书。

（谢建龙）

中共余姚市委员会

市委重要会议

【市第十五次党代会】

2016年12月26—29日，市委召开中国共产党余姚市第十五次代表大会。440名党代表出席会议。会议以中共十八大和十八届三中、四中、五中全会精神为统领，深入贯彻习近平总书记系列重要讲话精神，全面总结市第十四次党代会以来的工作，讨论确定全市今后五年经济社会发展的奋斗目标以及实现这些目标所应采取的方针、政策，科学规划未来五年经济建设、政治建设、文化建设、社会建设、生态文明建设和党的建设；选举产生第十五届市委和市纪委领导班子。

【市委全会】

8月19日，召开市委十四届十次全会暨市政府第十次全体（扩大）会议。市委委员、候补委员，市人大、市政府、市政协领导班子成员，市人民法院院长，市人民检察院检察长，中意（宁波）生态园管委会领导班子成员，在余姚副巡视员及其他副市级以上领导，市纪委委员出席会议。市委书记毛宏芳主持会议。会议深入贯彻落实中共十八大、十八届历次全会和习近平总书记系列重要讲话精神，按照省委十三届九次全会、宁波市委十二届十一次全会要求，总结上半年工作，部署下半年任务，审议通过《中共余姚市委关于聚焦补齐“八大短板”着力培育发展新动能的实施意见》。

10月21日，召开市委十四届十一次全会。市委委员、候补委员出席会议。市委书记毛宏芳主持会议。审议通过《关于召开中国共产党余姚市第十五次代表大会的决议》。

12月19日，召开市委十四届十二次全会。市委委员、候补委员出席会议。市委书记奚明主持会议。会议决定2016年12月26—29日召开中国共产党余姚市第十五次代表大会；审议并通过中共余姚市十四届委员会向市第十五次党代会的报告，决定将这个报告提请市第十五次党代会审议；审议通过其他事项。

12月29日，召开市委十五届一次全会。市委委员、候补委员出席会议。市委书记奚明主持会议。审议通过《中国共产党余姚市第十五届委员会第一次全体会议选举办法》和选举监票人名单；选举奚明、潘银浩、叶枝利、杜瑾、李森苗、余承嗣、韩柏顺、卢建国、王娇俐、林伟、郑传统为市委常委，选举奚明为市委书记，选举潘银浩、叶枝利为市委副书记。审议通过《中国共产党余姚市第十五届纪律检查委员会第一次全体会议选举结果的报告》。

（市委办）

重要调研

【李强调研特色小镇建设】

1月5日，省长李强到余姚调研特色小镇建设。李强强调，特色小镇是浙江适应和引领经济新常态、推动创新发展和转型升级的重大战略选择。特色小镇要成为创新、协调、绿色、开放、共享发展的重要功能平台。各地在推进过程中要认识再深化、功能再聚焦、人才再集聚、体制再创新，根据自身优势找准定位，做到产业发展“特而强”、功能叠加“聚而合”、建设形态“精而美”、制度供给“活而新”，推动全省经济加快转型升级。宁波市市长卢子跃，宁波市委常委、常务副市长陈奕君，宁波市政府秘书长王建社，余姚市领导毛宏芳、奚明等陪同调研。

【夏宝龙到余姚调研】

5月11日，省委书记、省人大常委会主任夏宝龙到余姚调研。夏宝龙强调，余姚要认真贯彻落实省委十三届九次全会精神，找准自身定位，用好长板，补好短板，努力发展得更好、更快一些。省委常委、省委秘书长陈金彪，宁波市委副书记、代市长、市政协主席唐一军，宁波市人大常委会主任王勇，余姚市领导毛宏芳、奚明等陪同调研。

【唐一军调研四明山革命老区】

8月31日，省委常委、宁波市委书记、代市长唐一军到四明山革命老区调研。唐一军强调，要深入学习贯彻习近平总书记“七一”重要讲话精神，忠诚践行“不忘初心、继续前进”的使命责任，弘扬四明精神，传承红色基因，矢志艰苦创业，锐意改革创新，全力推进“五位一体”总体布局、“四个全面”战略布局、“五大发展理念”和省委“八八战略”在宁波的生动实践，奋力推动新发展，实现新跨越，再创新辉煌，努力使宁波早日跻身全国大城市第一方队。宁波市领导王剑波、杨立平、王建社和余姚市领导毛宏芳、奚明、陈建泰、诸晓蓓等陪同调研。

（市委办）

市委办工作

【概况】

2016年，市委办围绕市委整体工作部署，落实各项工作措施，贯彻执行各项规章制度，坚持以邓小平理论和“三个代表”重要思想为指导，贯彻落实科学发展观，中共十八大和十八届四中、五中、六中全会精神，发挥承上启下、协调左右、联系内外的作用，履行参与政务、管理事务、综合服务等职能，推动市委决策的贯彻落实。

【决策服务】

调查研究抓重点、见成果 围绕市委工作思路，以务实的态度、开阔的思路开展调研工作，为市委科学决策提供依据。先后完成“关于聚焦补齐‘八大短板’，着力培育发展新动能的实施意见”“余姚市城市工作思路对策研究”“关于推动智能经济（机器人产业）发展加快经济转型升级的若干意见”等重大课题。在调研方法上，注重深入实践、深入群众与运用现代科学调研手段相结合，既掌握实情，又提高调研工作的科学性。在调研主体上，注重整合调研资源，发挥牵头作用，组织协调乡镇、街道和市直部门在各自领域内开展调查研究工作，推动全市“大调研”工作格局的形成。在调研成果转化上，对调研课题成果进行论证和决策后，及时跟进，开展政策文件和讲话文稿的转化工作，提高调研工作的实效性。全年累计向省、宁波两级政研部门报送信息30余篇，多篇信息被省委政研室《信息快报》和宁波市委政研室《领导专报》《政策瞭望》《宁波通讯》等刊物录用。

文稿起草出思想、出精品　重视各类文稿的起草工作，适应领导快节奏、高效率、高标准的工作要求，树立创新意识和精品意识，做到调研先行、注重实效，力求立意深远、主题鲜明。全年完成各类领导讲话稿件、调研文章、汇报材料、经验介绍等文字材料320余篇，平均每个工作日完成材料1.3篇，内容涉及上级领导专题调研、经济转型升级、新型城市化建设、人才科技服务、生态文明建设、党风廉洁建设等方面。尤其是市第十五次党代会期间，从9月下旬开始，经过征求多方意见，党代会报告前后易稿50余次终定稿；完成党代会讲话稿9篇、主持词25篇、审稿27篇，圆满完成党代会期间的文稿任务。此外，全年审核市委及主要领导新闻稿286篇。法治工作上，审核规范性文件21篇，完成法治浙江、法治宁波建设十周年先进推选等工作。

信息服务报实情、见实效　以市委中心工作、上级需求和社会敏感问题为导向，抓住重点，关注焦点，反映亮点。信息上报工作继续呈现数量多、质量高的特点。共完成上级信息考核分1313分（全年目标考核分800分），其中中办信息得分220分，省委办信息得分573分。全年共编发《信息通报》30期、《信息通报》（增刊）20期、《信息专报》20期、《每日汇报》175期，总计录用各乡镇、街道和市直各部门上报信息1000余条。其中《余姚市实施“机器换人”战略打造“智造”强市》《余姚市创新融资渠道着力缓解中小企业转贷难问题》等大型经验类材料被省委办或宁波市委办录用，《余姚市强化招才引智深耕智能经济》被省委办公厅以“上报中办专件”的形式报送中共中央办公厅。

【综合协调工作】

日常工作重协调　发挥办公室综合协调职能，围绕市委中心工作，正确处理“内与外”“上与下”“大与小”“急与缓”等各方面关系，加强同省、宁波市的联系，及时了解上级工作动态和要求；坚持和完善“四大办”（市委办、人大办、市府办、政协办）工作的沟通衔接，增强工作的计划性和四套班子工作的整体协调性；加强对乡镇、街道和部门之间的工作协调，把重点放在促进市委工作部署和意见转化为各职能部门的实际操作上，对一些涉及部门较多、容易出现推诿扯皮现象的问题，按市委领导要求进行协调，明确和细化部门的责任，发挥基层和部门的作用。市委办协助市委总揽全局、协调各方的政治领导核心作用得到彰显。

强化督察抓落实　着眼大督察格局，完善督察的方法和手段，推进市委既定部署的落实。全年对全市重点项目、主要经济指标完成情况、中央八项规定执行情况和部分民生实事工程开展专项督查，同时对乡镇街道开展值班工作、落实“四夜制度”等情况进行明察暗访，会同市人社局对各地各部门的“双对系统”运行情况进行检查，会同市防恐办对G20杭州峰会期间全市安保工作进行明察暗访。接待中央、省委督察组和宁波督察组到余姚开展督察活动合计7次。全年开展决策督察5次；开展督察调研6次，编写督察调研报告4篇。上报宁波市委专项督察自查报告12篇，上报《今日聚焦》《第一聚焦》曝光问题整改报告19篇；办理宁波市委领导批示16件；办理余姚市委领导批示65件，其中来信20件、来文45件；编印《督查专报》21期。

严肃考核提成效　根据上级工作要求和市委、市政府整体工作安排，对《2016年度乡镇、街道重点专项工作考核激励办法》考核指标设置进行较大幅度调整，并会同市农办谋划起草《2016年度乡镇、街道经济社会发展实绩考核实施办法》，会同市人社局调整《2016年度市直部门考核实施办法》，调整后的考核实施办法无论从指标数量上还是赋分方式上都更为科学合理。为控制考核指标“搭车”多的现象，采用与部门联合下发具体考评细则的方式，杜绝部门擅自下发考核文件，确保部门与市级指导思想的一致性，全年共计与部门联合发文76个。

【办文办会工作】

重大活动和办文办会运作规范　全年共下发市委文件128份、市委办文件105份，会议通知47份。同时，按照高标准、高质量、高效率的要求，共办理市委大小会议160余次，组织承办上级领导到余姚检查指导和兄弟县市到余姚学习考察共40余批次，确保第十五次党代会、市委务虚会、第三届中国机器人峰会和塑料博览会等大型会议和重要活动的顺利举行。此外，主动担负市府大院接待群众来访、处理信访事件等工作职责，把信访问题解决在基层和萌芽状态。全年共受理群众来信来访100余件（次）。与此同时，开展老干部、人事工资、档案管理、文印收发、车辆管理、党报党刊征订等其他后勤服务工作，确保机关工作正常运转。

机要保密安全畅通 执行电报办理制度，规范办报流程，并根据工作需要灵活办理电报，确保电报办理不压误、不拖延、无差错，全年共办理各类电报4100余份，其中密码电报260余份、密传电报470余份。保障涉密视频会议，全年共保障涉密视频会议52场。此外，完成红机扩容23部，白机安装353部。与此同时，借助多种形式开展保密宣传教育活动，利用“保密余姚”微信公众号、电子政务网短信、保密知识书籍等各类载体，对全市各单位开展宣传教育。对21个乡镇、街道和部分要害部门进行保密检查，下发整改通知。尽早快速发现泄密隐患，阻断事态发展，提高保密检查和处理效率。开展保密废纸和涉密废弃电脑回收工作，并列入全市各单位保密工作目标考核。

史志工作取得新成绩 在党史工作方面，成立余姚党史三卷编辑部，党史三卷纲目通过省专家评审组审定，三卷编写各项工作走在全省前列。开展地方党史史料征集，出版《烽火三七市》《浙东延安——梁弄》等地方党史书籍。在地方志工作方面，《余姚市志（1988—2010）》出版，并于6月30日举行首发式。推进乡镇街道志书和部门志书编写，全市有11个乡镇（街道）启动志书编写，《余姚广电志》出版，相关工作经验在宁波市地方志工作推进会上作典型发言。出版《余姚年鉴》2015卷、2016卷。在宣教工作方面，完成部分党和国家领导人子女参观浙东抗日根据地、20集团军60旅官兵寻访四明山等接待活动，举办全省纪念何克希诞辰110周年座谈会、全市纪念长征胜利八十周年文艺会演等活动。加强革命遗址保护，全年新增革命胜迹4处。挖掘弘扬传统优秀家风家训，出版《姚江传统勤廉家风故事》《余姚茹墟徐氏谱说》等书籍。开展党史、地方历史文化教育基层宣讲活动，全年共开展各类授课30次，受众超2500人次。全市党史地方志工作连续三年获宁波市年度目标考核第一名，并获全省地方志系统服务农村文化礼堂建设十佳先进单位称号。

【队伍建设】

抓干部选拔任用 贯彻落实干部人事制度，坚持“集体领导、民主集中、个别酝酿、会议决定”的议事原则，强化对选拔任用干部的监督管理，在办内科级干部的选拔和任用过程中，坚持民主推荐、民主测评、公开公示、组织考察、集体研究、任前谈话等程序，把好选人用人关，为办内干部梯队建设打下基础。全年先后有12人进行岗位交流，2人提拔为中层副职，4人提拔为中层正职，4人提拔为副局级，2名副局级干部、1名正局级干部调任至市直部门，2名正局级干部、2名副局级干部调任至乡镇、街道。

抓干部思想作风 强化干部的政治意识，增强干部党性观念和纪律观念，使每名干部自觉与市委保持一致，严格遵守政治纪律、国家法律和各项工作纪律。强化干部的奉献意识，培养干部吃苦耐劳、敬业奉献的精神，引导干部不比职务，不比待遇，不比资历，多比责任，多比能力，多比业绩，脚踏实地，埋头苦干，敢打硬仗。强化干部的自律意识，要求干部慎权慎微，时刻自重、自省、自警、自励，始终保持高尚的人生追求。

抓干部能力素质 坚持以工作带动学习、以学习促进工作的原则，以“树一流形象”“创一流业绩”为目标，提高全体机关干部政治素质和业务能力。创新学习制度和方法，利用每月23日的党员活动日等组织全办干部学习习近平总书记系列重要讲话精神和《中国共产党廉洁自律准则》《中国共产党纪律处分条例》等法规准则。同时，倡导多岗锻炼，要求在做好本职工作的基础上，参与非本职工作的办文、办会、办事，熟悉办公室的各项工作，努力成为胜任各项工作的多面手。

（市委办）

组织工作

【概况】

2016年，市委组织部在上级组织部门的精心指导和市委正确领导下，贯彻落实中共十八大和十八届三中、四中、五中、六中全会精神，按照全国和省、市两级组织部部长会议要求，突出全面从严治党，补齐短板，勇于担当，开展干部队伍建设、人才队伍建设、基层组织建设，各线工作取得新进展。

【领导班子和干部队伍建设】

乡镇领导班子换届 落实上级关于领导班子的条件、职数、年龄、结构等换届政策，统筹制定换届文件方案，既注重落实共性要求，又兼顾结合本地实际，保持换届政策的科学性、稳定性和连续性。乡镇换届总职数不超上届，各项量化指标顺利完成，按照规定配齐年轻干部、女干部、党外干部和“三类人员”(优秀村干部、优秀大学生村官、优秀基层干部)。突出党委领导把关作用，从严从实推进“两代表一委员”人选联审考察，制定下发《关于在换届中把好“两代表一委员”人选质量关的通知》，掌握推选（提名）工作主动权。联合市纪委等23个部门落实人选联审机制，以1∶3的比例对3000余名“两代表一委员”人选开展集中会审。组建21个市委考察组开展“两代表一委员”考察，明确考察标准，严明规定程序，防止带病推荐提名。

选人用人问题专项整治 针对省委巡视组和宁波市委组织部对余姚市选人用人工作专项检查的反馈，开展分析研究，抓分类整治。对超职数配备干部问题，按照“职位出缺优先从超职数领导班子中交流调配”和“每次新提拔任用数少于整改消化职数”等要求，实施“一人一策”整改计划，通过“削峰填谷”科学调配、到龄退任自然消化、加大不适宜干部调整力度等多种途径，分批次整改消化，于5月完成消化任务。出台政策规范领导干部和退(离)休领导干部社团兼职行为，完成对63名领导干部、23名一般公务员违规兼任企业职务清理，规范清理兼任社团职务10个。组织开展干部选拔任用工作培训，重申党委（党组）讨论决定干部任免事项十条守则；印制党（工）委（党组）会议讨论干部人事事项专用记录本，规范会议记录；执行《党政领导干部交流工作规定》，对同一岗位任职满10年的13名干部进行交流、转岗和分工调整。

干部选任工作 按照注重实绩、群众公认的原则，开展市管领导干部日常选配工作，把实绩突出、敢担当、有激情的干部选拔上来，注重把“狮子型”干部配备到“一把手”岗位，优化领导班子配备和干部队伍结构。加大从基层选拔干部力度，注重把基层工作经历作为选拔任用干部的重要依据和重要资格条件，打破干部选用年龄界限，不搞任职年龄层层递减和“一刀切”,对年龄偏大但基层经验丰富、事业心强、工作得力的优秀干部，继续予以提拔或转任重要岗位。此次换届人事调配中，50岁左右转任副书记等重要岗位的干部有3人。坚持干部调配中岗位胜任要求、干部能力特长、个人任职意向的有机统一，让干部在最合适位置上发挥作用。落实《关于激励干部干事创业治理“为官不为”的实施意见》《调整不适宜担任现职领导干部暂行办法》等政策，调整不适宜担任现职领导干部8人，批准11名乡镇领导干部自愿提前退出领导岗位。

干部管理机制 落实公务员职务职级并行制度，发挥职级在确定干部工资待遇方面的作用，实行职级待遇挂钩，实现职务职级并行，开辟职级晋升通道，首次实施公务员职务职级并行制度的79个主管单位3189名公务员和参公人员通过所在单位预审，391人经初审、复审获职级晋升，其中晋升为正处级16人、副处级133人、正科级197人、副科级45人。推行干部任职意向登记制度，通过填写《任职意向征求表》《向组织说说心里话》等方式，畅通干部反映真实情况的渠道，掌握干部正常诉求和合理任职意愿。探索建立干部“容错免责”

机制，制定出台《关于建立党员干部改革创新容错免责机制的实施办法》，对容错免责条件、实施程序、结果运用等进行明确，从制度层面支持保护敢抓敢管、坚持原则的干部，营造“崇尚成功、宽容失败”的良好氛围。

【人才工作】

人才引进 编制发布《余姚市“十三五”人才发展规划》，继续增加人才发展专项投入。启动实施“姚江英才”计划，组织新一轮国家“千人计划”、省“千人计划”和宁波“3315”计划申报工作，2016年共有3人列入国家“千人计划”重点推荐人选，3人入选省“千人计划”，2人入选宁波“3315”个人计划，2个团队入选宁波“3315”个人计划，累计培养和引进国家“千人计划”专家50人，其中自主申报入选14人、省“千人计划”专家22人。推动实施海外工程师引智计划和余姚籍学子回巢计划，落实人才优秀政策，吸引海外工程师和优秀余姚籍学子回余姚就业创业。

平台建设 贯彻落实《关于实施“百团计划”加快推进浙江“千人计划”余姚产业园建设的意见》，推进“千人计划”余姚产业园建设，助力高新项目落户，集聚大批以“千人计划”专家为代表的领军人才和高端创业创新团队。新增注册项目26个，正在注册、跟进和在谈项目29个，正式投产项目31个。推进智能制造区块“机器人小镇”建设，科学规划“五大板块”“两大主题公园”“三条流域”“一条智能工业旅游线路”，出台机器人产业政策。推进院士工作站、博士后科研工作站、工程研究中心、重点实验室等创新平台建设，新建院士工作站1家、省级博士后工作站3家。

重大活动 组织承办第三届中国机器人峰会暨全球海归千人宁波峰会，其间由省委书记夏宝龙主持召开智能经济研讨会，邀请多位国内外智能科技专家发起“TOP30”机器人智库，签约12个人才项目，50余个人才科技项目进行现场洽谈对接。统筹安排“双峰会”期间相关论坛活动，完成人才专家“一对一”对接工作。举办“中国制造2025”与智慧创新城发展战略研讨会，组织开展北京海外高层次人才协会专家宁波（余姚）行活动，在会议和活动中穿插“智资”对接，提升人才活动成效，扩大余姚人才品牌影响。

人才服务 做强投融资服务，引导社会资本介入，借力首期规模10亿元的机器人产业基金、总规模1亿元的蔚蓝智谷产业基金、“才富”合作基金等政府产业引导扶持基金，加大对海外人才及团队创业创新项目的资金扶持。实施助创专员制度，为重点创业团队选配助创团队，推行全程代办、陪办等服务，推动政务服务规范高效。继续在出入境、子女入学、配偶安置、医疗保健等方面开通人才绿色通道，实施“人才安居工程”，投用月梅人才公寓，加大住房保障力度。开展“千人计划”专家等高层次人才走访慰问、疗休养等服务工作。

【党的基层基础建设】

“两学一做”学习教育 制定“1+4”分类实施方案，确保学习教育精准推进。注重将中央、省委布置的“9项重点任务”作为学习教育重要内容，通过项目化管理，集中力量解决基层党建突出问题。坚持领导带头，市委、市政府主要领导以普通党员身份参加所在党支部学习，赴联系党支部开展活动，带头为基层党员讲党课。突出经常教育，将每月23日固定为“党员组织生活日”，所有基层党组织以党支部（党小组）为单位，在当天开展学习教育、民主议事、服务奉献和党性锤炼等党内活动。创新学习平台，将党性修养、党风廉政、家风家规等纳入37个开放式组织生活基地学习内容，开发“我是党员”微信管理系统，丰富拓展学习教育参与形式。

“双整”工作 制订基层党建“整乡推进、整市提升”行动计划，提出“精耕细作100周、达标提升100%”目标，计划利用两年时间率先完成“整市提升”目标任务。按照连点成线、串线成面、挂图作战的思路，编制“两张图”（“双整”路线图、“双建”示意图），实施“13550”工程，打造基层党建“1带·3环5线·50佳”，推动形成党建“拼图效应”。针对农村基层党建氛围不够浓厚的现状，按照“硬件建强、软件提优”要求，推进基层党建工作显性化建设，重点打造28个基层党建显性化建设示范村，以群众喜闻乐见的方式布置和展示党建成果。开展“两新”领域“覆盖检修”，全年共新建党支部21家，优化调整区域性党组织84家。

“前哨”支部建设 针对辖区面积大、党员数量多、党员老龄化等实际情况，借鉴“支部建在连上”的理念，以村民小组、网格片区等为单位，探索推行“前哨支部”设置，制定《关于进一步加强村（社区）下属党支部规范化建设的意见》，通过设立组级支部、网格支部、片区支部，健全“村—组—户”民情联系机制，302个村（社区）设立下属“前哨支部”1033个。选优配齐训强以“前哨支部”书记队伍为重点的支部班子成员队伍，注重从村级后备干部中选任支部书记，帮助其成长成才。落实“三会一课”、党员联户、党员包干等制度，推动形成党员直接联系服务群众体系。举办公益集市活动，承办“公益巴士”进余姚活动，扩大“两新”党建工作影响力。

完善党建责任制 把乡镇（街道）党（工）委、党（工）委书记、分管领导和其他党员班子成员责任落到实处，压实抓基层党建工作责任。建立“村村建强”考评要点、农村基层党建负面问题清单、党建责任清单、整改清单和督查清单等“五张单子”，细化量化清单内容，确保基层党建工作宜考易评。健全完善“一单一图一表”运行机制，从3个层次明确“两新”党组织党建责任清单。健全“月度督查、季度互查、半年约谈、年度述职”党建督查体系，依托党建督查组、季度分析点评会、年终述职对账会等，采用定期和不定期相结合形式，督促基层抓党建、强党建。全年对4个乡镇（街道）开展基层党建季度互查分析点评活动。

（市委组织部）

宣传工作

【概况】

2016年，余姚市宣传思想文化工作在宁波县（市、区）考核中列第一等次。全年组织开展学习习近平总书记系列重要讲话精神、中共十八届六中全会精神等市委中心组理论学习17次。发放《三读丛书》等学习资料2万余册，基层中心组调研报告评选共收到文章163篇。举办“十三五、话担当”第九届全市微型党课大赛，联合“浙江新闻”客户端、“甬派”客户端等30家新媒体平台在决赛时联动开展图文直播和视频直播，微博、微信、网页、客户端四媒体同步播出，10万名网民在线观看，参加宁波市比赛获优秀组织奖。在全省宣讲工作暨宣讲进文化礼堂经验交流会上作交流发言。开展“两学一做”微信图文大赛、创意H5大赛，共收到参赛作品54件，在微信公众平台进行集中展示、投票、评选，6.7万人次浏览，获2.5万人点赞。举办全市“理论说唱大比武”和“草根明星故事赛”，两场决赛先后进行微信投票和微信图文直播，8000余人参与投票，2.6万人次观看微信直播。以小游戏的形式开展“六中全会精神微信竞答”活动，组织中共十八届六中全会精神文艺专场演出。2家基层党校被评为宁波市十佳基层党校，赵永焕、潘嘉森被评为宁波十佳基层宣讲员。“创新基层理论宣讲的对策研究”被省委宣传部定为省指导课题；工作信息《余姚强化“三大统筹”切实加强基层党员教育》获宁波市委常委、宣传部部长万亚伟批示肯定。

组织市级媒体联动设置“学习贯彻十八届五中全会精神，建设现代化创新型生态城市”“两学一做，知行合一”“治国理政新实践，加快发展谋新篇”“迎接G20，人人讲文明”“全民共建美丽家园”等专栏，全年推出相关报道2500余篇，挖掘典型人物和事例120余个，举办第七届“感动余姚”新闻人物暨余姚市道德模范颁奖晚会。加强与上级主流媒体的沟通协调，全年中央、省和宁波主流媒体共刊播涉及余姚正面报道1300篇(条)，其中，《浙江日报》刊发稿件50篇、头版7篇，《宁波日报》刊发稿件172篇、头版30篇，发稿总数继续在宁波各县（市、区）保持前列。尤其是《人民日报》刊登的《浙江余姚四明山区用生态资源补发展短板》和《浙江余姚建立道德评价激励机制，“道德银行”存储涓涓善行》两篇深度报道，实现近年来在外宣工作上的新突破。完善网络舆情管理制度，全年累计发送各类舆情处置单692个。增强政务双微矩阵影响力，协调全市近百家微信公众号成立余姚市微信公众号联盟。策划举办第八届网络文化嘉年华、网民看看看、点赞余姚主题网络宣传等主题活动，话题阅读量超400万人次。创新组建由12名网评员组成的市网络评论工作室，围绕市委、市政府中心工作和热点问题推送各类评论200余篇（条），市网评工作室的创新实践被《浙江日报》以内参形式进行报道，并获省委宣传部主要领导批示肯定。

实施文明程度指数测评、环境秩序优化、“四周边两部位”文明创建顽疾治理、社区文明创建提质四项行动，城市文明形象不断提升，3个社区入围宁波市品质社区30强，9个品牌被评为宁波市百佳社区文明创建工作品牌。农村环境卫生保洁通过宁波督查考核，开展余姚市“最洁美村庄”推选活动，2个村被评为宁波市十佳“最洁美村庄”。在全省美丽乡村和农村精神文明创建工作会、全省创建全国县级文明城市现场推进会上作经验交流。组织开展“迎接G20·人人讲文明——做文明崇德余姚人”系列活动，推出“文明过马路”“礼让斑马线”等6项活动。组织7个部门开展专业化志愿服务队进社区活动，建成首个志愿服务文化广场，1个社区、1个项目、1名志愿服务工作者分别入选宁波市“十大”最佳志愿服务社区、最佳志愿服务项目和最佳志愿服务工作者。健全完善“余姚好人”推荐评议宣传机制，全年评选产生28名“余姚好人”，入选“宁波好人”9人、“浙江好人”6人、“中国好人”1人。组织市级道德模范宣讲团开展宣讲27场次，建成道德广场1个、道德模范工作室2家，推出“道德绿卡”关爱礼遇道德典型，“道德绿卡”被评为宁波市宣传思想文化工作创新奖。制订文明示范线创建工作三年行动计划和分年度目标，“五彩梁弄”文明示范线被列为宁波市级重点打造的三条文明示范线之一，宁波市“五彩四明”文明示范线启动仪式在余姚举行，余姚市在宁波市农村文明示范线创建工作部署会上作典型发言。

开通“余姚阳光文化”微信公众号，开展国庆戏迷乐等特色文化活动30次，全年向基层配送文化活动425场次，发放“阳光文化爱心卡”5200余张。举办“第三届余姚市百姓文化节”和“阳明文化日”两项重大文化活动，安排重走阳明路成果发布会等市、镇两级群众性文化活动近百项。推进农村文化礼堂建管用育一体化工作，实施“十三五”期间农村文化礼堂建设规划，建成20家农村文化礼堂并投入使用，余姚市农村文化礼堂实行“文化物流”模式在宁波市文化礼堂建设推进会上作典型交流。实施《余姚市文艺精品创作三年行动计划（2015—2017）》，电视纪录片《朗霞豆浆的明天》等13个项目列入余姚市文化精品扶持项目；短篇小说集《老兵》等3个项目列入宁波市文化精品扶持项目；姚剧现代戏《浪漫村庄》列入省文化精品扶持项目，并在省第十三届戏剧节比赛中获新剧目大奖。实施“姚江文学提升工程”，制定出台《重要文学期刊发表成果奖励办法（试行）》，召开重点作家采风活动和文学作品加工会，帕提古丽长篇小说《百年血脉》和散文集《隐秘的故乡》入围第十一届全国少数民族文学创作“骏马奖”，干亚群散文集《指上的村庄》获第七届冰心散文奖。编制完成《余姚市“十三五”文化产业发展规划》，府前路历史文化街区建设等15个项目列入宁波市“十三五”期间文化建设重点项目。全年兑现文化产业扶持资金280余万元，争取上级文化产业发展专项扶持资金840万元。文山创意广场和阳明一八八文化创意园被命名为宁波市级文创产业园。大丰实业等3家公司入选宁波市八大文创重点产业排行榜10强企业，阳明一八八青创空间被评为年度十大创新项目。余姚市获宁波市文化产业招商工作进步奖和2016中国（宁波）特色文化产业博览会优秀组织奖。

【“美丽家园”建设】

年度坚持全域推进、全民参与的工作思路，推进全民共建“美丽家园”工作，制定下发《余姚市全民共建“美丽家园”测评体系（2016年版）》和《指导考核办法》，继续实施“比、评、考”工作制度，开展“垃圾不落地”教育实践活动，组建市民观察团开展“美丽家园”巡访活动，组织开展全市“最洁美村庄”评选活动。同时，制定出台《关于推进全市农村环境卫生长效保洁机制建设的实施意见》，组织开展农村环卫长效保洁第三方测评工作，推动建立农村环卫长效保洁的管理体制、运行模式、保障机制，巩固“美丽家园”建设成果。全年新增“美丽村庄”69个、“美丽小区”21个、“美丽集镇”5个、“美丽公路”26条、“美丽单位”87家。

【“文明示范线”创建】

为深化农村精神文明建设，按照“分区域打造、分梯次推进、分类别实施”的工作思路，在农村地区探索开展“文明示范线”创建活动，研究制订三年行动计划和分年度目标，通过创建不同风格、不同内涵的文明示范线，从而连线成片、集片成面，着力打造“美丽余姚”。年度重点以浒溪线为主轴，以沿线乡镇为主体，突出“红色、绿色、古色”主题，将历史文化、红色文化、“非遗”文化、产业文化等进行整合，开展“五彩四明”文明示范线创建活动，成为宁波市重点打造的三条“文明示范线”之一，宁波市“五彩四明”文明示范线在梁弄镇启动，宁波市委常委、宣传部部长万亚伟出席启动仪式。

【第二个“阳明文化日”活动】

为传播弘扬阳明精神，探寻文化自信根脉，展现新时代余姚精神，按照习近平总书记提出的“王阳明的心学正是中国传统文化中的精华，也是增强中国人文化自信的切入点之一”的要求，在10月31日王阳明诞辰日，由宁波市委宣传部、余姚市委、余姚市政府联合举办第二个“阳明文化日”活动。安排阳明文化日开幕式暨“从余姚出发，寻时代精神”重走阳明路活动成果发布会、中国阳明心学高峰论坛·余姚站系列活动、王阳明故事大赛、海峡两岸青年阳明文化交流活动、“阳明杯”中青年书法展、阳明文化沙龙、少儿王阳明国学社团活动、“王氏文化寻根”活动、阳明文化日logo发布会、“阳明文化日”摄影作品征集活动等10项纪念活动，让广大市民在活动中认知先贤王阳明，感受王阳明的人格魅力和阳明思想的现代活力。新华网、中国新闻网、人民网、央广网、《浙江日报》《宁波日报》均作专题报道，中华网、中国文明网、光明网、腾讯等20余家网络媒体进行转载。

阳明文化日活动

【基层党员教育工作】

按照“因地制宜、因人制宜、因时制宜”的原则，创新基层党校“走教”模式、“1+x”模式等十大特色化教育模式，为基层党员提供对象化、分众化、互动化教育。整合“小载体宣讲团”“微型党课宣讲团”“余姚故事宣讲团”“农民理论说唱团”等特色宣讲队伍，为基层党员提供形式多样的宣讲服务。共公布宣讲课题350余个，编发学习提纲15个、党课教案80余个、优秀宣讲视频30余个、宣讲文艺作品20余个，方便基层党员按需选择。全市各宣讲团共开展宣讲800余场，受众6.5万人次。制定出台《关于推进行政村党委理论学习中心组建设的实施意见》，在全市15个建党委的行政村率先开展理论学习中心组建设试点，涌现每月到学习点讲学的谢家路村模式、每周一开学习例会的明伟村模式等。建立理论普及的“一网两微一端”新媒体（“理论E苑”网页、“理论e台”微博、“微理论”微信和“理论学习”App），构建“四位一

全市第九届微型党课比赛获奖者合影

体”党员教育新平台。在运作中建立多元生成机制、同步发布机制、立体传播机制，实现资源共享。

（市委宣传部）

统战工作

【概况】

2016年，召开全市首次统战工作会议，成立由市委书记任组长的市委统战工作领导小组，印发贯彻落实《统一战线工作条例》责任分解条目，制定出台《基层统战工作规范化导则》，明确市直部门、乡镇街道党组织职责任务，建立年度工作责任清单，实行项目化管理、对账式考核和一把手述职制度，并将代表人士队伍建设、民族宗教工作、协商民主建设、社会领域统战、商协会改革发展和浙商姚商回归等工作纳入市委年度重点专项工作考核。召开全市首次社会组织和新兴领域统战工作会议，出台《关于加强社会组织和党外新兴群体统战工作的实施意见》，拟定社会组织和新兴领域分众统战工作任务清单和分众统战、社团统战典型培育计划，建立全市各类社会组织及代表人士数据库、新兴领域党外骨干数据库，消除统战工作尚未覆盖的盲区和领域。

发挥统战性社团、经济类商协会与市外（海外）工商（同乡）社团的关联作用和网络优势，围绕多方位挖掘群体潜力，多片区建立招商联谊团队，多层面拓展招商网络体系，多渠道拓宽浙商姚商回归通道，在项目、总部、资本、人才、科技、公益事业“六个回归”上抓实绩。全年共组织招引40批次浙商姚商、30个港澳台及海外工商社团及其50余家企业或团组到余姚考察投资，浙商姚商回归实到资金42.16亿元，完成全年目标的110.95%，60余名市内外余姚籍宁波籍企业家投身余姚公益事业，累计出资和实物捐赠2300万元。开展非公有制经济人士理想信念教育实践活动和“找典型、促转型、讲姚商好故事”活动，增强广大非公有制经济人士对中国特色社会主义的信念，对企业发展的信心和对社会的信誉。协助推进宁波统一战线第二轮鹿亭同心实践基地建设，签约的38个项目已全部启动，到位项目帮扶、扶贫帮困资金598万元。

贯彻中央民族工作会议精神，以少数民族聚居、少数民族员工集聚的镇村（社区）、企业为重点，妥善处理涉及城市管理、工伤纠纷等少数民族矛盾纠纷15起。依法管理宗教事务，全年共审批各类非通常性宗教活动4次，开展宗教活动场所安全大检查3次，排查整治安全隐患22处，完成首批50家民间信仰场所登记编号工作。结合乡镇（街道）和行政村（社区）换届选举工作，把协商民主建设融入基层治理创新、日常群众工作和重大事项决策，精选汇编基层协商民主案例，突出用典型带动面上，各层面、各领域议事协商活动更加规范有序。拓展网络统战工作，新建乡镇（街道）网联组织2家。

从平台载体、网络机制和项目功能等建设入手，组织开展以统战宣教基地、党派团体社会服务基地、民族团结展示基地和示范乡镇（街道）、示范商协会、示范村（社区）、海归人才创业示范点、和谐寺观教堂示范点为载体的“三基地、五示范”创建活动，全年新建商会大厦统战工作展厅、民营企业廉政教育基地“亲清园”、东江社区“益家人”公益组织孵化中心、科创中心法律服务基地、民族宗教文化园等一批统战工作品牌示范点。

10月始，按照上级有关政协换届要求，会同市委组织部、市政协党组就政协人事安排提出工作方案，紧扣初审、联审、非公有制人士综合评价、民主协商、考察、审议、公示等每一个环节，完成新一届政协委员的推荐提名工作。同时，结合党派换届后组织扩能、班子建设、人才储备、任务交接等工作实际，召开全市民主党派工作会议，协助党派推荐后备人才和制度建设规范，指导党派新班子厘清工作思路和目标任务，新发展民主党派成员17人。继续开展党外后备干部和优秀骨干的发现储备及教育培训工作，充实调整一批党外后备领导干部，新增党外副局级领导干部5人，按上级要求1/3的乡镇（街道）班子配备市管党外干部。

以乡情文化交流、经贸投资合作为抓手，推进港澳台和海外经贸交流对接，依托省“千人计划”余姚产业园、中意（宁波）生态园等平台，成功申报全省首个国侨办“侨梦苑”，为吸引海内外侨商、高层次人才搭建高端平台。通过承办中国侨联“亲情中华·欢聚余姚”巡演活动、香港和台湾青年参访、海归之夜等系列活动，密切与港澳台、海外华侨华人同乡社团和专业领域人士、新生代成功人士的联系交流，提高港澳海外统战工作的实效性和影响力。

【宁波市委统战工作督察组到余姚督察】

6月14日，宁波市委统战工作督察组到余姚，就贯彻落实中央和省委、市委有关统一战线重大决策工作开展情况进行专项督察。余姚市委书记毛宏芳，市委常委、统战部部长李森苗分别作汇报，副书记诸晓蓓参加情况汇报会。在实地检查和听取情况汇报后，督察组对余姚市统战工作给予肯定，认为余姚市委重视统战工作，履行党委主体责任，统战创新工作有力度、成效好，很多经验值得总结推广。对下一步工作，督察组提出三方面要求：一要摆正位置、强化思想认识，深入研究统战工作面临的新形势、新问题，提升大统战工作水平，增强统战工作的号召力和影响力；二要结合实际贯彻落实国家、省有关统战工作系列要求，加大党外人才干部培养、选拔、使用工作力度，推进党外人才资源的合理配置；三要强化基层基础工作，解决统战工作中遇到的新情况、新问题，为经济社会发展提供力量支持。

【欧美同学会留学报国基地授牌】

6月14日，全球海归千人宁波峰会人才项目对接洽谈会在余姚召开，欧美同学会副会长、教育部原副部长吴启迪在会上授予余姚市“欧美同学会留学报国基地”牌匾。该基地为提升余姚人才国际化的整体水平、加快转型发展和创新发展提供人才支撑和智力保障，也为海归专业人士和科技侨商提供更大发展空间。

【市民主党派工作座谈会】

6月28日，余姚市召开民主党派工作座谈会，市委常委、统战部部长李森苗出席会议并讲话，全市4个民主党派主委、副主委及领导班子成员共计30余人参加会议。会上，各民主党派负责人从参政议政、民主监督、政治协商、社会服务、自身建设等方面交流工作，并从加强培训交流、合作调研、资源共享等方面提出意见、建议。李森苗就民主党派班子建设提出六点建议：一是要提高政治把握能力，履行参政党职能；二是要提高组织动员能力，把组织建成同心温馨家园；三是要提高参政议政能力，打造为余姚发展的高端智库；四是要提高创新补短能力，在补齐短板中寻求创新突破；五是要提高人才建党的能力，多措并举培养人；六是要提高班子跨界整合能力，打造学习型、思想型、服务型、创新型组织。

【科创中心“同心法律服务基地”成立】

7月15日，市科创中心“同心法律服务基地”正式挂牌成立，为继中国塑料城后全市成立的第二个“同心法律服务基地”。科创中心成立于2008年，有入驻企业60余家。针对科创中心初创型与成长型企业集聚、法律服务需求较多的实际，市委统战部、市司法局和经济开发区管委会联合成立科创中心“同心法律服务基地”，聘请12名律师为科创中心入驻企业提供法律咨询、担任法律顾问、民商事诉讼等综合法律服务，以及参与相关重大矛盾纠纷调处和开展法制宣传活动。

【2016年党外代表人士培训班开课】

10月13—14日，余姚市2016年党外代表人士培训班在市社会主义学院举行，全市各民主党派主委、副主委，市知联会会长、副会长和现职市管党外领导干部等60余名党外代表人士参加培训。市委常委、统战部部长李森苗出席开班式并讲话。此次培训主要围绕中国特色政党制度、协商民主、社会组织、美丽乡村建设等内容，邀请省委党校教授作课堂授课，并赴宁海县参观宁海县党外人士服务中心和两个美丽乡村示范村。

（市委统战部）

机构编制工作

【概况】

2016年，市编委办制定并出台《余姚市事业单位机构编制管理实施办法》，对全市事业单位机构管理、编制管理、审批权限与程序、监督检查与评估等工作环节作明确规定。制定并出台《余姚市人民政府部门职责管理办法（试行）》，优化政府部门职责配置，明晰职责边界，防范和化解职责分工争议。组织实施全市机关事业单位年度用编计划管理制度，将严控人员编制纳入常态化轨道。

结合市委、市政府主要领导经济责任审计，开展机构编制管理自查自纠工作。在省审计厅驻点审计期间，及时配合提供机构编制相关的资料、数据。会同市审计局对列入2016年审计计划的7家单位开展“双责联审”（领导干部经济责任与机构编制执行情况联合审查）工作。6月，受宁波市编委办委托，对余姚市公安局局长任期内的机构编制政策执行和管理情况进行现场审计。

开展2015年度事业单位法人年度报告公示工作，完成年度报告公示321家，报送率97%。对全市事业单位法人登记情况进行排查，对财务不独立等不符合法人登记条件的事业单位予以处理，共废止14家，冻结15家。结合事业单位法人年度报告公示，统一换发社会信用代码赋码和事业单位法人证书。

补充完善实名制信息系统的基础信息数据、单位台账资料。每月开展系统数据检索，并督促相关单位更新与维护实名制系统信息，确保实名制数据的实时性、精准性。设计开发实名制系统本月和下月待退休人员统计功能，为合理配置机构编制资源提供依据。

【各项体制改革落地】

10月，完成市综合行政执法局“三定”（定部门职责、定内设机构、定人员编制）规定的印发，同时制定并颁布《关于建立综合行政执法协作配合工作机制的实施意见》。同月，在前期走访调研的基础上，拟订并出台《余姚市深化乡镇（街道）行政体制改革实施方案》，并于12月底前完成乡镇、街道“三定”规定的印发以及组织实施等工作。专项领域体制改革方面，完成市人民法院、市人民检察院垂直管理的有关机构编制基础数据的采集和报送工作。

【公共服务事项梳理公开】

9月初，以市府办名义印发《关于印发余姚市全面梳理和公开公共服务事项实施方案的通知》，明确基本原则、范围对象、工作任务、工作安排和目标要求。建立由市编委办、市审管办牵头，市府办、市发改局、市财政局、市法制办等部门组成的全面梳理和公开公共服务事项联席会议制度，开展相关统筹协调工作和事项上网公布的衔接工作。同月，召开培训会议，编发《全面梳理和公开公共服务事项编制说明》，并建立联络小组。全市各单位共梳理公共服务事项1829项（按子项统计），其中，市直部门、事业单位、国有企业合计698项，乡镇（街道）、经济开发区合计1131项，事项共涉及24个部门、21个乡镇（街道）和经济开发区、276家事业单位（含全市乡镇、街道下属事业单位）、5家国有企业。会同市电子政务办开展事项基本信息的纳网入库工作，并于10月底在浙江政务服务网和宁波公共服务微信平台上公布。

【“一县一品”创建】

4月，以深化权责清单应用为主题，以服务基本建设项目效能评议活动为载体，确定将“‘清单+评议’提升基本建设项目服务效能”作为“一县一品”创建项目。按照“与权责清单承办科室（单位）相对应，与优化基本建设项目政务服务环境相关联”两大原则，分行政审批和综合服务两类，确定承担行政审批服务职能的科室为被评议对象，于7月初开展基本建设项目服务清单的编制。全市各单位共梳理基本建设项目服务事项60项，其中，行政审批类41项，综合服务类19项，确认后的基本建设项目服务清单在市纪委网站进行公示公布，接受社会各界监督。12月，会同纪检监察、审管办等部门，实地检查被评议科室的基本建设项目服务清单编制和执行情况，提出评议意见。

【完善权责清单】

2月，按照浙江政务服务网向乡镇（街道）延伸工作的有关职责分工，会同市审管办等部门指导各乡镇（街道）完成浙江政务服务网入库权力事项的信息梳理工作。3月，将市级部门年度重点工作目标纳入责任清单范畴。12月，根据最新版《省市县三级权力事项基本目录库》，会同市府办、市法制办、市审管办等部门完成权力事项比对规范和宁波市行政处罚系统实施工作。

（市编委办）

市委政策研究

【概况】

2016年，市委政研室围绕市委主要领导关注的热点、焦点和难点问题，完成《余姚市城市工作思路对策研究》《余姚市民间投资情况调研报告》《关于加快推进四明山区域生态发展的对策研究》等重大课题的调研撰写工作；组织开展年度市领导重点调研课题的申报汇总和收集工作，会同宣传部门开展上年度全市调研课题的指导评比，推动形成全市“大调研”格局。

围绕全市经济社会转型发展的重大问题，起草完成《关于聚焦补齐“八大短板”着力培育发展新动能的实施意见》《关于在市四套班子领导中深入开展“深化五联五促、服务转型发展”专项活动的通知》《关于调整市四套班子领导联镇带村、结对帮扶对象的通知》等文稿。

围绕加快产业转型升级，制定出台《关于进一步完善培育引进总部型企业政策的意见（试行)》《关于推动智能经济（机器人产业）发展加快经济转型的若干意见（试行)》《关于进一步降低企业成本减轻企业负担促进实体经济稳增促调的实施意见》《关于加快特色小镇规划建设的实施意见》《余姚市引进高端创业创新团队“姚江英才”计划实施意见》等政策文件。

围绕全面深化改革，调查排摸全市重点改革项目和各类改革试点，制定出台《2016年余姚市全面深化改革要点》，督促推动各项改革有力有序开展；回顾总结改革工作，起草完成《余姚市2016年全面深化改革工作总结》《十八届三中全会以来余姚市全面深化改革工作总结报告》《余姚市改革工作述职汇报》等文稿；迎接省对各县（市、区）改革满意度评估，开展与上对接、横向协调、立体宣传、向下督察等各项事宜；完成上级改革办对余姚市年度改革推进实施情况的督查考核工作。

围绕经济社会发展和深化改革过程中的亮点，累计向省、宁波两级政研部门报送各类信息30余篇，多篇信息被省委政研室《信息快报》和宁波市委政研室《领导专报》《政策瞭望》《宁波通讯》等刊物录用。

（市委政研室）

市直机关党建工作

【概况】

2016年，市直机关党工委下辖76个部门机关。其中，机关党委1个，机关党总支部24个，机关党支部225个，共有党员4161人。另有机关工会

73个、妇委会小组8个、机关团支部13个。

贯彻落实《2014—2018年全国党员教育培训工作规划》，每季度举办一期“机关党员大课堂”，围绕党性教育作专题辅导，全年辅导党员干部1200余人次。5月，组织60余名机关党组织书记赴江西干部学院接受现场教育，进行业务学习。11月，举办机关年轻干部综合素质提升班，组织由市直机关党组织推荐的50余名35周岁以下机关优秀青年党员，通过集中授课、课题调研、素质拓展等方式，进行综合素质教育与培训。12月14日，举办两期中层以下机关党员轮训班暨十八届六中全会精神专题培训班，参训党员560余人。

每月23日在机关党组织中开展“月月有主题，人人争先锋”组织生活日活动，对活动报备、报告、登记、开展、交流等情况进行督促、指导和抽查，推动党员组织生活日制度的规范化、常态化和长效化。“七一”前夕，开展“最佳组织生活案例”评选活动，共收到组织生活案例50余篇，市委统战部机关党总支《牵手“互联网+”学习在日常》等12例被评为市直机关“最佳组织生活案例”，并摄制成短片进行展示交流。

通过举办“立家规、正家风”专题讲座，组织机关党员干部学习王阳明家训专题片《一盏永远不灭的心灯》和《余姚市党员干部崇廉守纪“三字经”》，开展“晒家规家训、讲家风故事”征集活动以及主题书法摄影展示等活动，倡导以“立家风正家训”为重点的机关廉政勤政文化。

下发《关于2016年调研工作安排的通知》，开展机关党建工作调查研究。各机关党组织上报调查研究成果80篇，上报宁波工委党建论文5篇，获一等奖、三等奖和优秀奖各一篇，市直机关党工委获组织奖。

【第十二届“公仆杯”机关运动会】

3月至10月，市直机关党工委联合市委组织部、市总工会、市文广局举办第十二届“公仆杯”机关运动会，共设置5个大项8个小项的比赛内容。参与对象第一次面向乡镇、街道，69个市直部门和21个乡镇、街道近2000名党员先后参加登山、羽毛球、乒乓球、趣味体育、跳长绳等比赛活动。

全市机关干部登山活动

（市直机关党工委）

老干部工作

【概况】

截至2016年末，全市有离休干部199人、副市级及以上老领导39人（离休4人，退休35人）、退休干部8298人，其中副局级以上退休干部587人。继1996年后，2016年市委老干部局再次被评为全国老干部工作先进集体。

组织开展庆祝中国共产党成立95周年系列活动，并在全市离退休干部中征集“什么是正能量”短语，9名老干部写的短语受到宁波市委老干部局表彰。先后承办宁波市老干部志愿者“红色之旅”主题教育暨业务培训、宁波市老干部“红心向党•甬耀银辉”庆祝中国共产党成立95周年活动、甬耀银辉2016——“走进余姚•走进红色四明”现场志愿服务主题活动暨宁波市第二个“银辉”志愿服务月启动仪式、建立“大手牵小手”老干部关爱基地等活动。

全年市人民医院老干部保健室和城区市属医院绿色通道共接待老干部1642人次，其中门诊1225人次。市委老干部局医务室由市人民医院接管，每周一至周五按机关作息时间全天候开放。依托市民服务中心“96345”服务平台，全年为老干部提供家政服务372人次、足浴服务36人次、理发服务31人次。发挥“一键通”服务功能，接受老干部求助、求救服务1223人次。协调解决老干部生活照顾、医疗保健、精神慰藉等方面问题62个。坚持每月23日下午“走访老干部日”制度，全年上门走访老干部2389人次，电话联系老干部4806人次，收集意见建议91条，帮助老干部解决困难、问题136个。

【探索建立离退休干部临时党支部】

为加强离退休干部党组织建设，按照有利于教育管理、有利于发挥作用、有利于参加活动的原则，灵活设置离退休干部党组织。5月，在市老年大学建立临时党支部，下设书画摄影、体育舞蹈、歌咏器乐、文学语言、智能应用、戏曲表演、生活综合、教职员工等8个临时党小组；在兰江街道下菱社区建立“银辉”志愿者临时党支部；部分乡镇、街道就近就地划片建立党小组。

【“银辉”志愿服务组织建设】

在上年下菱社区、长安社区试点成立“银辉”志愿服务大队基础上，年度在兰江街道所属社区全面成立“银辉”志愿服务大队。组建市老年大学“银辉”志愿服务大队，有党员志愿者322人。先后成立宁波“银辉”志愿者联合会余姚分会和余姚市“银辉”志愿者联合会牟山分会。截至年末，市“银辉”志愿服务大队下设楼道“老娘舅”团队、草根讲师团队、医疗保健团队、书画摄影团队、帮困扶贫团队、建言献策团队、美丽家园监督团队、帮教志愿团队、应急志愿团队等志愿服务团队75个，参与人数1000余人。在全市离退休干部党支部中开展“银辉”志愿服务微心愿认领活动，55个离退休干部党支部及6名离退休干部共捐款29316元，帮助梁弄镇117名群众解决实际困难。

【书籍编印和宣传片制作】

挖掘老干部先进典型事例和红色经历，编印书籍《寻找身边的感动——余姚市离退休干部发挥正能量微故事》《银耀社区——余姚社区离退休干部发挥正能量微故事》《红色记忆——余姚市老干部革命回忆录选编》。收集140余个先进事例，分“情系支部建设、热心帮困助学、弘扬先进文化、助力科学发展、热衷志愿服务、倡导和谐新风”6个篇章，制作《释放正能量，银辉耀四明——余姚市离退休干部发挥正能量侧记》宣传片。选择离退休干部岑成纪、赵鑫塘、陈根仁为余姚“最美老支书”代表，制作《宁波“最美老支书”》宣传片。

【市老年大学建设工程进展】

市老年大学一期建设工程位于世南东路246号（原市特教中心地块），占地面积4326平方米，建筑面积3579平方米，总投资1782万元。2015年4月10日进场施工，2016年1月25日土建工程完工，11月完成装修工程、智能化工程及室外附属工程，二期工程前期准备工作已经开始。

（市委老干部局）

信访工作

【概况】

2016年，余姚市本级共受理群众来信、来访和市长电话、市长信箱合计11970批、14730人次。在“两学一做”学习教育期间，联动开展以“补短板、化积案、创标杆”为主题的信访督查“百千万”专项行动。同时，市信访局以初信初访为重点，每月确定若干信访件进行实地督查，提高信访特别是初信初访的办理质量。年度调整信访工作目标管理考核评分办法，重点加强对督察、积案化解和复查复核工作方面的考核。

与上级信访部门对接，组织人员开展客户端安装、系统操作培训等相关工作。6月起，启用浙江省统一政务咨询投诉举报平台，将信、访、电、邮等信访事项的程序流转和业务办理全面纳入该系统，实现政府类信访事项办理的一网式“全覆盖”。

支持政法机关依法处理涉法涉诉信访问题，尊重政法机关依法作出的结论，对涉法涉诉信访不受理、不转办。对应当通过法定途径解决的，告知信访人依照有关法律、行政法规规定程序向有关机关提出，引导群众在法律框架内解决问题。开展“依法信访”主题宣传月活动，宣传《信访条例》等法规制度，培养群众依法信访、理性维权的行为方式。

把基层信访工作队伍覆盖到村，强化矛盾风险排查，及时掌握矛盾信息。实施重大事项信访维稳风险评估，尤其对重大工程项目，由政法、信访等部门联合进行维稳风险评估，对评估有一定潜在风险的，及时排除风险或提前开展应对预案，确保重点工程的顺利推进。

【“12345”政务咨询投诉举报中心建设】

根据浙江省和宁波市的工作部署，开展政务服务热线平台整合工作，以“12345”政务服务热线平台为基础，除“110”“120”“119”等紧急热线外，将非紧急类政务服务热线统一整合到“12345”政务服务热线平台，实行“双号并存，统一接听”。同时依托政务服务网，整合各类网上投诉举报渠道，把“12345”政务服务热线平台建设成统一的政务咨询投诉举报平台，实现举报事项的统一流转、统一查询、统一督办等功能。

【分类处理信访投诉请求清单编制】

根据中央关于信访制度改革的总体部署和国家信访局关于推进信访事项“法定途径优先”分类梳理工作精神，按照省、宁波市上级业务部门的工作要求，对接市法制办，要求信访量较多的部门出台《通过法定途径分类处理信访投诉请求清单》，推动诉讼分离，引导群众通过法定途径反映各类问题。截至10月，公安、人社、住建、国土等11个信访量较多的部门均已出台信访投诉请求清单，并通过市信访局门户网站向社会公布。

（张锡波）

党校工作

【概况】

2016年，市委党校（省委党校四明山分校）调整内设机构，将教研室、社研室合并为教研室，增设行政科，单独设立校机关工会，完成机关支部公推直选和机关工会换届选举。12月10日，举行省委党校研究生党性教育基地挂牌仪式。

全年按计划举办主体班次26个，全市“十三五”与余姚发展专题研修班、市直机关党组织书记培训班、全市示范型村党组织书记培训班等重点班次分别赴深圳、上海、井冈山开课。服务“两学一做”主题教育活动，将学习党章、党规和习近平总书记系列讲话精神纳入干部教育培训计划，新开发《扶正祛邪促发展》《学习党章、坚定信仰》等党课，有10堂党课参选宁波市“两学一做”学习教育百堂特色党课，开展宣讲活动100余场次，受众1.5万人次。围绕“名师、名课、名校”建设，打造精品课程，“重温经典——论共产党员的修养”被评为宁波党校系统精品课，“扶正祛邪促发展——两学一做专题教学”获得省党校系统精品课优秀奖。安排年轻教师赴井冈山、安吉、上虞等兄弟党校学习深造，选派中国社科院访问学者1人、街道挂职干部1人，3名教师开发的课程被宁波市委组织部录制播放，2名教师开发的课程受《宁波日报》关注采访。

创新采用“私人订制，模块教学”的办学模式，设置“基层党建调研”“两学一做”“四明山革命精神”“余姚先贤和传统文化”等课程模块，根据各个班级的不同需求，提供个性化选择。坚持“多元化”办学，探索与周边党校系统的合作，拓展培训资源，已与省委党校、上海市委党校等20余家党校以及镇海炼化集团公司、浙江大学宁波理工学院等十余家单位达成长期合作协议，2天及以上的中长期班占比明显提升。规范对外培训运作，全年累计接待计划外培训班级173个，参训学员

8489人次。其中，宁波市委党校主体班次9个，学员527人次；省委党校主体班级5个，学员282人次；省内其他各级党校班次12个，学员561人次；省外班级5个，学员257人次。

借助省委党校、省社会主义学院等单位课题合作研究的优势，组织教师参加各类科研活动18项，撰写各类理论文章30篇，申报省、市课题23项。配合省委党校经济学调研组开展“转型升级组合拳的实施情况”“宁波市智能制造业发展经验、存在问题及对策”“宁波市智能制造典型案例”等专题调研，联合市委统战部参与2016年度浙江省统一战线理论政策课题研究并形成3篇调研报告。依托“教师业务论坛”，举办科研咨政培训，修订完善《科研工作条例》《科研工作量化考核办法》。提升党校科研服务社会、促进发展的现实功能和实践价值，配合市委宣传部编撰《姚江优秀传统家训选集》，负责“竹桥黄氏家规”“兰风蒋氏宗规”的整理、注释和编撰。

推进新校区基建工程，组织实施校园整体搬迁，完成城下路校区国有资产核查及设施设备移交。招引宁波亚太酒店物业管理有限公司负责校区后勤保障工作，共计接待各类培训班、会务13020余人次，提供餐饮19471余人次、客房3157余间次、会场251余场次，先后完成中国机器人峰会、全国农村电影发行放映工作座谈会、宁波市农村“安居宜居美居”工作现场会等重大接待任务，财务开票金额达365万元。

【完成校区整体搬迁】

伴随梁弄新校区室内装修工程、室外附属工程通过验收，空调、电梯、厨房设备、天然气、太阳能等工程设备完成安装调试以及供电专线、公用线路等的陆续接入，3月，学校正式从城区城下路19号整体搬迁至梁弄镇镇中路6号，先后投入800余万元添置办公、教学、培训、餐饮、客房、保洁等各类设施设备。

【承办第三届中国机器人峰会】

6月12—15日，第三届中国机器人峰会暨全球海归千人宁波峰会在市委党校和四明湖国际会议中心举办。市委党校承办13个分论坛的会务接待，提供餐饮3297人次、客房339间次，接纳25辆大巴及300余辆小车的停放，相关服务接待和安保工作得到上级及与会人员的肯定。

（市委党校）

档案工作

【概况】

2016年，市档案局完成各类重点工程档案专项验收5个，登记上报省级重点建设项目10个、宁波市级重点建设项目2个；申报组建市级综合档案室单位16家，申报档案工作目标管理省级认定单位1家，省级规范化数字档案室单位2家。市档案馆完成档案扫描15817卷、13363件，共计1993305页，目录检录499360条；全年接待档案查阅3019余人次，有效利用4121卷/件次；全年开放档案全宗90个、2043卷，鉴定数量4095卷。重点档案编研项目——余姚历史文化名人认识系列之《阳明先生诗歌集》入选“浙江省百项档案编研精品”。

【档案依法行政】

按照全市政务服务网权力清单工作整体安排，开展权力清单梳理工作。在前期行政权力事项自我清理的基础上，对行政许可、行政确认、审核转报以及其他行政权力中的年检、备案、其他审批权等行政审批权力事项进行梳理。加强对市行政服务中心综合窗口的服务工作，对所属职责范围的档案行政许可事项实施指导和严格审批。配合市农村土地承包管理部门开展农村土地承包经营权确权登记颁证档案工作，出台市农村土地承包经营权确权登记颁证档案管理实施办法。

【档案监督指导】

召开乡镇档案员例会和机关协作组长会议，交流各单位档案工作情况，布置年度档案工作任务。加强对重点工程档案的指导工作，完成鹿亭乡小黄泥岭水库除险加固工程等5个项目的档案专项验收；完成2016年度省级、宁波市级重点建设项目档案管理登记；开展陶家路江泗门泵站工程、姚江干流防洪整治工程、宁波江丰电子材料股份有限公司年产1万个高线代板显示器及先进封装用靶材产业化等项目重点工程档案的指导工作。开展组建市级综合档案室、档案工作目标管理省级认定、省级规范化数字档案室等各类创建工作组织申报和业务指导；对各乡镇街道、市级机关综合档案室使用"虚拟档案室"系统进行指导，按照标准规范指导基层单位开展档案数字化扫描。按照省档案局关于加强农村文化礼堂档案管理工作的要求，收集整理文化礼堂档案材料，并将展板电子设计稿、照片、音视频、电子文件等电子素材由市档案馆归档。组织2016年度档案管理人员岗位培训和档案继续教育培训工作，全年参训人数281人。

【档案数字备份】

年度市档案馆数字化扫描工作继续由上海中信公司提供服务，加工对象为市政府、市工业总公司、市二轻总公司、市乡镇工业局、市商业局、市物资局、市林特局、市教育局、市档案局、余姚镇政府、朗霞镇政府、肖东镇政府、梁辉镇政府、老方桥镇政府等14个全宗档案。对所有数据全部进行脱机备份，移交的全文数据已挂接到馆藏档案管理系统，供直接查阅使用。继续开展档案登记备份，全年完成对市委宣传部、市总工会、市市场监管局的档案数据登记备份工作；对新增部分数据已向宁波市档案局进行异地备份；并将所有基层登记备份数据再次备份，确保档案数据绝对安全。

【档案服务管理】

市档案馆接待服务窗口全年共接待单位利用242次、个人利用2006次、打印4439页、复印5995页、摘抄225卷、出证明187次、借阅35卷。查阅档案内容主要涉及婚姻档案、文书档案、养老保险、人事调动、精简档案、建房档案、知青档案、修史编志等。开展馆藏档案管理系统、虚拟档案室系统的日常维护工作，确保系统正常运行；开展档案全宗开放鉴定工作，并完成开放档案目录著录；开展馆库管理、设施设备维护、温湿度控制等工作，确保档案安全。根据相关部门的要求，对局网站、业务系统安全问题进行检查和维护。签订2016年度UPS维保合同，进行第一次维保，保证档案网络设备正常运行。

【档案征集编研】

全年共征集各类宗谱6套、《究脑穷源探细胞——陈宜张传》等名人档案3件，《记忆宁波》《余姚九十年辉煌历程》《阳明史脉》等图书资料19册；征购山水画、对联等仿真件4幅。余姚历史文化名人认识系列之《阳明先生诗歌集》于10月完成编辑，由中国文史出版社出版。开展2016年年鉴史料的记载和余姚大事记的编写。组织召开市档案史料研究会理事会，编辑完成2016年《余姚档案史料》会刊。

【档案新馆建设】

根据国家、省、宁波市档案局关于加强档案馆新馆建设工作的要求，启动档案馆新馆建设。经市政府分管领导牵头，多次召集市发改、规划、国土、财政、住建、文广、兰江街道等有关部门商议协调，提出市档案馆新馆建设项目选址方案，确定选址在南雷南路西侧地块，东至南雷南路，南至黄山路，西至中山河，北至余姚四中，占地面积1公顷，规划用地面积0.72公顷。新馆建设采用PPP项目建设模式，已完成档案馆建设工程PPP项目咨询服务招投标工作。

（李建军）

党史地方志工作

【概况】

2016年，市史志办被评为全省地方志系统服务农村文化礼堂建设十佳先进单位，连续第三年获宁波市年度目标考核第一名。在党史工作方面，正式成立余姚党史三卷编辑部，党史三卷纲目通过省专家评审组审定，三卷编写各项工作走在全省列。开展地方党史史料征集，出版《烽火三七市》《改革开放新时期余姚党代会文选》等地方党史书籍。在地方志工作方面，《余姚市志（1988—2010）》、《余姚广电志》及《余姚年鉴》2015卷、2016卷先后出版。全市有一半以上乡镇、街道启动志书编写，相关工作经验在宁波地方志工作推进会上作典型发言。在宣教工作方面，完成部分党和国家领导人子女参观浙东抗日根据地、20集团军60旅官兵寻访四明山等重大接待活动，举办全省纪念何克希诞辰110周年座谈会、全市纪念长征胜利八十周年文艺会演等重大活动。新增革命胜迹4处。挖掘弘扬传统优秀家风家训，出版《姚江传统勤廉家风故事》《余姚茹墟徐氏谱说》等家风书籍。开展党史、地方历史文化教育基层宣讲活动30余次，受众超2500人次。

【《余姚市志（1988—2010）》首发式】

6月30日，由浙江人民出版社出版的《余姚市志（1988—2010）》举行首发式。市委副书记、市长、市地方志编纂委员会主任奚明，市政协主席、市地方志编纂委员会副主任、《余姚市志（1988—2010）》主编陈建泰，中共宁波市委党史研究室（宁波市人民政府地方志办公室）副主任樊孟军出席。市委常委、常务副市长、市地方志编纂委员会副主任潘银浩主持首发式。奚明在首发式上强调，各有关部门和乡镇街道要继续依法高效推进部门志、行业志、乡镇街道志和村志的编写工作，高质量完成《余姚年鉴》的供稿任务，使地方志更好地发挥传承历史、展现当今、启引未来的作用，成为余姚的“精神名片”。首发式上，对市志编写先进单位、市志供稿先进个人、市志编写先进个人进行通报表彰。

【解放军某部官兵到余姚开展寻根之旅】

3月31日至4月3日，中国人民解放军某部政治部主任孔令金率部分官兵代表，到余姚开展寻根活动。中国人民解放军某部前身为新四军浙东游击纵队，这次寻根之旅，既是为了解浙东游击纵队光辉的历史，又是为加强军队与地方的联系。在余姚期间，部队官兵先后开展祭扫革命烈士纪念碑、举办军地追思会、参观浙东抗日根据地旧址、现场上党课等活动。

【浙江省纪念何克希同志诞辰110周年座谈会】

4月28日，浙江省纪念何克希同志诞辰110周年座谈会在梁弄镇召开。何克希同志夫人、新四军老战士陈孟庸，中国人民对外友好协会原会长、陈毅之子陈昊苏，中纪委原副书记刘锡荣，粟裕之子粟寒生，中国人民解放军某部政委周林，中共党史研究室原副主任、中共党史人物研究会副会长章百家，省人大常委会原副主任、省新四军历史研究会名誉会长杨彬，省新四军历史研究会副会长兼秘书长宋光宝，叶飞之女叶小楠，余姚市领导奚明、诸晓蓓、陈长锋、宋建勋、郑桂春等出席座谈会。市委副书记、市长奚明在会上致辞。座谈会后，陈孟庸分别向省新四军历史研究会和梁弄镇政府捐款，青年书法家郭自力向何克希将军纪念室捐赠书法作品。与会人员还祭扫四明山革命烈士纪念碑和何克希墓，并参观浙东抗日根据地旧址。

【部分革命家后代到余姚参观走访】

4月6—8日，胡耀邦、张太雷、凯丰、冯文彬、俞秀松、谭启龙等老一辈革命家的后代在余姚开展参观走访和清明祭扫活动。市委副书记、市长奚明，市委常委、组织部部长叶枝利，市人大常委会副主任、市新四军历史研究会会长宋建勋等余姚市领导陪同参加部分活动。

（罗　捷）

余姚市人民代表大会

综 述

【概况】

2016年，市人大常委会在市委领导下，履行宪法和法律赋予的职责，依法组织召开常委会会议6次、主任会议4次，听取和审议“一府两院”专项工作报告37个，就有关重大事项作出决议、决定11项，开展专题视察督查和执法检查9次，依法任免国家机关工作人员40人次，有效发挥地方国家权力机关的作用。

主动适应新常态，找准工作着力点，突出监督重点，注重监督实效，依法履行监督权、决定权、任免权，加强和改进代表工作，强化自身建设，完成人大换届选举任务。继续关注以推动工业经济发展为重点的经济转型升级工作，以优化财政支出结构为重点的全口径预算审查工作，以提升城乡建设品质为重点的城乡统筹发展工作，以强化水系环境治理为重点的生态环境保护工作，以维护司法公正为重点的民主法治建设工作，以统筹落实惠民政策为重点的社会民生改善工作。同时，综合运用会议审议、视察检查、工作评议、专题询问、跟踪督察等方式，打好监督“组合拳”。并在将政府债务列入常委会会议议题、制定出台《市人大常委会控制性详细规划备案工作规程》、组织开展本届重点议题“回头看”专项督查活动、实施宪法宣誓制度等方面进行探索和尝试。

【市十六届人大五次会议】

2016年1月19日，余姚市第十六届人民代表大会第五次会议在余姚影城召开。会议听取和审查市人民政府市长奚明所作的《政府工作报告》；审查和批准《余姚市国民经济和社会发展计划第十三个五年规划纲要》；审查和批准《余姚市2015年国民经济和社会发展计划执行情况的报告》及《2016年国民经济和社会发展计划》；审查和批准《余姚市2015年财政预算执行情况的报告与2016年财政预算》；听取和审查市人大常委会主任孙钜昌所作的《市人大常委会工作报告》；听取和审查市人民法院院长应启明所作的《市人民法院工作报告》；听取和审查市人民检察院代检察长吴超所作的《市人民检察院工作报告》。会议补选韩永丰为市人大常委会副主任，吴超为市人民检察院检察长。市委书记毛宏芳在会议闭幕时讲话。会议期间收到代表议案0件，建议、批评和意见188件，其中7件建议确定为重点建议。

市十六届人大五次会议重点建议概括表

案号	领衔人	标题	承办单位	市政府领办领导	市人大常委会督办领导
161	项立辉	关于加快棚户区（成片危旧住宅区）改造的建议	市住建局	奚　明	孙钜昌
35	戎伟军	关于加强农村污水管网建设管理的建议	市农办	郑桂春	韩永丰
115	鲁杏娟	关于加强余姚城区人力三轮车整治的建议	市公安局	潘银浩	魏利民
51	袁明达	关于要求进一步促进四明山区域竹产业发展的建议	市农林局	郑桂春	宋建勋
165	余　鹏	关于保护渔业资源、促进生态平衡的建议	市农林局	郑桂春	沈相国
22	蒋　杰	关于加强投资公司监管防范金融风险的建议	市金融办	卢建国	胡　青
90	邹国营	关于要求加大对民营医疗机构进行扶持的建议	市卫计局	陈为能	姚桂珍

【市人大常委会会议】

2016年，共举行市人大常委会会议6次。会议具体情况如下：

3月29日，召开十六届人大常委会第二十九次会议。听取和审议市商务局局长刘国钧受市政府委托所作的《关于城市经济综合体建设运行情况的报告》；听取和审议市规划局局长黄晓帆受市政府委托所作的《关于市域总体规划修编情况的报告》，原则同意将该规划报上级政府审批。

5月31日，召开十六届人大常委会第三十次会议。听取和审议市环保局局长周成伟受市政府委托所作的《关于饮用水源保护工作情况的报告》；听取和审议市水利局局长姚俊杰受市政府委托所作的《关于防洪排涝工程建设工作情况的报告》；书面审议《关于我市城市综合体建设运行情况审议意见研究处理情况的报告》。会议接受陈为能辞去市人民政府副市长职务的请求并作出决定，表决通过市人民法院、市人民检察院提请的有关人事任免事项。

7月28日，召开十六届人大常委会第三十一次会议。听取和审议市财政局局长施建苗受市政府委托所作的《关于2015年市财政决算工作情况的报告》，作出《关于批准2015年市财政决算的决定》；听取和审议市审计局局长何吉忠受市政府委托所作的《关于2015年市财政预算执行和其他财政收支的审计工作报告》，并对审计工作报告反映问题的整改情况进行满意度测评；听取和审议市发改局局长郑利刚受市政府委托所作的《关于2016年上半年全市国民经济和社会发展计划执行情况的报告》；听取和审议市财政局局长施建苗受市政府委托所作的《关于2016年上半年市财政预算执行情况的报告》；听取和审议市发改局局长郑利刚受市政府委托所作的《关于2016年市2000万元及以上政府投资项目、重点工程计划调整情况的报告》，表决通过市2016年2000万元及以上政府投资新建项目；书面审议市政府《关于饮用水源保护工作情况和关于防洪排涝工程建设工作情况审议意见研究处理情况的报告》。审议通过市人大常委会关于泗门镇选举委员会组成人员名单。会议接受于雪辞去市人民政府副市长职务的请求并作出决定，表决通过市人大常委会主任会议、市政府提请的有关人事任免事项。

8月18日，召开十六届人大常委会第三十二次会议。审议通过市选举委员会组成人员名单，表决通过市人大常委会主任会议提请的有关人事任命事项。

9月22日，召开十六届人大常委会第三十三次会议。专项工作评议会分别听取和审议市政府发改工作、经信工作、科技工作、财政工作、审计工作、统计工作、市场监管工作、规划工作、商务工作等9个方面专项工作的自查报告和调查报告，并对9个方面政府专项工作分别进行满意度测评。

听取和审议市人大常委会《关于开展第七个五年法治宣传教育的决议（草案）的说明》，并作出市人大常委会《关于开展第七个五年法治宣传教育的决议》，书面审议市政府《关于市域总体规划修编情况审议意见研究处理情况的报告》。听取和审议市人大常委会《关于调整余姚市第十六届人大常委会代表资格审查委员会组成人员名单的决定（草案）》，并作出相关决定。审议并通过全市各乡镇选举委员会和各街道选举办事处组成人员名单。表决通过市人大常委会主任会议、市人民法院提请的有关人事任免事项。

11月21日，召开市十六届人大常委会第三十四次会议。听取和审议市政府《关于调整2016年财政预算的报告》，并作出《关于批准调整2016年财政预算的决议》，听取和审议市政府《关于市十六届人大五次会议代表建议办理情况的报告》，书面审议《关于市人大常委会食品安全专题询问有关意见落实情况的报告》。会议接受郑桂春、范焕平、谢雅贞辞去市人民政府副市长的请求并作出决定，表决通过市政府提请的有关人事任免事项，任命王安静、黄琪、薛晓伟、叶向东为市人民政府副市长，余承嗣为市公安局局长，接受奚明辞去市人民政府市长职务的请求，由副市长潘银浩代理市人民政府市长职务，并作出相关决定。

【市十六届人大五次会议代表建议、批评和意见办理情况】

市十六届人大五次会议期间，收到代表议案0件，建议、批评和意见188件。其中，涉及交通、通信、能源类17件；财政、金融类5件；农业、农村、水利、国土类44件；社会保障、人事类8件；教科文卫类19件；社会治安、道路管理类36件；城建、环保、规划类43件；商贸、旅游类10件；其他6件。

根据有关法律法规的规定，有46家单位承办市十六届人大五次会议以来191件代表建议，其中大会期间代表提出的建议188件，闭会期间提出的建议3件。从代表建议办理情况看，对办理工作满意的169件，占88.48%；基本满意的17件，占8.90%；不满意的5件，占2.62%。对办理结果满意的159件，占83.25%；基本满意的27件，占14.14%；不满意的5件，占2.61%。对办理工作或办理结果不满意的建议，经重新督察交办后，2件建议得到代表的理解和支持，仍有3件建议代表对办理结果不满意。从办理结果看，所提建议得到解决或基本解决的（A类）109件，占57.07%；部分解决或纳入计划解决的（B类）62件，占32.46%；因条件或能力所限近期尚不能解决的（C类）18件，占9.42%；未被采纳或留作参考的（D类）2件，占1.05%。

【“代表进部门”活动】

为加强市人大代表与政府部门的沟通联系，让代表更加了解各政府部门职责，强化人大代表对政府的监督，更好地履行代表职责，4月至6月，市人大常委会集中组织5个小组共200余名市人大代表开展“代表进部门”活动。市人大代表分别走进市人社局、市商务局、市卫计局、市城管执法局、市气象局开展活动，市人大常委会副主任魏利民、宋建勋、沈相国、胡青、姚桂珍分别参加“代表进部门”活动。

【视察重大产业平台建设情况】

6月17日，市人大常委会组织部分成员、市人大代表对浙江“千人计划”余姚产业园、中意（宁波）生态园开发建设情况进行视察。市人大常委会主任孙钜昌，副主任韩永丰、魏利民、宋建勋、沈相国、胡青、姚桂珍参加视察。市委常委、中意（宁波）生态园管委会副主任韩柏顺，副市长毛丕显等陪同视察。

视察组一行首先实地视察玛汀瑞亚宏泽铝制配件（余姚）有限公司，了解企业的生产经营情况，还沿路视察中意（宁波）生态园开发建设情况，参观园区规划沙盘，并听取有关情况汇报。视察组对浙江“千人计划”余姚产业园、中意（宁波）生态园的开发建设工作予以充分肯定，并就如何更好更快地建设“两园”提出意见和建议。

孙钜昌指出，浙江“千人计划”产业园和中意（宁波）生态园是余姚市的“两张名片”，事关余姚的长远发展。就视察情况来看，两个园区虽然建设时间较短，但已初见成效，整体规划基本确立，基础设施已出形象，招商引资势头良好，企业落地速度较快。下一步，各地各部门要进一步形成共识，凝心聚力，营造良好的舆论氛围，全力支持“两园”建设再上新台阶；要再接再厉，发扬“四千”精神，确保招好商、快落地、早见效，力争取得新成果。

【视察重点工程进展和“美丽家园”建设情况】

9月13日，市人大常委会组织部分组员、市人大代表对余姚市部分重点工程和“美丽家园”建设情况开展视察。市人大常委会主任孙钜昌，副主任韩永丰、魏利民、宋建勋、沈相国、胡青、姚桂珍参加视察。副市长郑桂春、副市级领导杨文祥等陪同视察。

视察组一行实地视察余慈高速连接线方桥互通、陶家路江拓宽改造二期工程和黄家埠镇十六户村，详细了解工程进展和“美丽家园”建设情况。在随后召开的座谈会上，听取市发展和改革局、市文明办负责人关于重点工程建设和“美丽家园”建设进展情况汇报。视察组对重点工程建设、“美丽家园”建设工作在当前面临诸多困难的情况下，仍能强化要素保障、强化氛围营造，确保各项工程和建设顺利推进，给予充分肯定，并就进一步协调解决制约工程建设的具体问题，全民参与、科学推进“美丽家园”建设等问题提出意见和建议。

孙钜昌指出，重点工程建设、“美丽家园”建设事关余姚发展大局，事关民生大计，各级各部门要集中力量，统筹协调各种资源，扎实推进重点工程建设和“美丽家园”建设。要结合上级政策导向，精心筛选事关国计民生和全市长远发展的项目，并按轻重缓急开展项目的管理和建设。要从实际出发，引导群众从我做起、从身边做起，共建“美丽家园”。

【人事任免】

2016年，市人大常委会依法行使人事任免权，全年任免国家机关工作人员53人次。

任命：

王钢为余姚市人民检察院副检察长、检察委员会委员、检察员。

韩家娓为余姚市人民法院金融审判庭庭长。

严联江为余姚市人民法院民事审判第四庭庭长。

周成伟为余姚市发展和改革局局长。

鲁海滨为余姚市环境保护局局长。

姚文昌为余姚市人大常委会法制工作委员会副主任。

韩健为余姚市人大常委会代表工作委员会副主任。

吴建平为余姚市人大常委会教科文卫工作委员会副主任。

宓贤通为市人大常委会凤山街道工作委员会主任。

姜学东为市人大常委会梨洲街道工作委员会主任。

罗平为市人大常委会凤山街道工作委员会副主任。

张剑耀为市人大常委会朗霞街道工作委员会副主任。

马立红为市人大常委会低塘街道工作委员会副主任。

赵永焕、安荣、毛必丰、刘林尧、陈佳斌、刘晓方、姜加良、李杰、舒琦琦、吴威、陆中伟为余姚市人民陪审员。

王安静为余姚市人民政府副市长。

黄琪为余姚市人民政府副市长。

薛晓伟为余姚市人民政府副市长。

叶向东为余姚市人民政府副市长。

余承嗣为余姚市公安局局长。

免去：

韩家娓的余姚市人民法院马渚人民法庭副庭长职务。

严波的余姚市人民法院陆埠人民法庭副庭长职务。

胡兴汇、戚宏飞、张谷昌、吴盈华的余姚市人民法院审判员职务。

陈吉明的余姚市人民检察院副检察长、检察委员会委员、检察员职务。

王孝江的余姚市人民检察院检察委员会委员、

检察员职务。

杨晓明、卢开明的余姚市人民检察院检察员职务。

周成伟的余姚市环境保护局局长的职务。

郑利刚的余姚市发展和改革局局长职务。

方祖伟的市人大常委会凤山街道工作委员会主任职务。

丁金康的市人大常委会梨洲街道工作委员会主任职务。

张伯炎的市人大常委会凤山街道工作委员会副主任职务。

谢建英的市人大常委会兰江街道工作委员会副主任职务。

王恩惠的市人大常委会低塘街道工作委员会副主任职务。

朱蓉蓉的市人民法院审判委员会委员、刑事审判庭庭长、审判员职务。

陈顺丈的市人民法院审判员职务。

方建军的市人民检察院检察委员会委员、检察员职务。

苗建平的市人民检察院检察委员会委员、检察员职务。

褚承焕的市人民检察院检察员职务。

赖根法的余姚市公安局局长职务。

沈纾丹的余姚市科技局局长职务。

（市人大办）

余姚市人民政府

综 述

【概况】

2016年，市政府以“五大发展理念”为引领，把握稳中求进总基调，开展稳增长、促改革、调结构、惠民生、防风险、补短板等各项工作，全市经济社会发展呈现稳中有进、进中向好的态势。全市实现地区生产总值887.11亿元，增长7.3%；一般公共预算收入81.16亿元，增长7.8%；城乡居民人均可支配收入分别达48831元、28589元，分别增长7.7%和7.9%。

【经济运行情况】

工业经济 深化“四换三名”工程，壮大新兴经济，提升传统产业，全年实现规模以上工业增加值269.2亿元，增长8.1%，其中战略性新兴产业、高新技术产业增加值分别为110.98亿元、136.05亿元，分别增长24.3%、14%。成为首批“中国制造2025浙江行动”县级试点示范区。

市场需求 培育新型消费业态，举办余姚购物节等消费活动，开展四明山旅游度假区创建，全年实现社会消费品零售总额390.17亿元，增长11%；实现旅游收入102.6亿元，增长11%。实施外贸“产品换新、经营换策、市场换新”工程和贸易便利化措施，实现外贸进出口总额93.11亿元，增长4.8%。

有效投资 开展“五重二大”（“重大产业升级、重大基础强化、重大民生改善、重大城乡发展、重大后劲培育”“五重”项目及“重大园区、重大区块”“二大”平台）深化年活动，完成固定资产投资585亿元人民币，增长3.8%；实到外资5亿美元、内资73.8亿元人民币，分别增长9.4%和2.9%；吉利汽车、中国云城、阳明故里等一批重大项目签约，慧聪家电产业新城众创空间等一批项目建成并投用。

现代农业 新增省级农业龙头企业3家，完成粮食功能区建设1333.3公顷，实施主导产业示范区2个、特色农业精品园6个，推进农村土地承包经营权确权登记颁证工作，成立市、镇两级农民合作经济组织联合会，跻身全国首批基本实现主要农作物生产全程机械化示范区，农业现代化发展水平跃升至全省第三。

【新兴动能情况】

平台建设 中意（宁波）生态园共计有10个

项目在建或筹建，总投资55亿元，其中德国马丁瑞亚汽车副车架总成项目一期和德国专业脱漆服务项目投产，清华启迪宁波科技城一期前期进展顺利；“千人计划”产业园新增注册项目30个，累计达82个，其中31个项目投产。同时，加快特色小镇建设培育，智能光电小镇一期基本完成土建，机器人小镇城市客厅开工建设，有4个特色小镇列入省、宁波市级特色小镇名单。

智能经济 举办第三届中国机器人峰会暨全球海归千人宁波峰会，并实现峰会会址永久性落户，推进以机器人学院、机器人展览交易市场等“六个一”为重点的智能经济示范区建设，尤其是宁波市智能制造产业研究院已有17家企业正式运营，第四届机器人峰会筹备工作有序推进。

科技创新 实施“互联网+”“人才+”，规模（限额）以上企业电子商务应用率达65%。新增“国千”专家13人，累计达50人。申报上级重大科技项目14个，新培育宁波市创新型初创企业177家；新增发明专利授权650件，增长19.5%，4款产品入选全省首批“浙江制造”重点培育产品目录。成为省“两化深度融合国家示范区”和“信息经济示范区”。

市场活力 推进注册资本登记改革，完善企业上市政策，全面实施营改增工作，激发大众创业热情。全年新登记各类市场主体1.5万户，注册资本（金）218.4亿元，分别增长17.2%和50.2%，完成“个转企”334家，其中转公司制企业239家；朗迪集团实现主板上市，佳音机电、鑫高益登陆“新三板”，大丰实业、江丰电子IPO排队候审。

【城乡环境情况】

城乡统筹发展 完成市域总体规划修编，调整完善土地利用总体规划，环境功能区划获批实施，多规相融的空间布局体系得到基本确立。泗门四海公园、陆埠宝湾物流、马渚旧城改造、梁弄四明山旅游门户区建设等进展顺利，11个美丽乡村精品村完成建设，28个四明山区域生态发展项目通过验收，甬余线（姚州大桥—余姚大道段）、G228陆埠互通开工建设，新建农村联网公路32.4千米，共建共享的城乡格局加速形成。

重点专项工作 30个“五水共治”重点实施项目完成投资16.28亿元。其中，姚江城区段堤防加固（一期）工程完成封闭，食禄桥江整治、陶家路江整治二期、四明湖水库下游河道整治一期等重点工程均完成年度目标；完成6个村的村级生态河道治理，新增农村生活污水治理项目村43个，河道清污（淤）180万立方米，河道水质稳定向好。坚持“拆、改、管、用”结合，“三改一拆”均超额完成目标任务。同时，强化落后产能淘汰，开展电镀等重点行业整治，完成75家企业挥发性有机污染物的治理，淘汰不锈钢熔炼落后产能20万吨。

“美丽家园”建设 统筹推进“全民共建美丽家园”和国家卫生城市、全国文明城市创建，实施环境清洁、管理有序、生活和美三大行动，开展农村“三居”（安居、宜居、美居）行动和以危旧房改造为重点的棚户区改造，实施改造原二轻宿舍、花园新村等区块危旧房。

【民生福祉情况】

民生实事 全市一般公共预算用于民生支出74.37亿元，占比达79.4%，安排的十大民生实事工程如期完成。新增城镇就业人员2.4万人，新增余姚市户籍养老、职工医疗参保人数1.6万人和1.3万人，提档升级居家养老服务中心32家，居家养老服务实现城乡全覆盖；梦麟中学投入使用，第二人民医院迁建、市中医医院迁建等一批民生工程按计划推进，市公共文化中心确定选址并启动前期工作，首次参与承办阳明心学高峰论坛，省级等级乡镇（街道）卫生院实现全覆盖，契约式家庭医生服务全面推广。

隐患化解 坚持一手拿经济报表，一手拿平安报表，完善立体化社会治安防控体系，开展标本兼治遏制较大以上事故试点工作，排查整治社会治安重点区域和安全生产重点行业、突出问题，实施城市风险评估，确保各类安全隐患化解在基层、消除在萌芽，全市安全生产形势持续稳定好转。

矛盾调处 健全群众利益诉求表达机制，落实重大决策社会稳定风险评估机制，推广实施“网合一、多员合一”社会治理模式，社会稳控能得到提升。省、宁波“两会”期间实现“零越级上访”，全国“两会”期间实现“一少三无”（越级上访少，无恶性刑事治安事件、无重大安全生产责任事故、无大规模群众集体上访），完成护航杭州G20峰会各项任务。

【自身建设情况】

落实从严治党要求，开展“两学一做”学习教育，加强基层权力监督，坚决整治乱作为、慢作为、不作为行为，累计开展检查督查468次，问责处理17人。坚持正确用人导向，建立容错免责机制，圆满完成乡镇换届工作。坚持实干导向，聚焦补齐“八大短板”（科技创新短板、基础设施短板、文化旅游短板、开放型经济短板、生态环境短板、低收入农户增收短板、公共服务短板、改革落地短板），层层明确量化目标和时间表、路线图、责任人，落实督查考评机制，促进一批问题解决。优化“减、放、管、服”，创新推出工业投资项目“三合一”一站式审批服务、行业联合审批服务等新举措，完成乡镇街道权责清单和政务服务网延伸建设，成立行政综合执法局，政务效能不断提速。强化财政运行管理，落实厉行节约各项措施，财政国库集中支付改革实现乡镇（街道）全覆盖。

（市府办）

市政府重要会议

【市政府全体（扩大）会议暨廉政工作会议】

2月1日召开。市政府市长、副市长、有关副市级领导，市政府工作部门主要负责人，各乡镇长、街道办事处主任，市直有关部门主要负责人，市府办副主任出席会议，邀请有关部门负责人列席会议。市委常委、常务副市长潘银浩主持会议。会上，市府办主任黄和庆对2016年《政府工作报告》任务分解作有关说明，市监察局局长朱卫东就廉政建设工作发言，市委副书记、市长奚明作重要讲话。

【市政府常务（扩大）会议】

7月27日召开。市政府市长、副市长、市长助理，市人大常委会、市政协分管领导、有关副市级领导，各乡镇、街道主要负责人及市直有关部门主要负责人参加会议。市委常委、常务副市长潘银浩主持会议。会议专题研究半年度经济形势及下步工作措施，市委副书记、市长奚明作重要讲话。

10月27日召开。市政府市长、副市长、市长助理，市人大常委会、市政协分管领导，有关副市级领导，各乡镇、街道主要负责人及市直有关部门主要负责人参加会议。市委常委、常务副市长潘银浩主持会议。会议专题研究三季度经济形势及下步工作措施，市委副书记、市长奚明作重要讲话。

【市政府常务会议】

2016年，市政府召开常务会议9次。会议具体情况如下：

1月8日，召开市政府第三十六次常务会议。审议通过《政府工作报告》。

3月27日，召开市政府第三十七次常务会议。审议通过《余姚市创建国家卫生城市规划（2016—2017）及创建国家卫生城市工作方案》《余姚市经济责任审计迎审工作方案》《深化供销合作社和农业生产经营管理体制改革构建“三位一体”农民合作经济组织体系实施方案》《进一步降低企业成本减轻企业负担推进实体经济稳增促调若干意见》，研究关于余姚市域总体规划修编、2016年运用政府和社会资本合作模式项目等具体事项。

4月22日，召开市政府第三十八次常务会议。审议通过《余姚市人民政府关于在集体所有土地上房屋拆迁安置中继续实行房票安置的实施意见补充规定》《余姚市民宿管理办法（试行）》《进一步开展河湖库塘清污（淤）工作五年行动计划（2016—2020）》，研究关于“十三五”期间推进四明山区域发展实施意见、当前市海域使用权出让相关工作等具体事项。

6月27日，召开市政府第三十九次常务会议。研究关于农村土地承包经营权确权登记颁证、要求作出山西新村原二轻宿舍区块危旧房改造项目房屋征收决定、余姚市居民生活用管道天然气价格改革方案等具体事项。

7月27日，召开市政府第四十次常务会议。审议通过《四明山区域发展十三五规划》《余姚市黄家埠镇新镇区控制性详细规划和黄家埠镇回龙特色工业功能区控制性详细规划》《余姚市无线通信基站布点规划》。

8月10日，召开市政府第四十一次常务会议。研究关于余姚市滨海新城总体规划修编（2015—2030）、防洪排涝规划修编、互联网促进中心“十三五”发展规划等具体事项。

9月6日，召开市政府第四十二次常务会议。审议通过《余姚市预拌砂浆发展应用管理暂行办法》《宁波姚江浦口闸、车厩断面水体达标（稳定）方案》《余姚市自来水有限公司和余姚市第二自来水有限公司供水区域内自来水价格改革方案》等具体事项。

9月26日，召开市政府第四十三次常务会议。审议通过《进一步推进户籍制度改革的实施意见》《余姚市突发事件预警信息发布管理办法（试行）》《加强乡镇街道国有集体企业资产管理暂行办法》等具体事项。

10月27日，召开市政府第四十四次常务会议。研究关于要求作出山后新村地块和花园新村二号至六号地块危旧房改造项目房屋征收决定、余姚市土地级别基准地价更新情况、四明山革命烈士纪念碑及烈管处管理隶属关系调整等具体事项。

【市长办公会议】

2016年，市政府召开市长办公会议14次。会议具体情况如下：

1月8日，研究关于余姚市姚江城区段堤防加固工程（二期）堤防设计方案、舜宇产业园选址变更、进一步加强农产品质量安全生产监管工作实施意见、余姚市技师学院（筹）创建方案、晚稻谷收购、余姚蔚蓝智谷产业投资引导基金等具体事项。

1月25日，研究关于余姚市“五重二大”深化年活动实施方案、余姚市雨雪冰冻和寒潮灾害天气处置应对工作、信访工作、2016年《政府工作报告》任务分解情况等具体事项。

2月4日，研究关于四明湖山庄会议中心建设项目，余姚市中小企业政保贷风险补偿管理暂行办法，余姚市产业投资基金筹建方案，龙鼎商业广场处置，2016年度固定资产投资、财政总收入、规模以上工业增加值和商贸服务业、招商引资目标任务分解方案，健全农村产权流转交易市场若干意见，2016年度余姚市农村生活污水治理工作目标任务分解方案等具体事项。

4月1日，研究关于余姚市G20峰会环境质量保障方案、2016年度全市房屋拆迁征收与安置房建设计划、承办第三届中国机器人峰会暨全球海归千人宁波峰会、实施“姚江英才”计划、余姚城北圩区候青江排涝泵闸工程采用EPC（设计、采购、施工）总承包招标、余姚市四明山省级旅游度假区创建工作、市农村生活污水治理工程管理飞行检查实施办法、2016年全市粮食订单政策有关建议、开展全市城镇居民住房综合保险、乡镇政府性债务管理工作、海洋渔业船舶处置方案等具体事项。

4月22日，研究关于贯彻实施宁波市城乡居民基本医疗保险办法、市G20杭州峰会维稳安保工作实施方案、余姚市全面推开营业税改征增值税试点工作、2015年余姚市投融资运作及2016年融资资金需求情况、中国塑料（电器）城实施市场采购贸易方式试点方案等具体事项。

5月23日，研究关于第三届中国机器人峰会暨全球海归千人宁波峰会前期筹备工作情况，机器人主题公园设计方案、环境整治方案，宁波智能经济示范区（机器人小镇）建设方案，推动智能制造产业发展加快经济转型升级若干政策意见（试行），加快特色小镇建设实施意见，开展企业分类帮扶实施意见，2016年度继续实施乡镇（街道）污水治理设施建设资金补助政策及明确污水纳管考核指标分解情况，切实做好2016年度农村生活污水治理工作等具体事项。

6月27日，研究关于实施G228陆埠互通及S319丈亭互通建设工程（胜陆线余姚段）建设工程采用“代建＋监理”建设管理模式、梁辉水库向慈溪供水、产业投资基金管理办法等具体事项。

7月14日，研究关于2016年1000万元及以上政府投资项目、重点工程计划调整情况，余姚市2016年购物节活动方案，余姚市创建浙江省食品安全市工作方案，半年度安全生产工作，开展农村“安居宜居美居”专项行动工作，全市“平安护航G20”工作进展情况，半年度信访工作，2016年上半年财政预算执行情况等具体事项。

8月10日，研究关于电镀园区落地、“五水共治”工作年度任务、创新推出工业用地弹性供应的实施意见、与吉林省松粮集团合作粮食异地储备业务等具体事项。

9月2日，研究关于浙东油漆市场新仓库建设和管理情况、特色小镇建设融资方案、城西工业园肖朗公路东侧城镇化建设PPP项目实施方案、开展标本兼治防范遏制较大以上事故（事件）试点工作、全面梳理和公开公共服务事项方案等具体事项。

9月6日，研究关于余姚市人民政府与中信集团合作开发高铁新城、给予赵杰团队“通用型大负载可穿戴外骨骼主力机器人”项目“3315”计划创业团队“A”类支持等具体事项。

9月26日，研究关于余姚市档案馆（含城建档案馆）新馆建设工程、深化乡镇（街道）行政体制改革实施方案等具体事项。

10月27日，研究关于四明湖国际会议中心建设项目投资调整、建设“浙东原舍”（暂名）有关情况、三七市镇井头山遗址（暂名）所涉待建厂区处置方案、开展企业绩效综合评价推动工业提质增效实施办法（试行）、舜宇光电产业基金（V基金）、进一步完善培育引进总部型企业政策的意见（试行）、政府工作报告（提纲）等具体事项。

12月9日，研究关于余姚市“污水零直排区”建设工作实施意见、余姚市小城镇环境综合整治行动工作方案（2016—2019年）、近期安全生产工作、余姚市四明湖水库PPP项目实施方案、宁波至余慈城际铁路一期工程第一步建设等具体事项。

（市府办）

2016年市政府十方面民生实事

【促进安居乐业】

完成城区3个老住宅小区整治改造工程。改造农村困难群众危旧房100户。新增改造农村电网290千米。深入实施就业创业工程，城镇新增就业人员22000人，城镇失业人员再就业4800人，开发公益性岗位1000个，城镇登记失业率控制在3%以内；新增创业实体12200家，自主创业人员小额担保贷款发放额达到1500万元；扶持农村电商创业1000人，农村电商创业带动就业人数达3500人。完成农机实用人才培训800人。完成15万平方米棚户区（危旧房）改造工程。

【保障市场供应】

启动余姚海吉星农副产品批发市场迁建工程。启动市第三中心粮库工程建设。创建流通领域星级食品安全示范店100家。

【交通治堵保畅】

推进G228陆埠互通及S319丈亭互通工程建设。开通余姚至宁波城际列车。完成东环北路、北环东路改造工程。新建农村联网公路28.4千米。实施堵点去化、车道优化工程，共计改造面积15700平方米。实施河姆渡遗址博物馆停车场项目建设。试点运营专线（健康）公交，新建（改造）公交候车亭30个，完成2个公交站场建设。

【公共文化建设】

启动公共文化中心建设工程。启动档案馆建设工程。深化“美丽家园”和农村文化礼堂建设，力争年内建成35个市级“美丽村庄”、20个市级“美丽小区”、15家农村文化礼堂。“道德绿卡”发放使用。启动24小时自助图书馆建设，开展公共文化配送，向农村基层配送420场次专业文艺演出，在农村免费放映电影3000场次。

【生态环境整治】

实施“污水零直排”工程，全面推进城区截污纳管工程，梁弄等4个乡镇及经济开发区创建宁波市“污水零直排区”。实施小城镇环境综合整治行动，6个乡镇（街道）通过首批达标考核验收。开展VOCs（挥发性有机物）治理工作，完成60家企业挥发性有机污染物的治理。淘汰10蒸吨/小时及以下高污染燃料锅炉50台。更新新能源公交车20辆。回收处理农药废品包装物70吨以上。新建5座传统公厕及3座生化公厕。

【城乡教育提升】

启动市技师学院建设。推进老年大学（二期）工程建设。完成余姚中学扩建工程。扩大学前教育资源，适龄幼儿入读普惠性幼儿园率保持在80%以上。

【社会保障扩面】

推进“全民参保登记计划”工作，余姚市户籍人口养老保险参保率达93.5%，医疗保险参保率达95%。向具有余姚市户籍年满60周岁及以上享受城乡居民基本养老保险基础养老金的人员，发放每人500元春节慰问金。进一步健全社区养老服务体系，新增区域性居家养老服务中心1家。

【卫生服务拓展】

实施“助你好孕”助孕服务项目。推进云诊室工程建设，至2016年底，全市拥有远程会诊中心4家以上、云诊室26家以上。推进市、镇两级医院门诊（住院楼）改造工程。

【治水防洪排涝】

启动姚江上游余姚西分工程建设，完成陶家路江整治二期工程。完成姚西北供水干管联网工程。完成5座山塘水库治理和2个小流域治理。完成河道清淤110万立方米，对3个村进行生态河道建设，打通断头河2条。

【公共安全保障】

完成对117家高危企业安全生产风险辨识评估。推进城中消防站工程建设。在部分群租房等区域安装独立式烟感报警器2万个。建设校园警务联络室，实现中小学和省三级以上幼儿园全覆盖。

（市府办）

市政府办公室工作

【概况】

2016年，市府办在市委、市政府领导下，围绕全市中心工作，发挥参谋助手、协调服务作用，保障市政府各项工作高效运转和各项决策部署的落实，被评为全市民主评议机关先进集体。全年组织参加市长学法9次，举办浙江大学行政管理素质提升研修班2期，有11名干部得到提拔和交流任用，中层干部岗位交流15人，提任8人。

年内先后开展G20杭州峰会护航工作和第三届中国机器人峰会、书记市长经济责任审计、国家卫生城市创建、民生实事项目推进、塑博会、农博会、小家电博览会等各项重点工作和重大会展活动的统筹协调工作。推行特色接待、精细接待，全年共计接待宾客556批次、5473人次，完成大型会展活动，上级领导、外地客商和兄弟县市到余姚考察接待及市领导外出考察活动的后勤保障任务。

规范办文程序，推行公文无纸化流转，比上年精简文件11.68%。共接收传阅各类文件3252件，承办请示件168件。编发《余姚政务》12期。修订完善市政府会议制度，尽可能少开会、开短会，各类会议减少达14.32%。

全年起草政府工作报告、领导讲话、工作汇报等各类综合文稿200余篇、各类会议纪要65期。被评为全省政务信息工作先进单位。抓影响改革发展稳定的热点、难点问题和领导的关注点，主动谋划，广泛调研，完成“多途径推进我市房产去库存工作”等重大调研课题6个，组织实施政府工作创新奖项目20个，为市政府领导科学决策提供依据。

全年开展市重点工作网上督查26次、联合督查8次，办理上级督察件31件、上级领导批示件20件、市政府领导批示188件、人民来信批示29件，编辑《督查专报》11期、《督查通报》4期、《督查与反馈》4期。组织办理宁波市人大代表建议3

件，市人大代表建议191件、市政协委员提案151件，办结率达到100%。

升级改版“中国·余姚”门户网站，打造“互联网+政务服务”单一入口，“中国·余姚”网连续八年蝉联“宁波市政府系统示范网站”称号，获宁波市企业政策查询平台考核优秀单位。在全省率先完成政府部门、乡镇（街道）网站的整合归并工作。深化电子政务协同办公系统推广应用，实现政府系统公文办理全过程无纸化流转。

全面实行合法性审查制度，开展省级行政执法监督工作机制建设试点，主动公开各类政府信息1.5万条，市府办被评为2016年度宁波市政府信息公开工作先进单位。修编印发《余姚市校园突发公共事件应急预案》等市级专项应急预案5件。1家企业在上交所主板上市，8家企业在“新三板”成功挂牌，42家企业在宁波股权交易中心挂牌。市金融办获宁波市资本市场工作二等奖。全年审批因公出国（境）84批、133人次，较上年下降23%。研究和起草新型居住证制度和流动人员量化积分申评办法，开展“新余姚人调委会”建设。

（市府办）

决策咨询

【概况】

2016年，市咨询委、市发展研究中心根据市委、市政府工作部署和当前思考的重要问题，先后完成深化农村土地承包经营权确权登记颁证工作、城西工业园管理体制调整及相关事项处理、加快融入宁波都市区建设、多途径推进全市房产去库存工作、推进余姚四明山区域低收入农户精准帮扶工作、关于全市发展定位与发展指标体系的若干思考、推进余姚市在同等城市中争先进位等7项重大课题。开展调研活动27次，共211人次参加课题调研活动。全年刊发《咨询研究》4期、《咨询建议》10期、《决策参考》76期、《余姚决策咨询》1期。

组织召开《政府工作报告》决策咨询座谈会，15名参会委员就2016年度市政府工作报告提出建议54条，许多建议被吸纳入政府工作报告中。开展2015年度政府工作创新奖评选工作，13名咨询委员采用综合评分法，从18个候选项目中评选政府工作创新奖获奖项目6个。10名特约咨询员从各自专业角度出发，结合余姚实际情况，提出意见和建议。

（潘　赞）

应急管理

【概况】

2016年，全市拥有专业应急救援队伍33支，登记在册的专家24人，涉及自然灾害、事故灾难、公共卫生、社会安全、综合管理等领域。21个乡镇、街道均依托专兼职消防、警务、民防、民兵等力量，组建成立综合应急救援中队。发挥共青团、红十字会、行业协会、民间组织的作用，加强应急志愿者队伍的招募选拔、组织管理、教育培训和应急演练。基本形成以消防、公安、武警、预备役民兵为骨干的突击力量，以专业队伍为支撑力量，以企事业单位专兼职队伍、应急志愿者队伍为辅助力量的应急救援队伍体系。在上年试点建设“社区应急动员机制”的基础上，年内向全市各村、社区推开。截至年末，该项工作已全部完成，书面材料上报市应急办备案。

全年共开展各类演练987次，其中，市级部门开展防汛防台应急演练5次，参与人数210余人；乡镇、街道和经济开发区开展防汛防台应急演练24次，参与人数850余人。会同市红十字会、市民政局开展应急救援相关内容的培训84人。累计向上级政府报送紧急信息25条，向市级领导发送紧急信息短信84条、400余人次，编写紧急信息刊物32份。

【应急预案体系建设】

按照国办《突发事件应急预案管理办法》和《市突发事件应急预案管理暂行规定》要求，继续开展市级专项预案和部门级预案的编制修订工作。全年共修编印发《余姚市校园突发公共事件应急预案》《余姚市菜篮子商品应急保障预案》等市级专项应急预案5件，重新修订《余姚市防汛防台应急预案（2016年修订版）》。同时，要求相关部门和各乡镇、街道及行政村修编制定防汛防台应急预案和行动方案，并上报备案。全市已累计编制市级专项应急管理预案45个，基本形成“横向到边、纵向到底”的应急预案体系。

（市应急办）

流动人口服务与管理

【概况】

2016年，全市有流动人口服务管理工作站、点161个，共有流动人口综管员795人。继续在余姚电视台开辟《姚江明月》《姚江百度》等专栏，树立优秀外来从业人员先进典型，为流动人口提供法律咨询、维权、就业介绍等服务。建立健全流动人口基础数据报送制度，定期监测流动人口的总量规模、空间分布、素质结构、就业创业等情况，并对相关数据进行对比和研判分析。

截至年末，全市共有登记做证的流动人口54.53万人，其中16周岁以下登记8.37万人，人口数总体与上年基本持平。流动人口来源主要集中在安徽、贵州、河南、湖南、四川等省份。分析民族分布情况，汉族占总数的81.70%，人数位居前三位的少数民族分别是土家族、苗族、布依族，新疆维吾尔族109人。居住分散，49.16万名流动人口居住在租赁房，占流动人口总数的90.15%。

【优化服务】

全年外来务工人员子女总就读人数46269人，其中公办学校接纳率81.55%，在民办流动人口子女学校就读8533人。市人力资源市场共举办劳动力交流洽谈会91期，为流动人口提供各类岗位37079个，与企业达成就业意向10509人，培训流动人口劳动力5000余人。立案受理涉及流动人口的劳动争议仲裁案件695起，为987人挽回经济损失1770万元。全市有流动育龄妇女196716人，其中66名孕妇享受分娩优惠政策，295名育龄妇女接受TCT筛查服务，累计补助金额39720元。在余姚期间生育的流动育龄妇女1165人，出生性别比为113.48∶100，比户籍人口高8.13个百分点。0—7岁流动儿童建卡57183人，接受免费疫苗接种18.29万人次，流动儿童免费疫苗接种率达99.56%。

【促进融合】

全市建立和谐联谊会205个，其中宁波市级30个，全年通过和谐联谊会解决矛盾纠纷205起，志愿服务800余人次。加强社会组织和党外新兴群体统战工作，有85人列入新余姚人骨干人士数据库，统筹引导骨干人士参与各类学习教育、民主协商、建言献策、社会服务等活动。开展“互融共建”主题活动、第六届职工技术进步周、职工趣味运动会和推广企业工间操、流动人口骨干人士联谊、新余姚人科普宣传周、志愿服务行动、“小候鸟”关爱行动、少数民族和谐联谊、丰富新余姚人精神文化生活行动、示范性社会融合组织评选等9项活动。

（周军贤）

接待工作

【概况】

2016年，市政府接待办共计接待各级领导、宾客555批次、5321人次，随同市委、市政府领导带队赴丽水市学习考察1次。先后接待省长李强、副省长朱从玖、省人大常委会副主任毛光烈、副省长冯飞、省长车俊、省政协副主席王建满等领导到余姚考察调研，完成中国侨联“亲情中华·欢聚余姚”活动、“王阳明心学的现实意义”座谈会、第三届中国机器人峰会暨全球海归千人宁波峰会、阳明文化日开幕仪式、2016 中国（余姚）国际塑料博览会暨第十八届中国塑料博览会等大型活动、大型会议的组织、协调和接待工作。

（市接待办）

机关事务管理

【概况】

2016 年，市机关事务管理局组织开展全市市本级行政事业单位存量房地产调查及汇总工作，涉及房屋 377 处、土地 8 处（不包括学校、医院、房管中心）。按先易后难、逐步推进、分期分批进行的工作原则，在完成资产调拨的基础上，对相关单位移交的 23 处房产进行统一权属登记。全市调剂解决 5 个综合纪检派驻机构，以及市史志办、市科技局的办公用房，对不适宜办公且房产性质为商业或住宅的腾退闲置房源，报市政府批准后，进行集中统一处置。

继续执行公务用车统一调配、集中停放、定点加油、保险、维修等管理制度，突出“保障、服务”两大主题，完成市领导公务用车任务，并保障第十八届中国塑料博览会、第三届中国机器人峰会暨全球海归千人宁波峰会、书记市长经济责任审计、换届考察、市第十五次党代会等用车任务。基本完成公务用车制度改革各项工作，车辆调配和驾驶员分流工作落实到位，建成并运行公务用车保障服务平台。

【公共机构节能监管】

年内在优化公共机构节能监管平台一期工程的基础上，完成公共机构节能监管平台二期建设 26 家，实现全市能耗使用情况实时监控全覆盖，并与宁波平台互联互通。确定 6 月为节能宣传月，以“携手家训美德、倡导节能低碳、共建碧水蓝天”为主题，举办节能海报、标语、标识设计竞赛活动，从各公共机构选送的 260 幅参赛作品中择选 40 余幅优秀作品在市文化馆进行展览。

【机关事务管理工作培训】

6 月 23—24 日，市委组织部、市委党校、市机关事务管理局联合举办全市机关事务管理工作培训班。开设机关事务管理相关政策法规解读、机关公务活动政策解读及财务实务操作、机关办公用房管理、节能管理等课程。各乡镇、街道、市直部门机关事务管理工作的分管领导、办公室主任、财务科负责人，以及市机关事务管理局中层以上干部，共计 160 余人参加培训。

（市机关事务管理局）

行政审批

【概况】

2016 年，市行政服务中心新增窗口 4 个，常驻窗口总数达 25 个。其中，市房屋交易服务中心窗口由市住建局新设事业单位——市房屋交易服务中心进驻；市文化广电新闻出版局（市旅游局）窗口、市水利局窗口、市民政局窗口均从综合窗口成员单位中独立出来单设。名称和职能发生变化的窗口 1 个，即不动产登记服务中心窗口，由原市房地产管理服务中心和市国土局土地权籍登记科室整合而成的事业单位——市不动产登记服务中心成建制进驻。职能发生变化的窗口 1 个，即市国土局窗口，承担除土地使用权证和土地使用权他项权利证职能（划归不动产登记服务中心及其窗口）外的行政审批职能。新增分中心 2 个，其中市人力资源和社会保障局分中心设立于 7 月，婚姻登记处分中心设立于 8 月。

全年市行政服务中心共受理各类审批服务事项 118870 件，办结 117427 件（平均每个工作日 469.7 件），按期办结率 100%，收取各类税费 18.07 亿元；“一事一评”满意率 100%，宁波市第三方电话回访 5413 人次，平均满意率 99.92%；浙江政务服务网短信回访 1741 件，平均满意率

99.37%；收到办事企业和群众表扬信、感谢信255封、锦旗114面。市行政服务中心交警、国税、农机、出入境等4个分中心和泗门分中心共收件439637件，办结439690件，收取各类税费2216.37万元。

【权力事项前置中介服务及条件、材料专项清理】

根据《余姚市人民政府关于进一步降低企业成本减轻企业负担推进实体经济稳增促调的实施意见》，年内制定出台全面开展行政审批权力事项前置中介服务及条件、材料专项清理工作的操作性文件，经部门上报，市审管办审核，全市市级部门163项前置中介服务事项中，同意取消（包括部分取消或转变管理方式）37项，占22.7%；保留事项中，属部门职责，建议政府购买服务的8项；证明、盖章等234项前置条件材料中，取消、部分取消或转变管理方式46项，占19.7%。

【行政审批集中管理】

根据国务院全国推进简政放权、放管结合、优化服务改革电视电话会议精神，年内制定深化行政审批制度改革规范浙江政务服务网运行工作文件，要求各部门确保审批职能归并到位、行政审批科成建制进驻中心运作，审批人员进中心，对窗口进行充分授权（两集中，两到位），所有“三项半”权力事项（行政许可、行政确认、审核转报以及其他行政权力中的年检、备案、其他审批权等行政审批权力事项）在浙江政务服务网上“一站式”网上审批，权力事项进驻市行政服务中心比率要在95%以上，窗口办结率90%。经与25个市级部门对接和协商，全市确认248项行政许可，86项行政确认，57项审核转报，224项年检、备案、其他审批权，合计“三项半”事项615项。扣除可现场办理不需进驻行政服务中心以及涉及国家秘密和社会稳定不适合进驻行政服务中心的67项事项外，截至年末，全市28个部门541项“三项半”权力事项进驻行政服务中心（含分中心），事项进驻率98.7%，直接签批项目517项，签批率94.3%。

【证照网上申请、快递送达、全流程网上办理】

按全面深化网上审批服务机制改革的要求，5月始，市行政服务中心推行“证照网上申请、快递送达、全流程网上办理”工作，并按“网上申报、信任在先、办结核验”（四星级）事项不低于80%的要求，引导各窗口对政务服务网入库事项开通“外网申报”功能。在试点的基础上全面推开，推进“网上申请—网上受理—网上办结”全流程网上流转。截至年末，“三项半”权力事项网上审批开通率82.08%（三星级以上事项），市行政服务中心累计办理外网申报6425件，已办理快递送达业务184件，全流程五星级网上办理3072件。

【政务服务网向镇村两级延伸】

根据省政府办公厅《关于加快推进浙江政务服务网乡镇（街道）村（社区）延伸实施工作的通知》精神，结合全市乡镇（街道）权力清单责任清单编制工作，市审管办、市编办、市电子政务办组织开展乡镇（街道）权力事项目录的梳理完善工作，确定167项（街道涉及93项）行政权力事项，进驻乡镇（街道）便民服务中心办理的公共服务事项8项，在对凤山街道、马渚镇、丈亭镇、梁弄镇等4个乡镇（街道）权力事项的信息梳理工作试点的基础上，组织全市浙江政务服务网乡镇（街道）延伸工作集中培训，督促指导各乡镇（街道）权力事项库信息完善的工作，权力事项库信息完善率达到100%。截至年末，全市镇级审批服务全部事项均已启用浙江政务服务网权力运行系统办理各类审批及服务事项，其中，18个乡镇（街道）有办件记录。

【工业投资项目“三合一”一站式审批服务】

为推进全市工业投资项目的审批，年内制定《工业投资项目“三合一”一站式审批服务制度实施方案》，对工业投资项目的项目前期准备、并联审批和竣工联合验收等三大阶段的项目审批服务流程予以整合，将不同阶段的审批与服务流程予以整合，形成“三合一”一站式审批服务制度，实现工业投资项目管理服务新转变，将工业投资项目并联审批时间压缩在45个工作日内，全流程控制在85个工作日内。

【不动产登记“一条龙”服务】

在市行政服务中心一楼大厅设立13个不动产登记业务办理窗口的基础上，新设2个房屋交易业务办理窗口，在中心二楼设立契税业务办理窗口，确保原有的房地产登记服务体制与新的不动产登记体制改革无缝对接。4月10日，通过宁波市组织的评估验收，同月28日，市政府在市行政服务中心举行余姚市不动产登记颁证仪式，市委常委、常务副市长潘银浩到会致辞并向市民代表颁发全市第一本不动产权登记证，正式实施不动产统一登记制度。截至年末，全市共签发不动产登记证31728本，颁发不动产证明（他项权证明）14292本。

【行业联合审批标准建设】

按照“一门受理、抄告相关、内部运作、限时办结”的原则，年内推出全市“10+1”行业联合审批服务机制，在原有的文化娱乐业、网络文化经营业、游泳场所开办、电影放映业开办、设置和使用境外卫星电视广播地面接收设施办理、大型超市开办、洗浴业、旅馆业、一类机动车维修业、大中型餐馆等十大行业联合审批标准进行重新编制的基础上，新拓展公墓业联合审批标准。将联合审批标准与流程运作机制融为一体，突破不同部门、不同环节之间的现有流程，体现行政审批标准一体化、环节整体化、进度同步化、过程透明化的要求。全年开展各类行业联合审批240件，其中公墓5件、餐饮208件、网吧24件、旅馆业3件。

【以“五证合一”为重点的商事登记制度改革】

对上年10月起实施的“五证合一”工作经验进行总结，以市市场监管局窗口为重点，在市行政服务中心全面落实“五证合一、一照一码”登记改革。执行国务院取消的148项前置项目，保留34项前置事项的决定；放宽小微企业经营范围登记，促进新兴产业发展；实行企业名称核准全程电子化，推进注册登记便利化。截至年末，全市共颁发“五证合一”营业执照18588份。

【房地产“营改增”试点工作】

5月始，在市行政服务中心财税局窗口和市审管办泗门分中心财税窗口开展全市房地产存量房营业税改增值税（“营改增”）试点工作，5月3日，市委常委、常务副市长潘银浩到市行政服务中心视察“营改增”实施情况。截至年末，财税局窗口共开具增值税普通发票3738份，征收增值税款755万元。

【基本建设项目联合办理】

结合招商引资“一号工程”和“五重两大”推进年等活动，以及“四换三名”“五水共治”等重点工作，市行政服务中心各窗口开展重点项目的跟踪对接服务，实施项目模拟审批和联合竣工验收服务工作。截至年末，共组织开展模拟审批项目7个，项目平均审批周期17天（从签订土地成交确认书到项目开工）；开展联合竣工验收（联合测绘）服务4家。

【镇、村两级便民服务中心规范化管理】

根据市编委会文件精神，督促各乡镇（街道）开展便民服务中心的机构设置、职责确定、人员编制、事项进驻等工作，理顺镇、村两级便民服务中心的管理机制。截至年末，全市村级便民服务中心规范化建设在50%以上。完善乡镇（街道）审批服务代理代办机制，实现重点项目代办率100%的目标。

（方智强）

外事工作

【概况】

2016年，市外事办共审批因公出国（境）84批、133人次，较上年下降23%。加强团组出访行前教育，明确境外外事纪律，跟踪团组境外行程，及时收缴护照和出访绩效考核表，护照收缴率达到100%，无一人违反外事纪律。开发完善外事管理软件，将全市因公出国（境）情况整理记录，实现有序归档、快速备查、规范管理。全年审核APEC商务旅行卡64张，为企业人员境外经贸活动提供便利。

【礼宾接待】

全年共接待重要外宾9批、119人次，主要有参加第三届中国机器人峰会暨全球海归千人宁波峰会的全球著名专家，WPC主席、沙特基础工业公司高级副总裁Abdulrahman S.Al-Fageeh，以色列总理内塔尼亚胡办公室前主任及经济参谋长、中以农业科技基金领导人哈雷尔洛克，意大利中国经济工业贸易合作协会主席阿尔曼多，美国CPSC代表团Jake Miller，参加第十八届中国塑料博览会·第十二届中国塑料产业发展国际论坛的塑料行业协会的外国嘉宾等。在全市机关、企事业单位中，组织选调翻译志愿者约20人，先后为世界塑料理事会议、中国机器人峰会暨全球海归千人宁波峰会等大型涉外活动提供一对一的翻译服务。

【对外交流合作】

4月19日，余姚市友好城市——波兰凯尔采市副市长格鲁柴斯基·柴思洛率政府代表团到余姚，在市职成教中心学校考察各实训基地，了解办学情况，并就教育合作事宜与市教育局、学校负责人进行座谈。

5月，副市长卢建国率团赴伊朗、阿联酋、阿曼参加第21届伊朗石油展和第三届中伊石化产业投资贸易洽谈会，通过推介和洽谈，提升中国塑料博览会在中东国家的知名度，建立与中东政府部门和企业两个层面的交流平台和合作关系。

11月，日本茨城县日中友好协会会长森秀男率茨城县所属各市日中协会的会长到余姚访问，余姚市友好城市——茨城县常陆太田市日中友好协会会长石川诚随团到访。副市长薛晓伟会见代表团一行，双方就教育、观光、科技等方面合作深入交谈，并初步就该市峰山中学和子陵中学结成友好学校达成一致意向。

上年，余姚市会同宁波职业技术学院与德莱斯顿工业大学合作引入德国IHK证书项目，项目为期三年。年内，余姚市第二批9名教师进入该校进行专业培训。

（市外事办）

涉台工作

【概况】

2016年初，市台办对全市台资企业、台商二代创业、台湾青年就业等情况开展大排查。截至3月底，全市共有台资企业124家，其中总投资1000万元以上规模企业16家，约有12家企业面临二代接班问题，在余姚地区台湾青年就业创业人数共计83人。市台办对原有各类数据库进行梳理完善，建立涉及人脉资源、交流交往、经贸合作、台胞台属等内容的数据库8个。

年度以“一区两园”（宁波台资企业转型升级示范区和丈亭、远东台商园）为载体，联动中意（宁波）产业园管委会、市招商局等部门，引进台湾IGBT等台资项目8个，新增台资企业2家，总投资93万美元。全年共收到台商台胞投诉求助15起，涉及远东土地收储、威麦斯税收、安拓违建等方面，均得到圆满解决。

先后举办第五届甬台木球交流赛、“2016浙江·台湾周”余姚专场活动、“阳明文化”两岸青年交流活动等大型活动，接待台湾中华青雁和平教育基金会、台湾新同盟会北部分会、高雄校长团、南投文创团、暑期夏令营学生团、民宿专家团等15个团组近300人，促成两地教育、卫生、民宿、基层等25个友好合作关系的建立。到余姚参观考察、观光旅游的台胞有1万余人。凤山街道东江社区“台联之家”被评为宁波市“台胞台属之家”创建先进单位。

【第五届甬台木球交流赛】

7月5—7日，第五届甬台木球交流赛在余姚举行，甬台两地共有17支代表队、250余名运动员参加比赛。其中台湾代表团由木球创始人、国际木球总会会长翁明辉率领，有台北、金门、南投等4支代表队80余人参赛。

【“2016浙江·台湾合作周”余姚专场活动】

9月18—19日，“2016浙江·台湾合作周”余姚专场“甬台乡村旅游民宿交流活动”在余姚四明湖开元山庄举行。此次活动以“民宿产业与乡村旅游的转型升级”为主题，由余姚市人民政府主办，市台办、市文广局承办，活动邀请两岸经济、文化、民宿等领域知名人士、专家学者以及在甬台商、媒体记者等近百人参加。通过参观考察山区项目、播放宁波余姚旅游形象宣传片、专题推介余姚民宿招商项目等活动，促成台湾南投县民宿观光协会与四明山旅游开发建设办公室、鹿亭乡政府与上海原圃投资发展有限公司、大岚镇政府与大乐之野，达成相关民宿合作项目的现场签约。

【“阳明文化”两岸青年交流活动】

市台办以省级对台交流基地——王阳明故居为载体，策划开展以“扬中华文化、圆成才之梦”为主题的“阳明文化”交流活动，先后组织暑期夏令营活动、甬台木球交流赛、“阳明文化日”活动。邀请来自台北、高雄、台中、南投、金门等地的50余名大学生，与余姚当地大学生、赴台大陆学生共同学习阳明文化、瞻仰先贤事迹、领略民间艺术。同时，依托余姚台青会资源，开展姚台两地创二代青年创业对话活动，促进两岸青年在传统文化、创业就业、思想理念等方面的交流互动。

（王　洁）

侨务工作

【概况】

2016年，市侨办（侨联）根据《国务院侨办关于侨梦苑建设的指导意见》，开展推荐浙江“千人计划”余姚产业园申报国侨办“侨梦苑”工作。推荐“国千”专家吴景晖博士获中国侨联“侨界贡献奖”，“国千”专家甘中学博士获宁波市“荣誉市民”称号。先后吸引李志旭、魏志明、尤逢尧、王京辉、王志强等80余名侨商、海外高层次人才到余姚开展项目考察、对接洽谈；直接引荐航空航天、新能源汽车、生命健康产业等14个高科技项目到余姚考察，部分项目已注册落地。开展新一轮鹿亭·侨助美丽乡村建设，收到海外侨胞、港澳同胞捐赠款60余万元。连续第13年在上海举办余姚籍在沪海外高层次人才联谊会。

贯彻落实华侨回国定居办法，为新加坡国立大学东亚研究所所长郑永年教授办理华侨回国定居证。全年上门看望侨界代表人士、困难和老年侨眷以及困难群众150余人次，接待侨界群众来访70人次，处理信访件2件。依托侨艺俱乐部和留学人员联谊中心，先后举办市海创会“海纳百川·创赢明天”2016迎新晚会、海外高层次人才元宵观灯展和周末赏兰花、粽情花意端午侨爱活动、侨界“红五月”等活动。

全年接待郑永年教授、新加坡浙商协会会长李国生、旅居加拿大著名画家周黎华等海外侨胞356人次，海外团组11个。3月，承办周黎华回乡个人画展。6月，接待新加坡浙商协会一行到余姚，并和余姚海创会举办主题沙龙联谊活动。11月，赴新西兰、澳大利亚推介华人华侨创业平台。年内，余姚籍澳大利亚华侨徐柏聪任澳大利亚宁波同乡会首任会长，第一时间向其表示祝贺。已基本完成加拿大（温哥华）余姚同乡会的筹备，同时推进北美余姚中学联谊会、英国余姚联谊会筹备工作。

全年编印《余姚侨讯》6期，在余姚侨网、余姚侨务微信公众号上发布侨务信息100余条，被中国侨网、浙江侨网、宁波侨网、《浙江侨声报》《宁波侨务杂志》等转载、录用100余条次。编印《记忆乡愁最美余姚》摄影画册。市侨联主席黄孟丹作为浙江省代表出席中国侨联成立六十周年纪念大会，9名“从事侨联工作20年以上工作者”获中国侨联表彰，余姚侨联海外高层次人才工作在全省侨联工作经验交流会上作典型发言。先后完成长安社区全国社区侨务工作示范基地、五谷侨界企业创业博物馆、海创活动基地等基地的提升工作，成立新城市社区常青树侨缘志愿者服务队。

【中国侨联“亲情中华”巡演活动走进余姚】

2月18日，由中国侨联、浙江省侨联共同主办的“亲情中华·欢聚余姚”巡演活动在朗霞街道天华村央视拍摄基地举行。100 余名侨商侨眷和 1000 余名群众共同观看由中国侨联“亲情中华”艺术团的艺术家携手余姚群众文艺爱好者献上的文艺演出。中国侨联公益事业服务中心主任何继宁、文化交流部副部长邢砚庄，省侨联党组书记岑国荣，宁波市政协副主席范谊，宁波市侨联主席李承成、副主席徐文、王东海、张勇军等有关领导观看演出。

【“侨爱心·光明行”活动惠及余姚 800 余人】

4 月 10 日，由中国华侨公益基金会、宁波市侨联、宁波爱尔光明眼科医院承办的“侨爱心·光明行”走进余姚大型眼科义诊活动在朗霞街道启动。在近 3 个月时间里，先后在全市 18 个乡镇、街道举办眼科义诊 13 场，惠及 800 余名侨界人士和困难群众，其中 114 名符合手术条件的患者进行免费白内障手术，28 人进行胬肉手术。

【裘援平到余姚考察】

6 月 9 日，国务院侨办主任裘援平一行到余姚，先后考察宁波江丰电子材料股份有限公司、宁波智能制造产业研究院，与多名从事高科技生产的侨商、海外高层次人才进行交流；参观浙江“千人计划”余姚产业园展厅，并听取余姚市关于浙江“千人计划”余姚产业园建设及申报“侨梦苑”的情况汇报。裘援平对余姚市引进海外高层次人才创新创业工作给予肯定。宁波市委副书记余红艺、省外侨办副主任王通林、宁波市侨办主任顾正为、副主任赵骏等陪同考察。

【郑永年教授回乡讲学】

9 月 23 日，新加坡国立大学东亚研究所所长郑永年教授回到家乡余姚，在“阳明讲堂”作题为《中国的改革及其未来》的讲座。市四套班子领导、乡镇（街道）和市直部门主要负责人以及企业家代表等 300 余人聆听讲座。讲座前，市委书记毛宏芳、市长奚明等领导会见郑永年，向其介绍余姚经济社会发展情况，双方围绕当前经济发展的难点热点问题进行交流探讨。

郑永年教授讲学

【王阳明故居成为“中国华侨国际文化交流基地”】

12 月 9 日，中国侨联确认 25 个单位和机构为中国华侨国际文化交流基地，由余姚市申报的王阳明故居成功入选，成为全市首个“中国华侨国际文化交流基地”。

（市侨办）

电子政务

【概况】

2016 年，市委市政府电子政务办建设完成全市 21 个乡镇（街道）和下属 312 个村、社区（居委会）站点，发布 30 个市级部门、82 个下属事业单位、21 个乡镇（街道）、经济开发区公共服务事项清单 1723 项。开展市行政处罚系统、政务地理信息采集系统的技术培训 2 次。协调市民政局、市规划局自建系统与政务服务网权力运行系统数据对接。开展政务服务网内容测评，下发评测报告 36 份，制发政务服务网余姚平台建设通报 3 则。

委托第三方公司开展政府网络和网站信息安全保障检测服务，梳理政务服务网关联应用，实施信息安全监测技术防护。建立健全应急处理机制，在 G20 峰会期间圆满完成网络安全保障任务。实施市电子政务数据中心安全建设及信息安全保障服务项目建设，项目内容包含安全设备12套、服务器及存储设备1套、异地云备份系统1套，相关网站和信息系统安全服务11类。

全年电子政务数据中心机房UPS（不间断电源）总功率125千瓦，负载24千瓦，利用率达20%。新增托管服务器2台、存储设备2台。新增光纤13条，移机39条，拆机7条。共计处理网络故障50余起、各类业务申请29件。年末对全市电子政务内、外网接入单位进行网络设备和网络环境巡检，共涉及136个单位。

【“中国·余姚”门户网站】

年初，对“中国·余姚”门户网站进行规划设计，网站办事服务栏目实现“互联网+政务服务”单一入口改造。实施“中国·余姚”门户网站迁移，网站应用整体迁入宁波政务云平台。全年发布网站信息35818条，整合归并部门网站60家，关停各部门、乡镇（街道）自建网站52家。连续第八年蝉联宁波市政府系统示范网站，余姚市政府网站获2016年度中国政府网站绩效评估县级市政府网站第二名。

【电子政务协同办公系统】

1月1日，市委办、市府办联合发文，全市各乡镇（街道）、市直部门正式启用电子政务协同办公系统，原电子政务办公自动化系统停用。截至年末，全市共计接入单位146个。全年制发公文4361件，发送工作联系单95608份、业务短信290.3万条，开展集中培训1次、上门培训8次。率先在市府办推广公文网上无纸化办理、移动办公，实现市政府领导公文网上签批。

（市电子政务办）

扶贫开发与对口扶贫协作

【概况】

2016年，余姚市四明山区域实现经济总收入132.5亿元，其中工业94.58亿元，农业11.68亿元，第三产业26.24亿元。农民人均收入17331元。市老区办按照生态保护、产业提升、民生服务三大类的总体要求，以乡镇申报、市级牵头部门审核的流程，确立2016年生态发展项目33个，总投资47309万元，其中当年计划投资6709万元，宁波、余姚两级补助6270万元。截至年末，有11个项目完工并送审，8个项目完成80%以上。

全年有7个行政村列入村庄整治建设提升工程，计划总投资2210万元，其中宁波、余姚两级财政补助2100万元，镇、村自筹110万元。全市完成内聚外迁170户、545人，整村拆迁自然村6个。11月底，均通过市老区办、财政局和第六纪检组的联合验收。落实修建资源型机耕路18条，其中新建2条，修建15条，村内道路1条，总投资551万元，落实补助资金262万元。

【对口帮扶贵州望谟县】

4月12—16日，由中意（宁波）生态园管委会副主任、四明山区域生态发展工作领导小组副组长严忠苗带队，市农林局、市老区办、市财政局和有关乡镇以及宁波市财政局一行11人赴贵州省望谟县开展对口帮扶工作。在实地查看2015年对口帮扶项目完成情况后，与望谟县政府及扶贫办领导进行座谈交流，确定新屯新农村建设、竹荪基地建设补助项目、乐旺便民桥、望谟铁皮石斛基地建设补助项目、村集农贸市场建设等5个年度对口帮扶项目。全年落实帮扶资金500万元，其中余姚市和宁波市财政局各200万元，宁波港集团100万元。

【对口帮扶丽水市松阳县】

6月3至5日，市老区办主任傅仲尧一行5人赴松阳县象溪镇开展对口帮扶工作，确定实施自来水提升工程、村庄路面硬化、农田水利建设等年度帮扶项目9个。全年落实象溪镇对口帮扶项目资金80万元。同时，牵头开展余姚市5个省级结对出帮乡镇（街道）的联系衔接工作。

（市老区办）

政协余姚市委员会

综 述

【概况】

2016年，是实施“十三五”规划的开局之年，也是市十二届政协履职的收官之年。市政协常委会在中共余姚市委领导下，贯彻落实中央和省、宁波市、余姚市委一系列决策部署，把握团结和民主两大主题，履行政治协商、民主监督、参政议政职能，动员组织各党派团体和各族各界人士，团结带领广大政协委员，齐心协力谋发展，尽心竭力惠民生，凝心聚力促和谐，为推进全市经济建设、政治建设、文化建设、社会建设和生态文明建设作出贡献。

【政治协商】

全体会议协商 市政协十二届五次全体会议期间，全体政协委员对政府工作报告、“十三五”规划纲要、政协常务委员会工作报告、政协提案工作报告进行协商。委员们通过大会发言、小组讨论、撰写提案和反映社情民意等形式，就扩大有效需求、强化创新驱动、推进城乡统筹、改善生态环境、深化双向开放、致力共建共享等方面，提出建设性意见，得到市委、市政府领导的重视，纳入决策之中。

常委会会议协商 市政协常委会围绕“品质城市”建设提出提升城区品质、完善公共服务、挖掘文化内涵、完善基础设施、建设美丽乡村等方面意见建议。同时，市政协常委、政协委员还应邀参加市委召开的民主协商会，就《中国共产党余姚市第十五次代表大会报告（征求意见稿）》向市委主要领导提出意见、建议。

主席会议协商 市政协主席会议听取政府各部门重点提案办理情况，就《余姚市防洪排涝规划修编》进行专题协商；在“两会”召开前，主席会议成员分组带领部分委员，对市政府工作报告、人民法院报告、人民检察院报告、发展计划报告、财政预决算报告等进行政治协商。市政协主席会议成员参加市政府召开的市政府、市政协重点工作对接会，协商讨论2016年重点工作。

双月恳谈协商 继续开展委员双月恳谈协商活动，定期举行恳谈协商会，邀请有关部门负责人到场向委员通报情况并当场和委员沟通交流，市政协组织委员分别就村规民约社区公约建设、品质城市建设、群众体育开展、医保改革与监管、农村生活污水治理举行恳谈协商会。

【民主监督】

提案工作 市政协十二届五次会议以来，共收到以提案形式提出的意见、建议163件。经审查，立为提案的151件，其中民主党派、人民团体、政协专委会和联络委提出的团体提案27件，委员提案124件。这些提案由市政府交64个部门办理，并已按规定要求办结。据统计，意见、建议得到采纳和落实的89件，占57.8%；列入计划逐步落实的59件，占38.3%；因条件、能力所限近期尚不能落实的6件，占3.9%；提案采纳或部分采纳率达96.1%。提案者对承办单位办理结果满意率为94%，基本满意为4.7%。一次办理不满意的2件，经重新办理后转为基本满意。

社情民意 全年以《议政通报》《社情民意》《余姚政协》方式，向市委、市政府整理报送信息62篇（条），多篇（条）次得到市委、市政府主要领导批示。“关于推进我市科技创新工作的对策建议”“加快推进分级诊疗工作的建议”等社情民意得到市委、市政府及相关部门重视采纳。

政情通报 3月，市政协举行政情通报会，通报2016年民生实事工程及重点投资项目。11月，就“关注社会保障，构建和谐社会”主题举行恳谈协商会，市民政局、市人社局、市住建局、市教育局、市文广新闻出版局（旅游局）、市卫生计生局等部门就五年来涉及社会保障方面提案和提案办理落实情况回答委员提问。

专项督查 继续按照市委关于加强政协民主监督的意见，拓展监督渠道，丰富监督形式。深化“五水共治”民主监督，突出治水的重点区域和薄弱环节，在履行“河长”职责的同时，集聚政协优势资源，开展“五水共治”民主监督“万千行”活动与防洪体系民主监督活动。共梳理5个方面15类问题，提出健全科学有效防洪机制、做优农村污水治理工程、强化河道水质治本之策、保持“两路两侧”“四边三化”工作力度、完善相关工作制度机制等具体建议。通过视察市政府防洪墙工程、候青江堤防加固工程、食禄江河道整治工程，从全市防洪体系建设工作中的上级整体方案制订、工程前期工作落实、工程进度质量管理、城区内涝整治、统筹调水机制建设等方面提出对策和建议。各委组结合实际，组织界别视察活动，开展各个层面民主监督活动29次，参加的政协委员有159人次，发现并反馈各类问题55个，提出的意见、建议被党政部门采纳。

【参政议政】

调查研究 围绕打造余姚经济升级版、推进就业创业工作开展重点课题调研。就农村土地承包经营权确权登记颁证工作、科技创新工作、公办（普惠性）幼儿园建设、城市地下管线建设管理、分级诊疗工作、公益性社会组织建设等问题开展专题调研，形成一批高质量的调研文章，为市委、市政府提供决策参考。

委员考察 市政协组织委员针对农村文化礼堂建管用一体化情况进行专题视察，提出健全管理队伍、创新管理模式、整合文化资源、完善投入机制、提高利益效率等意见和建议。针对社会治安立体化防控体系建设工作，创新开展专委会联合视察，提出进一步开展队伍建设、加强人防技防、促进部门联动等建议。针对侨台服务工作开展专题视察，就发挥侨台界在引智方面作用、帮扶侨台界中小企业创业发展、加速海外高层次人才融入余姚、发挥侨台界人士在创新社会治理中的独特作用、开展海归“创二代”培育工作等问题，提出一些对策建议。

【团结联谊】

委员遴选 完善网上“委员之家”、委员工作室，维护委员服务管理系统，充实录入委员履职数据50余条次，开展走访、培训委员活动，走访慰问委员30人次。重点遴选新一届政协常委、委员，在换届启动前，开展届末委员履职评估，形成《市十二届政协委员结构及履职情况报告》，为市委开展政协换届工作提供参考。

界别、委组作用发挥 重视发挥专委会、联络委的基础作用，建立健全专委会联系指导界别机制，完善与党政部门的对口联系制度，丰富活动形式，增强工作实效。各专委会、联络委围绕政协全年工作安排，组织开展各类调研、视察、协商等活动60余次，撰写调研报告30余篇，委员参与率90%以上。通过界别渠道密切联系服务群众，参与社会公益服务，组织文化下乡、法律咨询、扶老助残、农技服务、送教送医服务等活动。

联络联谊　坚持举办一年一度的中秋茶话会，与社会各界代表人士开展协商讨论、谋求发展共识，增强余姚发展的信心决心，增进与社会各界人士的联络联谊。加强两岸宗亲文化交流，密切与余姚籍港澳台同胞、海外侨胞的联系，组织委员参与“姚商回归”工作。协助全国、省、宁波市及兄弟县（市、区）政协到余姚开展相关课题调研，推进与各地政协的联系协作。

文史及宣传工作　支持联谊社、余姚书画院、姚江诗社开展文化联谊活动，协助开展宁波市、县两级政协之友联谊会工作交流会、组织开展书画院成立三十周年名家书画藏品展、“翰墨缘”——周黎华水墨山水画展、吴昌硕海派艺术传承书画展等活动。发挥文史资料工作存史资政、团结育人功能，开展文史资料征集工作。强化政协新闻宣传工作影响力，密切与《联谊报》、余姚“一报两台”等媒体联系合作，提高《余姚政协》期刊质量，办好余姚政协网、余姚书画院网站。

【常委会和机关建设】

常委会建设　政协常委会引导政协各参加单位、广大政协委员、全体政协工作者，把加强学习研究、推进思想政治建设摆在首要位置，学习贯彻中共十八大和十八届三中、四中、五中、六中全会精神，学习领会习近平总书记系列重要讲话精神，增强中国特色社会主义的道路自信、理论自信、制度自信、文化自信，在思想上政治上行动上同以习近平同志为核心的中共中央保持高度一致，夯实共同团结奋斗的思想政治基础，为谱写实现中华民族伟大复兴中国梦的余姚篇章而凝聚共识、砥砺奋进。学习贯彻市第十五次党代会精神，围绕全市改革发展重点工作和市政协协商议政专题，邀请专家学者、政府部门负责人，举办专题报告，开展互动交流。全年参加市委理论学习中心组学习4次，举行常委读书会1次、委组学习28次，开展政协理论研究，《有效性视角下的基层政协协商民主机制建设研究》论文先后获2016年政协工作理论和实践研讨论文省二等奖和宁波市一等奖。

机关建设　以“两学一做”学习教育活动为载体，开展多种形式的党日活动、学习教育活动等，组织党员干部到宁海开展党日活动。推动规范化党支部创建活动，增强党支部的凝聚力和活力。关心支持离退休老干部党支部工作，关心重视老干部的学习生活。

【市政协十二届五次会议】

1月18—20日召开。听取和审议政协余姚市委员会常务委员会工作报告、政协余姚市委员会常务委员会提案工作报告；列席市第十六届人民代表大会第五次会议，听取并讨论《政府工作报告》《余姚市国民经济和社会发展第十三个五年规划纲要（草案）》。补选俞剑清为政协第十二届余姚市委员会副主席，周松庆、杨玉红为政协第十二届余姚市委员会常务委员，讨论并通过政协第十二届余姚市委员会第五次会议决议。

市政协十二届五次会议专题发言一览表

题目	发言人
壮大基层文艺力量，满足群众文化需求	吴春艳
注重长效机制建设，提高“五水共治”实效	宋　瑜
拓展互联网经济空间，助推经济转型升级	戴天瑛
关于全市法律职业共同体建设的建议	孙　文
关于全市实体经济发展的几点建议	丰　岳
关于推进居家养老服务体系建设的建议	金黎君
加快民宿经济发展，让绿水青山变成金山银山	陈海燕
教育现代化，师资须先行	李燕珍
加强企业工资集体协商，构建和谐劳动关系	干忠森
加强保护传承，留住美丽乡愁	徐　毅

【市政协常委会会议】

2016年，市政协召开常委会会议3次，分别为：

1月17日下午，召开十二届二十次常委会议。审议通过市政协十二届五次会议各次大会执行主席和会议主持人名单，讨论市政协十二届五次会议选举办法（草案），协商提出市政协十二届五次会议总监票人、监票人名单（草案），审议通过关于补选政协第十二届余姚市委员会副主席、常务委员候选人建议名单。

1月19日下午，召开十二届二十一次常委会会议。审议通过市政协十二届五次会议选举办法（草案），市政协十二届五次会议总监票人、监票人名单（草案），政协第十二届余姚市委员会副主席、常务委员候选人名单（草案）。审议通过政协第十二届余姚市委员会第五次会议决议（草案），决定将决议（草案）提交各小组审议。

8月4日下午，召开十二届二十二次常委会会议。专题协商“品质城市建设”，市住建局负责人介绍“品质城市”建设情况，政协常委、政协委员就提升城区品质、完善公共服务供给、提升城市管理水平、挖掘文化内涵、完善城区基础设施、深化美丽乡村建设等方面发表意见、建议，市政协主席陈建泰出席会议并讲话，市政协副主席陈洪逵、叶文龙、周银燕、俞剑清，秘书长张建乔出席会议。市政府副市长范焕平到会听取协商意见。会议增补万科达为市十二届政协委员，免去陈孟姣的政协第十二届余姚市委员会社会法制和港澳台侨委员会主任职务，任命万科达为政协第十二届余姚市委员会社会法制和港澳台侨委员会主任。

【市政协主席会议】

2016年，市政协召开主席会议9次，分别为：

2月26日上午，召开十二届四十六次主席会议。听取各专委会3月工作安排；审议通过市政协领导班子成员分工调整方案；审议通过市政协2016年主要工作及责任分解方案；审议通过市政协2016年重点提案建议目录；审议通过市政协政情通报会方案；审议通过市政协领导联系市政协常委调整方案。

4月6日上午，召开十二届四十七次主席会议。听取各专委会3月工作情况和4月工作安排；审议通过市政协“‘五水共治’长效机制建设”民主监督活动实施方案；审议通过市政协视察农村文化礼堂建管用一体化工作的方案；审议通过关于开展市政协领导走访委员活动方案；审议通过市政协信息工作会议方案；审议通过余姚市农村土地承包经营权确权登记颁证工作的调查与思考等调研报告。

政协委员视察农村文化礼堂建管用一体化工作

5月6日上午，召开十二届四十八次主席会议。听取各专委会4月工作情况和5月工作安排；审议通过市政协二十二次常委会会议方案（专题协商“品质城市”建设）；审议通过市政协防洪体系民主监督活动方案；审议通过市政协十二届委员结构及履职情况报告。

6月2日上午，召开十二届四十九次主席会议。听取各专委会5月工作情况和6月工作安排，任命蒋柏松为政协梨洲街道联络委员会主任、李真龙为政协朗霞街道联络委员会主任、黄佳娜为政协低塘街道联络委员会主任、李渭清为政协马渚联络委员会主任、叶旭彬为政协陆埠联络委员会主任，免去黄银龙的政协梨洲街道联络委员会主任职务、劳建标的政协朗霞街道联络委员会主任职务、夏永祥的政协低塘街道联络委员会主任职务、王丽丽的政协马渚联络委员会主任职务、张伟斌的政协陆埠联络委员会主任职务；审议通过市政协视察市侨台服务工作方案；审议通过推进全市科技创新的对策建议、大力推进公办（普惠性）幼儿园建设、推进全市就业创业工作等调研报告。

7月15日下午，召开十二届五十次主席会议。听取各专委会6月工作情况和7月工作安排，审议通过市政协十二届二十二次常委会会议议程、日程；任命陆要真为政协第十二届余姚市委员会教文卫体和文史委员会副主任、黄国锋为政协第十二届余姚市委员会阳明街道联络委员会主任、周罗建为政协第十二届余姚市委员会兰江街道联络委员会主任、谢建英为政协第十二届余姚市委员会梨洲街道联络委员会主任，免去唐亚明的政协第十二届余姚市委员会办公室副主任职务、徐泉华的政协第十二届余姚市委员会经济科技和城建资源环境委员会副主任职务、周建红的政协第十二届余姚市委员会凤山街道联络委员会主任职务、徐毅的政协第十二届余姚市委员会阳明街道联络委员会主任职务、孙惠清的政协第十二届余姚市委员会兰江街道联络委员会主任职务、蒋柏松的政协第十二届余姚市委员会梨洲街道联络委员会主任职务；审议通过余姚书画院成立三十周年纪念活动方案；审议通过加强城市地下管线建设管理的对策建议、分级诊疗制度的建议、构建社会组织孵化培育平台加快发展公益性社会组织等调研报告。

8月11日上午，召开十二届五十一次主席会议。听取有关部门重点提案办理情况汇报；听取各专委会7月工作情况和8月工作安排；学习省委组织部关于印发《换届监督工作主体责任清单》的通知；任命郭靖为第十二届余姚市委员会经济科技和城建资源环境委员会副主任，胡亿钧为政协第十二届余姚市委员会凤山联络委员会主任，施彩仙为政协第十二届余姚市委员会泗门联络委员会主任，免去谢丽庆的政协第十二届余姚市委员会泗门联络委员会主任职务；审议通过市政协机关领导班子成员分工调整方案；审议通过市政协读书会方案；审议通过市政协十二届二十二次常委会会议建议案；审议通过扬优势补短板大力推进全域旅游调研报告。

9月7日上午，召开十二届五十二次主席会议。听取各专委会8月工作情况和9月工作安排，审议通过中秋茶话会方案，审议通过加强全市食品安全监管工作的思考调研报告。学习讨论《中共中央关于辽宁拉票贿选案查处情况及其教育警示的通报》以及省委办公厅《关于认真传达学习贯彻中发电〔2016〕7号的通知》。

10月12日上午，召开十二届五十三次主席会议。听取各专委会9月工作情况和10月工作安排；审议通过市政协协商交流会方案；审议通过市政协十三届一次会议大会发言题目；审议通过市政协十三届一次会议筹备工作方案；审议加强村规民约社区公约建设的建议等调研报告。

11月8日上午，召开十二届五十四次主席会议。听取各专委会10月工作情况和11月工作安排；审议通过《关于健全市政协委员退出机制的若干规定（试行）》；审议通过设立市政协委员微信服务平台的方案。

【市政协十二届五次会议重点提案】

1. 关于加快推进全市企业上市工作的建议（第19号提案）

提案者：九三学社余姚市基层委员会

提案内容：全市企业上市工作存在一些问题与不足，如上市企业数量和经济规模还不相适应，企业经营者的思想观念与上市工作还不相适应，政府部门的服务能力与上市工作还不相适应。建议：1. 加强组织领导，增强推进动力。2. 加强宣传引导，转变思想观念。3. 加强行政服务，提升服务能力。4. 加强人才引育，强化智力支撑。5. 加强与机构合作，加快上市进程。6. 加强政策落地，减轻企业负担。

市金融办答复：近年来，市金融办紧紧围绕企业上市的工作目标，抓住多层次资本市场发展的新机遇，加大政策扶持，加强服务协调，着力推进股改上市进程，促进企业向多层次资本市场发展，形成较好的企业资本经营的氛围。下步将开展以下四项工作：1. 进一步健全上市培育机制。加快产业投资基金落户余姚，引导企业通过资本工具趁势借力多轮驱动、转型发展。2. 进一步加强服务指导工作。加强宣传指导，加快企业股份制改造，重点服务指导，发挥示范效应。3. 进一步完善扶持政策。加快推动配套政策出台，全力兑现多层次资本市场扶持政策。4. 进一步加强专业人才建设。组织企业参加各类培训会和讲座，利用现有的中介网络资源，帮助资本运作。

2. 关于大力弘扬优秀家风，充分激活文明音符的建议（第57号提案）

提案者：民进余姚市基层委员会

提案内容：全市在推动家训家规现实化、社会化、时代化的过程中，主要存在以下三点欠缺：1. 挖掘整理规模尚显狭窄。2. 传播教化载体尚嫌单薄。3. 品牌引领途径尚现短平。建议：1. 整合有效力量，全面盘点资源。2. 创设宣教平台，全力发挥效用。3. 建立传播机制，全心打造形象。

市委宣传部答复：近年来，余姚市认真贯彻落实上级关于好家风建设的部署要求，制订下发《关于广泛开展好家风建设活动的通知》，组织实施好家训传承、好家风培育和好家庭建设三项行动，大力推进好家风建设。下步将以实施三大行动为重点，广泛深入开展好家风建设，进一步扩大好家风建设的覆盖面、影响力和引导力。1. 实施家风家训普查行动。开展优秀家训族规和实物的普查征集工作，适时成立余姚家谱收藏中心。2. 实施家风家训传播行动。推进建设家训家规展示馆，深化家风家训"挂厅堂、进礼堂、驻心堂"活动，开展余姚名人家训家规传播活动，开展姚江优秀家训故事进基层宣讲活动。3. 实施家风家训践行行动。开展"弘扬好家风、践行好家训"青少年教育实践活动，组织实施"廉洁齐家"促进计划。

3. 关于注重长效机制建设，提高"五水共治"实效的建议（第142号提案）

提案者：农工党余姚市基层委员会

提案内容：当前，全市"五水共治"中主要存在三方面问题：1. 防洪压力依然较大。2. 污水治理尚未治根。3. 供水保障有待提升。建议及办法：1. 健全科学化的防洪机制。2. 加强污水治本机制建设。3. 加快供水保障机制建设。4. 完善治水工作机制建设。

市"五水共治"领导小组办公室答复：1. 加快水利重点工程建设。实施城区包围工程，加快推进北排、西分工程建设，保障大中型水库安全运行。2. 健全科学化的防洪机制。充分发挥非工程措施的作用，积极要求通明闸的运行由省防指统一进行调度，进一步细化、完善防汛防台应急预案。3. 加快农村生活污水治理。4. 加强农业面源污染治理。5. 严格环保执法。6. 提升河道生态自净能力。7. 不断健全河道保洁机制。8. 强化河长责任的落实。9. 加快姚东水厂配套管网工程建设进度。完成水厂建设，建立统一的供水管理体系，实施配水管网及"一户一表"改造。10. 保障姚西北地区供水。

4. 关于实体经济发展的几点建议（第28号提案）

提案者：市工商联

提案内容：近年来，全市实体经济面临前所未有的压力和挑战：1. 发展压力日趋加大。2. 实体经济持续低迷。3. 创业环境有待优化。4. 政策实效还需提升。建议及办法：1. 着眼长远发展，积极谋划"十三五"实体经济发展。2. 着眼当前困难，积极破解经济发展难题。3. 着眼二次创业，积极营造创业创新环境。4. 着眼精准服务，积极营造良好政务环境。

市经济和信息化局答复："十二五"期间，余姚市认真贯彻省、宁波市关于加快工业经济转型升级的决策部署，深入推进工业强市建设，工业经济取得长足进步，在规模实力、增长方式上都有重大突破。下步将以"中国制造2025"为导向，以转型提质增效为中心，紧紧把握"稳中求进"和"改革创新"两大核心，扎实推进"六个一"建设，全面深化精准服务，加快推动工业经济提质增效、平稳增长。

5. 关于推动全市互联网经济发展的建议（第11号提案）

提案者：民革余姚支部

提案内容：就全市农村互联网经济建设发展提出以下建议：1. 建立农村互联网经济商务平台。2. 加强农村互联网经济专业培训。3. 加大农村互联网经济政策扶持。4. 壮大农村互联网经济人才队伍。

市互联网经济促进中心答复：1. 关于要求建立农村互联网经济商务平台方面，将重点推进"美丽四明山"智慧旅游电子商务平台项目的建设，引进淘实惠农村电子商务平台，牵线淘实惠与家家福超市达成战略合作，在全市成立淘实惠县域运营中心。2. 关于要求加强农村互联网经济专业培训方面，将重点开展人才培训工程建设。3. 关于要求加大农村互联网经济政策扶持方面，市财政将安排一定的专项资金鼓励农业互联网经济创新发展，另外将设立电子商务产业子基金。4. 关于要求壮大农村互联网经济人才队伍，将举办农村互联网经济创业创新大赛，邀请专家学者以及行业精英深入农村进行互联网经济宣讲，建立农村互联网经济人才实训基地，引进“淘实惠”项目，进行县域农村互联网经济人才培养。

6. 关于推进居家养老服务体系建设的建议（第78号提案）

提案者：市党外知识分子联谊会

提案内容：近年来，全市积极推进居家养老服务工作，但还存在一些问题和困难：1. 资金投入不足。2. 设施不够完善。3. 服务功能单一。4. 队伍建设薄弱。建议及办法：1. 健全投入机制，强化资金保障。2. 推动网点建设，完善配套设施。3. 优化内容平台，提升养老品质。4. 创新管理模式，壮大服务队伍。

市民政局答复：在今后的工作中将着手构建多元化的居家养老服务体系：1. 政府购买服务为主体。2. 社会力量参与为主力。3. 吸引民间资本为主导。4. 服务从单一的居家养老照料服务向医养结合发展。5. 智慧养老服务提升智能服务水平。在构建多元化的居家养老服务体系的同时开展以下工作：1. 每年开展居家养老服务照料中心（站）的等级评定工作，指导服务站对照标准改进提高，对功能配置丰富、实际运营效果良好的服务站进行3A级或2A级的等级评定，给予资金补助，将等级评定补助资金纳入到财政预算。2. 充分整合居家养老服务站、村（社区）卫生服务站、老年活动中心等各方资源，围绕老年人的服务需求，拓展服务内容。3. 加强居家养老服务人员的职业道德和业务知识培训，提高服务队伍的专业素养和服务技能，逐步改善养老服务人员的福利待遇，吸引和吸收高学历专业人才从事养老服务行业。

7. 关于增加公务员、机关事业单位在职人员和退休干部、中高级知识分子、企业退休人员健康体检费用的建议（第49号提案）

提案者：王伟

提案内容：全市对公务员、机关事业单位在职人员和退休干部、中高级知识分子健康体检的费用安排已经7年没有大的调整，建议市财政根据本地区财政状况，适当提高公务员、机关事业单位在职人员和退休干部、中高级知识分子和企业退休人员健康体检费用的标准，更好地开展健康检测、分析、评估，进而能实施健康干预，健康促进活动，有效地利用有限的资源来达到最大的健康效果。

市人力资源和社会保障局答复：3月21日后将正式实施改革调整后的体检办法，主要是增加体检频次、提高体检标准、提供选择性体检项目、加强组织管理，延伸后续服务。同时为便于体检管理和经费结算，2016年起，试行使用体检卡并两年一次发放使用，同时，将中高级专业技术人员体检归并到新的体检办法之中。今后将根据现行财政状况确定体检标准，争取提高企业退休人员体检标准。

8. 关于推进物业管理市场化、规范化建设的建议（第133号提案）

提案者：余国英

提案内容：如何更好地建设新型小区已经成为迫在眉睫的课题，其中尤为重要的一环是小区物业的建设。但是实践中，小区物业管理存在以下几个问题：1. 小区安全问题。2. 卫生环境、绿化环境、车辆停放问题。3. 收费标准问题。4. 房屋质量问题。5. 违章建筑以及违法经营行为。建议及办法：1. 政府有效介入，促进物业服务行业市场化。2. 企业良性竞争，推动物业管理服务优质化。3. 加强法律宣传，实现业主权利主张理性化。

市住房和城乡建设局答复：主要采取以下几方面措施：1. 强化监管，提升水平。实施项目经理信用管理办法，加大检查力度加强培训，提升软实力。2. 有效介入，综合使力。完善分级调解机制，抓好业主委员会扩面和规范化建设，积极采取酬金制管理模式，推行等级化、菜单式物业服务合同。3. 加强宣传，提高意识。加强自治、自律意识，加强对物业管理的了解和认同，继续加强网络舆情管理。下一步，我们将继续努力，着力破解难题，提升行业水平。

9. 关于要求加强乡村医生后备队伍建设（第81号提案）

提案者：谢东海

提案内容：目前全市乡村医生的平均年龄在60周岁左右，有不少行政村因乡村医生缺乏而无法开设村卫生室，有的村卫生室由别村的乡村医生兼管。建议由市卫生计生局、市人社局联合举办面向应届高中毕业生的乡村医生班，专业为全科医生，定向分配到全市农村卫生室，逐步替代已过退休年龄的乡村医生。超过65岁的乡村医生要逐步退出乡村医生这个行列，由更加年轻而接受过良好的教育的全科医生成为乡村医生的主力军。

市卫生和计划生育局答复：已落实事项：1. 加大基层医疗机构的招聘力度。2. 对全市乡村医生进行一年一次的免费培训，提高乡村医生的诊疗水平。3. 改变乡镇卫生院服务方式，采用由乡镇卫生院选派医生定期服务和汽车流动医院定期服务的方式应对村医不足的困难。4. 通过改善乡村医生待遇稳定现有乡村医生队伍。计划落实事项：1. 继续加大对基层医疗机构的招聘力度，增加卫生院派驻村卫生室工作人员。2. 继续改进工作方式方法，增加流动医院巡疗次数，加大市级医院下基层服务力度，运用“互联网+”医疗工作方式开设“云诊室”等，使山区和偏远地区群众享受优质医疗资源。3. 开展建言献策工作。建议上级有关部门从国家或省级层面明确乡村医生退出机制，并把村级医疗卫生机构人员纳入事业编制。4. 加强乡村医生后备队伍建设。

10. 关于有序推进全市垃圾分类的建议（第126号提案）

提案者：龚涛峰

提案内容：目前在全市许多居民小区里，依然看到生活垃圾未按类别分类收集、分类盛放、分类盛运，这会造成极大的危害。建议：1. 充分提高生活垃圾细化分类的认识，出台有关管理规定。2. 开展垃圾分类后续收集利用和处理工作。3. 增加垃圾分类处理资金投入。4. 开展垃圾细化分类教育培训。5. 做好产品及其包装的标识工作。

市城管执法局答复：始终将垃圾分类收集回收综合利用这项工作作为环卫管理的一项重要内容来抓，下步将：1. 做好垃圾分类工作的宣传发动工作。2. 抓好垃圾分类推广过程。3. 普及市民的生活垃圾分类处理常识。4. 制定废旧物质回收利用优惠政策。5. 建设生活垃圾分类设施。6. 不断探索“户分类、村收集、镇中转、市统一处置”的无害化处理模式。7. 开展垃圾分类试点。

（市政协）

中共余姚市纪律检查委员会

综 述

【概况】

2016年，市纪委、市监察局贯彻落实中央和上级关于党风廉政建设、反腐败斗争的决策部署，把纪律和规矩挺在前面，深入治理基层不正之风和腐败问题，推动全面从严治党向基层延伸。牵头组织党风廉政建设责任制落实情况检查考核，通过实地听取汇报、民主评议、个别谈话、检查台账等方式，对各单位党风廉政建设责任制落实情况进行量化评分，并纳入各单位实绩考核中。实施开展各乡镇（街道）、市直部门2015年度落实主体责任情况报告工作。

全年累计开展正风肃纪检查督查468次，检查单位1187家次，发现问题74起，问责处理17人，通报5人。年初，通报违反中央八项规定精神和发生在群众身边的腐败问题11起，9月，又通报发生在群众身边的“四风”和腐败问题案例8起，两次通报共对涉及的30名人员进行处理，其中开除党籍6人，留党察看1人，严重警告3人，党内警告9人，行政记过5人，行政警告4人，谈话诫勉1人，解聘岗位1人。

【办信办案工作】

建立全市纪检系统内部纪检监察信访信息平台，各单位信访信息实时录入电脑网络系统，市纪委实时查询信访办理进度、调查材料内容，并提醒办结。全年共受理信访举报234件（次），其中初信初访146件（次），累计立案176件，比上年增加2.3%，结案159件，给予党政纪处分157人，另有105人接受谈话提醒。开展2013—2015年度全市党政纪处分决定执行情况检查，共发现处分决定执行未到位的7人，收缴违规多发资金8万余元。

建立业务外信访举报件清单报送制度，定期递交线索管理领导小组集体讨论，对归属业务外的举报件及时移交。建立实名反馈信访举报件抽查制度，对已报结的实名举报件进行抽查验证，防止发生承办人员在反馈过程中弄虚作假、欺上瞒下等情况。制定出台党纪轻处分简易审理程序规定、轻微违纪免予处分制度、违纪案件缺位审理制度等一系列新制度，完善三套模拟案卷，组织开展新《条例》运用暨案审资格测试，提升案件审理效率和质量。

开展农业经营主体引进人才补助款失职情况调查，下发监察建议书，督促有关部门对3名责任人进行诫勉谈话。开展社会救助资金管理使用情况专项监察，抽调相关单位专业人员组成专项检查组，对乡镇（街道）社会救助资金管理使用情况开展监察。

【巡察督查工作】

年内市委从市纪检、组织、财政、审计等巡察领导小组成员单位抽调38名干部，组成4个巡察组，对6个乡镇、街道和15个市直部门进行巡察。把工程项目建设、涉农惠农专项资金使用、国有集体资产管理等作为巡察工作重点，注重查纠发生在农村基层和群众身边的违纪违规问题。针对巡察发现的问题，经市委“五人小组”讨论后，编制下发整改清单，要求被巡察单位逐项整改，并把整改情况报告市委巡察办。

注重巡察问题的深入分析，通过《市委巡察专报》等形式，向“五人小组”提出工作建议。全年编写《市委巡察专报》6期，向市委“五人小组”成员汇报村级债务、工程项目招投标管理、农民多层公寓建设、教师绩效工资等方面存在的问题以及意见、建议。对巡查发现的问题及时跟进处理，共移送各类违规违纪线索45件，已立案2件，拟立案2件。

依照“监督的再监督”要求，市纪委督促市农林、民政、财政、审计等农村基层党风廉政建设成员单位，开展对农村基层权力运行的对口监管，组织对村级权力规范运行和《党纪处分条例》111条执行情况的专项检查，抽查全市近20%的行政村，对发现的问题进行督促整改。推行电视屏、电脑屏、手机屏、触摸屏“四屏联动”公开平台，将农村党务、村务、“三资”、便民服务、权力清单五大类村级信息传输到每一户村民家中，实现基层权力运行信息公开的多渠道、全覆盖。

【“立家规、正家风，建设清廉余姚”活动】

年内分党员干部、中小学生、共青团员、干部家属等不同层次开展家规家训主题活动。出版《姚江传统勤廉家风故事》，把家规家训课程列入党员干部教学计划，为党员干部提供菜单式教学服务，结合党员警示教育活动，将《王阳明家规三字经》《郑义门》作为全市党员干部必须学习观看的警示教育片。打造以“一馆五基地”为重点的集廉政教育、优秀家规和传统文化展示于一体的教育线路，丰富教学内容，融入家规家训的元素，打造余姚廉政教育精品线路，严子陵祠堂、四明山第一党支部、蒋梦麟故居、王阳明家规专题馆、名人先贤家训馆和马渚侵华日军火烧长冷江史迹馆均已完成提升工作。

【市纪委十四届六次会议】

2月2日，市委召开市纪委十四届六次全会第一次大会，市四套班子领导、市人民法院院长、市人民检察院检察长及其他副市级以上领导，市纪委委员，各乡镇、街道党（工）委书记、纪工委书记，市直有关部门党组织主要负责人，党风廉政建设工作分管负责人，市监察局副局长，市纪委各派驻纪检组组长，市纪委内设机构负责人，市勤政廉政督察员，部分市党代表参加会议。市委常委、纪委书记杜瑾作纪委工作报告，市委书记毛宏芳作重要讲话。

【《姚江传统勤廉家风故事》出版】

10月，由市纪委、市史志办等单位联合编写的《姚江传统勤廉家风故事》一书由浙江人民出版社出版。该书选取从东汉至近代余姚著名人物24人，按人物独立成篇，每篇又细分为“家训选录”“家训解义”“人物简介”“家风故事”四个部分，把历史名人勤廉作风及其家族背后的优秀家训进行串联，展现余姚名人先贤的勤廉家风传统。

（市纪委）

民主党派

中国民主促进会余姚市基层委员会

【概况】

2016年，民进余姚市基层委员会被民进浙江省委会评为2012—2016年度先进集体。年内先后组织女会员赴奉化大堰镇考察民宿经济，组织在职会员赴桐庐考察养老健康产业，组织老年会员赴慈溪鸣鹤考察古村落保护。此外，教育一支部组织全体会员赴鹿亭开展美丽乡村调研，组织在职会员进行“旅游古道”资源合理开发和利用考察活动；教育二支部组织全体会员赴嵊州考察乡村旅游地生态保护与合理开发利用；综合支部组织支委成员赴建德学习新安江支部活动室建设，组织会员考察浙东运河余姚段申遗成果。

年内发展新会员4人。9月，推荐11人参加民进宁波市第六次代表大会，会上主委朱初雷、副主委吴建平分别当选为民进宁波市第七届委员会常委委员、委员。全年还有1人当选为宁波市人大代表，1人被推选为宁波市政协委员，4人当选为余姚市人大代表，18人被推选为余姚市政协委员。

【参政议政】

年内，主委朱初雷多次参与市党代会工作报告意见征求会，就文化强市建设作会议发言，还参加《政府工作报告》《法院工作报告》征求意见座谈会及政协主席民主恳谈会、市委统战部民主党派协商会等，均提出意见、建议。会员吴春艳在市政协十二届五次全会上作《关于壮大基层文化力量、满足群众文化需求的建议》大会发言。多名会员还兼职相关部门行风监督员。

全年撰写《关于提高余姚市中小学生均经费的建议》等团体提案5件，提出《关于新建余姚市公共图书馆的建议》等个人提案、议案15件。其中，集体提案《关于壮大基层文化力量、满足群众文化需求的建议》被列为市政协重点提案，方其军领衔撰写的《关于大力弘扬优秀家风、充分激活文明音符的建议》被市政协评为优秀提案。

年初确立4个调研课题。其中，以教育一支部为主参与的调研课题“供给侧背景下能工巧匠培养”与宁波市委会课题组合作，被确立为民进省、市中标课题；以综合支部为主参与的调研报告《正确处理资源开发保护关系、推动乡村旅游健康持续发展》被确立为宁波民进中标课题，于10月完成；以教育二支部为主参与的《进一步加强公立幼儿园的建设与管理》，促使市政府继续实施《余姚市学前教育提升计划》，解决部分“入园难”“入园贵”问题。此外，会员方其军、马彩浓撰写的调研课题分别在市政协常委会上发言。会员杨丰、钱秧钧提交的征文同获宁波市政协参与奖。全年被宁波民进录用信息13篇，被余姚市政协录用信息32篇。

【对口联系】

年内，对口联系市教育局、市交通局、市文广局、市城管局、市环保局等部门。先后实地走访市实验高中、凤山街道幼儿园，在“十三五”教育规划座谈会上分别就优化义务教育资源、加强师资队伍建设、深化教育改革等问题进行探讨。通过坐船实地调研的形式，考察中国大运河余姚段申遗后再开发利用的情况，分析讨论京杭大运河余姚段通航状况、生态保护状况、文物古迹保护开发、产业布局、居民构成、沿岸景观状况等，对调研过程中所发现的问题提出建议、意见。会同市政协教文卫体文史委，在市文广局、交通运输局、水利局等部门配合下，组织撰写《运河史话》。组织了解市文广局文化产业“十三五”规划编制情况，分别对历史文化名城创建、公共文化中心建设、体育旅游产业发展前景和趋势、政府对体育产业政策扶持等方面内容提出意见、建议。对市城管局机构调整后，市综合执法局的运行情况、管理绩效的变化情况，以及城管工作创新、资源共享、加强宣传等方面提出意见、建议。向市环保局就如何加强环保宣传力度、环保保护管理工作如何创新、大气防治等方面提出意见、建议。

【社会服务】

年初在兰江街道四明社区举办“送春联进万家”公益活动。上半年，教育一支部把脉姚江旅游学校课程建设工作，帮助构建适合新形势下学校发展的课程体系。10月，教育二支部部分会员到大隐镇中心学校开展送教下乡活动。11月，民进余姚市基层委员会与市政协教文卫体文史委联合，在马渚镇斗门村新落成的运河文化广场内举行送文化下乡活动。

【岗位成果】

会员吴建平被评为2015学年度宁波市优秀教育工作者；程载国被评为宁波市骨干教师；戚国棋被评为浙江省生物竞赛优秀教练；黄耀被评为第三届全国中小学优秀外语教师，在温州、绍兴、宁波等地开设讲座20余场；谢玲玲被评为宁波市教育宣传工作先进个人。方静飞论文获宁波市三等奖；翁潇潇论文获宁波市基础教育课题二等奖；方其军被评为2015年度宁波文化信息工作优秀信息员，其多篇文章在《中国文化报》等报纸上发表；诸焕灿主编《姚江传统家训选集》，开设讲座20余场。金晶被评为宁波市宣传文化系统“六个一批”人才，被民进浙江省委会评为2015年度“公益之星”，其创作的舞蹈《双鸟舁日》获省群众舞蹈大赛金奖，组唱《小镇女人》获省群星奖，诗歌《在广袤田野，我们放歌中国梦》获省金奖。符利群被评为省优秀文学作品一等奖，两次被评为宁波市“五个一工程奖”。

（民进余姚市基层委员会）

农工民主党余姚市基层委员会

【概况】

2016年，农工党余姚市基层委员会发展新党员8人。2人当选为市人大代表，17人提名为新一届市政协委员。16人被农工党宁波市委会评为2013—2015年度优秀党员，4人被农工党宁波市委会授予2014—2016年度岗位建功立业三等功。党员诸博平被评为2016年度浙江省养老服务业领军人物，汪正权获宁波市科技进步奖二等奖。7月，召开全体党员大会，会上朱延芳等10人当选为农工党宁波市第十二次代表大会代表。

上半年，党员周慧娜、方锦鑫分别参加由农工党宁波市委员会组织的赴福建三明与湖北恩施的考察调研活动。方锦鑫调研归来后撰写的调研报告被农工党中央、全国政协录用。下半年，联合二支部开展小城镇环境综合整治调研活动，对市住建局及部分乡镇进行调研。全年在宁波、余姚两级人大、政协会议上提交议案、提案15件，向余姚市政协报送通讯信息9篇、社情民意9篇，多篇信息被宁波市委会及农工党中央、全国政协录用。

年内，先后组织全体党员赴萧山，与农工党萧山基层委员会开展交流活动；组织部分党员参加由宁波市委会举办的“前进讲堂”第五期培训；市人民医院支部20余名党员赴德清县学习考察；联合一支部开展中秋座谈会，为余姚发展建言献策；联合二支部赴梁弄开展以“凝心聚力，励志前行”为主题的支部活动。

【服务社会】

4月9日，组织市级医院8名专家医生赴四明山镇棠溪村开展义诊活动，免费分发价值1000余元的常用药。6月4日，市人民医院支部的9名专家党员赴鹿亭乡卫生院开展同心义诊活动。10月25日，联合市委老干部局在牟山镇新东吴村开展“送医下乡”义诊活动，由12名专家组成的义诊团向村民赠送价值6000余元的常用药品。11月22日，人民医院支部成为“余姚市开放式志愿助残服务基地”第一批爱心联盟单位，将协助市特教中心定期开展“医院挂号看病体验活动”“身体检查”“学生突发疾病处理知识与技能”等活动。

（农工党余姚市基层委员会）

九三学社余姚市基层委员会

【概况】

2016年，九三学社余姚市基层委员会有社员75人，其中新发展社员2人。社员中担任副市级领导职务1人，副局级以上领导职务7人。2人被推荐为宁波市人大代表人选，4人当选为余姚市人大代表，15人提名为余姚市政协委员。全年召开全体会议5次，基层委会议8次，组织退休社员重阳节活动1次，全体社员集体学习考察活动3次。

在市“两会”期间，共提交政协大会发言材料1篇、政协常委会专题发言材料1篇、集体提案3件、委员个人提案23件。其中，《关于加快推进我市企业上市工作的建议》的政协大会发言，被评为优秀集体提案。集体提案《关于拓展互联网经济空间，助推经济转型升级的建议》《关于扩大四明湖水库防洪库容并配套建设生态湿地的建议》《关于加快推进我市学前教育均衡优质发展的建议》，均被确定为市政协重点督办提案。2件个人提案被评为优秀提案。提交余姚市人代会、宁波市人代会个人建议各2件。

全年担任市人大代表、政协委员的社员共参加由市委、市人大、市政府、市政协及市委统战部召开的民主协商会、政情通报会、座谈会、学习会14次，计150余人次，参加由市人大、政协组织的视察、考察活动15余人次。有8名社员被市级部门聘为特约监督员。与市科技局、市发改局、市农林局、市住建局、市规划局等5个政府部门建立对口联系制度，分别与市金融办、市环保局、市水利局、市教育局、市科技局就企业上市扶持、姚江水质监控、四明湖水库扩容、学前教育管理、新兴产业发展等进行专题协商研讨。

年内“关于提高县（市）民主党派基层组织效能的对策研究”中标社省委参政议政调研课题，“推进美丽乡村建设，推动城乡协调发展的对策建议”等中标社宁波市委会参政议政调研课题。重点选择事关全市经济和社会发展急需解决的热点、难点问题，组织相关社员到70余个机关、企业、事业单位、社区、行政村开展调查研究，形成专题调研报告9篇。

发挥凤山街道东江社区、泗门镇、市模具协会和电动工具协会、市经济开发区、黄家埠镇等5个社情民意观测站作用，结合社区治理创新、卫星城市培育等25个观测主题，收集基层百姓在养老服务、土地规模经营、物业管理、老小区公共设施维修、生态环境治理等方面的社情民意。全年有27篇宣传信息被上级录用。

【特色项目开拓】

年内九三学社余姚市一支社与省农科院第一支社在牟山镇创建结对共建服务“三农”示范基地，联合开展以“高产、抗病两系早杂‘陵两优0516’”为主题的结对共建服务“三农”活动。以基地为中心，建立健全联系沟通、协调共建、合作共事的机制，定期或不定期组织省农科院相关农技专家到现场进行技术指导。

（九三学社余姚市基层委员会）

中国国民党革命委员会余姚市支部委员会

【概况】

2016年，民革余姚支部发展新党员3人。推选2人参加民革宁波市第十二次代表大会，1人当选为余姚市人大代表，8人被提名为新一届余姚市政协委员。3人入选民革宁波市专门工作委员会，1人当选新一届余姚市青联委员。在市政协会议期间，共提交集体提案3件、个人提案2件，并作题为《关于我市法律职业共同体建设的建议》的大会发言。全年被《余姚政协》《绿叶》《统战信息》等录用信息12条。

按照同心基地建设要求，持续开展与陆埠镇卫生院、鹿亭乡卫生院、龙溪村的同心结对帮扶工作，年底赴鹿亭乡龙溪村走访慰问困难群众和贫困大学生。7月，赴泗门镇环卫所开展“携手‘爱心传递’为环卫工人送清凉”活动。10月，组织全体党员赴井冈山干部学院开展为期4天的主题教育活动。

（民革余姚支部）

社会团体

余姚市总工会

【概况】

2016年，市总工会以全市第三次经济普查情况为依据，开展集中建会行动，动态保持建会率和入会率均超95%。其中，职工25人以上的新建工会5家，新入会职工157人。新建电商园区工会2家、旅游景点工会1家、农家乐联合工会1家、专业合作社工会3家、民宿工会2家、工程项目部工会4家，覆盖小微企业（工商户）148家，新入会职工812人。

年内开展第二批星级示范工会创建活动，全市共有宁波市示范工会11家、宁波市五星级活力工会139家，余姚市示范工会五星级33家、四星级102家、三星级158家，乡镇（街道）四星级、三星级示范工会1832家。明确市星级工会主席补贴标准，市镇二级共计补助65万元。在朗霞街道杨家村、泗门镇谢家路村开展村（社区）工会规范化建设试点，全市村（社区）工会规范化建设达标单位合计34家。全年获宁波市级劳动模范9人、宁波市级模范集体3个，1人获省“五一劳动奖章”。

元旦、春节期间，走访慰问困难职工582户，发放慰问资金62.47万元。为172名困难职工子女发放助学金47.5万元。临时救助因病、因灾或重大意外事故等原因造成暂时性困难的职工42人，发放帮扶资金6.81万元。向468名建档困难职工发放半年度生活救助金28.08万元，向14名患终末期肾病的职工及家属发放“爱心透析”医疗救助金6.3万元，向17名患白血病的职工及家属发放“爱心助希望”医疗救助金8.5万元。继续开展“5·1”服务卡普惠服务活动，全年举办特惠活动41次，投入资金32万余元，受益职工14.8万人次。联合相关银行推进“蓝领通”工作，满足工会会员创业创新融资需要及生活消费资金需求，共为1540人提供信用贷款1.55亿元。

同市人社局合作，不定期举办职工就业专场洽谈会，互联网人才对接会共推出395个岗位，320名职工与用人单位达成就业意向。“工会就业网”发布就业信息223条。联合市人社局及宁波浙江工商职业技术学院等高校，成立余姚市高技能人才培训中心。组织200名优秀一线职工免费疗休养，为1100名优秀一线职工提供免费体检。建立“5·1母婴室”315个。446家企事业单位的83715名员工参加职工医疗互助保险，参保总金额251.599万元，有618人次得到互助保障赔付145万余元。

年内推介“甬工惠”微信公众号，在舜宇集团、宁波富诚等5家千人以上企业开展扫码抽奖活动，并推出送旅游、送书卡等免费送活动15次。微信推送“魅力四明·浪漫金秋”2016环四明湖徒步大会，吸引上千名职工群众参加，还组织参与宁波市职工网络文化节相关项目。有10家职工文化中心被授予首批市级区域职工文化中心称号。举办第九届职工文化活动月活动。全年市总工会职工艺术团专场演出20场次，配送节目、师资培训80场次。

【姚城“工匠精神”锻炼】

以“同心建功十三五、创新提升促发展”为主题，评选工会惠企服务工作优秀组织单位7家、优秀技师14人。有960余家企事业单位开展合理化建议竞赛，提出合理化建议1.5万条，评选“金点子”合理化建议奖35项、优秀合理化建议奖66项，为企业创造直接经济效益达2.85亿元。有89个重点工程开展立功竞赛活动。举办第六届职工技术进步周活动，表彰2015—2016年度市“工人先锋号”先进集体50家、好师傅好徒弟15对，同时评选第二批“工人革新大师”。围绕全市产业集群和块状经济特色，举办操作技能竞赛，参与职工近500余人次，涌现市级操作技能标兵42人。

【社会管理体系创新】

全年受理劳动争议案件798件（电话咨询530件，来访268件），接待来访职工523人，为职工挽回经济损失498.5万元，调解成功率达96%，参与审理仲裁案件21起。重点培育行业（区域）性工资集体协商精细化示范点1个、宁波市级工资集体协商精细化管理示范企业2家。全市已签订集体合同和工资协议3152份，覆盖企业13152家、职工405180人，已签集体合同企业工资协议续签率保持100%。有12999家企业参与和谐企业创建活动，已建工会企业参与和谐企业创建面动态保持在98%以上。有13家企业参加宁波级和谐企业创建先进单位社会责任评价，对第一至第三批42家宁波市和谐企业进行复评。年度获评宁波市“安康杯”竞赛优胜单位称号5家、优秀班组3个、先进个人1人、优秀组织单位2家，省级“安康杯”竞赛优胜单位1家、优秀组织单位1家。收集整理安全生产合理化“金点子”建议共156条，其中宁波市十佳“金点子”2条、宁波市优秀“金点子”1条。

【乡镇政府与工会联席会议制度推广】

7月1日，泗门镇政府与镇总工会召开联席会议，标志全市乡镇政府与工会联席会议制度推广工作全面启动。会上，泗门镇政府与镇工会围绕开展村（社区）工会组织“网格化管理”工作，最大限度地将管理和服务向末端延伸这个主题进行协商。双方商定，为推动完善政府与工会联席会议制度，更好地反映职工群众呼声，维护职工合法权益，密切党和政府与职工群众的联系，联席会议原则上每年至少召开一次，时间由双方协商确定。至年末，全市所有乡镇均建立政府与工会联席会议制度。

（市总工会）

共青团余姚市委员会

【概况】

2016年，团市委以市青联九届一次全会暨市青年企业家二次全体会议召开为契机，调整界别设置，增设新媒体和社会组织界。全年有19名青年干部成为乡镇（街道）团委书记后备人选，已有5人先后在团市委挂职锻炼。推荐6名优秀团委书记作为市第十五次党代会党代表候选人，其中3人当选。年度发挥孵化中心和孵化基金的作用，支持公益性青年社会组织发展，使青年社会组织成为共青团可依靠的重要力量。

【青少年思想引领】

联合余姚人民广播电台推设“团递正能量”专题栏目，先后邀请奥运冠军、优秀创业青年、先进志愿者代表在电台发声，把“中国梦”具象为一个个“励志梦”“创富梦”“公益梦”，全年累计开展各类青春故事分享会80余场。召开“团递正能量、青春梦飞YOUNG”纪念建团九十四周年暨五四运动九十七周年大会，举办“我的梦•中国梦”余姚市少儿歌曲演唱比赛、“童心演绎中国梦”课本剧表演、“青春工匠·手抄党章54天”等活动。年内还开展“儿童开蒙礼仪”“14岁集体生日”“18岁成人仪式”“家风家训教导礼仪”等主题活动50余次，举办“余姚市第八届十大优秀青年”“余姚市十佳好爸爸”“团干部六年荣誉勋章”“向上向善好青年、好少年”等评选活动。在央视7套《致富经》栏目报道创业青年3人。全年“余姚青年”微信公众号发布微信242篇，发展网络舜军核心成员60余人、骨干网评员200余人。

【助推经济社会发展】

先后开展青工风采节、青年职业技能大赛、“优秀青年岗位能手工作室”评选等活动，培育表彰各级青年文明号72个、青年岗位能手82人、青年突击队35个。改版余姚志愿服务网，实现项目发起、志愿者招募、活动反馈、服务记录及后期评价的一站式操作，并形成全市志愿服务“云”管理数据库。全年举办志愿者骨干训练营6期、公益志愿大讲堂20余期，成功孵化各类环保社团22个，承接相关环保活动5次。推出2016青年志愿服务项目成长扶持计划，6个项目共获公益基金7.7万元。全市首个志愿服务文化广场——余姚北站志愿服务文化广场成功运转。发挥全市290名共青团治水护水“段长”和各支治水突击队、生态环保志愿服务总队的作用，开展青春治水志愿服务2500余次，推荐宁波市级青年生态环保项目2个，形成“保护母亲河”“与水一起去旅行”等品牌。“小甲鱼公益治水”项目经三年发展，创建为省级“护三水”优秀项目。

【帮扶青少年成长成才】

结合阳明青年汇、慧聪青创梦想营等阵地及电子商务进万村工程，全年培训青年电商3600余人次，联合相关银行发放小额贷款1412笔。推荐第十届全国农村青年致富带头人1人，新一届宁波农促会会员15人。市青少年法律援助中心全年接听各类青少年法律咨询热线5257例，援办青少年刑事案件351件、民事案件255件。创新开展“小积分·大梦想”“情系黔西南”等活动，发放新中宇青少年成长关爱基金100笔，累计290400元；发放第二十批特困生成才扶助资金115笔，计61800元。架构青少年综合服务平台体系，解决服务普通青年“最后一公里”的问题，已初步形成青春梦家园、青年汇、舜耕历山等特色示范点。

（团市委）

余姚市妇女联合会

【概况】

2016年，市妇联推行乡镇（街道）妇联工作竞优制，年末举行述职评议会，在自评、互评和上评的基础上评选先进。在泗门镇谢家路村、镇北村开展村级妇女组织改革试点。全年新建机关单位妇委会1个，组织换届5个。根据省、宁波市妇联《关于开展“重心下移、力量下沉、服务下沉”专项工作的方案》要求，组织34名妇联干部下沉到34个行政村联系点。对全市备案在册的24个女性组织进行调查摸底，为下步女性社会组织孵化培育工作奠定基础。全年申报各级巾帼文明岗28个，其中余姚级10个、宁波级16个、全国级2个。有28家“妇女之家”进村文化礼堂，评选表彰市级“平安家庭”示范户100户。

年内编制完成全市妇女儿童发展“十三五”规划。市政府共投入600万元，为87975人次妇女提供健康检查。继续设立“农商行之心”帮扶基金，为“困难母亲希望工程”和“困难母亲救助工程”募集资金26万元，为32名贫困大学生每人发放助学金5000元。配合中国人寿余姚支公司宣传推广“国寿女性安康保险”，已参保2万余人，有5名投保妇女共获理赔25万元。“六一”期间，走访慰问182所学校师生，发放慰问金百万余元，并为36名贫困、留守、外来民工子女等特殊少年儿童圆梦。联合余姚阳光宝贝孕婴服务中心开展“冬日送爱心，情暖贫困儿童”走访慰问活动，共为47名困难儿童提供价值10万元的奶粉、营养米粉和儿童用品。全年各级妇联组织接待来信来访来电共计3316件，其中来信来访2790件，接听来电526件，结案率在98%以上。全年家事审判合议庭受理家事纠纷997件，旧存102件，审结983件，结案率89.4%；调解撤诉658件，调撤率59.9%。

【帮助妇女就业创业】

年内出台《关于推进2016年全市来料加工工作的实施意见》，帮助城乡女性实现家门口就业，全市培育妇女来料加工点160余家、经纪人140余人。每月最后一个双休日，在阳明夜市设立女能手自产自销集市日，全年各类农副产品销售额150余万元。指导建立“姚江农嫂”生鲜直销超市，组织“姚江农嫂”农产品网商店铺参加宁波市女性农产品电商“创业集市”活动。继续实施第二轮“巾帼创业创新”小额贴息贷款政策，共为26人贷款310万元，为44人贴息35万余元。开展巾帼电子商务培训，全市从事电商微商的女性共计168人，其中年销售额100万元以上的19人。新申报各级巾帼文明岗28家，其中余姚级10家、宁波级16家、全国级2家。

【传承弘扬美德家风】

全年评选市级“最美家庭”100户、市级“特色家庭”24户，获评省“最美家庭”2户、省“文明家庭”5户、省“绿色家庭”3户，宁波市“最美家庭”3户、宁波市“全民健身好家庭”3户。实施“党员干部廉洁齐家促进计划”，向全市党员干部家庭发廉洁齐家公开信，在党员干部家庭中开展“寻找最美”活动，组织党员干部家风家训演说大赛。全年开展各类家庭教育培训、报告会、讲座及咨询活动85场，参与人数达7000余人。在兰江街道四明社区开展亲子阅读推广示范活动，举办余姚人民广播电台“教子有方”节目创办十周年系列活动。申报宁波市示范家长学校7家，对已认定的12家村、社区市级示范家长学校开展复评。

【助力美丽家园建设】

年内在莲语学堂宁波校区设立“美丽庭院”创建教学点，深入农户庭院进行实地指导，全市创建村共开展集中整治活动400余次，清理垃圾2万余吨。评选市级“美丽庭院”示范户15622户、“美丽庭院”精品户1000户、“美丽庭院”精品村10个、“美丽庭院”精品创建先进村10个、“美丽庭院”创建工作先进乡镇（街道）4个。

（市妇联）

余姚市科学技术协会

【概况】

2016年，市科协编制完成《全民科学素质行动计划纲要实施方案（2016—2020）》（简称《纲要》），统筹协调《纲要》实施成员单位开展青少年、农民、城镇劳动者、领导干部与公务员等四大重点人群的科学素质行动。全年配送科普图书1.4万册、科教光盘3670张，编发《科普历书》3000册、《余姚科普》报3.6万份。指导市职成教中心学校成立全市首家青少年科技创客中心，并举办青少年科技创客沙龙。举行市青少年科技创新大赛和迎“六一”玩转科学等活动，组队参加第五届宁波市青少年科技嘉年华活动。在第31届全国青少年科技创新大赛中，东风小学教育集团东江校区三年级学生郑尚勤的“书法教学演示台”获科技创新项目一等奖，世南中学科学调研小组郑奕馨、施诗雯等7人完成的调研报告《中学生眼中“五水共治”下姚江支水系》获科技实践活动二等奖。年度全市中小学生获全国、省、宁波市各类科技竞赛奖项1194个，其中一等奖398个，另获国际金牌4枚、银牌3枚、铜牌1枚。

年内新建浙江中杭新材料有限公司为宁波市级院士工作站，全市院士工作站总数已达10家，其中省级2家。指导企业科协开展“讲创新比贡献”活动，攻克技术难题52个，获发明专利56项，制定各类标准36项。组织香港工程师学会专家考察市内2家企业并进行项目对接。根据党委、政府决策和产业发展需要，举办“蔬菜机械作业化现状与发展探讨”等科技工作者沙龙3期，指导学会（协会）开展“关于推进我市‘海绵城市’建设”“云数据在企业中的应用”“改性塑料加工技术创新及存在的环保问题探讨”等重点学术活动7次，鼓励科技工作者撰写建言16则。指导市级学会（协会）实施“新品草莓育苗”等“金桥工程”项目6个。组织农民实用技术培训3000人次，并开展农职称申报工作。完成普网提升工程电子商务培训603人，发放合格证书567份。

制定出台《“科技工作者之家”建设实施办法（试行）》，评选“建家工作示范点”4个。组织企业科协主席参加宁波市科协“高科技企业科协主席论坛”4次，交流科技论文68篇。年度推荐省优秀科技工作者1人、宁波市优秀农村科普带头人1人，推荐余姚市政协委员人选2人、宁波市政协委员人选2人、宁波市人大代表候选人1人，表彰优秀科技工作者19人、“青年科技之星”11人。

【全市公民科学素质抽样调查结果揭晓】

由市科协委托宁波大学组织开展的余姚市公民科学素质抽样调查结果年内揭晓。全市具备基本科学素质的公民比例为11.73%，高于宁波市10.42%的比例，提前一年完成宁波市11%的目标。调查显示，不同分类群体具备基本科学素质的比例存在不同程度的差异。其中，领导干部和公务员具备基本科学素质的比例为17.86%，城镇劳动人口具备基本科学素质的比例为11.78%，农民具备基本科学素质的比例为10.71%。同时，公民具备基本科学素质的比例，18岁至39岁年龄段最高，伴随年龄增长逐渐下降。从性别上看，男性高于女性。

【2016年余姚市全国科普日活动】

9月19日上午，“2016年余姚市全国科普日活动启动仪式暨现场科普活动”在龙山西麓广场开幕。活动以“创新放飞梦想，科技引领未来”为主题，由市科协联合市教育局、市科技局、阳明街道共同举办。活动期间，全市各级科协组织举办报告会6场、科普讲座200余场、科普展览27次，发布科普短信5000余条，发送科普宣传资料10万余份，参与市民15万余人次。

【院士专家为企业送“锦囊”】

11月6—7日，到余姚参加第十八届中国塑料博览会材料峰会暨宁波市第九届学术大会材料分会的中国工程院院士、大连理工大学教授蹇锡高，中国兵器工业集团首席专家、北方材料科学与工程研究院总工程师魏化震，到宁波华丰包装有限公司、宁波乔士橡塑有限公司、宁波丰茂远东橡胶有限公司和余姚塑料研究院，了解企业在新材料、新技术的应用研发、经营现状、技术研发目标和具体创新需求，对企业在转型升级过程中遇到的技术难题进行解答，并提出建设性意见。

【中科院老科学家科普演讲团到余姚宣讲】

10月25—26日，市科协邀请中科院老科学家科普演讲团的5名老科学家，到余姚10所学校、3个社区开展15场科普讲座，内容包括航空、食品、能源等，吸引3000余名中小学生和社区干部、居民聆听。此为2014年11月中科院老科学家科普教育基地在余姚中学挂牌成立后，老科学家们第6次到余姚宣讲。

（市科协）

中科院老科学家开展科普演讲

余姚市工商业联合会（总商会）

【概况】

2016年1月15日，市工商业联合会（总商会）第九次暨市企业联合会（企业家协会）第三次会员代表大会召开，选举产生市工商联（总商会）第九届暨市企业联合会（企业家协会）第三届执行（理事）委员会和监事会。在市“两会”期间，市工商联和非公有制经济人士人大代表、政协委员共提交提案、建议82件。年内先后组织企业家代表参加市领导干部“姚江讲坛”，与浙江大学合作举办为期2年的“企业转型升级与创新管理研修班”，开办余姚市企业创新精益管理培训班，组织“创二代”和部分企业家于11月16日赴香港进行为期一周的培训。在第十四次“光彩爱心月”活动中，全市有171家会员企业及44个街道（乡镇）、村商会出资和实物捐赠等共计1237.52万元。

【助推浙商姚商回归】

春节前，邀请全国各地的重点姚商，开展市外重点姚商联谊活动。在春节、端午节、杨梅节和塑博会期间，向广东、沈阳、青岛等6家异地商会发出邀请，开展市外姚商回乡走亲连心活动，全年接待浙商姚商十余批次。对31个省市的姚商情况进行调查摸底，已有1000余名市外重点姚商录入数据库。启动筹建深圳余姚商会。落实面积66.7公顷的浙商产业园项目，召开招商引资推进会。开展中意（宁波）生态园项目对接活动，组织30余名企业家赴意大利进行招商项目洽谈，已有20余家企业40余个项目与意大利方面开展对接合作。

【服务企业发展】

市企业公共服务平台共收录9316家企业作为服务对象，全年推送政策、服务信息共计56614条，受理企业咨询2226起，为16家企业免费申请、制作微信公众平台。发挥全市13个中小微企业监测点和118家企业运行情况数据库的作用，动态掌握企业生产经营中的新情况、新问题及新举措。1月至3月，在全市工商联系统中开展“知企情、联企心、振信心”走访调研活动，为市委、市政府决策提供参考。组织副会长以上企业家赴广西南宁、防城港考察学习，增加企业对发展东盟经贸的兴趣，寻找合作机会。同时加强与国内外工商社团的交流与合作，全年国内外有18个工商社团到余姚学习交流。

【商协会改革】

年内，市工商联（总商会）与市企业联合会（企业家协会）合署办公，并拟订市工商联（总商会）与市企业联合会（企业家协会）合并换届的初步方案。探索承接政府职能的转移，研究拟订经济类“商协会”承接政府职能的目录，引荐浙商姚商回乡投资，开展税务代理、纠纷调解、权证办理、培训等服务。在全国“两会”期间，市工商业联合会（总商会）承接政府职能的转移工作在《中华工商时报》上整版作经验介绍。

（市工商联）

余姚市文学艺术界联合会

【概况】

2016年，市文联制定《关于进一步加强市文艺协会规范化建设若干意见》，依托市文艺家志愿服务团和8个服务分团，开展文艺惠民活动262场次。围绕党委、政府中心工作，开展“文艺与时代同行”主题系列活动，先后主办、承办、协办新年元宵联谊会、朱德孚个人美术作品展、“春天的脚步——张钟画展”、“三月·馨韵”女画家作品邀请赛、“翰墨缘”周黎华水墨山水画展、“大写意·吴昌硕海派艺术传承展”、“和美社区”摄影比赛、“寻迹古城、不忘初心”主题摄影大赛、“在路上”葛军紫砂艺术展、宁波小百花越剧团“越剧折子戏”专场演出、重点作家座谈会、2016故事沙龙、庆国庆余姚市美术新作展、纪念建党95周年“文艺与时代同行”广场音乐会、宁波文艺名家专题讲座、“警营好声音”、“二胡大师风采”——高风中学夏之夜民族音乐会、纪念红军长征胜利80周年暨第三届余姚“最美武术人”颁奖晚会、“文房精艺”民间藏品展、“王阳明杯”余姚中青年书法作品展、“墨韵清香”李坚个人书法作品展、“铂丽姿”杯余姚市小学生余姚方言才艺大赛、第三届百姓文化节闭幕式暨大型交响音乐会、“济世甘草杯”余姚名城名人名品故事演讲比赛、“美丽家园”2016年余姚市美术写生作品展等近30场活动。此外，中国文联、中国电视艺术家协会“送欢乐下基层”走进余姚，省民间文艺工作交流会在余姚召开，宁波市乡镇文联建设现场推进会在泗门镇举行。

【文艺精品创作】

全年有8个作品列入宁波和余姚两级文艺精品扶持计划。其中，宁波文联2项，余姚市委宣传部6项。截至年末，已完成帕蒂古丽长篇报告文学《宁波援疆关键词》和长篇小说《最后的库车王》、谢志强系列小说《老兵》、陈慧短篇小说集《一撇一捺是个人》、褚纳新民俗文学《浙东民间压胜钱研究》、严凯捷长篇小说《紧拥一个温暖的现在》、市音协原创音乐《吾心光明》等项目，干亚群散文集《纸水杯》和沈春儿儿童文学《丁丁宝贝》创作进展顺利。余姚旅游微电影《时光出租车》获第25届金鸡百花电影节微电影最佳摄影奖。

【文艺人才培养扶持】

在市级层面制定《重要文学期刊发表成果奖励办法》。舞协金晶、剧协王育红成为宁波市“六个一批”人才。干亚群获第七届冰心散文奖，谢志强获“中骏杯”《小说选刊》微小说双年奖，西维获第十二届“滇池文学奖”提名奖和“於梨华青年文学奖”优秀奖，帕蒂古丽散文集《隐秘的故乡》和长篇小说《百年血脉》入围“骏马奖”入选篇目。应倩倩入选省第四批“新荷计划人才库”。彭亚平、赵冠军、黄伟达、顾建荣4人成为各类国家级协会会员，李向阳、翁赟烨、叶奇芳、方其军、施灵敏、张钟、陈茂局、冯立波等40人成为各类省级协会会员。指导成立市蓝天少儿合唱团，指导老师均为市音乐家协会的文艺志愿者。

【市第三届优秀文艺作品“杜鹃花奖”评选表彰】

经初评、复评、终评、公示等环节，6月6日，举行市第三届优秀文艺作品“杜鹃花奖”颁奖会。散文《被语言争夺的舌头》等6件作品获“杜鹃花奖”金奖，长篇小说《塔克拉玛干少年》等12件作品获银奖，散文《乡村散戏》等28件作品获铜奖。另有16件文艺作品获鼓励奖。

【小作家作品选《一花一世界》出版】

4月，由余姚市33名“00后”小作家创作的作品选《一花一世界》，由团结出版社出版发行。全书共收集作品178篇，绝大多数作品曾在全国各地的报刊上发表，部分作品曾在市级以上作文竞赛中获奖。作者年龄最大的是子陵中学俞心铭，2002年3月出生；年龄最小的是江南新城小学三年级学生许嬴诺，2007年8月出生。

（市文联）

余姚市残疾人联合会

【概况】

2016年，市残联在宁波市率先建立两项补贴、两个信息化管理平台，共发放资金9700万元，21400人次受助。在此基础上，下发基本生活保障金和临时救助资金6000余万元，8390人受惠。完成危旧房改造35户，开展残疾学生和贫困残疾家庭子女助学救助127人，实施定额和大病救助、精神病专项医疗救助4720人。完成助明、助听、助行等康复项目329例；开展机构康复70余人；举办康复知识培训12期，参训750人；免费配发辅具1357人，开展无障碍设施进家庭54户。为6844名残疾人提供契约式家庭医生服务。

年内集教育、康复、行政办公于一体的市残疾人综合服务中心落成并投入使用，总投资1.5亿元。市康复医院成为浙江大学医学院附属邵逸夫医院余姚康复分中心；创建宁波市精神残疾人“社区康复示范点”2个；新建辅助性就业机构1家。对全市21831名持证残疾人入户开展基本服务状况和需求信息数据动态更新及状况检测工作，核对更新八大类40项服务和需求信息。7月始，市残联机关党员干部每月至少2天半零距离服务残疾人，共组织下乡22次，零距离服务2300余人，开展残疾评定服务5000余人（次）。

【残疾人就业服务】

率先在宁波县（市、区）实施残疾人事业单位定向招录2人。在余姚就业创业网和市残联官网开通残疾人就业服务专栏，继续举办专场就业洽谈会。在淘宝网“中国余姚馆”为残疾人扶贫基地12种农产品免费开展店铺设计和开店销售，在市残联网站开辟辅助性就业机构产品展示平台。创建首家残疾人电子商务创业孵化基地。全市共举办残疾人职业技能培训20期，培训800人次；清退残保金486万元；安置残疾人就业7130人，年度新安置145人。

【残疾人融合共享平台】

募集社会爱心资金60万元，建立优秀残疾人奖励基金和残疾人种养殖大户受灾补助基金。在市特殊教育中心创建首家“残健融合，志愿助残”开放式志愿助残服务基地。全年开展志愿助残活动十余次，认领微心愿160个，发放助残资金近100万元，约1500人受惠。各级党委政府、社会各界开展走访慰问贫困残疾人和服务机构近7000人次，发放资金达500万元。组织举办全市残疾人中国象棋比赛、残疾人文艺演出，组队参加宁波市聋人运动会和青少年游泳锦标赛。残疾人运动员王益楠获里约残奥会男子游泳S 8级3金2铜，并打破一项残奥会纪录。年度有10名残疾人和残疾人工作者当选为新一届市级党代表、人大代表、政协委员。全年共接待残疾人来信来访92件(次)，办结率100%，无一起集体上访事件发生。

【离休干部徐强献爱三院病人】

1月，市交通局96岁的离休干部徐强向市残联捐款1万元，指定用于市第三人民医院精神科病人。市残联根据老人意愿，委托三院后勤工作人员为精神科59名住院病人每人赠送一套家居服和一双袜子。徐强于1945年1月参加新四军浙东游击纵队，右脚在战火中落下残疾。作为一名有近70年党龄的老党员，徐强自2009年起，多次向市残联、市关工委、市老区办等单位捐款用于公益事业，累计捐款60余万元。

（市残联）

余姚市社会科学界联合会

【概况】

2016年3月，市社科联（社科院）与市委党校分设。年内有会员单位103个，其中团体会员92个；个人会员（社科特约研究员）10人，乡镇级会员1个。先后组织协学会参加全国、省和宁波市级学术研讨会9次，开展文献调研、社会文化和经济调查62次。市级科普基地省委党校四明山分校被列为省委统战部调研点，河姆渡遗址博物馆科普基地获评省级先进基地，推选2名会员分别为宁波市、余姚市政协委员。

开展“建党95周年社科界主题教育实践活动”，有3个课题分别获宁波市二等奖、三等奖。围绕“弘扬知行合一，传承阳明思想”主题，在省委党校四明山分校社科基地、王阳明故居科普基地和有关镇、街道组织宣讲6场，并承办阳明文化学术沙龙。先后走访社科理论界人士80余人次，开展咨询活动14次，为协会、学会、乡镇、街道、社区等单位提供智力支持服务23项，举办余姚文化普及专项讲座15场。

【咨政服务】

年内参加省委统战部“统一战线理论与实践调研点委托课题”，调研课题“新生代企业家成长现状和培养研究——以浙江余姚为例”获省社科院统一战线理论与实践调研点立项。2015年度课题结题25项，其中国家级行业系统立项课题5项，省哲学社科立项和省社科院立项各1项，宁波市哲学社科立项课题2项。调研报告《产教结合培养人才的路子值得推广——关于市职技校依托教学工厂，实行产教结合培养人才的调研报告》《关于新常态下我市小微企业安全生产的建议》获市政府主要领导批示。组织会员参加由省、宁波市社科联组织的“浙东心学——王阳明研究”“阳明心学”“天一阁论坛·王阳明思想与浙东文化”“阳明心学与治国理政”等学术研讨活动。

【社科普及】

年内推出社科普及专题20个，开展宣讲活动131场次，举办中小型社科学术讲座、讲坛、培训活动8期次，举办余姚人文大讲堂5次。1月，邀请浙江大学经济学院院长史晋川开设“十三五与发展机遇报告会”讲座。10月，邀请新加坡国立大学东亚研究所所长郑永年教授主讲“中国的改革及其未来”。11月，与宁波大红鹰学院合作，首次在余姚市外联合承办阳明讲堂。全年11家市级科普示范基地共开展主题教育活动8项、宣讲活动31次，举办展览、展演活动24场次。组织所属协学会撰写“文化礼堂”课题8篇，“社区工作案例”文稿、课题、调研报告65篇，出版《舜文化之社区读本》，编印科普折页“余姚春节风俗”。

【“王阳明心学的现实意义”座谈会】

5月7日，由中共宁波市委常委、宣传部部长万亚伟主持的“王阳明心学的现实意义”座谈会在余姚博物馆举行，第九届、第十届全国人大常委会副委员长许嘉璐出席座谈会。会上，许嘉璐与王阳明研究专家、学者及创作王阳明题材的作家、编剧等，共同阐述与探讨王阳明心学对中国思想、学术、价值观构建等方面的贡献及其对当代社会所产生的积极作用和深远意义。

【国家级古村落调研工程启动】

4月27日，市社科联组织金冠、柿林、中村等3个村的主要负责人及大学生村干部共10人，参加“中国传统村落保护国际高峰论坛”培训班，同时启动这3个国家级古村落调研工程。在5名社科专家协助下，至年末，已完成调研资料初稿约30万字，拍摄反映古村落建筑、风俗、街巷、物产、人物等照片1200幅，3部古村落史调研书籍预计于2017年出版。

（杨鹏飞）

余姚市慈善总会

【概况】

2016年，市慈善总会募集善款6022万元，向3.94万人（户）困难群众发放慈善救助款5272万元，143个公益项目得到帮扶。自成立以来，已累计募集善款6.76亿元，发放救助资金5.58亿元，受助困难群众39万人（次）。

【慈善募集】

全年有1257家单位、2.34万人次参与“慈善一日捐”活动，共募集善款1546万元。新建、续建冠名基金15家，协议新增规模650万元。已累计建立慈善冠名基金248家，协议规模2.46亿元，年内到账资金1703万元。全市有265个行政村、36个社区建立慈善帮扶基金，基金规模达1.55亿元，其中年内到账资金835万元。

【“三助二扶”项目】

全年发放助学金351.9万元，资助困难学生2088人。对1260名精神病患者实施慈善施药，助医支出786.5万元。对343名急重病患者进行临时助困救助。向1528户困难家庭发放助困资金200万元，帮助101户农村低收入农户改造危旧房6086平方米，补助资金31.54万元。全市6个慈善扶贫产业基地辐射带动120户困难群众创业脱贫，投入帮扶资金50万元。

（市慈善总会）

余姚市关心下一代工作委员会

【概况】

2016年3月，市关工委召开成立三十周年纪念大会。年内修订《余姚市创建“五好”基层关工委测评办法和测评细则》，已有19个乡镇（街道）关工委、22所学校关工委通过验收。全市共有宁波市“五好”关工委41家、余姚市“五好”关工委105家，拥有民营企业关工委150家。启动市关心下一代志愿者协会筹备工作，初定设专业化工作团队8个，已有3个公益创投项目得到专项资金3.1万元。

举办第三届“关爱明天、普法先行”青少年普法教育活动，同时启动全国青少年普法教育示范区创建工作。全市开办“假日学校”220家，投入经费166.38万元，有4个乡镇、街道办学率达100%，学生总数达14400人，参与“假日学校”服务工作的“五老”和社会志愿者共计2152人。新增河姆渡遗址博物馆、市文物保护管理所、市四明山旅游投资发展有限公司、市乐众传统文化传承体验中心等校外教育阵地4家。全年收到贫困生结对申请材料158份，共筹资金16.05万元，受助学生136人。举办学生心理辅导讲座12次，受教育学生2400余人，面对面或电话咨询辅导237次。96名“五老”网吧义务监督员对全市196家网吧开展监督活动560余次，评选“放心网吧”60家。评选市第十九届青少年英才共36项50人，有7名学生被评为宁波市第十届青少年科技英才。评选市第十一届“十佳小孝星”、小孝星提名奖、鼓励奖各10人。

【“三爱两史”主题教育】

年内结合纪念建党95周年、红军长征胜利80周年，开展以“三爱两史”（爱学习、爱劳动、爱祖国、党史、国史）为主题的教育活动。4月26日，在红军小学举办“五个一百”（即送百场道德讲座、唱百首红色歌曲、看百场红色电影、传百个好人故事、学百条优秀家训）活动启动仪式。5月6日，在陆埠镇洪山小学举行“红色四明、薪火相传”英烈中队命名仪式。5月26日，在梁弄镇举行“纪念中国工农红军长征胜利八十周年”模拟长征活动。7月1日，组织30余名小孝星、科技英才赴台州温岭大陈岛学习垦荒精神。9月26日，在梁弄镇举行纪念工农红军长征胜利80周年文艺会演，邀请省新四军研究会文工团与红军小学学生、市老年大学艺术团同台表演。

听“五老”讲革命故事

（余静琴）

余姚市红十字会

【概况】

2016年，市红十字会继续实施红十字服务站建设三年行动计划，新增村（社区）红十字服务站93个。成立“余姚日报博爱专项基金”，新设“博爱阳光专项资金”“暖心专项资金”“人道救助资金”，创新实施“321”（3类重点对象，2个项目化救助，1个即时救助基金）人道救助工程。全年接受捐赠款物358.34万元，救助支出326.64万元。新建区域化备灾仓库200平方米，为市属应急救援队添置设施设备价值6万余元。

组织红十字赈济救援队骨干培训班2期，举办“福彩杯”红十字赈济救援和应急救护技能大赛。市红十字战狼应急救援队参与“2·19”金华浦江搜救行动和省民政厅组织的“5·12”应急救援技能比武。组队参加宁波市红十字应急救护培训师资教学技能比武，获团体二等奖、四个单项奖。全年完成救护员培训3376人，普及培训25731人，2692名职高学生获首批救护员证。资助市实验二小开发校本课程“保护我自己”，为98辆校车配备车载急救包，向各中小学发放红十字飞行棋、魔方1500份，捐赠各类学习用品价值9万余元。先后组织举办“应急救护志愿服务进社区”“爱的守护”预防儿童意外伤害百场巡讲、应急救护知识“六进”校园、“服务G20”培训消防官兵、“邮储有爱·红十字专场公益讲座”“开学季·爱心公益集市”“公益图书馆天使行动”等活动。

【全市首个红十字博爱家园项目落成】

4月，全市首个红十字博爱家园项目在兰江街道四明社区落成并投入使用，同时挂牌成为“余姚市红十字文化宣传教育基地”。此项目由上级部门拨款10万元，市本级追加投入15万元。5月20日，在此召开宁波市红十字会系统“红十字博爱家园”项目现场会。至年末，已接待中小学生、社区居民近40批次，计2000余人次。

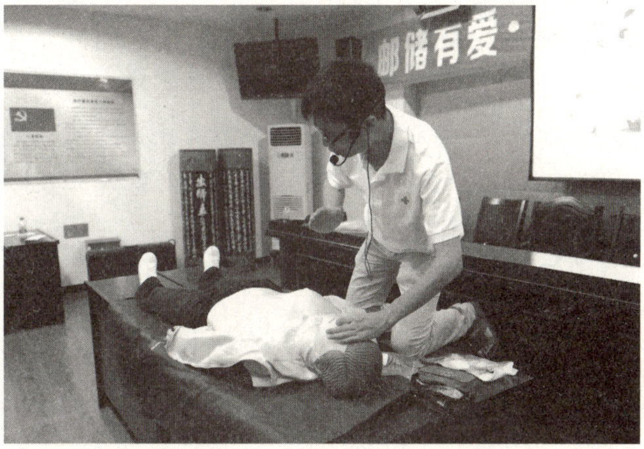

邮储有爱·红十字专场公益讲座

【“金海豚”生命关爱公益夏令营】

8月2—11日，市红十字会组织大岚、四明山、鹿亭3个山区乡镇的48名中学生，举办“金海豚”生命关爱公益夏令营。活动由宁波太平洋慈善基金会全额资助，余姚蚂蚁公益服务中心全程承接，近百名红十字志愿者爱心接力。全体营员每天按照“实地参观考察”“游泳专项训练”“专题辅导讲座”“文化素质综合培训”等四大主题板块参加各项活动。

【造血干细胞及器官、角膜捐献4例】

全年新增造血干细胞捐献志愿者103人，实现捐献2人。其中，信阳舜宇光学有限公司余姚分公司镜片制造二部系长夏伟权为余姚市第5位、宁波市第54位、浙江省第290位造血干细胞捐献者；马渚镇渚北村村民邵卉为余姚市第6位、宁波市第55位、浙江省第293位造血干细胞捐献者。新增器官、遗体（角膜）捐献登记志愿者37人，实现器官、角膜捐献2人。其中，江西籍青年吕小明因车祸被确诊为脑死亡，无偿捐献其一肝两肾和一对眼角膜，为余姚市第4例人体器官捐献者；安徽亳州农民工怀高峰因工伤事故身亡，无偿捐献其一对肾脏和一对眼角膜，为余姚市第5例人体器官捐献者。

（市红十字会）

法治·军事

政法委及综治工作

【概况】

2016年，全市政法委及综治工作按照上级关于创新基层社会治理、深化平安建设的决策部署，以争创“平安十连冠”为主线，以护航G20峰会为首要任务，坚持系统治理、依法治理、源头治理的工作思路，推动社会治理向纵深化发展。全年刑事发案总量下降35.5%，“两抢一盗”等侵财型犯罪下降28.5%。受理各类信访11970批、14730人次，分别下降22.27%和19.41%，群众安全感满意度上升1.6个百分点，未发生“一票否决”的重特大事件，连续第十年获省“平安市”称号。

【维护社会稳定】

落实社会稳定形势定期分析研判制度，加大对涉房、涉企、涉军等重大不稳定因素的化解处置，全年有效处置非正常死亡等重大突发性矛盾纠纷50余件次。对120项重大决策进行社会稳定风险评估，共排除化解各类不稳定因素2000余条次。围绕“不出事、不惹事”目标，落实“平安护航G20大会战”责任，全天候、地毯式开展风险隐患排查、治安巡逻管控、矛盾纠纷化解、重点人员稳控、应急事项处置，创立实施维稳、安保指挥部合并实体化运作、“2+6+X”情报信息会商、任务清单实时督办、暗访通报整改等机制，确保全国“两会”、机器人峰会、G20杭州峰会、第三届世界互联网大会、中共十八届六中全会等重要会议期间“万无一失”“绝对安全”，实现无非正常上访、无群体性事件、无重大恶性案事件、无重大邪教破坏事件的预期目标。

【严打整治斗争】

推进人防、物防、技防相结合的市、镇、村三级巡防体系建设，加强街头武装巡逻。成立反电信诈骗专案组，共破获电信诈骗案件103件，止损金额300余万元。抓获各类犯罪嫌疑人2657人，判处罪犯（移送起诉）2435人，完成社区矫正766人。共审结民商事案件12876件，涉案金额77.6亿元，提供法律援助1017件，法律咨询5000余人次，强制执行各类案件5953件，到位金额9.76万元，6154名被执行失信人进入“黑名单”，初步建立“老赖”失信惩戒体系。

【“平安余姚”建设】

全年开展平安家庭、平安交通、平安医院、平安校园等基层系列平安创建项目27个，投入专项宣传资金120余万元。结合“平安护航G20”维稳安保工作，在反恐防暴、治安防范、生态环境等重点领域组织开展专项整治行动22个。推进基层治理“一张网”建设，建立登记人数达2.3万人的平安志愿者队伍，市、镇两级社会治理指挥平台全面上线运行。全市建成治安动态监控、高清卡口、高空瞭望等服务社会治安视频监控1万余个，“社会视频外延”视频监控5000余只，确保重点部位、重点地段、重点路口监控覆盖100%。构建网格—村（社区）—乡镇（街道）—职能部门四级矛盾纠纷实时排摸化解、信息报送、分析研判机制，调处矛盾纠纷12269件，涉及金额1.8亿元，其中非正常死亡案事件164人（件）。对53件信访个案和13个群体性信访突出问题落实领导包案，省级信访积案化解率达93.4%，4件信访积案得到彻底化解，进京赴省非正常信访数量下降77.78%。

（俞文杰）

法制政府建设

【概况】

2016年，市法制办安排书面学习《国务院办公厅关于加强和改进行政应诉工作的意见》《关于全面推进政务公开工作的意见实施细则》等法律法规摘要9期、法治参考4期。在政府各种事项的协调会、讨论会、征求意见会上，共参与审核各类文件、征求意见稿221件（次）。3月，先后向市人大常委会分管领导汇报全市近年来行政复议和应诉工作办理情况，向市政府常务会议提交2015年度全市法治政府建设工作相关情况，向市人大常委会提交2015年度市政府依法行政工作报告。

全年出具合法性审查意见书26份，向宁波市政府、市人大报送行政规范性文件25件，接收部门、乡镇（街道）行政规范性文件报备22件。对全市216件现行的行政规范性文件进行清理。加强对PPP合同的审查管理模式的探索，对以市政府名义订立的7件合同提出审查意见。

梳理全市各行政执法主体和行政执法人员资格，在浙江省行政执法证件管理系统中，共认定并设置行政执法机关账号168家，撤销无执法职能机构账号7家，清退不合格执法人员信息472人。组织3批次541名行政执法人员参加省综合法律知识培训和考试。印发《余姚市行政执法监督工作机制建设试点工作实施方案》，先后制定出台《行政执法监督协作机制的工作意见》《余姚市特邀行政执法监督员制度》《关于开展行政执法专项监督的工作意见》等制度。组织特邀行政执法监督员对城区四街道“乱设摊”行为进行调查摸底，联合市城管执法局等部门启动全市“乱设摊”专项整治行动。

已有18个部门在省政府统一的公开平台中公开各类行政处罚结果信息29798条。全年共收到市环保局、市安监局、市市场监管局等行政执法部门作出的重大行政处罚备案261件，对审查中发现的部分执法机关在处罚决定书中告知诉讼时效仍使用“3个月”的表述、复议机关告知错误等问题，及时督促纠正。通过政府信息公开平台主动公开各类政府信息15266条，对信息长期未更新栏目及空栏目进行集中整改，并向上级法制部门报送法制信息830条。

全年共收到行政复议申请89件，办理市政府为被告的行政诉讼案件10件。3月，制发《2015年度全市行政诉讼案件相关情况通报》。5月，召开全市行政复议和行政审判联席会议。按照《宁波市行政复议应诉信息管理系统适用规范（试行）》的规定，组织各部门、乡镇（街道）配合开展全市行政复议、行政应诉案件数据填报，实现网上报送数据。

【全市政府法律顾问工作座谈会】

4月28日召开。全市21个乡镇、街道和经济开发区以及市发改局、市公安局、市司法局、市财政局、市人社局、市国土资源局等15个部门法制工作负责人，就本单位法制机构建立、工作职责履行、法律顾问聘请及业务培训开展等情况进行交流。会后发布《关于全市乡镇（街道）、行政部门内部法制机构设置及工作现状的通报》。

【全市行政复议和行政审判联席会议】

5月12日召开，市人民法院、市公安局、市人社局、市环保局等部门和部分乡镇、街道共18个单位的负责人和内设法制机构负责人参加会议。会上，市法制办通报全市2015年行政复议工作、行政应诉案件和行政机关负责人出庭应诉等情况，剖析工作（案件）中存在问题，并对存在问题提出改进措施和意见；市人民法院通报2015年全市行政审判工作情况，分析败诉的原因并提出对策；各部门和乡镇、街道就工作中遇到的一些困扰和问题（如何应对非正常诉讼、如何应对不动产登记出现的新情况、如何处理政府信息公开申请有关情况等）进行交流。

【组织观摩行政诉讼案件审理】

9月20日，市法制办组织相关部门和乡镇、街道分管法制工作负责人员共50余人及3名特邀行政执法监督员，在市人民法院观摩原告陈某诉某环保局行政许可一案的庭审。通过观摩，旨在强化法制机构人员的依法办案意识，熟悉法院审理程序，了解行政机关的应诉技巧。

【行政执法案卷评查】

8月，市法制办开展对行政许可和行政处罚情况的案卷检查工作。为打破往年“封闭”式的内部监督形式，将评查案卷随机抽查权赋予特邀行政执法监督员，由监督员从公众的角度抽选评查案卷，并参与到具体的案卷评查中。在抽查的99卷案卷中，评出全市行政许可“十佳”案卷和行政处罚“十佳”案卷，另外评出合格案卷74卷、不合格案卷5卷，并开展整改工作。

（市法制办）

公　安

【概况】

2016年，市公安局设6个职能科室和19个直属机构，下属22个派出所，共有民警885人，民警数占全市户籍人口的1.04‰。全年未发生重大群体性事件、重大恶性刑事案件、有影响的涉黄涉赌涉枪治安问题、较大以上交通和火灾事故，被省公安厅评为全省执法质量优胜单位，被省委政法委评为百日维稳攻坚行动先进集体；获省、宁波市级荣誉287项；立集体二等功1个、集体三等功6个，立个人二等功3人、个人三等功28人，另有51个集体和110人次获上级各类表彰，涌现“浙江好人”姜文革、“全省温暖警营”指挥中心等先进典型。

【护航G20杭州峰会】

年内把G20峰会安保工作作为压倒一切的首要政治任务，取得“四有、两位、一支撑”的成效。即公安口重点对象管控有力；社会面治安管控有序，“110”接报警数大幅下降，刑事类警情数下降53.66%；反恐基础防范有方，全市反恐基础上新台阶；交通、消防公共安全监管有效，交通事故死亡人数下降41.67%，火灾事故“零伤亡”；配合信访工作，参与不稳定因素化解处置到位；支撑“1+1”（市指挥部＋市公安局指挥部）指挥体系强度整合、高效运行，助推实现余姚G20峰会安保工作总目标。全市9个入杭通道（检查站、卡点），核查“过滤”入杭车辆84102辆、人员482914人；市公安局G20杭州峰会安保特援队十四方队被省公安厅记集体二等功，立集体三等功3个。

巡特警大队民警在城区武装巡逻

【惩治违法犯罪】

惩治刑事犯罪 共受理案件19552起，比上年下降21.8%。其中立刑事案件8926起，下降35.5%；刑事拘留2321人，起诉2435人；立行政案件10626起，查处4114起，行政拘留2290人。

侦破命案 共发命案11起，破获11起，命案破案率100%。命案多为伤害致死案件，恶性程度明显下降。

惩治黑恶势力 共破获故意伤害、故意损坏财物、聚众斗殴、寻衅滋事、非法拘禁、强迫交易、组织卖淫、敲诈勒索、开设赌场、强迫卖淫等涉黑涉恶案件109起，刑事拘留犯罪嫌疑人301人。打掉3人3起以上的恶势力团伙18个，刑事拘留犯罪嫌疑人132人。

惩治侵财型犯罪 开展惩治侵财犯罪专项行动，侦破涉案金额1270万元的“5·20”特大通信网络诈骗案件，抓获诈骗嫌疑人9人，其中台湾籍犯罪嫌疑人3人；破获王某某通信网络诈骗案，抓获犯罪嫌疑人14人，涉案59起。共立“盗抢骗”侵财型案件11906起（包括治安案件），下降28.5%；破获侵财型案件1635起，上升7.4%；破案率13.7%，上升4.6%。抓获侵财型犯罪嫌疑人1031人，下降6.87%；移送起诉侵财型犯罪嫌疑人863人，下降11.67%；移送起诉侵财型案件1286起，上升8.61%。

惩治毒品犯罪 围绕“擒毒枭、打团伙、摧网络、堵通道”理念，先后侦破公安部“2016-623”号目标案件、公安部“2016-1094”号目标案件和浙江省“2015-379”号目标案件，共计缴获毒品冰毒十余千克，抓获涉案犯罪嫌疑人40余人、吸毒人员40余人。全年共抓获涉毒犯罪嫌疑人125人，处置强制隔离戒毒人员188人，查处吸毒人员613人次。吸毒前科流动人口见面排查率、重点人员管控率均达到100%。G20杭州峰会安保期间，联合市外口办对1655名吸毒前科流动人口进行见面排查和突击尿检。

惩治经济犯罪 共受理经济案件102起，其中立案95起，破案91起，破案数上升3%；抓获各类经济犯罪嫌疑人64人，移送起诉53人，挽回直接经济损失1.2亿元。共破获组织、领导传销活动案件4起，抓获犯罪嫌疑人26人，教育遣返传销人员100余人，涉传类报警41起，下降58.6%。由经侦部门牵头，派出所、工商部门联合执法，破获涉假案件5起，抓获犯罪嫌疑人5人，移送起诉案件4件、4人。未出现因涉众型经济犯罪处置不当引发群体性案事件。

网上作战 年度市公安局二级电子数据取证分析实验室通过上级验收。全年网警部门办理涉网主侦案件48起，抓获犯罪嫌疑人89人；配侦案件201起，配合相关单位抓获各类犯罪嫌疑人102人，其中利用网侦手段直接抓获CCIC（全国犯罪信息中心）逃犯31人，挖掘涉案情报线索5条。

监管工作 全市监管场所共羁押被监管人员5450人，其中看守所羁押2949人，拘留所羁押2501人；出所5390人，其中看守所出所3078人，拘留所出所2312人。未发生被监管人员脱逃及非正常死亡案件。

反恐工作 共核查涉恐情报线索25条，抓获涉嫌组织、领导、参加恐怖组织犯罪嫌疑人1人，审查拘留涉恐关注人员1人，核查涉恐关注人员944人次，严管涉恐不放心对象5人。共组织开展反恐怖防范专项检查35轮140次，检查加油站、公交车、快递物流点、水电煤气重点单位、车站、危化品销售点等涉恐重点单位（行业）965家，发现涉恐安全隐患及问题258处，下发《反恐怖防范暗访问题整改通知书》26份，各类问题隐患均整改落实到位。年度反恐工作在宁波市各县（市、区）考核中名列第二名。

【行政管理】

维护社会稳定 围绕中共十八届六中全会、G20杭州峰会、第三届中国机器人峰会等重大活动，“三改一拆”“五水共治”“4·25”“6·4”等中心工作，共处置各类群体性、突发性治安事件187起次，完成各类安全保卫和备勤工作72场次。

服务党委政府中心工作 市公安局环境犯罪侦查大队（综合执法大队）配合国土、环保、市场监管等行政部门，共查处各类危害食品药品、污染环境等案件53起，其中危害食品药品案24起，环境污染类案7起，非法采矿类案15起，恶意欠薪案5起，安全生产责任事故案12起，共抓获各类违法犯罪嫌疑人82人，移送起诉34人。

社会面巡控　以火车站、高铁站、市政府、兰江商贸城等4个武装巡逻执勤点为中心，开展24小时叠加式、机动性武装巡逻，累计出动巡控警力96780人次、警车25564车次，共盘查可疑人员44120人次，可疑车辆25742辆次，成功处置突发警情、群体性事件291起，城区街面盗抢发案下降35.4%。在巡逻设卡中抓获违法犯罪嫌疑人3345人，处理2474人，刑事拘留1206人，“两抢一盗”案件数下降45.5%。

实有人口管理　年度完成各类户口清理整顿工作和存疑数据核查工作，共清理注销重复户口511个、失踪人员290人。5月14日，启用全国居民身份证挂失申报和丢失招领系统，共挂失身份证6206张，其中省外异地683张，身份证异地受理976张。7月1日始，全市受理IC卡式浙江省居住证5605人，发放2975张。全年办理违反流动人口管理行为的相关案件186起。

派出所民警与综管员上门核查流动人口信息

行业场所管控　对全市326家旅馆、3家宿夜浴场、49家无证民宿开展旅馆业实地考核检查，取缔无证经营2家，其余的要求限期整改，以不按规定登记或未录入旅馆业治安管理信息系统处罚95家次。累计对12批次57家行业场所实施集中清查行动，现场查获各类违法违规行为35起，黄赌毒等案件得到有效遏制。

出入境管理　市出入境管理大队破获偷越国（边）境案件3起，其中刑事拘留9人，遣返239人。中管数据合格率连续17个月在宁波市排名第一，被省公安厅出入境管理局评为成绩突出一类文明窗口。全年共受理、审核、上报、批准公民因私出国（境）79367人次，减少5.1%。其中批准公民因私出国30723人次、出境48644人次（其中赴港澳41686人次，往来台湾6958人次）。共接待临时到余姚的国（境）外人员21441人次，增加24.4%。受理、审核、上报外国人、台湾居民各类签证、签注、证件及延期240人次。

道路交通安全管理　共受理道路交通事故46816起，其中上报事故210起，合计造成100人死亡、132人受伤，直接经济损失758400元。道路交通事故四项指数与上年相比，上报事故、死亡人数、直接经济损失分别下降0.94%、2.91%、0.013%，受伤人数与上年持平；实际死亡人数157人（含路外20人），减少1人；发生一次死亡2人的交通事故3起，未发生一次死亡3人以上交通事故；办理交通肇事案件101起，移送起诉91起；查处交通违法623963起，其中现场查处80930起；重点违法中，共查处饮酒后驾驶741起，醉酒驾驶484起。

消防安全管理　共受理消防备案项目139家，受理审验项目83家，受理消防安全检查项目84家；监督检查单位7469家次，下发责令改正通知书4318份，实施“三停”（停产、停业、停止施工）单位68家，并对317家单位和个人进行行政处罚，处罚总额累计102.605万元；调查火灾案件74起。在防火检查专项行动中，排摸重大火灾隐患5处，整改5处；摸排区域性火灾隐患1处，整改1处；共接火警1811起，出动消防车3334辆次，出动警力19529人次，抢救被困人员179人，疏散被困人员21人，抢救财产价值4271.3万元。

行政审批工作　年度居民临时身份证办理下

放到各派出所户籍窗口，货运机动车通行证调整至交警大队办理。市行政服务中心窗口共受理各类审批、服务项目8063件(网上在线办理3084件)，其中即办件7693件，承诺件370件，办件量下降31.99%，所有事项均在公开承诺期限内办结，未出现差错。

大型活动安保 全年完成第三届中国机器人峰会暨全球海归千人宁波峰会、第十八届中国塑料博览会、第八届中国余姚·河姆渡农业博览会暨第四届中国甲鱼节等大型活动14次。

网络舆情管控 全年上报各类敏感信息3781条，巡查获取互联网涉稳、涉政、涉警信息467条，发现处置网上各类有害信息1500余条，撰写每日互联网舆情164期，落地查证211人，协助相关部门落地谈话46人，行政处罚3人。摸排梳理重要微信公众号26个、微博账号87个、本地贴吧16个，逐一建立工作台账。查处本地网站1家，责令限期改正2家，关闭违法栏目25个。成功处置"4·11"路虎车驶上通济桥、"4·23"凶杀案等涉警事件引发的网络舆情。

【全市推出6条自学直考驾驶训练道路】

4月1日起，市民可自学直考小型汽车、小型自动挡驾驶证，市公安交警部门特推出6条线路作为自学直考驾驶训练道路。朗霞街道道路：以晋涵路、香铃路、欣朗路、迎霞北路形成的环线，约5千米，允许小型汽车和大中型教练车9:00—16:00训练和教练。泗门镇道路：以大古塘路、共济路、四海大道、光明北路形成的环线，约5千米，允许小型汽车和大中型教练车9:00—16:00训练和教练。阳明街道道路：以长安路、世纪路、阳明西路、成山路形成的环线，约5千米，允许小型汽车9:00—16:00、19:00—22:00训练。阳明街道道路：余梁公路（群立村）、畈周村、康山村路段，允许小型汽车9:00—16:00、19:00—22:00训练；兰江街道道路：以起凤路、凤仪路、凤元路、来雁路、石婆桥东路、腾蛟路形成的环线，约5.2千米，允许小型汽车9:00—16:00、19:00—22:00训练。陆埠镇甬梁线道路：五马工业大道、甬梁线、河姆渡加油站，约5.5千米，允许小型汽车9:00—16:00训练。

【案例举要】

特大抢劫、敲诈勒索案 1月15日，市公安局根据线索分别在上海市杨浦区、绍兴市嵊州市抓获犯罪嫌疑人华某某、宓某某。3月26日，在上海市杨浦区看守所抓获犯罪嫌疑人屠某某。经审讯查明，2011年8月，犯罪嫌疑人华某某、宓某某伙同屠某某，在凤山街道油漆市场采用持仿真枪、斧头威胁的手段，将受害人朱某某劫持至绍兴市上虞区，抢劫得人民币150万元。2012年至2015年，犯罪嫌疑人华某某通过写恐吓信、打电话威吓等手段，从受害人朱某某处敲诈勒索得人民160万元。

特大组织、领导传销活动案 3月10日，市公安局破获位于阳明街道舜水北路22号402室的传销窝点。抓获以樊某某（在逃）为首的70余名传销人员，扣押赃款44800元。刑事拘留犯罪嫌疑人7人，对其余不构成犯罪的传销人员进行教育后劝回原籍。

"3·15"组织他人偷越国（边）境案 3月16日，市公安局根据宁波市公安局抓获的非法入境越南籍人员黄某某供述，抓获越南籍蛇头LUONG某某及45名非法入境的越南籍务工人员，后于3月27日在湖南抓获蛇头胡某。5月26日，该案被省公安厅列为督办案件。经审查查明，胡某伙同越南籍犯罪嫌疑人LUONG某某、"黄河"（名不详，在逃）等人多次组织越南籍人员偷越中越边境到余姚一企业务工。蛇头LUONG某某、胡某被刑事拘留，45名非法入境的越南籍人员于5月11日在广西被遣送出境。

"4·22"故意杀人案 4月22日晚，徐某某向市公安局报案，称其妻子张某某在河姆渡镇河姆渡大桥坠落溺亡。经侦查发现，徐某某有重大作案嫌疑，经审讯，徐某某交代因感情纠纷于4月22日在河姆渡镇河姆渡大桥将妻子张某某推下大桥致其溺亡的犯罪事实。

"5·20"特大通信（网络）诈骗案 5月20日，俞某某向市公安局报案，称其以涉嫌洗黑钱为由被骗人民币1270万余元。市公安局立即成立专案组侦查，冻结涉案账户资金人民币190余万元。5月27日，专案组在广西南宁抓获犯罪嫌疑人陈某全和陈某豪，5月31日，在广西北海抓获犯罪嫌疑人杨某旭（3人均系台湾省人）。经审讯，3名犯罪嫌疑人交代接受他人指挥，携带多张银行卡在广西南宁各银行自动取款机上取钱，将每天取到的钱以1%～2%作为回扣，扣除后以现金形式返存至他人的4个银行账户中，累计取款人民币560余万元的犯罪事实。

“2016—623”公安部目标案件　7月9日晚，市公安局民警对“2016-623”公安部目标案件进行收网，分别在广东陆丰、湖北黄石及宁波余姚、鄞州、慈溪等地抓获涉毒嫌疑人李某等13人，其中刑事拘留9人，行政拘留4人。当场缴获冰毒、麻古等毒品10.1千克，扣押涉案毒资12万余元、作案车辆1辆。

“8·10”故意杀人案　8月11日，市公安局民警在市人民医院抓获犯罪嫌疑人海某。经审讯，海某交代因琐事纠纷，于8月10日晚在梨洲街道贝仕迪公司宿舍门口用水果刀杀害同事宋某某的犯罪事实。

“2016-1094”公安部目标案件　12月15日，市公安局对“2016-1094”公安部目标案件进行收网，分别在四川什邡、大英及宁波余姚、慈溪等地抓获涉毒嫌疑人李某等21人，其中刑事拘留15人、行政拘留6人。当场缴获冰毒、麻古等毒品1.5千克，扣押涉案毒资3万余元。经查明，以李某为首的该贩毒团伙，从福建、四川等地购买大量毒品后在宁波地区进行贩卖，涉案毒品达数十千克。

（市公安局）

检　察

【概况】

2016年，市人民检察院共受理提请批准逮捕案件1069件、1437人，比上年分别下降17.32%和18.54%。经审查，依法批准逮捕937人，下降32.15%；受理移送审查起诉案件2024件、2601人，分别下降3.53%和10.96%；依法提起公诉2564人，下降0.93%。批准逮捕故意杀人、故意伤害、“两抢一盗”、诈骗等危害人民群众生命财产安全犯罪459件、561人，提起公诉767件、1096人。惩治合同诈骗、职务侵占、侵犯知识产权等侵犯非公有制企业合法财产和破坏公平竞争秩序的犯罪，提起公诉15人。受理各类来信来访237件，均予以妥善处理。开展社区服刑人员专项集中法制教育3场次，对22个司法所682名社区服刑人员进行监督检查，对违反规定的监督收监执行8人。对46名刑事和解犯罪嫌疑人作出不起诉决定，对12名犯罪嫌疑人作出附条件不起诉决定。

全年立案侦查贪污贿赂犯罪案件5件、5人，均为大案；侦查终结移送审查起诉案件4件、4人；提起公诉案件10件、10人。共立案侦查渎职侵权犯罪2件、3人；侦查终结移送审查起诉2件、2人；提起公诉案件4件、8人。向发案单位、行业主管部门提出防控风险、堵塞漏洞的检察建议5份，受理各类行贿犯罪档案查询1200余件。

全年依法纠正漏捕犯罪嫌疑人9人，追诉漏罪漏犯3人，书面纠正侦查机关违法办案5件次。建议行政执法机关向侦查机关移送涉嫌污染环境、非法采矿、非法占用农用地等犯罪案件4件。监督行政机关向公安机关移送涉嫌犯罪案件3件。对事实认定错误、法律适用不当等提出刑事抗诉5件，法院采纳抗诉意见2件。审查不服法院生效刑事判决5件，不服检察机关处理决定1件。对冯某危险驾驶案等3起指定居所监视居住场所不当行为提出书面纠正意见，对1起监管场所律师违规行为向宁波市司法局发出检察建议。共办理羁押必要性案件审查70人次，其中建议变更强制措施66人次，不建议变更强制措施4人次。对45起财产刑执行不当案件向法院提出监督意见。共受理民事行政申诉案件19件，立案审查后提请上级检察院抗诉5件。

【案件质量管控】

全年组织评查各类刑事案件430件，评选质量优胜案件7件，优秀法律文书8份。每月编发《全院办案情况通报》在检委会上进行通报，重点对主要业务部门的办案数量、质量进行对照分析，对流程监管、统一业务软件规范使用等情况进行监督，使各科室通过对照了解自身办案情况，并就存在的问题进行整改。

【保障律师执业权利】

制定实施《检察环节“一书二表三卡”保障律师执业权利制度》，从依法保障律师行使会见权、阅卷权、知情权、提出辩护意见权、检委会发表意见权等方面保障律师执业权利，并以表格形式对检察阶段保障律师执业权利情况进行全程记录。6月17日，联合市司法局召开保障律师权益工作座谈会，听取全市10家律师事务所主任及律师代表对检察工作的意见和建议。截至年末，已流转“保障律师权利登记卡”82份，向律师推送程序性节点信息150余条，安排律师阅卷511次，向律师提供电子卷宗光盘88张，各诉讼环节听取辩护律师意见674人次。对2起公安机关阻碍律师依法行使执业权利案件予以立案审查。

【市法律援助中心检察院工作站挂牌】

8月22日，市检察院联合市司法局举行余姚市法律援助中心检察院工作站挂牌仪式。工作站每周安排援助律师驻点值班，免费为来访群众提供法律咨询，受理法律援助申请，协助申诉案件代理和司法救助申请，参与信访矛盾化解，配合市人民检察院对来访群众进行法治宣传。截至年末，驻站律师参与化解和代理涉法涉诉信访案件24件。

【典型重要案件】

审查逮捕涉案金额达1200余万元的陈某等人电信诈骗案，批准逮捕相关犯罪嫌疑人20人。

办理中央巡视组督办宁波市人民检察院交办的以徐栋杰为首的黑社会性质团伙犯罪，共受理审查起诉32件、101人，涉嫌罪名十余个。

虞某控告洪某涉嫌虚假诉讼案，涉案人员十余人，涉案金额达390万元，市人民检察院创新“两结合、双同步”的办案模式，成功突破洪某与金某、李某、姚某、张某的4起虚假诉讼串案，并提请宁波市人民检察院抗诉。

办理的何某等12人强制侮辱、寻衅滋事案获评宁波市“绿色司法精品案例”。

办理的罪犯郑某某收监执行案被省检察院评为“刑罚交付执行监督优秀案件”。

由宁波市人民检察院交办的黄某等3人不服宁波市中级人民法院对其犯非法倒卖土地使用权罪的定罪量刑，要求刑事申诉一案，余姚市人民检察院经调查，对不予支持其申诉诉求结论进行全面释法说理，该案刑事申诉立案复查报告被宁波市人民检察院评为“全市刑事申诉案件优秀检察文书”。

（市人民检察院）

法　院

【概况】

2016年，市人民法院共有在编干警178人，其中选任首批员额法官56人。全年受理各类案件21262件，比上年下降4.27%；办结21218件，上升7.43%。其中，刑事案件新收1837件，下降7.36%；审结1884件，上升0.80%。民商事案件新收12751件，下降7.52%；办结12872件，上升3.46%。行政诉讼案件新收109件、审结110件，分别下降19.26%和17.91%。执行案件新收6168件、执结5953件，分别上升3.02%和19.27%。在护航G20杭州峰会期间，累计排查风险案件30余个，排查重要人员80余人次，筛选重点对象34人，实现G20峰会期间矛盾纠纷排查无死角，未发生大规模群体性事件。先后获全省法院刑事审判工作先进集体、全省法院涉外商事海事审判工作先进集体、省法院系统G20杭州峰会维稳安保工作先进集体、全省法院先进集体标杆、法治宁波建设十周年工作先进集体等荣誉。

【审判机制创新】

年内，刑庭成功审理一批公众关注度较高、矛盾冲突剧烈的大要案，尤其在审理“1040 工程”“天津天狮”两类传销案中，解救受骗群众 600 余人。召开公、检、法联席会议，共同出台《关于刑事诉讼中证人、鉴定人出庭作证实施细则》，推进庭审实质化改革。深化未成年犯罪预防工作“彩虹行动”，设立青少年校外法制教育基地——彩虹法庭，举办“小小法官模拟庭审活动”，少年审判经验被宁波市中级人民法院以简报形式肯定推广。家事审判合作对象向教育系统拓展，保护对象向准离婚家庭延伸，采用“听、情、细、借、和”五字工作法调处矛盾。创新商事案件审理，形成“商事案件要素式审判”模式。民三庭、民四庭与保险公司合作开展“微信调解”，立案庭实施律师网上立案、法官内网审查机制，实现司法为民“线上服务”。

【服务发展大局】

自上年 12 月正式组建金融审判庭后，建立健全金融审判态势分析制度和重大隐患报告制度。探索破产程序简易审，以破产重整为突破，加快“僵尸企业”处置。制定《关于“防控风险、服务发展”的若干意见》，提升服务大局的精准度，得到市委、市政府主要领导的批示肯定。设立知识产权巡回法庭，与宁波市知识产权综合运用和保护第三方平台进行对接，提升知识产权司法保护水平。推进国土领域非诉执行积案清理工作，履行河长职责，服务“三改一拆”“五水共治”等重点工作。

【“基本解决执行难问题”工作开局】

6 月 20 日，召开“基本解决执行难问题”动员部署会，计划用 2—3 年时间基本解决执行难问题。截至年末，有 4387 名自然人、1767 名法人及其他组织纳入失信被执行人名单，其中限制出境 14 人次，申请公安布控 496 人次，实际司法拘留 120 余人次，以拒不执行判决、裁定罪移送公安机关侦查 6 件。

【法官员额制改革】

7 月 26 日，召开司法体制改革动员部署大会，贯彻落实《浙江省法院全面推进司法体制改革实施方案（试行）》。成立司法改革领导小组，院党组研究制定《全面推进司法体制改革实施方案》，推进法官员额制改革，把真正能办案、愿办案的优秀法官放在审判一线，选任首批员额法官 56 人。

【“智慧法院”打造】

年内，推进庭审记录改革，用录音录像代替书记员记录。在宁波市法院系统率先启用“法银通”案款管理系统，方便当事人选择法院窗口、银行柜台、网上银行、手机银行等途径缴退诉讼费和执行款。

【诉讼服务中心建成】

10 月，集诉讼服务大厅、诉讼服务网、“12368”诉讼服务热线三位一体的诉讼服务中心建成。占地面积 600 平方米，共设窗口 11 个，整合立案、执行信息查询、司法网拍、信访接待、鉴定评估、心

市人民法院未成年庭法官普法进校园

女法官送法进社区

理咨询、律师值班、档案及电子查阅、法官预约及材料转接等功能，为人民群众提供多渠道、一站式、综合性诉讼服务。

（贺小宁）

司法行政

【概况】

2016年，市司法局出台《社区矫正执法责任制度》和《社区矫正执法过错责任追究暂行办法》，成立内审委员会，社区矫正各个执法行为在社区矫正机构审核后由市司法局法制部门审查，再报内审委员会审定。全市共接收社区服刑人员736人，比上年减少766人，截至年末，共有在册社区服刑人员576人。办理社区矫正执法监督案件137件，其中审核警告134件，提请撤销缓刑3件。衔接刑释人员612人，落实责任田255人，提供就业服务131人次，社会救济9人次。

全年调处各类矛盾纠纷12724件，调解成功12269件，调解成功率96.4%。开展排查911次，预防纠纷368件。新创建省级民主法治村（社区）4个、宁波市级民主法治村（社区）6个。全市已拥有全国级民主法治示范村3个、省级民主法治村19个，民主法治村达标率97%。指导低塘司法所创建省五星级规范司法所，争取星级司法所创建率在90%以上，全市已有五星级司法所2家、四星级司法所4家、三星级司法所13家。

【公共法律服务】

全市乡镇、街道及经济开发区社会服务管理中心均设置公共法律服务窗口，共有窗口服务人员48人，接待来访群众287批次。落实村（社区）公共法律服务联络员302人，所有行政村（社区）均设置公共法律服务公告栏。在市、乡镇（街道）、村（社区）三级法律援助维权网络全覆盖的基础上，在工会、妇联、残联、老龄委、交警大队等部门建立法律援助工作站，8月又成立检察院法律援助工作站。全年市司法行政法律服务中心共受理法律援助案件1017件，解答来电咨询2693件，接待来访3031批、4194人次，为当事人挽回经济损失1085万元。全市律师事务所创收5352.93万元，基层法律服务所创收984.47万元。全市律师担任720家机关和企事业单位法律顾问，办理各类案件3313件。基层法律工作者担任274家机关和企事业单位法律顾问，代理诉讼事务1554件、非诉讼事务266件。指导开展基层法律服务所转制工作，截至年末，全市共有合伙制法律服务所9家，完成动员工作和转制指导工作3家。

【王阳明法治思想展示馆开馆】

12月2日，位于龙泉山中天阁的王阳明法治思想展示馆正式开馆。该馆通过丰富的事例，以图文并茂的形式，展示王阳明“因地制宜”的立法精神、“情法交申”的执法原则、“申明赏罚”的刑罚思想，以及集保甲、乡约、社学于一体的犯罪预防思想实践，对当今“依法治国”与“以德治国”相结合的法治建设有重要的启示意义。

（市司法局）

王阳明法治思想展示馆

人民武装

【概况】

2016年，市人武部完成新兵（含女兵）的征集任务，其中大专以上学历占64%，无一例因思想问题退兵，无责任退兵。贯彻省政府《关于加强全省专职人民武装干部队伍建设的若干规定》，对无当兵经历和能力素质不过硬的专武干部进行转岗，截至年末，全市46名专武干部中，有当兵经历的达80%，人武干校毕业人员占15%。

【夯实战备基础】

投入近20余万元添置器材，完善“三室二库”（办公室、资料室、会议室、物资和器材库）和通信设施建设。全市乡镇、街道人武部合计投入100余万元，购置盾牌、警棍、钢盔700余套，铁锹、镐近2000把，冲锋舟6艘，橡皮艇24艘，还协同市农林局、市“三防”办落实灭火器材近600件。依托中国电信3G网络，出资10万余元为全市乡镇、街道配备应急救援指挥通信设备。全市已形成山区森林防火、沿江抗洪抢险、城区反恐维稳、平原机动支援的“模块化”建设布局。

【健全民兵组织】

重点建设市属民兵应急连、道理抢修、心理战等9支分队，采取自主购买、动员预编的办法实现齐装满员。整合“长三角”和“战狼”民间公益救援力量，扩展全市救援力量多元化路子。以宁波鼎耀基础工程有限公司为骨干，组建道桥抢修分队。以泗门镇谢家路村、梨洲街道明伟村及战狼公益救援队等民兵红旗党支部为典型，规范民兵组织建设标准，实现“活动有场所，党员有标准，党建有资料，运行有保障”的目标。

【军事训练】

4月19—21日，组织全市专武干部集中强化训练。同月25—27日，参加军分区组织的专武干部集训考核。还先后组织森林防火分队训练、水上分队训演练、民兵应急连训练、民兵信息员培训、全市防汛抗台演练等。

（市人武部）

农业·水利·气象

农村工作

【概况】

2016年，全市城镇居民人均可支配收入48761元，增长7.3%；农村居民人均可支配收入28673元，增长8.2%。城乡居民收入比为1.7∶1，连续9年保持逐步缩小态势。全年农村指导员共帮助所驻村镇落实经济发展、水电路等基础设施项目289个，直接或间接争取落实扶持资金3018万余元，走访贫困户2400余户，争取捐赠物资价值176万余元。

年度市农办结合宁波市调研题库，确定美丽乡村建设长效机制构建、农经农技队伍建设、农业生产经营主体培育、农村多层公寓安置情况为4个重点调研方向，形成建立健全农村环境卫生长效保洁机制提升农村环境卫生质量的几点建议、推进城区街道农村土地承包经营权确权登记颁证工作建议、完善村级组织运行经费保障制度思考、全市推进“三农”供给侧结构性改革思路、新时期促进农村居民持续稳定增收的对策建议、四明山区域美丽乡村建设的现状及存在问题和下步工作目标、“十三五”时期深化美丽乡村建设探析等10个对策建议和思考，为市委、市政府决策提供参考。起草《“十三五”时期余姚市社会主义新农村建设规划》《关于健全农村产权流转交易市场网络体系几点意见》《关于深化供销合作社和农业生产经营管理体制改革构建“三位一体”农民合作经济组织体系的实施方案》《2016年余姚市社会主义新农村建设工作考核指标任务分解》《2016年度乡镇、街道经济社会发展实绩考核实施办法》《关于进一步做好村级集体经济增收减负化债工作的意见》《余姚市农业综合开发产业化贷款贴息项目申报及审查方案》《余姚市农村生活污水治理工程管理飞行检查实施办法》等近10个政策文件和制度措施，促进“三农”改革发展。

【美丽乡村建设】

上年度遗留的2个中心村、3个特色村和11个市级精品村创建项目全部完成，并通过验收和审计。新增省历史文化村落保护利用重点村1个，累计4个；一般村4个，累计14个。出台《“十三五”时期提升农村品质深化美丽乡村建设实施意见》，开展27个“美丽乡村”合格村、3个“美丽乡村”示范村和2个示范乡镇以及2条精品线创建工作。

出台《推进全市农村环境卫生长效保洁机制建设，深化全民共建“美丽家园”实施意见》和《关于实施村级组织基本运行经费保障的通知》，落实保洁经费。全市有69个村申报创建“美丽村庄”，涉及农户近6.4万户，其中创建“美丽庭院”1.7万户，已完成第二轮实地指导考核和对2015年创建对象的复评。

【农村生活污水治理】

年内实际启动农村生活污水治理新建村54个，计划受益农户4.19万户。其中45个村完成建设，实现接户38611户，累计投入资金3.59亿元，超额完成省下达的目标任务，并通过住建部农村生活污水治理全国示范县（市）复核。

【“三位一体”改革】

会同供销等部门制定《关于深化供销合作社和农业生产经营管理体制改革构建“三位一体”农民合作经济组织体系的实施方案》和农合联筹建方案。完成市、镇两级农合联组建，选举产生第一届理事会、监事会。全市已有镇级农合联17个、市农合联办事处4个，各类会员共725个（其中市级会员代表114个）。探索开展五种类型的农合联运作模式，即黄家埠镇依托齐昌渔业资金互助社提供为农服务；临山镇依托味香园葡萄专业合作社提供为农服务；泗门镇依托镇农业综合服务中心提供为农服务；三七市镇依托田螺山农机服务专业合作社提供为农服务；梁弄镇发挥市社作用，挖掘基层社资源优势，拓展深化为农服务范围和内容。

【农家乐乡村休闲旅游工作】

协助旅游部门制定民宿管理试行办法、特色农业精品线认定办法和四明山区域实施乡村旅游奖励办法等配套政策措施，评选梁弄“特色小水果”、大岚“万亩高山云雾茶”、马渚“赏花摘果+垂钓休闲”、临山“江南葡萄沟”、三七市“梅乡竹海”、牟山“环湖休闲农业”、黄家埠“红色通道生态休闲”、梨洲“绿水青山观光农业”、朗霞“千亩梨花”、泗门“万亩加工型蔬菜+美丽乡村”等10条农业精品线。鹿亭乡中村新创建中国美丽休闲乡村，新增全国休闲农业与乡村旅游四星级、五星级企业各1家，新增省级农家乐精品村1个、农家乐特色点3个、四星级农家乐经营点3个、五星级农家乐经营点2个、五星级生态休闲健身点1处，9家农家乐（农庄）成为宁波市职工疗养点。全年农家乐休闲旅游接待游客528万人（次），直接营业收入5.34亿元，分别增长20.5%和22.1%。

【农村土地承包经营权确权登记颁证工作】

全市土地确权工作涉及21个乡镇（街道）、265个行政村（此外已“村改社”的14个社不进行确权登记颁证工作）、17.88万户承包户、2.66万公顷承包土地（其中应确权面积2.30万公顷）。截至12月20日，全市二轮土地承包摸底调查完成村227个，占全市行政村的85.7%；调查农户125418户，占全市农户数的70.1%。共有169个村处于土地测绘阶段，完成承包土地测绘户数10.88万户，占总数的60.9%；完成承包土地测绘面积1.61万公顷，占总数的60.7%，占应确权面积的69.9%。

【国家农业综合开发项目实施】

年内全市共立项土地治理项目3个，已完成初设进入公开招投标程序；上年立项的5个在建土地治理项目，有2个项目工程已基本完成，其余3个项目均已完成工程量的65%以上；4个在建的产业化经营补助项目，已有1个通过验收。制定出台《余姚市农业综合开发产业化贷款贴息项目申报及审查方案》，实行自下而上联合逐级申报的方式进行操作，上年申报的5个产业化贴息项目已获贴息补助资金。

（市农办）

农　业

【概况】

2016年，全市早稻种植面积0.39万公顷，晚稻种植面积1.56万公顷，小麦种植面积0.27万公顷，油菜种植面积0.13万公顷。全年林业总产值62.55亿元，其中茶叶总产量7500吨，产值3.5亿元，竹笋产值1.80亿元，水果产值5.95亿元。全市生猪总存栏16.1万头，减少26.2%，出栏31.2万头；禽肉类总产量3.4万吨，减少5.6%，禽蛋产量5500吨。全市水产品淡水养殖3543公顷，海洋捕捞产量1567吨，实现渔业生产总值5.46亿元。

全市改造和新建绿化面积371.33公顷，其中珍贵树种造林修复233.33公顷，沿海基干林带新建和修复提升50.67公顷。全年共计47.8万人次参加义务植树，种植各类苗木63万余株。创建省级森林城镇1个、省级森林村庄6个。全年林业有害生物成灾面积433公顷，成灾率0.69%，清理病死松树13849株。编制《余姚市森林美化彩化五年行动计划（2016—2020年）》。先后完成泗门镇小路下村美丽森林村庄建设、黄山儿童公园改造工程、古乍线改造工程、骨干河道姚江城区段改造工程。

创建省级农业产业集聚区1个，组织实施主导产业示范区3个、特色农业精品园3个。完成先导区现代农业综合服务中心榨菜博物馆、检测中心等项目建设并投入运营。申报宁波市级农业龙头企业2家。新建标准化粮食生产功能区1333公顷。组织申报“宁波市农业三区农田基础设施项目暨农业综合开发土地治理项目”3个，开展治理1420公顷。全年政策性农业保险保费3950余万元。组织举办第七届中国余姚河姆渡农业博览会，现场销售额7280余万元。

开展畜禽养殖场第三轮关停搬迁工作，关停搬迁养殖场174家，拆除面积7.63万平方米，落实补助资金1967.8万元。完成猪场生态化治理266家、规模牛场生态化治理3家。处理养殖环节病死猪7.5万头，集中无害化处理其他病死动物及产品170吨。建立全市畜禽屠宰管理联席会议制度，加强生猪定屠场的监督管理。

全年推广测土配方施肥43333公顷，推广商品有机肥1.5万吨，推广病虫害统防统治面积7333公顷，实现化肥减量450吨、化学农药减量39.8吨，秸秆综合利用率达90.03%。完成农业废弃包装物回收计划，回收农药瓶110.89万只、农药袋307.37万只，共计近50吨。

组织实施农产品质量安全追溯体系建设，完成追溯体系建设59家。全市21个乡镇、街道完成农产品质量安全样本检测6785个。依托市食品检测中心开展农产品质量安全定量检测，已自行检测样品2130个，合格2127个，合格率99.9%。新增绿色食品1个，无公害农产品1个，申报无公害农产品产地10家。

建立健全农技推广培训体系，重点围绕水稻、蔬菜种植、水果、生猪、中华鳖等产业，发布主导品种80个、主推技术39项，遴选培育农业科技示范户496个，建立科技示范基地5个。开展各级各类农业实用技术培训班、现场会50次，受训3200人次，组织开展大型农业科技下乡5次。新评定规范农民合作社1家，创建国家示范性农民合作社1家，对53家规范社、12家宁波示范社进行复评和监测。推荐省级示范性家庭农场5家、宁波市示范性家庭农场6家。

出动农业执法巡查1010人次，检查农资店400家次，其中检查种子经营店106家次，办理行政处罚案件8起。查处林业行政及信访案件41起，其中林业行政案件26起，行政处罚26人，刑事立案1起。制止违章用火170余起。以打击电力捕鱼为重点，累计收缴电力捕鱼装置411套、渔船2艘、违规渔具176件。立案查处渔业资源类案件6起，清理网具300余套，在姚江流域投放各类鱼苗近2500万尾。

在小曹娥镇试点基础上，制定《余姚市关于深化农村土地承包经营权确权登记工作的实施方案》《余姚市农村土地承包经营权确权登记颁证有关政策问题处置参考意见》。成立市农村土地承包经营权确权登记颁证工作领导小组及办公室；各乡镇（除街道外）成立乡镇业务指导组127个，工作人员696人；成立村级调查组648个，工作人员2492人。截至年末，已完成实测原承包土地面积17420公顷，占应测面积的79.52%。全面推行农信担保业务，依托农户、政府、银行、保险公司“四位一体”的风险利益共担机制和低利率贷款、低门槛准入、高标准服务的经营模式，发放贷款60笔，总金额3300万元。

【市海域使用权首次挂牌出让成功】

11月30日，市公共资源交易中心编号为“余海新海出33号”“余新海出34号”“余新海出36号”“余新海出37号”四宗填海造地工程项目海域使用权成功挂牌出让。此四宗出让海域位于余姚滨海新城核心区内、余姚大道西侧，面积共计31.4102公顷，成交价总计11526万元，出让期限50年，由中意（宁波）生态园控股有限公司竞得海域使用权。此为新《浙江省海域使用管理条例》正式实施后，全市首次以招拍挂形式对海域使用权进行出让，挂牌出让方案经省海洋与渔业局报省政府批准，由市政府负责，指定市海洋与渔业局会同市国土资源局和市规划局组织挂牌出让，依托市公共资源交易中心组织实施。

【智慧畜牧业体系建设】

全市智慧畜牧业建设始于2010年，根据智慧系统“养殖—屠宰”“养殖—无害化处理”两条逻辑主线，推广应用畜禽生产管理、物资管理、动物检疫、无害化处理、规模牧场生产管理、实验室管理等多个子系统。2016年，全市21个乡镇、街道已全面推行智慧畜牧业系统，共收录畜禽养殖户1700余家，其中散养户全部纳入乡镇属地管理，另有17家规模牧场单独应用智慧畜牧业系统；饲料兽药生产经营企业14家，动物诊疗机构13家，生猪定点屠宰场3家；县、乡两级畜牧兽医工作人员128人，其中官方兽医52人。年度系统内全市生猪、家禽、牛羊存栏205万余头（羽）；佩戴生猪、牛羊耳标20万余只；县级下拨口蹄疫疫苗208万毫升、高致病性蓝耳病疫苗34万头份、猪瘟疫苗130万头份、高致病性禽流感疫苗113万毫升，共强制免疫342万头（羽）次。

【“余姚甲鱼”获“2016最具影响力水产品区域公用品牌”称号】

12月，由农业部市场与经济信息司指导，中国水产流通与加工协会、中国农产品市场协会、中国农村杂志社主办的“2016中国水产品品牌大会”在广州举行。大会发布30个区域公用品牌和50个企业品牌名单，“余姚甲鱼”获“2016最具影响力水产品区域公用品牌”称号。

【植物工厂首批无土栽培蔬菜试种成功】

11月，位于临山镇滨海现代农业先导区内的全市首个无土栽培植物工厂——“好碧园”植物工厂第一批无土栽培的生菜、青瓜等蔬菜开始采摘。该植物工厂于9月开始试运营，因其特殊的栽培模式，杜绝土壤中的重金属污染，且生产过程中不施用农药，第一批蔬菜刚采收就销售一空，虽然售价远高于市场同类产品，但仍供不应求。

【余姚品牌农产品搭上“互联网+”快车】

2016年，全市开展电子商务的农业龙头企业有40余家，专业合作社、家庭农场和农业大户等经营主体50余家，合计近100家。其中“银树食品”“备得福榨菜”“冷江鳖业”“康绿蔬菜”等7家经营主体的农副产品网络销售额超200万元。在渠道上，除淘宝、天猫、京东、1号店等零售平台以及阿里巴巴等批发平台外，还有微信、微博、农民信箱等移动新媒介，尤其是通过姚商电子商务平台开展电商交易的经营主体已有110余家（户），“冷江鳖业”甲鱼销售量连续多年保持同类产品天猫平台交易量首位。

【“古树名木保健”专题活动】

2016年，市农林局启动“森林医生服务年”活动，由市森防站组织开展“古树名木保健”专题活动。全市现有登记造册、挂牌的古树名木683株，其中一级古树58株、二级古树101株、三级古树524株。市森防站对这些古树名木的病虫危害情况和养护情况进行系统登记造册，完成古树名木保护档案，尤其对树龄500年以上的一级古树名木量身制定保护措施。

【《浙江余姚维管束植物种质资源》出版】

1月，由市林技总站历时5年编著的2015年度宁波自然科学学术著作出版资金项目《浙江余姚维管束植物种质资源》一书，由中国林业出版社出版发行。全书收录植物167科1361种，从药用植物、珍稀濒危植物、古树名木资源三个方面对全市种子植物区系进行专题介绍。

（市农林局）

水 利

【概况】

2016年，市水利局实施中央财政小型农田水利重点县建设，总受益面积1467公顷，总投资3248万元。开展四明山片区供水保障能力提升工程，涉及8个乡镇（街道）、18个村，受益人口4000人，总投资2730万元。新增高效节水喷滴灌面积67公顷。完成泵站更新改造7座，水库山塘整治14座，河湖库塘清污（淤）225万立方米。对4条小流域实施治理，打通断头河4条，完成黄家埠水环境示范镇一期建设和8个村级水环境整治。先后出台《余姚市水利工程标准化建设资金补助办法》和《余姚市水利工程运行维修养护管理办法（试行）》，被省水利厅以文件形式下发在全省进行交流推广。

全年办理水行政审批事项209件，其中办理取水许可13件，生产建设项目水土保持方案审批183件，涉河涉堤（含占用水域）审批13件。清理占用水域类障碍7505平方米、网箱25只、鱼簖18只、沉船17只、船只17艘。排查蓝色屋面、立面面积25379平方米，整改蓝色屋面795平方米，拆除蓝色立面16000平方米。查处各类水事违法案件45起，清除围堰26处，恢复水域面积7665平方米。第14号台风“莫兰蒂”和第17号台风“鲇鱼”期间，通过短信预警平台发布水雨情预警短信1847批次，近12万条。

4月15日，市海塘除险治江围涂工程四期的最后一个地块——临海北块龙口合龙，标志全市海塘除险治江围涂工程暂告一段落。年度四明湖水库等2座大中型水库、向家弄水库等10座小型水库、中村供水站等6座供水站、大岚电站等3座电站，以及夏家岭雨量站、蜀山大闸，共计24项水利工程完成标准化创建工作并通过考核。其中四明湖水库、梁辉水库通过省级验收，蜀山大闸、向家弄水库、寺前王水库、姚岭水库、车厩水库通过宁波市级验收。

【市行政服务中心水利窗口正式对外服务】

8月29日，市行政服务中心单独设立水利局综合审批窗口，主要承担办理开发建设项目水土保持方案审批、取水许可（水资源论证）审批、涉河涉堤建设项目审批（含占用水域审批）及水库大坝、水闸注册登记备案等一系列行政许可、行政确认、审核转报以及其他行政权力中的年检、备案等行政审批权力事项。8月31日，大隐镇新建道路项目水土保持方案通过审批，成为市行政服务中心水利窗口正式对外服务后办理的第一个审批项目。

【2016年水利工程标准化划界任务完成】

年内市水利局共对水库、山塘、农饮水工程、水闸、水文测站等五大类21项水利工程进行划界测量，并以工程图纸的形式明确后上报市政府，同时在工程管理和保护范围内设立界桩和禁止类行为公告牌，实地落实工程管理和保护范围。截至9月，除四明湖水库划界方案尚报省政府审批外，梁辉水库、陆家岙山塘、蜀山大闸、中村供水站、桃花岭水厂等19项既定水利工程标准化管理和保护范围划定方案均已获市政府批复，共计完成35项。至此，余姚市已率先在宁波市县（市、区）中完成2016年水利工程标准化划界任务，同时提前实现“十三五”水文测站划界限权目标，进度名列全省前茅。

【《喷滴灌效益100例》出版】

由奕永庆、沈海标、劳冀韵等撰写，中国工程院院士茆智和省水利厅厅长陈龙分别作序的《喷滴灌效益100例》，年内由黄河水利出版社出版。该书为余姚市“经济型喷滴灌技术”的第三部专著，共30万字，介绍典型农户、院士专家、各级领导对经济型喷滴灌的评价，简述此项技术的创新内容，重点以访谈形式记录全市平原、山区、畜牧场共 100 例喷滴灌效益调查，还辑录以《余姚日报》记者为主的 42 篇新闻报道，再现过去 15 年喷滴灌带来的效益。

（市水利局）

农业机械化

【概况】

2016 年，全市共计投入农机购置资金 3986.9 万元，累计利用农机购置补贴资金 1345.5 万元（报废更新补贴 5.3 万元），其中中央资金 956.1 万元，宁波资金 204.4 万元，余姚配套资金 179.7 万元，推广各类农机 2000 余台（套）。拥有水稻机械化穴直播机 15 台套，先后引进笋干烘干机、喷杆式喷雾机、鲜玉米收获机、筑埂机等新式机械。全市农机总动力达 62.1 万千瓦，各类农业机械保有量超 10 万台。截至年末，全市实现水稻机械化耕作水平 99%、机械化栽植水平 80%、机械化收割水平 99%、机械化植保能力 76%、机械化烘干能力 80%、秸秆处理机械化水平 90%，被农业部确定为全国首批基本实现主要农作物生产全程机械化示范县（市、区）。

全年安排农机库房项目资金 50 万元，新建农机库房 2664 平方米。实施宁波市级合作社发展项目 9 个，争取项目资金 63 万元，培育农机作业服务公司 3 家，创建全国农机示范社 1 家、宁波市级农机示范合作社 3 家、农机区域性服务中心 2 家、维修示范合作社 1 家。全市现有农机合作社 70 家（其中部省级示范合作社 4 家，宁波市级示范合作社 8 家，余姚市级规范化合作社 44 家）、农机作业服务公司 5 家、合作社联合社 1 家。

全年开展上路检查 896 人次，检查拖拉机 1216 台次，纠正违法驾驶行为 137 人次。检查农机合作社、农机大户等单位 87 家，共发现隐患 31 起，整改率 100%。登记外籍拖拉机 126 台次，驾驶人 124 人次，受理拖拉机违法销分考试 12 人次。新考拖拉机驾驶员 68 人，换证 1121 本，在册拖拉机驾驶员 3587 人，持证率 92.1%。新上牌拖拉机 134 台，在册拖拉机 4252 台，上牌率 90.3%。新上牌联合收割机 49 台，在册联合收割机 469 台。办理政策性保险纯农田作业拖拉机 1696 台、联合收割机 439 台，保险金额分别为 16.08 万元和 11.1 万元。办理报废补偿政策性拖拉机 138 台，核发拖拉机报废补偿资金 58.2 万元。共组织各类农机培训 86 期，培训各类农机化管理、技术、作业服务人员 4598 人次，其中列入市政府十项民生实事工程的新型实用农机化技术培训项目完成 3178 人次。

【早稻机械穴直播对比试验】

4 月 12 日，市农机推广中心与宁波农机推广中心联合开展早稻机械穴直播适应性对比试验。试验现场在同等条件下进行机械穴直播、手直播播种、机械插种三种栽培方式对比试验，试验期间对不同栽培方式的水稻各个生长环节进行全程观察并进行数据记录，最后根据实收产量结合采集到的数据进行综合分析，评判早稻机械穴直播技术优劣，确定全市推广重点。

【3 个宁波农机科技推广项目通过验收】

11 月 8 日，由市农机局年度申报的 3 个宁波农机科技推广项目通过专家组验收。3 个项目分别是姚江源茶机有限公司承担的“高效节能电磁感应茶叶烘干机的研制”、志苗霉干菜专业合作社承担的“霉干菜烘干机械化技术的示范”及田螺山农机服务专业合作社承担的“粮食烘干机进出粮及筛选设备的改进及示范”。专家组通过查阅相关项目资料，观看相关视频文件，经质询和讨论，认为各项目均已完成项目合同书规定的各项要求及预定的建设内容。

（宋献林）

2016 年气候

【年度气候特点】

2016 年为“厄尔尼诺”影响年，超强的“厄尔尼诺”事件造成全市气候总体异常，灾害性天气频发、重发，灾害损失相对较重，综合评价气象灾害影响程度中等。年内主要气象灾害有冬季强冷空气（寒潮）、低温雨雪冰冻、雾和霾；春季连阴雨、暴雨；夏季冰雹、雷电（雷雨大风）、短时暴雨、高温；秋季连阴雨、台风、龙卷风等。主要气候特点：年平均气温偏高，年降水量和年降水日数偏多，年日照时数偏少。

【主要气象要素概述】

气温 年平均气温18.0℃，比常年偏高1℃，为历史同期第五高。各月平均气温均比常年偏高，出现少有的正距平年。其中，10月和12月分别偏高2.2℃、2.4℃，均为历史同期第二高，2—4月、7—8月均偏高1℃及以上，其余各月偏高幅度在0.1℃—0.4℃。年极端最高气温38.8℃，出现在7月29日，全市除海拔700米以上地区外，极端最高气温均在35℃以上；年极端最低气温-7.0℃，出现在1月25日，南部山区年极端最低气温普遍在-10℃以下。

降水 年平均降水量1792.0毫米，比常年偏多约25%，为历史同期第四多。降水时间分布也不均匀，1月、4—6月、9—11月多于历史平均值，其中9月偏多近1.8倍，其他月份偏多1—7成；而其余各月偏少1—6成。全年主要强降水集中在4—9月，其中9月最多，达447.0毫米。全市年降水量空间分布不均，北部偏少，中南部偏多，雨量中心位于陆埠水库一带。

日照 年日照时数1701.3小时，与常年的1867.4小时相比，略偏少0.9%，属正常年景。从时间分布上看，2月、3月、7月、8月偏多，其余月份均偏少，其中10月由于连续阴雨，月日照时数仅41.4小时，为历史同期最少。

其他 2015—2016年度结冰终日为3月11日，终霜日为3月12日，降雪终日为2月14日。2016—2017年度初霜日12月16日，结冰初日12月17日。

【主要气候事件】

一月强寒潮影响，冰冻重积雪深 1月20—25日，受“霸王”级强寒潮影响，全市出现近30年来第二冷的低温天气，并造成全市性降雪、严重冰冻、大风和山区严重积雪。全市过程雨雪量30—70毫米，平原地区最大积雪深度0—2厘米，山区积雪深度20—46厘米，最大值出现在梨洲街道上王岗村，46厘米。23日9时起，气温降至0℃以下，并持续51小时，25日早晨平原地区气温降至-6℃—-8℃，四明山区-10℃—-14℃，国家气象站-7.0℃，为近30年第二低。

梅季略提前，梅雨量偏少 6月11日入梅（常年6月14日），7月1日出梅（常年7月9日），梅期20天，国家气象站梅雨量202.1毫米（常年240毫米）。梅期较常年偏少5天，梅雨量较常年偏少约16%。全市平均梅雨量214.4毫米，最大值出现在大岚镇华山水库站，264.8毫米。入梅后，以间歇性过程性降水为主，强对流天气多发。梅期共有两轮连续降水过程，分别出现在11—13日、24—29日，期间日照偏少明显。

夏季强对流多发，大风冰雹频现 出梅后，强对流天气多发，常伴有局地短时暴雨、雷雨大风和强雷电、冰雹等，其中7月5日全市大部分区域出现强对流天气，朗霞街道一带出现小冰雹，丈亭水厂站最大降水量达72.0毫米，另有6个站出现8级大风，最大值出现在三七市镇幸福村，19.9米/秒（8级）。7月18日，全市出现强对流天气，梨洲街道梁辉水库站最大降水量达86.3毫米，另有3个站出现8级大风。29日下午，城区出现强对流天气，局地伴有小冰雹，南雷路与笋行路十字路口附近一房屋屋角遭雷击。

初台风晚，影响台风多，“莫兰蒂”严重影响 受强厄尔尼诺事件影响，年内台风比往年来得要晚些。第1号台风“尼伯特”于7月3日8时在美国关岛以南的西北太平洋洋面上生成，起编时间早于1998年(7月9日)第1号台风“NICHOLE”，为历史第二晚初台风。全年共有4个台风对余姚影响较大，分别为1号台风“尼伯特”、14号台风“莫兰蒂”、16号台风“马勒卡”和17号台风“鲇鱼”。其中“莫兰蒂”“马勒卡”“鲇鱼”均发生在9月，“莫兰蒂”影响最大。

受“莫兰蒂”影响，9月13日8时至16日20时全市过程面雨量229.1毫米，最大陆埠水库站348毫米，其次梁辉水库站321.4毫米，国家气象站274.4毫米。全市过程风力普遍在5—7级，最大黄家埠横塘站16.9米/秒（7级）。根据风雨潮综合评估，“莫兰蒂”台风对余姚总体影响为较重影响等级。台风暴雨造成全市河网水位处于高水位，水库处于中高水位，四明山区发生局部性地质灾害；造成部分地区农田受淹、农业设施受损及作物产量降低，农业生产损失较大；暴雨导致部分列车临时停运、公交线路停运或改道。

9月连阴雨、局地小龙卷先后影响　9月11—19日，出现年内最长过程的连阴雨天气，期间累计降水量286.7毫米，日照时数仅13.5小时，其中11日和14—17日无日照。

同月28日中午，受第17号台风“鲇鱼”外围飑线影响，城区、马渚等地出现龙卷风等强对流天气。其中11时30分左右，城区部分区域遭受短时间龙卷风袭击，具有明显的漏斗云特征，并伴有明显的旋转，家私城北部广告牌为东西向倒伏，对面马路门卫板房为南北向倒伏，符合龙卷风的旋转特征。据调查统计，此次过程造成阳明街道舜水北路、丰山路、西石山北路等区域遭受短时间龙卷风袭击，部分广告牌、行道树、岗亭等受损较为严重。家私城内一个高达20余米、立柱直径约1米的大型广告牌被吹倒，广告牌压在旁边的停车棚和仓库上，一辆小轿车被压，7间仓库中的4间屋顶被压破，3间仓库屋顶上的钢块被吹翻。马渚镇马漕头村也受到龙卷风袭击，造成30余户房屋不同程度的破坏。此次过程无人员伤亡报告。

夏季高温频发　高温日数达31天，较历史同期偏多1.5成。梅雨间隙时段内的6月15日、21—24日和30日，中北部平原地区出现高温天气，其中21日海拔450米以下地区全部出现高温天气，国家站37.3℃；21日为国家站入夏后首个高温日。7月19日至8月2日出现持续性晴热高温天气，其中7月20—23日和26—29日出现连续≥38.0℃的高温天气。持续晴热高温导致部分山区灌溉用水不足，影响露天作物生长。

（说明：本文采用的常年气象资料，年代平均值取自1981—2010年，极值取自1961—2015年）

（市气象局）

2016年余姚市主要气象要素表

要素 / 时段	气温（℃）		降水量（毫米）		雨日（天）		日照时数（小时）	
	实况	距平	实况	距平	实况	距平	实况	距平
1月	5.1	0.2	141.6	59.2	15	2.2	85.0	-21.8
2月	7.6	1.1	33.8	-47.3	6	-6.7	180.2	74.8
3月	11.8	1.6	57.3	-74.1	9	-6.9	152.8	27.8
4月	17.2	1.3	177.7	65.1	17	2.1	123.0	-30.9
5月	21.1	0.1	180.9	67.2	19	4.9	132.8	-42.9
6月	24.9	0.3	274.0	83.6	18	2.8	137.4	-21.3
7月	30.1	1.3	122.0	-28.6	15	2.3	238.2	0.9
8月	29.2	1.0	119.2	-65.8	8	-5.8	286.2	65.5
9月	24.2	0.1	447.0	286.2	18	4.7	113.0	-47.8
10月	21.1	2.2	93.7	12.8	19	8.9	41.4	-116.7
11月	13.6	0.4	91.3	8.3	13	3.5	84.2	-46.8
12月	9.5	2.4	53.5	-6.6	10	0.4	127.1	-6.9
全年	18.0	1.0	1792.0	360.0	167	12.4	1701.3	-166.1

说明：常年资料年代取1981—2010年

工业·工业园区

工业经济

【概况】

2016年，全市实现规模以上工业产值1446.2亿元、工业增加值269.2亿元、利润75.4亿元，分别增长6.4%、8.1%和18.7%。实现规模以上战略性新兴产业111亿元、装备制造业增加值175.3亿元，分别增长24.3%和11.2%，其中战略性新兴产业增加值占规模以上工业增加值41.2%。全年实施3000万元以上重点项目131个，完成工业投资278.1亿元，增长9%。

年度舜宇集团产值突破180亿元，朗迪集团在主板上市。中国机器人峰会、机器人小镇、宁波智能制造产业研究院等重大品牌谋划生成，余姚"8718"企业服务平台、企业闲置资产服务平台等相继建立。吉利新能源汽车、中信智慧云城、清华启迪科技城等重大项目签约落户，舜宇光电产业园、金瑞薄膜等重点项目稳步推进。实施"机器换人"重点项目180个，规模以上工业企业电子商务应用率达61%；完成新产品产值582亿元；实施重大节能改造项目30项，组织开展清洁生产企业20家，16.5兆瓦光伏发电项目并网发电。

按供给侧改革要求，研究出台降本减负"35条"政策，在企业制度性交易、税费、融资、电力、用工等领域降低成本，兑现稳增促调专项资金1.6亿元。全年淘汰不锈钢熔炼落后产能20万吨，腾出用能空间3.5万吨标煤；关停淘汰高污染燃料锅炉93台；完成"旧厂区改造"面积51.87万平方米。先后成功创建"中国制造2025浙江行动"示范县市、省"两化深度融合国家示范区"和省"信息经济示范区"。

【朗迪集团在A股主板上市】

4月21日，浙江朗迪集团股份有限公司首次公开发行股票上市仪式在上海证券交易所举行，成为全市第6家上市公司。朗迪集团专业研发生产空调风叶、风机，拥有应用于家用空调的塑料贯流、轴流、离心、斜流风叶产品，以及应用于商用空调的金属风叶、风机产品，为业内为数不多的能同时生产塑料风机和金属风叶、风机产品的专业厂家之一，是格力、美的、海尔、三菱、LG等国内外知名空调厂商的长期合作伙伴。此次在A股主板上市，共发行2368万股，发行价11.73元。当天开市后，股票价格立即上涨至16.89元，涨幅43.99%，名列涨停榜。

【第三届中国机器人峰会举行企业对接会】

6月14日，第三届中国机器人峰会暨全球海归千人宁波峰会举行3场企业对接会，围绕模具、家电及包装、汽车零部件等宁波三大传统优势产业开展智能装备技术与应用对接，集中关注产业“机器换人”与智能提升工作。15家来自全国各地的智能制造企业推介最新的智能技术应用，其中余姚市企业3家，分别为宁波易拓智谱机器人有限公司、宁波智畅机器人系统有限公司和宁波普利达智能科技应用有限公司。对接会共吸引200余家宁波市企业参加，其中余姚市企业近100家。

【2016年度余姚工业50强名单】

舜宇集团有限公司
宁波世茂铜业股份有限公司
宁波王龙科技股份有限公司
余姚市新华鑫纤维销售有限公司
余姚市兴达不锈钢有限公司
宁波长振铜业有限公司
宁波天邦股份有限公司
帅康集团有限公司
浙江大丰实业股份有限公司
宁波神通模塑有限公司
宁波德昌电机制造有限公司
明峰建材集团
浙江朗迪集团股份有限公司
浙江国华余姚燃气发电有限责任公司
宁波富佳实业有限公司
宁波燎原工业股份有限公司
浙江新纶化纤有限公司
浙江浦宁不锈钢有限公司
宁波富诚汽车饰件有限公司
宁波金和锂电材料有限公司
宁波格莱特休闲用品有限公司
宁波更大集团有限公司
宁波科环新型建材股份有限公司
宁波贝仕迪电器有限公司
浙江新盛锦纶有限公司
宁波大同纺织有限公司
余姚世纪华通金属实业有限公司
宁波惠杰钢管制造有限公司
宁波共享阳光能源有限公司
华鑫化纤科技集团有限公司
浙江亿达控股集团有限公司
浙江峻和橡胶科技有限公司
宁波大叶园林设备有限公司
宁波正耀汽车电器有限公司
宁波冠中印染有限公司
浙江盛奎实业有限公司
余姚大发化纤有限公司
浙江金马实业有限公司
宁波江丰电子材料股份有限公司
宁波兴敖达金属新材料有限公司
余姚市舜吉塑化有限公司
浙江松原汽车安全系统有限公司
宁波好伙伴电器有限公司
海通食品集团余姚有限公司
余姚市定屠中心有限责任公司
宁波山阳特殊钢制品有限公司
宁波比依电器有限公司
宁波海洋铜业有限公司
宁波耀泰电器有限公司
浙江欧伦泰防火设备有限公司

（市经信局）

电网建设与电力供应

【概况】

2016年，市供电公司累计投入电网建设资金5.18亿元，变电容量开工30万千伏安、投产30万千伏安。全社会用电量首次突破80亿千瓦时大关，达80.77亿千瓦时，增长9.67%；全社会最高负荷155.03万千瓦，再创历史新高。截至年末，余姚电网拥有500千伏变电所1座、220千伏变电所7座、110千伏变电所29座、35千伏公用变电所14座，合计变电容量848.2万千伏安。35千伏及以上输电线路合计长度871.15千米，其中110千伏线路56条，共498.87千米；35千伏线路66条，共372.28千米。10千伏公用线路591条，线路总长度4990.91千米。开关站276座。10千伏公用配电变压器6434台，总容量273.5万千伏安。

【电网建设】

编制全市2016年配电网提升规划、电力设施布局规划和新一轮农网改造升级规划。市政府与宁波市供电公司签署小城镇（中心村）电网改造共建协议，开启40个中心村电网升级改造项目。连续10年召开全市电网建设工作会议，市政府与21个乡镇街道、11个职能部门签订责任状。全市第2个500千伏电源点开工建设，500千伏宁海电厂改接线路工程顺利推进，陆续投运单家、宪卿、固海等110千伏变电站3座，开工建设峨眉、同光、竹桥等3个输变电工程。

制定全市配网建设“三年行动方案”，储备配网项目49项，安排配网建设资金3.75亿元。全年建设配网工程65项，增容、布点低压台区610个，新建10千伏线路426.8千米，新增配变容量26万千伏安。累计争取城农网建设资金2.84亿元，建设城农网项目43项。10条10千伏线路和20座配电站所配电终端接入主站系统，向实用化迈出关键一步。对20个老旧小区的3000只集中表箱进行更换，投入隐患电表箱改造资金560余万元，2.5万户用户受益。

【安全生产】

截至年末，公司累计安全生产日超9400天，全年整改各类隐患635项。推进变电站运维一体化，110千伏余姚变建设成为标准化示范变电站；提升电网信息化管理水平，输、变、配系统信息图实一致性接近100%。投运800套架空线路在线监测终端，山区故障定位判断准确率提升至80%，压缩山区故障巡视时间50%以上；试点安装变电所小电流接地选线装置，接地选线准确率达到100%。编制树障整治清单，联合乡镇、街道开展通道清理，为灾害期间全市可靠供电提供保障。全年不停电倒负荷率超70%，带电作业累计实施298次。

【优质服务】

按照各级党委、政府要求，圆满完成G20杭州峰会现场和余姚属地保电的双重任务，以及市“两会”、春运、机器人峰会等75项保供电任务。面对30年一遇的极端严寒和“莫拉蒂”“马勒卡”双台风侵袭，凭借应急抢险机制，在最短时间内恢复全市电力供应。实施中心供电营业厅硬件改造，优化厅内硬件配置及环境布设，增设24小时自助服务区、后台办公区、休闲区及母婴室。上线应用营业厅综合服务平台，提升窗口管理能力。以营业厅音视频稽查和现场巡检为手段，规范营业厅服务。对36件典型投诉进行穿透性分析，投诉量下降33.33%。精益化管控工单质量，重点监控重复致电、回访不满意等情况，全年回访满意率99.77%。

G20杭州峰会保电誓师大会暨出征仪式

【电力营销】

全市累计用电户数53.66万户。全年受理10千伏及以上业扩申请容量276465千伏安，落实10千伏及以上送电251060千伏安。在客户服务中引入大数据技术，建立O2O模式，实现线上接单、线下派单、全程监控。推广电力微信公众平台、掌上电力、支付宝缴费等网络渠道，全市电子服务渠道客户数达20.29万户。提供差异化办电、催费、交费、咨询等业务，全年接受线上办电2570笔，快响平台接入业务5387件。逐步取消纸质账单，居民电子账单订阅用户29.27万户。主动对接市重大工程项目，与流域指挥部、滨海开发公司等单位达成共同推进姚江流域治理、滨海新城开发等多项战略协议，助推光电、模客等特色小镇建设，提前落实供电保障。服务新能源发展，为光伏用户提供"一对一"管家式服务，全年完成并网光伏项目107个，合计并网容量1.1万千瓦。

【一户多人口家庭用电享更多优惠】

1月1日起，市电网供电区域内实行"一户一表"的城乡居民，户籍人口为5人及以上的家庭，每户每月增加100千瓦小时的阶梯电量基数；户籍人口在7人及以上的家庭，也可选择执行居民合表电价，即"一户多人口"政策。居民申请后，新政策当月生效，一个家庭年用电量不超过3960千瓦小时就不需承担阶梯加价电费，即年用电量为3960千瓦小时及以下部分(即月均330千瓦小时)，电价0.538元／千瓦小时；3961千瓦小时至6000千瓦小时部分（即月均330千瓦小时至500千瓦小时），电价0.588元／千瓦小时；超过6000千瓦小时部分（即月均500千瓦小时以上），电价0.838元／千瓦小时。此外，申请5人的一户多人口电价，可同时享受峰谷电政策。如果人口为7人及以上的家庭选择执行居民合表电价，申请后电价为0.558元／千瓦小时，但峰谷电政策不能同时享受。

（国网浙江余姚市供电公司）

中意（宁波）生态园

【概况】

2016年，中意（宁波）生态园实现工业总产值282亿元、销售收入266亿元、利润总额13亿元，分别增长6.5%、6%和19%。其中，规模以上企业实现工业总产值199亿元、销售收入184亿元、利润总额12亿元，分别增长7%、7.4%和26%。全年实现合同外资6.44亿美元，实到外资2.4亿美元，分别增长96%和44%；引进内资19.3亿元人民币，增长51%。实现固定资产投资94亿元，增长4.6%，其中工业投入60亿元。

以市场化为导向，采用PPP、政府购买服务、企业债券及银行中长期贷款等方式，尽力使资金良性循环，降低融资成本。年度重点保障吉利新能源汽车项目的落户资金，总融资额41亿元，已完成一期5亿元放贷；争取国开行资金支持，机器人小镇基础设施项目融资规模达22.4亿元，已完成招投标程序并签订政府购买服务协议；推进2017年非公开的公司债，发行规模25亿元。利用海域资源，强化土地保障，争取省重大产业项目用地指标奖励，鼓励引导企业实施老厂房改造，探索存量建设用地二次开发机制，促进"腾笼换鸟""空间换地"。搭建招才引智平台和人文交流平台，实现人才和项目的有机结合，为园区可持续发展提供人才支撑。

【规划提升】

坚持"适度超前、多规融合"的原则，启动构建控制性规划、能源规划、道路交通规划、产业规划、绿色建筑等园区专项规划，注重吸纳意大利理念、标准、技术和元素，展现国际合作的特色。聘请意大利设计团队完成规划面积超14万平方米的中意文化交流中心项目概念性设计，功能涉及住宅、商业、办公、会展中心、接待和政府功能，将于年后招标建设。根据产业发展需求，将园区产业布局设定为"一园五基地"，包括高端装备制造产业基地、生命健康产业基地、节能环保产业基地、新材料及新能源汽车产业基地、欧美高端汽配制造产业基地以及启迪科技城，为项目招引和产业集聚把准方向。

【招商引资】

坚持"金融＋科技"和"国际合作"两大创新发展战略，与意大利引进外资和企业发展署、中国意大利商会、意中基金会、意大利对外贸易委员会等机构及个人达成合作关系，围绕智能汽车、通用航空、新能源、新材料等产业引进项目。拥有在建和落地产业项目20个，总投资150亿元，其中吉利新能源汽车、中意启迪科技城项目已落户。

【基础建设】

走“产业高端化、城市品质化”的产城融合发展之路,加快实现从“建园”到“造城”的跨越。结合园区空间布局导向和建设要求，加大资金投入，推进绿色交通、能源保障、水资源利用和生态环保等配套项目建设。全年安排2000万元以上政府性投资项目8个，实现年度投资2.83亿元，道路、绿化、水电、生活等基础配套逐步完善。其中，邻里中心一期项目不断推进，营业面积2000平方米的大润发超市完成装修，餐饮、医药、娱乐等公共服务设施正抓紧装修。列入财政部第二批示范性项目的总投资19.2亿元的PPP项目全面开工建设；连接园区的外部交通包括杭甬高速连接线、沿海高速（宁波至生态园）的建设均全面推进。

（生态园管委会）

科创大厦

美元，增长96.41%；实到外资2.4亿美元，增长44.1%；引进内资19.31亿元，增长50.68%。完成固定资产投资94.07亿元，增长4.59%，其中工业投入59.64亿元，投资占比达63.4%，投资规模继续在全市领跑。“机器换人”重点专项实施计划16个，总投资2.74亿元，其中设备投资2.37亿元，可实现减员400余人。

（开发区管委会）

浙江省余姚经济开发区

【概况】

2016年，余姚经济开发区依托中意（宁波）生态园和浙江“千人计划”余姚产业园两大平台，综合考评获全省省级开发区第一名，实现七连冠。截至年末，拥有工业企业3190家，其中直属工业企业716家，直属规模以上工业企业115家，形成精密模具、电子电器、五金机电、智能装备、新材料等特色产业。

全年完成直属工业总产值282.28亿元、销售265.72亿元、利润13.28亿元，分别增长6.45%、6.07%和19.43%。115家规模以上企业完成工业总产值199.37亿元、销售171.08亿元、利润9.33亿元，分别增长7.03%、7.41%和26.39%。新批项目81个，总投资125.39亿元，其中三资项目29个，总投资7.64亿美元。完成合同外资6.44亿

浙江余姚工业园区

【概况】

2016年，余姚工业园区实现规模以上企业产值88亿元、销售收入84.1亿元、利润3.89亿元，分别增长3.9%、6.2%和6.3%（剔除上年因朗迪上市超额上报利润等因素）。商品市场成交额34.9亿元，增长15%。财政总收入7.33亿元，增长8.5%，其中完成一般公共预算收入3.79亿元，增长17.5%。全年高新技术产业增加值增长4.31%，社会消费品零售额、商贸服务企业项目投资额、销售收入增幅均超10%。流转土地1008.4公顷，规模化经营达496.3公顷。

全年实到外资3000万美元、内资10.1亿元，浙商创业创新到位资金2.68亿元。新开工项目53个，完成固定资产投资48.4亿元。出让工业土地3幅，共计3.1公顷。完成低效用地农转用24宗，

计 5.2 公顷。完成科技经费投入 3.25 亿元，增长 6%。新增创新型初创企业 13 家，新申报发明专利 130 件。实施“机器换人”项目 19 个，投入资金 2.1 亿元。伟立机器人有限公司成功创建省级重点企业研究院，朗迪集团超声波熔接技术被列为宁波产业技术应用重大专项。实现朗迪集团A股上市，培育华丰包装、得力工具、泓耀光电等公司上市融资。累计解决企业各类困难 24 个，协调出租闲置厂房 1 万余平方米。

完成杨家、龙王堂、西墟、干家路、天中、朗霞、新南王等 7 个行政村的村庄规划成果报批，实现城市规划区外村庄规划全覆盖。完成余姚模客小镇城市设计规划，为下步控制性详细规划修改完善和余姚模客小镇开发建设提供技术支持。邵巷安置房四期建设工程完工，总投资 1.8 亿元。总投资 5900 万元的长泠江堤防加固工程一期完工，二期景观绿化建设按计划推进；总投资 3280 万元的街道成职校迁建工程完成招标；投入 1800 万元，新建、维修桥梁 3 座，建造网络（市政）公路 5 条；投入 1500 万元，新建污水主干网 8.4 千米；启动模客小镇配套建设，进士第路（巷桥路至晋涵路段）开工建设，329 国道南复线完成立项。

【中国皮草在线总部落户朗霞街道】

5 月 21 日，中国皮草在线总部启用仪式在余姚中国裘皮城三期举行，标志中国皮草在线总部正式落户朗霞街道。活动以“跨界·融创·新生态”为主题，内容涉及中国皮草产业互联网众创中心授牌仪式、中国皮草在线跨界品牌中心签约及启动仪式、中国皮草力量联盟启动及动物福利基金成立仪式、“哥本哈根——中国皮草在线”精英面对面论坛、余姚裘皮产业推介会及 NAFA 北美裘皮拍卖行推介会等，吸引国内外草毛行业专家、知名人士近 400 人参加。

【2016 中国裘皮服装节】

10 月 28 日，2016 中国裘皮服装节在余姚中国裘皮城二期北广场开幕。中国商业联合会副会长骆毓龙，中国皮革协会专职副理事长严平，中国皮革协会副理事长、浙江省皮革行业协会理事长李伟娟等出席开幕式。此届裘皮服装节以“增强经贸实效、壮大裘皮产业、引领裘皮潮流”为宗旨，突出国际化因素、时尚化特色和品牌化优势，至 12 月底结束，先后举行 2016 中国裘皮服装节开幕仪式、余姚品牌裘服流行趋势发布会、戏曲晚会、中国民族风情展演、第十一届中国裘皮产业发展论坛、品牌展示展销暨裘皮服饰购物嘉年华等系列活动。

（邵锭婷）

浙江“千人计划”余姚产业园

【概况】

截至 2016 年年末，“千人计划”余姚产业园累计引进“国千”专家 50 人，“省千”专家 2 人。累计注册项目 82 个，已投产 31 个，实现年销售额 15 亿元。其中，科创中心累计引进科技型企业 120 家，经营范围涉及节能环保、医疗器械、新材料、新能源、电子信息等高新技术产业领域。引入博士、博士后等高层次人才 38 人、硕士 35 人、本科生 270 余人。已建成厂房 10 万平方米，落户中科莱恩、绿菱等企业 16 家，其中投产 2 家。

【江丰电子获国家、省三项大奖】

3 月 23 日，2015 年度浙江省科学技术奖励大会在省人民大会堂召开。宁波江丰电子材料股份有限公司“超大规模集成电路制造用溅射靶材关键技术研究及产业化”项目获省技术发明一等奖，为唯一作为第一完成单位的获奖企业，也是年度宁波市唯一的一等奖。次日，2016 年中国半导体市场年会暨第五届中国集成电路产业创新大会在北京召开。江丰电子获“2016 年中国半导体行业材料十强企业”称号，自主研发生产的“长寿命钽环件”同时被评为第十届（2015 年度）中国半导体创新产品和技术。

【潘云鹤参观考察千人计划产业园】

7 月 20 日，全国政协常委、外事委员会主任、中国工程院原常务副院长潘云鹤在市委书记毛宏芳，市委副书记、市长奚明陪同下，参观考察位于“千人计划”余姚产业园的宁波智能制造产业研究院。宁波智能制造产业研究院致力于机器人名牌系列产品、“中国制造 2025”和工业 4.0 集成技术、下一代互联网通信技术的研究、开发及推广，预计通过 3—5 年时间把余姚打造成宁波市智能制造经济发展的核心支撑平台。潘云鹤对公司产业情况及余姚市政府对机器人小镇开发建设力度表示肯定，强调要高标准推进机器人小镇建设。

【机器人小镇入围宁波市特色小镇】

10 月，宁波市公布第一批特色小镇创建名单，机器人小镇成功入围。机器人小镇集产业、文化、旅游、社区四位一体，功能布局“一核、五区、一园、一路”，产业定位为机器人的核心部件制造、集成及应用和智能装备，引进甘中学团队，打造智慧型、科技型、生态型国际高新技术产业园区，观光、旅游与产业相结合的机器人产业特色小镇。

（“千人计划”余姚产业园管理中心）

城西开发建设

【概况】

2016 年，市城西开发建设指挥部完成农户拆迁签约 2 户，拆迁面积 623 平方米。4 月，城西工业园内的徐家、白墙门 2 个自然村被列入年度全市房屋拆迁征收计划，指挥部随即启动城西三期拆迁工程，确定徐家、白墙门拆迁规划红线，配合阳明街道拆迁指挥部开展徐家拆迁调查摸底，联合阳明街道制定城西工业园区征收工程（三期）集体土地房屋拆迁补偿安置操作办法。2 个自然村拆迁范围内总用地面积约 81349 平方米，其中徐家拆迁总户数约 130 户，需拆迁面积约 31500 平方米，至年末，已完成拆迁房屋评估，拆迁签约 125 户。

8 月，安置房一期（北区）土建工程通过竣工验收，附属工程完成预算和招标文件编制，10 月初，施工单位进场施工，供电、自来水、通信、天然气等专项工程施工，以及发电设备、消防联动设备等招标工作同步实施。全年完成固定资产投资约 6.56 亿元，已完成安置小区命名，为下步安置小区物业招标作准备。上半年对接工程配套专业单位，完成自来水、供电等配套建设合同的签订和图纸深化，同时，对天然气、通信等配套单位现场施工进行监督。

邀请审批部门、属地单位和管线实施单位开展专题研讨会议，完成肖朗路城西段（一期）工程、通环路城西段工程前期审批、管线实施和施工图纸优化调整工作。开展舜宇新基地配套道路建设，完成丰悦路（肖朗路至马鞍山路）、丰乐路（肖朗路至马漕头路）道路工程规划选址、立项等报批手续；完成施工图纸设计、工程量清单编制和施工预算。园区 4 条道路进入 PPP 项目招标阶段，预计 2017 年上半年开工建设。

【农批市场迁建工程挂牌出让】

农批市场位于城西工业园肖朗公路两侧，通环路以南，涉及 4 个地块总计面积约 19.3 公顷。上半年完成地块内建筑物拆除工作，涉及上河头、楼园 2 个自然村的管线迁改工作，同时实施地块内表土剥离、塘渣填筑、征地区片价补差和围墙砌筑等前期挂牌准备。9 月底挂牌，11 月 2 日由余姚海吉星农产品批发市场有限公司摘牌。项目投资近 13 亿元，其中肖朗公路以东为农产品批发市场，用地面积约 15.2 公顷，建筑面积 11.38 万平方米，设果蔬区、水产海鲜区和粮油副食品区；肖朗公路以西为居住商业混合用地，面积 4.2 公顷，地上建筑面积约 8.4 万平方米，地下建筑面积约 3.3 万平方米。建成后将成为浙东区域最大的批发市场，预计 2018 年底基本完工。

【PPP 项目通过物有所值论证】

9 月，市财政局和市城西开发建设指挥部共同组织召开城西工业园城镇化建设项目采用 PPP 模式物有所值专家小组论证会。城西工业园城镇化建设项目包括通环路西段一期、肖朗路城西段一期等 4 条道路的建设，总投资 7 亿元，建成后可贯通城西工业园交通主轴线，形成“一核、两轴、四片”的园区交通主骨架路网。参与评审的9名专家经充分讨论，一致认为城西工业园城镇化建设项目采用PPP模式初步实施方案各项指标齐全，测算合理，PPP项目全生命周期整合程度高，风险识别与分配明确，可融资性强，评分结果为75分，适宜采用PPP模式。

【舜宇新生产基地完成选址】

舜宇新生产基地位于城西工业园区食禄桥江以西、丰悦路以北、肖朗公路以东、舜达西路以南，规划打造具有光电产业特色的智能光电小镇。总规划用地面积约51.5公顷，于年初完成选址。其中一期规划用地面积约9.5公顷，二期约20.2公顷，三期约21.8公顷。一期地块为工业用地，已完成地块内供电、自来水和通信管线迁移合同签订、管线迁移的施工。配合完成地块内表土剥离、塘渣填筑和围墙砌筑，及影响地块开发的道路迁改。地块于4月挂牌出让，6月完成管线迁改工程结算审计的竞争性比选，下半年完成对管线、道路迁改等工程方面的审计以及工程资料整理归档。

（市城西开发建设指挥部）

智能光电小镇鸟瞰效果图

贸 易

内外贸易与经济合作

【概况】

2016年，市商务局（粮食局）围绕打造区域商务中心的基本目标，履行稳增长、促转型、保供应、惠民生的基本职能，坚持内外贸并重、“走出去”与“引进来”并重、货物贸易与服务贸易并重、线上与线下并重、服务与监管并重，实现商务经济回稳向好。全年实现社会消费品零售总额390亿元，增长11%；实现进出口总额615亿元，增长11.5%，其中，出口435亿元，增长3%，进口180亿元，增长38.9%；实现境外投资1.5亿美元，增长41.9%，实现境外承包工程1.3亿美元，增长10.1%；实现服务外包执行额22.8亿元，增长28.8%，实现服务外包离岸执行额1.95亿美元，增长30%。先后获宁波市商贸经济贡献金奖、开放型经济工作银奖、服务贸易工作铜奖、电子商务工作铜奖。

【扩内需促消费】

改善消费环境 在年初举办农博会、年货节等节日市场促销活动的基础上，组织商贸企业开展消费促进月、春秋两季大型汽车展和第二届余姚购物节活动，全年实现批发零售业销售额1447亿元，增长15.2%。其中，2016年度余姚购物节共有70余家商贸企业参加，先后举办开闭幕式、微信抢红包、汽车音乐节等十大主题活动，实现销售1.85亿元，增长18.4%。

优化消费结构 全年累计新增各类商贸企业近400家，其中限额以上商贸企业（含个体户和产业活动单位）69家。调整和优化限额以上企业样本库结构，汽车零售占比从43%降至33%，使消费增长呈现多点发力趋势。

发展月光经济 重点建设胜山西路、阳明西路新天地2个夜市特色街区，推进夜市大巴下乡、姚江夜韵两大夜市品牌活动。全年开展姚江夜韵相关活动400余场次，尤其夜市大巴下乡活动全年完成12站，每一站均有80余家企业参加，累计实现销售额突破1亿元。

【建市场塑品牌】

布局城市广场 应对市场差异化、个性化、精细化需求，华润五彩城关注年轻家庭消费群体，实现营业额4.4亿元，客流量820万人次；万达广场引进健身、VR（虚拟现实）等体验类门店，实现营业额5.25亿元，客流量1323万人次；四明广场开展露天活动，实现营业额2.75亿元，客流量66万人次。此外，财富广场建设美食街区，华联商厦针对“全面二孩”政策而增加婴幼儿商品的品牌和数量，均实现销售和客流双增长。

建设专业市场 截至年末，慧聪家电新城项目已完成西区4号楼、5号楼主体工程至7层，9号楼3层完成20%；已完成东区1号楼、2号楼主体工程至4层，3号楼3层完成40%。国际模具城完成全部工程的80%，其中舜水街完成招商进度的40%。同时升级改造裘皮城产业园、有色金属材料城、红星美凯龙家居广场等原有专业市场。

加强行业管理 成立市家政服务行业协会，同时餐饮业协会、汽车流通业协会完成换届工作。由汽车流通业协会在余姚购物节期间组织的汽车音乐节，由餐饮业协会和余姚酒楼共同组织的姚江菜研讨会，同时被评为宁波购物节十大亮点活动。

【“走出去引进来”】

开拓国际市场 继续实施“市场多元化”战略，重点组织中国消费类产品（俄罗斯）品牌展、美国芝加哥厨房用品展、意大利博洛尼亚美容美发展、德国法兰克福卫浴展等十余个境外展会，同时组织广交会、华交会、消博会和中东欧国际投资贸易博览会等境内传统交易会。其中，共有30余家企业参加华交会；有438家企业参加春秋两季广交会，展位776个；共有38家企业参加消博会，展位52个；60家企业参加中东欧国际投资贸易博览会，进行项目对接洽谈。全年出口信保参保企业超370家，出口渗透率达25%。

加大对外投资 重点组织意向性强的企业到东南亚一带开展实地考察，全年18个境外投资项目中东南亚占5个。其中，浙江大丰实业股份有限公司在菲律宾投资宗教礼堂，投资额6000万美元；宁波大川太阳能科技有限公司在柬埔寨投资太阳能板生产项目，投资额2250万美元。继续拓展“一带一路”市场，组织企业参加中国宁波—中东欧国家投资环境说明会及中东欧国家投资项目推介会。

提升服务外包 重点实施服务外包企业的认定和补贴，扩大服务外包队伍，全年新增服务外包企业9家。对已经认定的企业开展服务外包数据的入库工作，提高入库率，同时引导企业“组团走出去”，促进服务外包产业集聚和资源整合，实现服务贸易与货物贸易的协同并进。

【强电商兴物流】

普及电子商务 全年电商交易额突破580亿元，增长16%；网络零售额87亿元，增长41%；限额以上商贸企业电商应用率达65%。已认定首批阳明、文山、众创空间等3家市级电商园区，入园企业93家；市电商园、兰江众创园、梨洲电商园、泗门电商园等园区招商入驻企业总数超100家，均已开园运作。在各乡镇街道、村（社区）开展电子商务知识普及，针对企业电商人员、网店店主、统计人员等不同主体开设定点培训班次，全年累计培训超2000人次。

发展跨境电商 鼓励企业开展跨境电商业务，成功申报省级跨境电商发展试点市及中国（宁波）跨境电商综合试验园区。全年实现跨境出口额约2.6亿美元，增长率超100%，获2016年度中国县域跨境电商创业第三名。

促进现代物流 按“一主四副”物流业发展格局（一主：姚北现代物流综合功能区。四副：城北物流功能区、城西物流功能区、姚南区域物流中心、姚东区域物流中心），重点推进舜发物流中心、银树农产品冷链物流、城北物流中心、中国有色金属材料城仓储物流项目、滨海园区物流中心等5个物流项目。全年物流增加值保持8%，达66亿元。

【惠民生保安全】

办好民生实事 马渚菜场、梁弄菜场、魏星路菜场3家菜市场被评为省“放心市场”。海吉星农批市场迁建项目被列入省级农产品市场体系建设试点，迁址土地已于10月摘牌并开始前期施工，一期工程总投入14亿元，预计在2017年底完工。第三中心粮库选址马渚镇瑶街弄村，占地面积6.2公顷（含带征），规划建8幢高大平房仓，总计建筑面积10857平方米，按稻谷仓容计算共为3.2万吨，年底前已完成土地平整、塘渣填埋、土地摘牌等工作。

管控特种行业　全年完成成品油经营企业年检年审、成品油经营企业变更登记、酒类经营企业备案登记共110余家，完成3400余辆淘汰黄标车的报废受理审核工作。会同市公安、工商、环保部门进行联合执法，查处报废汽车非法拆解案件60余起。在G20杭州峰会期间，加强散装汽油零售管控，18家规模以上物流企业包裹实名登记，被评为平安护航G20先进集体。

落实安全生产　在年初签署安全生产目标责任书的基础上，开展市商务局及下属企事业单位安全生产督促检查工作，定期开展消防应急演练和"安全生产月"活动。推进"平安商场（市场）"创建活动，重点对商场、市场、超市、粮站（库）等人员密集场所进行隐患排查，对各市场内违规使用液化气、煤球炉、大功率电器等现象进行大排查大整治。

（黄启航）

招商引资

【概况】

2016年，全市新批外商投资项目59个，增长11.32%；合同外资9.55亿美元，增长0.22%；实到外资5.03亿美元，增长9.35%。余姚市外实到内资73.79亿元，增长2.94%；宁波市外实到内资63.80亿元，增长1.82%；浙商创业创新实到资金42.16亿元，下降26.82%。其中，浙商产业回归共引进项目35个，引进项目实到资金34.40亿元，资本回归实到资金7.76亿元。先后赴日本、新加坡等国家及北京、上海、广州、深圳、芜湖等地区进行招商活动，邀请参会或上门拜访客商企业近80家，接待来访客商90余批次。开展宝湾国际物流港、济丰包装项目、盈创3D打印梦工厂、中科世界机器人科普销售培训基地、中梁地产商业体、丰树物流产业园（丰轩仓储）、以色列高新农业、四丰偲屋精品酒店、法国高端养老欧葆庭等项目的跟踪服务和推进工作。

【余姚宝湾国际电商物流港项目签约】

1月4日，余姚市与宝湾物流控股有限公司就余姚宝湾国际电商物流港项目正式签约。项目计划总投资20亿元，总规划面积约32.7公顷。规划建设集仓储、配送服务于一体的现代化高标准综合物流园区，打造国际电商物流港和国际物流供应链中心，吸引国内外知名综合物流企业、高端制造类企业、电子商务类企业入驻。

【2016宁波·上海投资合作洽谈会暨项目签约仪式】

5月25日，2016宁波·上海投资合作洽谈会暨项目签约仪式在上海举行。余姚市有2个项目现场签约。其中，由深圳美术集团有限公司在中意（宁波）生态园（余姚市滨海新城）投资建设的美术新型绿色建筑建材高新技术产业园项目，总投资约20亿元；由韵达速递投资的电商产业园项目，总投资2亿元。

【第三届中国机器人峰会暨全球海归千人宁波峰会开幕式签约8个项目】

6月13日，第三届中国机器人峰会暨全球海归千人宁波峰会在余姚开幕，有8个项目在开幕式上签约，总投资200余亿元。包括余姚市政府与中兴环保集团签订的总投资100亿元的智能经济发展战略合作项目，总投资50亿元的余姚智能机器人小镇合作项目，总投资35亿元的IGBT生产项目，以及总投资10亿元的机器人创新研发中心及生产基地项目等。

【第十八届塑博会招商推介会暨项目签约仪式】

11月6日，举行第十八届中国塑料博览会招商推介会暨项目签约仪式。共签约15个项目，总投资140.1亿元。其中，总投资超亿元的项目有13个，总投资额达139.4亿元，占签约总金额的99.50%。超10亿元的项目有8个，总投资额129.3亿元，占签约总金额的92.29%。

【宁波（北京）投洽会暨重大项目签约仪式】

12月16日，宁波（北京）投资合作洽谈会暨重大项目签约仪式在北京举行。共有30个项目签订合作协议，总投资673.3亿元。其中余姚市与中信集团就中国云城智能产业基地项目在现场签约，项目一期总投资100亿元，拟在余姚高铁新城打造中国首座智慧“云城”。

（市招商局）

“互联网+”经济

【概况】

2016年，市互联网经济促进中心编制上年全市互联网经济发展报告，从六方面展现互联网经济发展态势及趋势，同时编制《2016年余姚市互联网经济典型示范案例精选集》，梳理整合21个乡镇、街道及开发区、塑料城的精品互联网经济典型案例。建立全市互联网投资基金首批专家库，先后制定《余姚市互联网投资基金管理暂行办法（送审稿）》《余姚市互联网投资基金投资导向目录（送审稿）》，多次与市财政局、市金融办、盛世基金洽谈沟通，筹划互联网产业基金落地。3月，在上年泗门镇试点的基础上，开始对全市一、二、三产涉及互联网经济的企业以季报形式进行全面统计。9月，编制完成《余姚市互联网经济“十三五”发展规划（2016—2020）》，经浙江工商大学工商管理学院副院长、省政协经济委员会副主任郑勇军等知名专家论证，并报市政府常务会议审议批准后正式印发。是年起，对全市乡镇、街道、开发区互联网经济发展工作，按综合性经济、导向性工作、基础性工作和创新性工作4个考核指标进行考核评价。至年末，余姚阳明电子商务产业园、宁波文山电子商务产业园、低塘街道众创空间—电子商务园已通过市级电子商务产业园认定，市级电子商务产业园已达4个；余姚市电子商务产业园（慧聪电商公园）、梨洲电子商务园区也已进入市级电子商务产业园初审阶段。

【城市大数据平台建设启动】

3月，召开城市大数据平台建设工作动员会，下发《余姚市城市大数据平台建设实施方案》，对全市所有政府部门的各类数据资源进行整合并分析，制定统一的数据标准，建立一套完善的政府数据共享目录，形成全市统一的政府大数据中心，实现政府数据资源的共享交换、有序开放、综合开发利用，在“互联网+政务服务”“互联网+大数据”等领域培育新的动能。至年末，已在全市45个部门采集各类数据2亿2000万余条。

【首届互联网应用展览展示会】

12月2—4日，举办全市首届互联网应用展览展示会。其中，市第二届农村电子商务创业大赛，主要由市人力资源和社会保障局组织落实；市首届互联网应用展览展示会，由市互联网经济促进中心统筹协调，市经济与信息化局、市广播电视台、中国电信余姚分公司、中国移动余姚分公司、中国联通余姚分公司及市信息化促进会共同组织落实；市互联网产业资源对接会由市商务局具体组织落实。此类活动为宁波市所属县（市、区）首创。

【“美丽四明山”智慧旅游电子商务平台项目建设】

年内完成大俞、柿林、中村、横坎头、金冠、芝林等6个村级示范服务店的升级改造，覆盖的6个村域已建设完成配套完善的“美丽四明山”智慧旅游线下服务网点，协调对象涉及8个乡镇（梨洲街道、陆埠镇、梁弄镇、河姆渡镇、大隐镇、大岚镇、四明山镇、鹿亭乡）、三大网络运营商（电信、移动、联通）及部分重点物流企业。

【“余姚中国云城”项目进展】

计划先启动一期核心区约1.8平方千米，总体目标是打造余慈地区中小企业的云总部基地、长三角产业创新升级孵化基地、具有国际影响力的“中国云城”。利用中信集团的影响力和资源整合能力，以“科技+金融”带动产业的升级发展，以产业带动新城的发展。以“云产业”为中心，“云政务”和“云民生”为配套，实现产业升级、高效管理和民生保障，打造中国首座智慧“云城”，成为产城融合的样板。截至年末，项目土地利用总体规划已上报市规划局，控制性详细规划正在修编；招投标已确定中信华晟基金作为城市运营主体，工作已与市招投标中心对接；约2000平方米的城市展厅主体工程设计方案基本完成，各项报批手续正在办理中。

（市互联网经济促进中心）

供销合作社

【概况】

2016年，全市供销社系统按照综合改革试点工作要求，构建生产、供销、信用“三位一体”农民新型合作经济组织体系，在农资供应、农产品流通、农村服务等重点领域和环节为农民提供全方位、综合性服务。全年实现总销售22.86亿元，比上年增长16.3%；实现利润1273万元，增长5.7%；所有者权益1.74亿元，增长2.3%。获全省供销社系统综合业绩考核特等奖和全省供销社综合改革先进单位，被中华全国供销合作总社授予“全国百强县级社”称号。

全年新建专业合作社13家，建办总数达77家，并对领办（参办）专业合作社实行常态化改造。临山镇味香园葡萄专业合作社入选全国“30佳”合作社品牌，市舜水果蔬专业合作社的“舜水”、市齐昌渔业专业合作社的“鹦山湖”两个品牌入选全国农产品品牌500强。新组建市农产品经纪人协会竹笋分会，为全市竹笋生产购销大户提供市场信息、销售渠道等服务。

【“三位一体”农合联组织体系实现全覆盖】

7月6日，召开余姚市农民合作经济组织联合会成立大会，选举产生第一届理事会和监事会，理事会成员共31个，监事会成员共7个，郑桂春当选为理事长，方茂道当选为监事长，聘任执行委员会领导班子成员5人。全市17个乡镇也成立镇级农合联，并设立城区四街道市农合联办事处，会员共计725个，实现农合联组织体系全覆盖。余姚市由此成为全省20个生产、供销、信用“三位一体”农民新型合作经济组织体系建设推进县之一。在此基础上，全市还设立农民合作基金和农民专业合作社专项建设资金，依托市供销社机关成立市农合联执委会，建立农合联建设的工作考核机制。

【市级现代农业服务中心建成】

7月1日，市重点项目市级现代农业服务中心建成运行。该中心由市供销联社投资3000万元兴建，占地1.73公顷，建造有5000平方米仓库和1600平方米办公大楼，集农资仓储、农产品物流、农技服务和现代农业试验基地于一体。市甬舜农资公司依托该中心，开展农资供应、农药废弃包装物回收和集中处置、智慧农资及中心庄稼医院建设、统防统治服务、小型农机服务等，截至年末，共供应化肥农药34000余吨，开展病虫害统防统治面积1800公顷，回收农药废弃包装物110吨。

【淘宝“特色中国·余姚馆”开馆】

1月27日，淘宝“特色中国·余姚馆”正式开馆。该馆是市供销联社按照市政府“电商换市”的总体战略要求，与淘宝网进行合作而建成的淘宝官方唯一授权的余姚农产品电商公益性服务平台。截至年末，入驻商家81家，线上访问量超600万人次，平台销售3000余万元，共组织开展“河姆渡‘食’遗——以美食的名义发现历史”“七千年•中国红——余姚网络杨梅节”等较大规模的线上线下营销活动5次。还举办“互联网+农业”、电子商务运营、电子商务视觉营销、市残疾人商务培训等培训6场，510余人受益，并于11月17日成立全市第一家残疾人电商创业孵化基地。

【“美丽四明山”智慧旅游平台上线】

9月，由市供销联社承建的“美丽四明山”智慧旅游平台上线运行。四明山区域中村、芝林、金冠、横坎头、柿林、大俞等6个旅游重点村的体验店全部建成，并完成入驻商家签约及培训等相关工作，系统软件部分包括微信公众号、网页端和手机APP软件等正式运营。该平台整合6个旅游重点村的相关资源，集信息发布、产品（农产品、农家乐、景点、民宿）销售、服务定制、在线支付等功能于一体，通过平台运营，引导商家提供标准化的产品和服务，促进游客和景区管理人员、商家间的互动交流，提高四明山景区的知名度，推动山区旅游业发展和农民增收。

（市供销联社）

烟草专卖管理

【概况】

2016年，市烟草局面对上年高库存、年初开门不红、全年销量需求不断下滑的销售形势，深入市场挖掘潜力空间。全年累计销售卷烟49181.43箱，比上年下降5.37%；实现含税销售额20.44亿元，减少2.12%；销售毛利5.53亿元，增长2.86%；单箱销售额4.16万元/箱，增长3.43%。

【品牌培育】

全年实现重点品牌销售41966.7箱，占总销量的85.33%，提高0.5个百分点。累计实现七匹狼专项品牌销售875.74箱，增长0.76%，完成全年任务的100.15%；实现金圣销售157.84箱，增长21.21%，完成全年任务的116.92%。玉溪（创客）卷烟作为首个定制品牌，自上市后累计在339户客户中投放销售，实现销售24.68箱，占全市总销量的13.06%，零售价格稳定在20元/包及以上，订单满足率达到100%，零售客户知晓率100%，品牌美誉度100%。同时，云烟（乌镇之恋）也已完成30户选点投放工作。

【专卖管理】

先后开展"双节市场监管""利剑二号"、打击走私烟"百日会战"以及"保税利、净市场"百日大会战行动等专项行动，专卖市场呈现"四增一降"的态势。"一增"即完成"8•27""8•28""12•11"3起国标网络案件的申报工作，网络案件数量比上年提升33%；"二增"即共查获各类涉烟违法案件378起，上升8.62%；"三增"即年度重点的5万元以上案件查获34起，增加17.24%；"四增"即查获违法卷烟9299.6条，上升14.53%，实物案值323万余元，罚没款41万余元。"一降"即推动行政许可向高效便民转型提升，同时加强后续监管，形成系统查询、日常检查、业务反馈三种监管方法。许可证总数减少124户，下降1.87%。

（市烟草局）

盐务管理

【概况】

2016年，全市销售各类盐产品49137吨，其中腌制盐41273吨、小包装盐4196吨、工业盐1088吨。共出动盐政人员682人次，检查食盐零售店、委批点、蔬菜加工企业、工厂等2457家。对全市68家蔬菜加工企业和500余家蔬菜粗加工农户进行摸底排查，监控用盐数量。查获涉盐违法案件23起，其中行政处罚程序处罚13起，结案12起，其他处罚10起，共没收违法食盐110.3吨。

【榨菜腌制用盐供应】

3月25日起，开展为期一个月的以"服务与监管并举，保群众舌尖安全"为主题的专项服务活动。榨菜收割旺季期间，腌制用盐单日最大出库量达2100余吨，实现社会效益与经济效益双赢的工作目标。

【工业副产盐监管】

为从源头上防范工业副产盐流入口食盐市场的风险，确保全市口食盐市场安全，根据《浙江省盐业管理条例》和《浙江省工业副产盐企业综合利用资源加工制盐管理办法》等相关规定，与全市唯一的一家工业副产盐产出企业续订《工业副产盐监管责任书》，明确双方责任，并每月对该企业进行专项检查，了解副产盐产出、储运、销售环节等情况，检查台账记录，开展对工业副产盐的监管工作。

（市盐务局）

中国塑料城

【概况】

2016年，中国塑料城实现市场交易额920亿元，比上年增长6.4%，交易量860万吨，增长7.9%。其中，现货市场交易额570亿元，增加3.6%，交易量440万吨，增加6.5%；网上交易额实现350亿元，增加11.1%，交易量420万吨，增加9.3%。甬易支付实现支付结算量650万笔，支付结算业务额1250亿元，累计注册用户达55万户，拓展商户200余家。

联合市市场监督管理局、市公安局经侦大队等相关部门，开展打击销售假冒产品违法行为专项行动。全年办理案件7件，罚没款120余万元，正在查办案件30余件，扣押商标侵权塑料200余吨，移交公安机关商标侵权塑料案件2件。58家规模以上企业年销售额达164亿元，增长15.9%。宁波晶圆贸易有限公司获"浙江省百强企业""中国服务业企业500强"等荣誉。按照省委、省政府关于特色小镇规划建设的指导意见，打造余姚塑料家电020产业小镇，已被列入宁波市级特色小镇第一批培育名单。

市电子商务公共服务中心于12月落户中国塑料城。开展宁波口岸关检联合监管堆场业务，全年累计转场数量达6494标箱，掏箱数量可达3364标箱，关检联合监管场库业务创利48.44万元，同时启动进口废金属检验检疫业务。与慧聪网共同建设余姚电子商务产业园，入驻商户已达53家，整体入驻率达100%。慧聪众创空间投入使用，4月与浙江万里学院签订合作协议，成立全省首个以众创空间为载体的校企合作实习基地。慧聪家电产业新城项目东区1、2号楼已建至8层，完成总工程量的60%；西区4、5号楼结构已全部结顶，完成工程量的100%。北化院项目全年投入资金4000余万元，已完成基础工程建设。

年内在宁波市政府支持下，商务部复函支持余姚中国塑料城申报市场采购贸易方式试点。同时，启动外贸中心建设，确定选址在中国塑料城中塑世纪大厦内，面积约8000平方米，并在会展中心设立4000平方米左右的塑料制品及组件的出口商品展示大厅，已完成外贸中心和展销区装修工程项目立项工作及设计方案招标工作。启动联网平台搭建，4月对接宁波电子口岸公司，初步确定宁波市场采购贸易联网服务平台建设方案，监管场库设施正在改造建设过程中。全年举办大型展览会18场，展览面积总计27.03万平方米，标准展位13604个，成交额或协议资金达61.85亿元。亚洲最大家电展、中国慧聪（余姚）家用电器交易会暨中国小家电博览会分别于3月和8月举办，累计企业参展579家，专业买家近8万人，意向销售订单27亿元。

"甬易支付"作为宁波本地第三方平台，获"中国大宗商品现代流通服务创新企业""'交易场所+'创新模式奖""浙江省电子商务服务10强企业"等荣誉。宁波本地的支付结算资源逐步接入"甬易支付"，其中宁波大宗商品交易所、宁波航运交易所、宁波四方物流、宁波中烟集团已全部对接并完成上线。专业市场的支付结算业务有较大突破，已有30余家新的专业市场商户上线。同时，新增银联无跳转的快捷支付、民生的快捷支付和聚禾富的快捷支付及中信银行全网低费率渠道、宁波银行B2B和银联全渠道、宁波清算中心缴费项目上线等项目。

【市电子商务产业园建设】

7月，由市政府牵头，中国塑料城管委会携手慧聪网共同打造余姚市电子商务产业园（慧聪电商公园）。首期面积2万平方米，已有40家企业签订入园协议，另有8家企业达成入园意向，已完成首期入驻目标80%。开展"一站式"创业服务平台建设，开启青年创业的"保姆式"服务，实现零成本入住，电子商务等新兴产业企业享受税收减免、专项补贴等政策扶持。引进美国WEWORK创客模式，打造产学研合作平台——慧创空间，并作为浙江省首个校企合作实训基地，总投资超250万元，已投入使用。开展跨境电商交易平台建设，提供物流、金融、人才等"一站式"综合服务，同时构建"全球家电跨境电商采购示范区”。

【慧聪网宁波跨境电子商务中心项目启动】

11月8日，慧聪网宁波跨境电子商务中心项目启动暨聚优澳品澳洲跨境馆开馆仪式在余姚电子商务产业园举行。慧聪网针对互联网的发展，打造跨境互联网自营家电品牌“H+”，将宁波出口家电统一打造、包装、认证，并与海外大量的买家、商家资源进行价值最大化的链接与输出。截至年末，双方已针对澳洲家电市场的消费特性，选择600余款宁波小家电产品。该平台于12月正式上线。

【第十八届中国塑料博览会】

11月6—9日，举办第十八届中国塑料博览会。共吸引有效客商2.5万人，实现总交易额36亿元，有15个合作项目签约，其中总投资10亿元以上项目8个。该届塑博会在继续冠名“2016中国（余姚）国际塑料博览会”的基础上，正式加入全球展览业协会（UFI），成为UFI的会员展会。作为该届塑博会主要活动的第十二届中国塑料产业发展国际论坛，共设1个主论坛和5个分论坛，举办专题演讲7场次，吸引来自美国、德国、伊朗、沙特等15个国家和地区的500余名企业高管和知名专家参会。

（连鱼双）

出入境检验检疫

【概况】

2016年，余姚出入境检验检疫局完成出入境报检16118批次，金额5.6亿美元。其中，出境报检14562批，金额4.3亿美元，出具通关单13434份，换证凭单（含电子转单）1228份；入境报检1556批，金额1.3亿美元，共出具通关单1251份。签发一般产地证书8939份，3.2亿美元，分别增长1.02%和4.37%；签发各类区域性优惠原产地证书19132份，金额5.2亿美元，分别增长135.35%和104.14%。

完善技术服务公共平台，电器实验室通过CB实验室复评审，澳大利亚IFM的电气间隙、爬电距离测试等能力验证。根据市场需求拓展检测领域，针对余姚和慈溪地区的饮用水器具开展GB17219标准的CNAS扩项，新增塑料机械物理性能检测设备6台。11月，出口茶叶、蔬菜质量安全示范区通过省级验收。

全年对32家出口企业开展事中监管，实施目录外质量抽查140批。对辖区出口蜂产品生产企业开展排查，对出口罐头、茶叶等重点产品实施农残、重金属等项目抽检18批次。强化进口消费品、特种设备等重点敏感商品监管，共检出各类入境不合格货物464批次，在入境集装箱中首次截获澳洲大蠊、美洲大蠊等有害生物14种次，成功处置入境集装箱中发现死鼠等突发事件，首次在宁波口岸退运环保项目不合格废PET饮料瓶砖。

实现通关单无纸化全覆盖，全年受理出入境无纸化报检16437批，金额4.7亿美元，完成“通报、通签、通放”一体化批次513批，金额8944.2万美元。9家企业实施“出口食品农产品绿色通道放行制度”模式，扩充、延伸属地检验检疫内容，承接目的地为余姚的进口水产品、貂皮业务。8月初，首批入境貂皮经检验检疫合格后放行，9月19日，首批入境冻虾经检验检疫合格后放行。在国家级电器质量安全示范区基础上，叠加打造余姚“自贸协定出口实施示范区（行业）”，全年签发自贸协定原产地证19132份，5.2亿美元，为企业减免进口国关税2591万美元。对95家企业开展出口企业受国外技术性贸易措施的影响调查，向347家“千点工程”企业及行业协会发放《技术性贸易措施最新通报》25期。

【地理标志产品保护工作】

对“余姚杨梅”“余姚榨菜”“余姚皮蛋”“余姚咸蛋”等辖区4个地理标志产品的专用标志使用情况进行排查，形成《余姚地理标志保护产品面临“失保”风险》信息专报，报市政府并得到领导批示。4月，召开全市地理标志保护产品专题协调会，推动企业、行业、政府联合打造地理标志产品品牌，扩大地理标志产品的知名度。拟订《余姚地理标志产品保护指导意见》，与市场监管、农林等政府部门形成合力。

【国家级出口电器质量安全示范区建设】

年内，开展示范区内企业质量提升活动，发挥质量技术促进专家委员会的作用，为14家企业的16批次产品提供产品检测“义诊”服务；举办“标杆企业质量示范活动”现场会，开展灯具最新标准“入区进企”活动，走访和风险排查辖区出口企业20家，提升示范区企业综合竞争力。

【出口商品质量提升“春雨行动”】

5月，召开出口商品质量提升“春雨行动”启动会暨出口电器质量安全示范区企业授牌会，宁波检验检疫局副局长孙志、余姚市副市长卢建国，以及示范区建设领导小组成员单位和50余家企业代表参会。开展出口企业质量问题精准帮扶活动，针对近三年国外通报、退运货物、监督抽查等工作中发现的问题，组织筛选15家企业开展缺陷消除“精准帮扶”，对企业开展质量约谈。开展“技术性贸易措施公开课——灯具产品主题培训活动（慈溪余姚专场）”活动，组织辖区10家企业参加培训。完成《宁波出口LED灯具质量状况和技术性贸易措施影响情况》调研报告。开展中国制造海外形象维护工程，发挥多方主体责任作用，收集举报线索，维护市场正常秩序。

【中国电子检验检疫主干系统上线】

10月，在宁波出入境检验检疫局安排和部署下，正式上线运行中国电子检验检疫主干系统（e-CIQ系统），利用报检大厅、门户网站、检企QQ交流群等方式，向企业宣传主干系统上线工作。通过e-CIQ主干系统，余姚到口岸的出境货物、口岸到余姚的入境货物只生成唯一报检号，无须在产地与口岸、口岸与目的地之间进行二次报检。截至年末，通过e-CIQ系统受理出入境货物3917批，包装检验830批。

（周　振）

海　关

【概况】

2016年，宁波海关驻余姚办事处共审核验放报关单2265份，征收税款2.9亿元，备案加工贸易合同658份，备案金额1.4亿美元，审批减免税货物34票，货值3641万美元，减免税款1657万元，完成企业稽、核、巡查134家次，补税573.6万元，查发问题25家，移交缉私案件4起。

【业务监管】

对东方物流监管场所转场集装箱启用电子验封，加快通关速度，同时按照G20峰会安保要求，落实倒箱查验措施。推进区域通关一体化和税单电子支付工作，引导余姚企业异地税源回流，全年异地税收回流达1.9亿元，占征收税款总额的65%。鼓励企业开展加工贸易，并通过修订加工贸易风担金免收办法等，适度放宽风担金免收要求，降低企业经营成本。开展高资信企业的重新认证工作，引导企业提高资信等级。加强减免税政策指导，重点辅导某公司办理2个上亿元项目的减免税设备进口手续，全年共审批减免税3641万美元，增长549%。先后开展“国门利剑2016”联合专项行动、运输相关费用专项行动以及汽车、电子产品专项行动，围绕辖区重点企业和商品、行业开展行业性稽查。推进常规稽查“双随机”改革，提升稽查专业化、集约化和科学化水平。合理安排人力资源，建立内外勤联合下厂工作制，提高保税核查整体监管效能。

【服务外贸】

助力宁波（中意）生态园和“余姚千人”计划产业园等重大项目建设，为园区发展提供海关政策支持，开展减免税、加工贸易等政策辅导，指导企业充分享受政策红利。将辖区部分生产型高资信企业出口产品在“产品信息备案系统”中备案，方便遇到查验时优先选择机检查验。实施“高资信企业审价后置作业模式”，在审价程序上给不同信用级别企业差别待遇，引导企业守法合规经营。落实“集中汇总征税”模式,企业征税模式由原“逐票审核、先税后放”改为“先放后税，汇总缴税”，缓解企业资金压力和人力紧张。邀请辖区内 29 家重点进出口企业召开税则调研工作宣讲会，共收集上报税则调研报告 6 篇，其中 4 项修订调整建议被海关总署采用。指导舜宇光电递交税则归类变更申请，经审定变更商品归类后，进口关税税率由 9% 调整为 2%，使企业少交进口税收约 7035 万元。

（宁波海关驻余姚办事处）

财政·税务

财 政

【概况】

2016年，余姚市完成财政总收入139.11亿元，比上年增长3.8%，其中一般公共预算收入81.16亿元，增长7.8%；完成一般公共预算支出93.69亿元，增长1.2%。一般公共预算用于民生支出74.37亿元，占全市一般公共预算支出的79.4%。

开展“助万企转型、促万众创新”“携手企业、攻克时艰”走访服务企业专项活动，贯彻落实减税轻费各项政策措施和推进实体经济稳增促调等财政扶持政策，全市减税轻费23.24亿元、拨付市级及以上各项政策扶持资金6.45亿元。

将政府住房基金等5项政府性基金收支转列为一般公共预算。开展上年度预算执行情况“回头看”、会计信息质量专项检查、行政事业单位和国有企业竞争性存款存放检查、非税收入收缴专项检查。加强预算绩效管理，对26个项目实施财政支出绩效评价。制定实施政府集中采购目标和限额标准。调整差旅费、住宿费标准，实行会议、培训定点管理，全年“三公”经费下降10.2%。

【稳增促调专项资金设立】

稳增促调专项资金由市财政专项用于推进全市实体经济稳增促调和转型升级，受补助企业应具备合法经营、依法纳税、管理规范及具有健全的财务管理制度和良好的财务记录，按企业所属当年实际缴纳的土地使用税和水利建设基金的60%予以补助，对当年享受土地使用税、水利建设基金各级税收及财政优惠政策的企业按就高原则执行。全年市财政共拨付稳增促调专项资金1.56亿元。

【乡镇财政国库集中支付实现全覆盖】

在上年扩面动员、业务培训、系统测试基础上，2016年1月，最后一批财政国库集中支付改革扩面在四明山、大隐、大岚、鹿亭4个乡镇推开。至此，全市乡镇财政国库集中支付改革实现全覆盖。

【公款实行竞争性存放】

4月，通过竞争性谈判和公开招标等方式，市财政局完成财政专户资金和代管专户资金竞争性存放，其中9个财政专户和社保定期存款实现竞争性存放资金近百亿元。同时，指导全市预算单位开展银行账户及公款竞争性存放工作，截至8月底，全市行政事业单位银行账户及公款存放基本完成公款竞争性存放。

【新一轮公务用车改革】

先后出台《余姚市公务用车制度改革实施方案》以及《余姚市公务用车制度改革司勤人员安置分流方案》《余姚市公务用车制度改革涉改车辆处置办法》《余姚市执法执勤用车制度改革办法》《余姚市车改人员交通补贴实施方案》等相关实施办法。对33家单位168辆地方执法车产权进行梳理，调整产权55辆。通过调剂、拍卖等方式，对库存车辆进行处置。新一轮公务用车基本结束后，将市车改办日常工作（除公务用车上牌指标证核发工作外）移交至市机关事务局。

【PPP项目物有所值评价】

7月，制定《余姚市财政局PPP项目物有所值评价和财政承受能力论证操作暂行办法》，明确全市开展PPP项目物有所值评价的要求和办法。建立PPP物有所值评价专家库，首批有政府投资管理、财政、金融、行业和项目管理、工程设计及造价、会计与资产评估、法律等7个领域55名专家入选。年内，全市通过物有所值评价的有四明湖水库、城西城镇化建设、高铁站场枢纽中心、三纵三横交通道路、文化旅游综合开发等PPP项目。

【市属国有企业部分可控费用管理暂行办法出台】

3月初，按照分类核定、勤俭节约、规范使用的原则，出台《余姚市市属国有企业部分可控费用管理暂行办法》，对国有企业职工在履行工作职责时发生的业务招待、公务用车、办公、职工福利、工会活动、差旅、通信、培训、会议等费用的支出标准、额度限制、审批和报销流程等作明确规定。

【首届会计领军（后备）人才培训班结业】

8月18日，余姚市首届会计领军（后备）人才培训班结业仪式在上海国家会计学院举行，经过选拔的44名财务骨干作为首届学员，在接受为期3年的系统培训学习后结业。市会计领军(后备)人才培养项目于2014年7月启动，为首个由县级市委托的人才培养项目，开创全国县级市地方会计领军人才培养的先河。通过3年的学习培训，学员中有5人职称得到提升，2人获注册会计师资格，7人获新的学历学位，3人获新的社会职务，多名学员岗位职务得到晋升。

（市财政局）

国家税务

【概况】

2016年，全市国税系统组织税收收入81.53亿元（其中入库“营改增”收入6.58亿元），比上年增长17.38%，总量首次跨上80亿元台阶；实现财政总收入78.39亿元，增长19.34%，其中直接组织税收收入60.02亿元，增长22.46%；办理免抵调库18.37亿元，增长11.65%。共办理出口退税40.78亿元，增长2.74%，高于宁波全市5个百分点。通过纳税人学堂举办政策业务培训75批次，辅导纳税人42000户次。办理其他各类减免税11.68亿元，增长61.77%，其中为小微企业减税2.36亿元，优惠政策享受面继续保持100%。

【“营改增”试点全面推开】

5月1日，通过国、地税协作，全面推开“营改增”试点改革。全市国税系统先后完成7401户纳税人的税制转换工作，为企业减税2.26亿元，实现“营改增”所有行业税负只减不增的目标。

【纳税服务建设】

以“同源和鸣”纳税服务品牌为引领，提升纳税服务质效，以综合满意度90.07分的成绩，获全国纳税人满意度调查第十名、宁波市第一名。搭建“余姚税务”微信公众号、《舜穗》杂志和“62512366”热线三大服务平台，变“群众跑腿”为“信息跑路”。落实《纳税服务工作规范》升级版，推出涉税事项二维码一次性告知、“五证合一、两证整合”、增值税发票取消认证等10类31项便民举措，推动窗口服务水平明显提升。全年为133户纳税人提供信用贷款额度7036万元，帮助企业解决融资难题。

【税收征管效能】

年内创建宁波国税系统法治税务示范基地，开展全程性说理式执法。组建首批公职律师队伍，在重大案件审理和税务行政复议中发挥作用。整顿税收秩序，重点开展“打票”“打骗”专项行动，全年立案检查企业105户，累计查补收入6553万元，突破查补税款100万元以上大要案5件。开展阳光稽查品牌建设，对600余家被查企业开展回访工作。深化税源与征管状况监控分析，每月发布“税情通报”。自行开发数据库后台查询管理系统，实现风险管理数据取数便利化、规范化。全年累计推送风险纳税人3525户，确认入库税款1.77亿元，其中日常风险应对入库6200万元，纳税评估入库1.15亿元。推行增值税发票管理新系统、公正公开开展个体工商户定额核定和非正常户认定，加强消费税、车购税管理。提升所得税汇算清缴质量，实现零差错100%申报。推进10户大企业个性化税收管理服务，完成22户“走出去”企业服务和2户反避税调查工作。

（徐　冉）

地方税务

【概况】

2016年，市地方税务局共组织各项收入104.05亿元，比上年下降11.0%。其中，税收收入50.39亿元，下降16.5%；社保基金收入46.78亿元，下降5.4%；其他非税收入6.87亿元，下降3.2%。各项收入下降主要原因是营业税改征增值税（简称“营改增”）的全面实施、减税轻费的力度加大及税收政策调整等。12月，市地方税务局在国税总局委托第三方调查机构开展的2016年度纳税人满意度调查中，获全国第12名、宁波市地税系统第2名的成绩。

继续深化国、地税协作，全年进驻和委代征收税费4707万元。10月8日，“金税三期”系统上线运行，实现国地税税收数据大集中。11月1日起（费款所属期），暂停向企事业单位和个体经营者征收地方水利建设基金。推进国地税、法院三方征缴机制实质性运作，征缴入库相关税款4694万元。加强不动产和股权交易源头控管，入库税费1.45亿元。开展政府投资公司房土两税规范征收，入库投资公司房土两税6177万元。对13个风险项目及2685户次企业进行风险提醒或纳税评估，入库税费8392万元。开展专项税务稽查，入库查补税费2783万元。落实减税轻费各项政策措施，地税部门全年减免各项税费11.56亿元。

【全面推开“营改增”改革试点】

5月1日，根据国务院部署，“营改增”改革试点全面推开。建筑业、房地产业、金融业和生活服务业等全部营业税纳税人纳入试点范围，并将所有企业新增不动产所含增值税纳入抵扣范围，标志中华人民共和国成立后已开征66年的营业税正式告别历史舞台。

【资源税改革】

7月1日，资源税改革在全国推开。余姚市涉及的企业有13家，其中10家企业征收税目为砂石，3家企业征收税目为矿泉水。

【市公安局派驻国税局地税局联络机制办公室揭牌】

12月15日，市公安局派驻国税局地税局联络机制办公室揭牌仪式在市国税稽察局举行。该办公室的成立，标志“公安＋税务”深度合作模式的开启，“警税合作”进入“新常态”，将加强国地税与公安等相关部门的协作，在联合开展针对重点行业、重点区域、重点项目和重点对象的发票检查及共同惩治涉税违法犯罪案件上发挥作用。

（市地税局）

招投标

【概况】

2016年，市级招投标平台完成386项工程的招标、交易任务，成交总额20.90亿元，节约资金1.67亿元；完成政府集中采购任务1654项，成交金额10999.08万元，比财政批准预算节减1313.22万元。完成分散采购项目189项，涉及预算27009.24万元，实际成交23471.63万元，节约资金3537.61万元。完成产权交易项目107项，交易底价13349.71万元，实际成交15295.00万元，增资1945.29万元，增资率12.72%。完成国土交易项目10项，成交价22.982亿元。同时拓宽进场服务范围，如规划设计调查工作方案采购、车辆保险采购、校舍安全排查单位资格入围、街景形象提升设计施工采购等进场项目，均取得预期效果。

【招标监督管理】

在工程建设项目招投标方面，将投标人的信用等级与其参加招投标活动挂钩，限制列入“黑名单”管理和违法行为记录公告的单位和人员参加投标。继续试行PPP模式招标，如对四明湖山庄会议中心采用PPP模式后，项目在较短时间内完成建设。同时尝试工程总承包即EPC模式招标，如将候青江排涝泵闸项目的设计、采购以及施工，一并发包给具有总承包资质的单位，由总承包单位负责整个项目的设计、采购和施工，既加快建设进程，又提高工程质量。在政府采购活动和其他公共资源交易方面，继续按照“扩容、增效、提质”的原则，先后完成市水资源投资开发有限公司四明湖水库和姚东片区水厂、管网及建工大楼等一批PPP重大项目咨询服务项目的磋商活动。

【年度保证金保险业务实施】

根据宁波市金融办等5个部门《关于开展建设工程综合保险试点工作的通知》和市政府《关于进一步降低企业成本减轻企业负担推进实体经济稳增促调的实施意见》，出台《关于申报2016年建筑业企业年度投标保证金的通知》，允许投标人依法使用工程投标保证金保险替代投标保证金，试点期间具体由宁波市建设工程综合保险服务中心承保。各建筑企业可根据实际需要，办理年度保证金保险，保险额度不得低于通知所规定的年度保证金缴纳额度。全市保证金缴纳单位共71家，其中以保险形式提交年度保证金的单位有42家。

【免收和降低服务费】

按市政府《关于进一步降低企业成本减轻企业负担推进实体经济稳增促调的实施意见》，从2月2日起，市级平台对进入公共资源交易平台的各项交易服务费按50%收取，并免收信息服务费和场地租赁费。对发文前已收取的各项服务费，经与市财政局协商后，按规定陆续将差额部分予以退还。

（杨凌云）

工业国有资产经营

【概况】

2015年11月，余姚市工业国有资产经营管理领导小组办公室成立，主要职能是贯彻执行市委、市政府决定，承担对市工业国有资产经营公司及下属子公司（市工业投资公司、市中小企业信用担保公司）的管理职责。2016年，在帮扶中小企业融资纾困、处理历史遗留问题等方面取得了成绩。

【转贷业务】

全年转贷互助基金共实现转贷779笔，金额88.89亿元，比上年的959笔、120.06亿元分别减少18.77%和26.32%。涉及银行23家，比上年减少4家。转贷收益2649.05万元，减少10.54%，实现利润-479.43万元，减少570.44万元。

【投资业务】

全年金额1190万元；退出8户，金额1270万元；期末在投24户，金额3887万元，比上年减少3户、1273万元，户数和金额分别减少11.11%和24.67%。年度投资月平均余额3865万元，基本保持满负荷运行。全年投资收益188.33万元，减少32.97%，实现利润211.87万元，增长70.62%。

【担保业务】

全年担保额14138万元；解保41笔，解保额12620万元。期末在保59笔，金额19783万元，与上年在保笔数相同，金额增长4.64%。全年担保收益205.44万元，减少6.61%，减免担保费23.40万元，实现利润67.14万元，减少51.25%。

【国开行委托贷款】

全年国开行委托贷款共发放6户，累计金额2550万元，比上年分别减少6户、2150万元。年末在贷11户，金额4150万元，比上年的18户、6850万元分别减少38.89%和39.42%。

【精减退职职工生活困难补助政策落实】

精减退职人员生活困难补助工作从2011年10月启动，已历时5年。年度继续对各类来访人员开展精减人员生活补助政策落实及进展情况的解释工作。配合市公安局、市人社局对群众举报情况不实人员、证明人及有偿中介进行集中调查，配合市人社局停发和追索不符合精减退职补助条件人员已领取的精减补助费。同时开展信访工作，处理与精减职工补助相关的来信、来电、来访、市长电话、市长信箱，对原下属企业职工办理共有房屋剩余产权购买、职工家属因住房涉及拆迁地块要求购置企业监管公房、职工股东联名反映退休留用等问题进行调查，并在政策允许范围内帮助解决实际问题，对不能马上解决或超出公司职责范围的，尽可能作详尽答复。

（杨林蓉）

金融·保险

金融管理

【概况】

2016年，全市共有市级银行机构32家，其中属地法人机构2家（余姚农村商业银行及通济村镇银行），其余均为分支机构，合计从业人员4000余人。年末全市银行业金融机构本外币存款余额1376.07亿元，比年初上涨8.39%；贷款余额1203.46亿元，减少3.71%；表内外社会融资规模存量1609.92亿元，增长1.83%，社会融资规模增量28.93亿元，增加12.06亿元。全市存贷比87.46%，下降10.98个百分点。年末全市银行机构不良贷款余额49.25亿元，不良贷款率4.10%，比上年仍高出0.61个百分点。全年通过清收、核销、打包拍卖等方式累计化解处置不良贷款67.57亿元，三年累计化解已达171亿元。银行业发展总体继续处于贷款余额萎缩、资产质量承压的困难境地。

全市共有各类保险机构（支公司级以上）35家，其中产险公司26家，寿险公司9家，合计从业人员3600余人。全年保险机构共实现保费收入24.68亿元，增长13.92%。其中财产险业务保费收入12.20亿元，增长7.43%；人身险业务保费收入12.47亿元，增长21.07%。保险收入规模市占率为9.58%(占宁波大市)。全年赔付支出9.76亿元，减少0.77%，其中财产险赔付支出7.21亿元，减少0.54%；人身险赔付支出2.55亿元，减少1.43%。上半年寿险业务保费收入曾因中短期高收益产品出现暴增，其后随监管加强而逐步回落。保险行业发展总体呈现平稳的发展态势。

【小额贷款公司发展】

全市共有小额贷款公司3家，全年累计放贷33.94亿元，下滑24.31%；年末贷款余额3.74亿元，减少3.61%，其中150万元以下贷款余额2.66亿元，占比71.12%。至12月底，逾期贷款余额已达1.03亿元，逾期率达27.65%。其中，长振小贷暂无逾期贷款。

【企业挂牌上市】

截至年末，全市有境内外上市公司6家，“新三板”挂牌企业9家，甬股交挂牌企业43家。此外，大丰实业和江丰电子2家企业待审核，松原汽车和大叶园林已正式进入宁波证监局辅导备案名单，耀泰电器、宇华电器、舜江汽车、达可尔、安拓实业等企业已经启动或正在进行上市相关准备工作；东大空调、联海实业、振兴工贸等企业已经启动或正在准备申报“新三板”。

【企业直接融资】

全年共有朗迪股份、余姚城投、江丰生物等企业通过上市首发融资、公司债、私募股权融资等方式，直接融资13次，合计获取融资金额78.97亿元，远超上年同期。

（市金融办）

中国人民银行余姚市支行

【概况】

2016年末，全市各类金融机构本外币存款余额1361.56亿元，比年初增加100.63亿元，增长7.98%。从存款结构看，住户存款增加较多，余额743.4亿元，比年初新增60.44亿元，增长8.85%，比上年同期多增9.7亿元。各项贷款余额1203.46亿元，比年初减少46.3亿元，比上年同期少增49.35亿元，下降3.71%，主要是受不良处置的影响。从结构看，住户贷款余额288.63亿元，比年初增加24.79亿元，增长9.39%。非金融企业及机关团体贷款912.3亿元，比年初减少72.01亿元，下降7.32%，其中短期贷款比年初减少110.5亿元，中长期贷款比年初增加32.09亿元。

【货币信贷】

根据上级行要求，年初对辖区31家银行业机构中成立三年以上的26家金融机构开展小微与涉农信贷政策导向效果评估，引导与督促相关金融机构系统梳理支农惠农金融政策，收集涉农信贷数据。发挥央行政策工具作用，通过向上级行申请再贷款、再贴现工具，引导辖区农村合作银行、村镇银行将信贷资源配置到小微企业、“三农”服务上。加强央行资金使用管理，增强再贷款、再贴现工具的窗口指导作用，下降地方法人机构信贷利率水平，引导社会融资成本下降。

【金融稳定】

加强对金融风险和金融突发事件报送管理，重新制定并下发《中国人民银行余姚市支行关于加强金融机构重大事项报告管理的通知》，督促金融机构及时报送，加强对授信金融风险事件的跟踪，及时掌握风险事件的演变与处置进程。发挥人民银行在维护金融稳定中的作用，加强资金链风险化解处置，惩治逃废金融债务等影响金融稳定的企业行为，促进全市金融机构防范金融风险，维护金融稳定。维护支付市场秩序，贯彻落实《中国人民银行关于加强支付结算管理防范电信网络新型违法犯罪有关事项的通知》（银发〔2016〕261号）和账户分类管理制度，多次组织辖区各家银行机构的部门负责人参加总行和杭州中支举办的加强支付结算管理、防范电信网络新型违法犯罪工作的电视电话培训。对宁波银行余姚支行、农业银行余姚市支行、余姚农村商业银行3家单位分管行长及会计结算部负责人关于辖内支票信用建设的现状进行约谈。

【外汇管理】

根据上级局安排，在全市范围内开展“深化外汇金融普惠，力推供给侧改革”活动。以“助企+惠民”为活动切入点，组织举办并落实外汇指定银行开展各具特色的外汇普惠活动。对接相关外汇政策，研究起草《余姚市市场采购贸易方式外汇业务操作指南》，配合余姚中国塑料（电器）城申报政策市场采购贸易方式。针对前期跨国公司资金池业务在余姚市试点开展情况，加强业务指导，按月跟踪舜宇集体资金池的运行情况，推动相关外汇试点政策落地实施。引导各外汇指定银行加大对制造业企业和中小微企业的外汇资金支持力度，鼓励新增一定规模的专项外汇信贷资金支持，优化全市外汇金融资源配置。

【金融服务】

持续优化支付服务环境，完善助农金融服务点建设，开展助农金融服务点的评级工作，完成三溪村、临海村2个AAA级助农金融服务点的现场验收。完成泗门镇小路下、谢家路2个行政村“电子支付应用示范村”的创建和验收，丰富农村地区支付结算产品和服务，提升农村支付服务水平。与辖内商贸和邮政部门发挥合力，以助农服务点为依托，创设农村地区电子商务服务点。开展移动金融和金融IC卡受理环境安全和标准符合性现场抽查，对各收单机构POS机具非接改造和流程优化改造情况进行现场核查。加强货币投放回笼情况分析，对各金融机构的现金供需情况进行监测，及时了解辖内现金需求变化，确保辖内现金供应。推进硬币自循环系统建设，开展“硬币自循环，大篷车进市场”宣传活动，2期活动共兑换硬币209920枚，金额23757.1元。

【普惠金融示范镇建设】

以梁弄镇为典型引领，打造“一公里金融服务圈”，村民到最近的助农金融服务网点的直线距离均不超过1000米。全镇24个助农金融服务点，均配置A类点钞机，开通取款、转账、查询、缴费、知识咨询、跨行支付、反假、金融消费者权益保护等功能，农户足不出村即能享受基础的金融服务。同时，选择明湖村、白水冲村、汪巷村、贺溪村、让贤村5个助农金融服务点进行电商功能叠加，有效整合金融、电商、物流、社区等社会资源，实现“一站式”服务。组织志愿者开展金融知识宣传，对老年人进行金融知识和金融风险教育，提高防范金融欺诈能力；引导中青年消费者体验金融IC卡、手机银行、闪付等新型金融工具；针对潜在儿童、学生等消费者，实施“普惠金融校园启蒙”工程，以画册的形式宣传基础金融知识。

（人行余姚市支行）

银行监管

【概况】

2016年末，银监余姚办事处辖内银行各项存款余额1373亿元，各项贷款余额1201亿元。年内继续落实绿色信贷政策，支持信贷资金重点投向环保、低碳领域，持续支持产业升级和优化，发现和培育新的增长点。指导银行加强与政府相关部门的对接，排摸“僵尸企业”名单及其融资情况，合理评估影响，制定前瞻性预案。推进农村基础金融服务“村村通”工程建设，实现农村基础金融服务的全覆盖，设立各类金融便民服务点269个，安装各类金融机具4044台。加大对新型农业经营主体的支持力度，已建立农户档案150151户，授信农户6383户。创新服务方式，支持和鼓励养老贷款、创业贷款和助学贷款。

（银监余姚办事处）

银行业

【中国工商银行股份有限公司余姚分行】

2016年5月4日，经宁波银监局批复同意，工行余姚支行升级为二级分行。内设综合管理部、经营发展部、信贷业务部、市场营销一部、市场营销二部、零售业务部6个部门，下辖包括营业部在内19家网点，其中乡镇网点7家，各类物理和自助渠道基本覆盖全市重点乡镇、街道。年末各项本外币存款136.4亿元，在四大行占比达26.6%，较年初提升0.9个百分点；各项本外币贷款153.83亿元，在四大行占比达32.1%，较年初提升1.2个百分点，总量排名四大行第一位。年内为全市“五水共治”、基础设施建设、中意（宁波）生态园建设以及城镇改造、新农村建设等重点经济民生项目提供金融支持，共完成11个新增项目的审批，合计授信56亿元。通过供优惠利率为困难企业节约成本521万元。基本实现辖内网点智能设备全覆盖，累计客户体验数达12万人次。

（工行余姚分行）

【中国银行股份有限公司余姚分行】

经宁波银监局批准，年内撤销辖属陆埠支行。

年末本外币各项存款余额73.01亿元，比年初增加6.02亿元。本外币各项贷款余额85.21亿元，比年初减少20.81亿元。实现国际结算业务量25.34亿美元，减少1.63亿美元。实现拨备前利润16911亿元，减少39.13%。与宁波高新区一区多园管理局合作，为余姚市某医疗器械有限公司投放余姚首笔“一区多园”贷款业务100万元。为舜宇集团叙做外币资金池结算业务，帮助企业提升整体资金收益和资金使用效率，并规避汇率波动风险。

（陈　蓉）

【中国建设银行股份有限公司余姚支行】

年末本外币全口径存款余额98.35亿元，一般性存款余额98.35亿元。各项贷款余额100.62亿元。11月，丈亭支行正式对外营业，由原塑料城支行迁址设立。12月，东门储蓄所升级为东门支行。全年新增自助银行3家。向浙江“千人计划”余姚产业园企业信贷投放累计7.2亿元，给予中意（宁波）宁波生态园控股有限公司等单位授信额度8亿元。支持市棚户区（危旧房）改造项目，向上级行争取6亿元信贷额度，解决项目资本金与政府购买服务资金到位之间的时间差问题。全程支持和参与浙江朗迪集团股份有限公司IPO上市工作，成为首家总部设在余姚市的A股上市企业。服务小微企业，累计服务随借随还信用贷款企业40余家。发展个贷业务，年末自营性个人贷款余额33.32亿元，其中个人住房贷款余额33.11亿元，公积金个人住房贷款余额10.22亿元，三项指标均保持当地市场第一位。与宁波市住房公积金管理中心余姚分中心合作，为中心多个账户提供独家服务。

（徐世洋）

【中国农业银行余姚市支行】

下辖二级支行19个、营业部1个、储蓄所1个、离行式自助银行24家。年末各项本外币存款202.08亿元，比年初增加12.83亿元，在四大行中占比达39.50%，比年初上升0.55个百分点，存量及增量居四大行第一位。各项本外币贷款139.24亿元，比年初增加7.87亿元，在四大行中占比第二位。实现中间业务收入14370万元，总量在四大行中排名第二位。国际业务结算量45.41亿美元，增长16.46%，在四大行中占比首超50%，全市同业排名继续保持第一。投放超级柜台39台。电子渠道平均交易占比达94.13%，比年初提升5.03个百分点，电子渠道分流成效明显。

（黄洁琼）

【宁波余姚农村商业银行股份有限公司】

年末各项存款余额294.71亿元，比年初增加31.49亿元，增幅11.96%；各项贷款余额210.22亿元，比年初增加12.63亿元，增幅6.39%。四级不良贷款余额2.74亿元，占比1.30%。实现国际业务结算量8.30亿美元。实现账面利润3.65亿元，纳税金额14695万元。

（郑旭芳）

【交通银行股份有限公司宁波余姚支行】

支行本部设置公司业务部、个金零售部、营运部和办公室，辖属联盟桥支行、塑料城支行、泗门支行（由原东旱门支行迁址并更名）、万达支行（由原大世界支行迁址并更名）、城西支行5个二级支行，17个自助网点分别位于南滨江路、东旱门路、阳明西路、塑料城、郭相桥、林枫村、剑江村、丁家桥、首科科技公司、法院、丰山路、泗门镇、临山镇、朗霞镇、小曹娥镇、老方桥镇、马渚镇，共有员工91人。年末各项本外币时点存款余额602243万元，其中对私时点存款余额146748万元；各项本外币累计日均存款余额593272万元，其中对私存款日均余额148923万元；本外币各项贷款余额622210万元。

（陈淑霞）

【上海浦东发展银行余姚支行】

年末本外币一般性存款余额50.26亿元，比年初减少11.03%，其中储蓄存款余额6.83亿元，比年初减少14.41%。本外币贷款余额52.11亿元，比年初减少13.97%。不良贷款余额7951万元，不良率1.53%。国际结算业务量5.61亿美元，减少1.58%。全年实现账面利润12301万元。

（浦发银行余姚支行）

【中国农业发展银行余姚市支行】

全年累计发放贷款89966万元，累计收回贷款84543万元，其中累放粮食收购贷款23400万元，支持企业收购小麦130万千克、早谷1898万千克、晚谷4866万千克；累放地储粮贷款12566万元，支持企业轮换地方储粮2048万千克，新增地储粮轮入1620万千克，轮换地储油37.5万千克，支持企业累计销售各类粮食7662万千克，实现销售收入19840万元，销货款全部归行。收回储备粮贷款8569万元、储备油贷款274万元、调控粮贷款18000万元、收购贷款6900万元，实现粮食政策性资金的封闭运行；累计发放农村土地整治中长期贷款50000万元。年末各项贷款余额239465万元，比年初增加5423万元，日均贷款余额224746万元，比年初减少8162万元；各项存款余额35354万元，比年初增加19473万元，日均存款33671万元，比年初增加15075万元。全年实现账面利润2874万元。

（农发行余姚支行）

【宁波银行余姚支行】

10月，宁波银行兰江社区支行开业。年末存款余额81.3亿元，较年初增长10.2亿元，增幅14.5%。日均存款80.4亿元，比上年增加12.9亿元，增幅19%。储蓄存款余额37.2亿元，较年初增长8亿元，储蓄存款占支行存款总额的45.8%，公司存款38.4亿元，占比47.2%。贷款余额41.9亿元，较年初增长4.4亿，增幅11.71%。在人民银行年度综合评价中被评为A等行，为全市32家金融机构中获A等的3家银行之一。

（宁波银行余姚支行）

保险业

【中国人民财产保险股份有限公司余姚中心支公司】

全年账面保费47681.81万元，保费增量3788万元，保费增速8.63%，高于市场平均2.95个百分点，市场份额37.84%，保费增量份额达40.2%。

（人保余姚中心支公司）

【中国人寿保险股份有限公司余姚市支公司】

全年实现股份保费收入19508.45万元，增长30.45%。寿险首年保费收入11836.1万元，增长51.49%，其中首年期交保费收入2594.54万元，增长32.5%；短期险保费收入1133.32万元，增长12.21%；续期保费收入6539.03万元。短期赔付率32.58%，下降4.44个百分点。年度推出“国寿女性安康保险”，有18个乡镇176个村投保该险种，保费收入221万元。

（中国人寿余姚支公司）

【中国太平洋财产保险股份有限公司余姚支公司】

全年实现保费收入26699万元，增长6.31%。其中，车险保费19766万元，增长5.14%，非水非农险保费6382万元，增长13.66%，农险保费409万元，水险保费142万元。全年累计赔款支出15753万元，下降9.35%，综合赔付率59%。市场份额20.38%，居余姚市场第二位。

（诸克琴）

经济综合管理

发展与改革

【概况】

2016年，全市完成固定资产投资585亿元，比上年增长3.8%。先后编制完成50万元及以上政府投资项目、重点工程、年内开工重大项目等计划，以及“十三五”重大建设项目规划。推出PPP项目43个，估算总投资265亿元，拟引入民间资本221亿元。争取到17个项目列入2016年省重点建设项目名单、41个项目列入2016年宁波市重点工程名单、7个项目列入省“411”重点工程项目计划、43个项目列入宁波市经济社会转型升级三年行动计划。争取到宁波市统筹用地指标项目4个，涉及土地指标36.3公顷。获国家专项建设基金2.62亿元、中央补助资金0.33亿元。2000万元及以上政府投资项目完成投资33亿元；重点工程完成投资180亿元；“五重二大”项目完成投资193.04亿元。共办理政府投资项目概算委托140个，送审投资37.44亿元；复核概算82个，核减投资8331万元，核增投资规模293万元。

世茂铜业列入2016年度宁波市战略性新兴产业发展专项项目，争取到专项资金补助100万元；大丰实业列入国家企业技术中心。完成2016年度温室气体清单编制工作，开展企业的碳报告上报和核查工作，组织科环建材等4家拟纳入全国碳市场重点企业参加碳交易培训。开展服务业监测企业的季度监测及服务业发展相关数据的全年预测分析。编制完成服务业“十三五”发展规划。牵头组织企业参加“互联网+”“工业4.0”等培训。制定《2016—2017年度服务业小微企业发展“规模以下”升“规模以上”服务业企业考核细则》。组织市级相关部门参与特色小镇创建方案和概念性规划编制，全市共有4个特色小镇列入省、宁波市特色小镇名单。

全年共批准政府性投资实施方案53项、项目建议书64项、工程初步设计62项；企业投资项目备案194个；核准内资项目3项；组织工程初步设计审查18项。开展省小城市、宁波卫星城市、中心镇试点工作，配合泗门镇编制《小城市培育试点三年（2017—2019）行动计划》。完成宁波市国家新型城镇化试点余姚市“一地一示范”项目报送。完成《关于未来五年余姚深化经济体制改革的若干思考》调研报告起草。完成2016年度信用建设工作考核自评，启动市社会信用体系建设专项规划编制，开展2016年培育和践行社会主义核心价值观落细落小落实重点项目报送。

制定2016年十大民生实事工程，内容涉及教育惠民、就业创业等十方面45项服务或项目。9月启动2017年民生实事项目，确定项目46个。单独组织或会同市安监局开展长输油气管道安全运行检查不少于20次，协助上级部门开展长输油气管道安全检查5次，整治隐患点28处。

【温室气体清单编制常态化机制建立】

余姚市于上年9月启动温室气体清单编制工作，报告涉及能源活动、工业生产过程、农业活动、土地利用变化和林业、废弃物处理五大领域排放的二氧化碳、甲烷、氧化亚氮、氢氟碳化物、全氟化碳和六氟化硫等6种温室气体。2016年3月，《余姚市2010—2014年度温室气体清单报告》通过宁波市发改委评审，并报省发改委备案。从2016年起，全市将每年完成上一年度清单数据入库工作，形成温室气体清单编制常态化机制，并对清单报告结果数据进行横向和纵向对比，监测和分析数据变化原因，加强清单成果应用。

【全年安排“五重二大”工程122项】

年内围绕“重大产业升级、重大基础强化、重大民生改善、重大城乡发展、重大后劲培育”等五大重点及“中意（宁波）生态园、‘千人计划’产业园”两大战略性平台建设，组织开展“五重二大”工程深化年活动。全市共安排“五重”项目120项，总投资847亿元，年度计划投资224亿元。其中，重大产业升级项目35项，包括德国公司铝合金汽车零件项目等；重大基础强化项目30项，包括姚江城区段堤防加固工程（一期）、329国道余姚段灾后恢复重建（大修）工程、329国道黄家埠段拓宽改建工程等项目；重大民生改善项目14项，包括全市农村生活污水纳管和分散式治理建设项目、市实验高中（暂名）新建工程、二职校改扩建工程等项目；重大城乡发展项目17项，包括余姚模客小镇续建工程等；重大后劲培育百亿工程24项，包括市精神卫生中心迁建工程等项目。安排“二大”项目2项，总投资120亿元，年度计划投资33亿元，重点引进以节能环保、生命健康、装备制造、高

居民生活用水价格改革听证会

端汽配等为主导的先进制造业和新材料、新能源、电子信息等战略性新兴产业。

【油气管道安全隐患整治】

全市境内有各类长输油气管道5条，总长约156千米，占宁波市总长的近1/3。其中，成品油管道主线2条，总长92千米；天然气管道主线1条、支线2条，总长约64千米。管道途经凤山街道、阳明街道、梨洲街道、兰江街道、马渚镇、牟山镇、丈亭镇、三七市镇、河姆渡镇、陆埠镇等10个乡镇（街道）和经济开发区，涉及3家管道企业。近年来，对全市油气管道安全隐患进行逐一排查，共排查安全隐患102处。截至6月，已整改安全隐患84处。在8月底前，基本实现长输油气管道"零隐患"。

【3个特色小镇列入宁波市创建培育名单】

在11月公布的第一批宁波市级特色小镇名单中，余姚市智能机器人小镇和智能光电小镇入围宁波市级特色小镇第一批创建名单，塑料家电020小镇列入第一批培育名单。加上年初列入浙江省第二批特色小镇创建名单的模客小镇，全市共有4个特色小镇列入省、宁波市级特色小镇名单。其中，智能机器人小镇规划面积3平方千米，总投资50亿元，以浙江"千人计划"产业园为载体，依托宁波市智能制造产业研究院及"千人计划"专家团队，规划建设成为国内一流的集智能装备产业研发、设计、制造、应用于一体的特色小镇。智能光电小镇规划面积3.04平方千米，总投资58亿元，依托舜宇集团智能光电产业化基地项目，以"高端制造"为突破口，规划打造成为全国智能光电产业高地、创新高地、人才高地。塑料家电020小镇规划面积3.06平方千米，总投资54亿元，规划建设成为国内塑料、家电产品经营规模及水平领先，集文化、贸易、研发、制造、检测、信息服务、展示、商务特色旅游于一体的特色小镇。

【全年30个重点项目竣工】

2015年，余姚市围绕"山水之城、幸福家园"目标，制定出台专项行动计划的意见，以"提升城市公共空间环境品质""完善城乡综合交通体系""推进新型城镇建设"三大行动为抓手，共安排项目94个，计划总投资300余亿元，统筹开展行政区域内城乡品质提升工作。截至2016年末，已完成投资177.75亿元，30个重点项目竣工。其中，姚江城区段堤防加固工程是省委、省政府确定的姚江流域防洪排涝"六大工程"的重要组成部分，分三期实施，项目总投资8.7亿元。一期、二期工程已进场施工，并达到防洪封闭要求，三期工程已启动前期工作。全市内联外通的综合交通体系正逐步成形，城市交通服务水平大幅提升。319省道余姚段中修改造工程（除姚洲大桥至兰曹大道及城区段外）、历石线改造工程完工；黄山东路一期、滨海新城滨海大道一期、滨海新城建民北路北延工程基本完工；杭州湾跨海大桥杭甬高速公路连接线工程（杭甬高速至余夫公路）、杭甬高速余慈连接线余姚段拓宽改造工程、宁波至余姚城际列车等项目顺利推进。

（市发改局）

统 计

【概况】

2016年，市统计局围绕全市主要经济社会发展目标和重点工作，加强对经济责任目标完成情况以及经济运行态势的监测预警，每月提供经济运行情况简析，每季度上报全市经济形势专题分析报告；跟踪GDP支撑指标、重点行业企业情况，围绕工业强市、固定资产投资、商贸经济、统计改革发展编报统计信息和专报，发挥政策研究智库作用。

开展劳动工资、粮食生产统计监测调查、月度劳动力调查、低收入农户增收致富统计监测等与百姓生活息息相关的统计监测调查。连续十年开展乡镇街道领导班子公众满意度调查，同时开展服务基本建设项目效能评议年度问卷测评、创建国家卫生城市工作满意度调查等多项调查，健全人民群众利益保障和诉求渠道。

在农业、工业、服务业、居民收入、劳动工资等各专业年定报工作中，健全完善统一规范的数据质量评估标准体系，加强多级联审，开发实用的网报审核程序，将统计数据增速异常，相关指标之间匹配性、协调性差的作为重点检查和查询单位，及时向企业核实会计报表及纳税申报表等相关资料，做到数出有据，确保基础数据质量全过程、规范化管控，牢牢守住统计工作“生命线”。

贯彻落实上级关于“数据造假、以数谋私”专项治理工作相关文件精神，成立专项治理领导小组及办公室，根据具体实施方案对可能发生问题的重要领域、重要岗位、关键环节进行排查。根据上年年报情况，抽取12家单位开展统计稽查，涉及规模以上工业、商贸服务业、房地产建筑业及劳动工资等专业，对两家单位作出当场警告行政处罚决定，对1家单位作出罚款5000元的行政处罚决定。

配合宁波市统计局开展《宁波市统计管理办法》修订工作，使统计管理工作适应社会经济发展运行。根据局年度统计法制工作要点和稽查工作计划，依法查处各类统计违法行为，共对56家企业单位开展统计稽查，其中，对3家单位作出当场警告行政处罚决定，对5家单位作出警告并罚款的行政处罚决定。同时完善法律顾问制度，聘请法律顾问，确保自身执法稽查程序规范，使用法律恰当。

制定《余姚市统计诚信单位创建实施方案》，组建局统计诚信单位创建验收小组，开展首次诚信单位创建工作。在28家创建单位自荐，乡镇（街道）、经济开发区及专业科室推荐的基础上，通过审核创建单位材料、实地检查统计基础工作、核实上年主要指标数据、考评验收小组会审评定、征求有关行业主管部门意见等各个环节，确定宁波耀泰电器有限公司等10家单位为2016年市统计诚信单位。

【全国第三次农业普查工作】

年内按照时间节点完成调查区域划分、电子地图绘制、“两员”（农业普查指导员和普查员）选调、清查摸底、PDA入户登记调查、数据审核汇总等工作任务，全市实际划分普查小区1987个，上报小区数2020个，落实乡镇一级专职普查工作人员116人，村级“两员”2262人。完成清查摸底，实际登记对象住户16.9万户，其中规模户1222户、单位1262家。初步统计，2016年实际耕地面积为20193.3公顷。

【“三新”经济统计】

指导乡镇规范电子商务园区统计监测，对已验收的阳明电子商务产业园、文山电子商务园、市电子商务产业园和低塘“E维众创空间”进行业务对接，走访入驻企业，对准限额以上单位进行业务指导。截至年末，全市共有新智巢、联尚、帅康和影响力等4家企业电商零售额超亿元。会同市互联网促进中心构建互联网经济统计指标体系，并探索研究互联网经济占GDP比重核算。同时，开展城市综合体调查，探索新型商业模式的经营状况。

【名录库维护】

完成上年基本单位年报工作，对全市1967家“四上”（规模以上工业企业、资质等级建筑业企业、限额以上批零住餐企业、限额以上服务业企业）单位年报进行审核、改错和验收。提高月度“四上”新增单位入库质量，比对工商、税务等部门与名录库间的单位信息，共新增单位32家，其中包括5000万元以上投资项目23个，批发零售业2家，房地产2家，建筑业1家，工业1家，更名3家。加大名录库数据审核力度，实行逐步审核、按时查看、及时修改，全市现有在库单位法人22541家，产业活动单位2618家；其中年度新增法人单位1387家，剔除1436家；新增产业活动单位168家，剔除568家，全年法人单位维护率63.1%。

（市统计局）

审　计

【概况】

2016年，市审计局共对59家单位开展审计和审计调查，查出管理不规范金额8.01亿元，核减工程款4.15亿元，整改落实审计发现的问题，向纪委及有关主管部门移送案件线索3起。内部审计指导工作连续十年被评为浙江省和宁波市审计系统考核优胜单位。

【财政审计】

市本级预算执行和其他财政收支审计 对上年度市本级预算执行和其他财政收支进行审计。主要审计市财税部门组织的本级预算执行和税收征管情况，以及市科技局、司法局、兰江街道办事处、梨洲街道办事处预算执行情况。7月28日，受市政府委托，向市第十六届人大常委会第三十一次会议作《关于2015年度余姚市财政预算执行和其他财政收支的审计工作报告》和《关于2015年度审计工作报告反映问题的整改情况》，获全票通过。

公务支出公款消费审计 按照省审计厅统一部署，在市本级76家一级预算单位上年度公务支出公款消费情况自查的基础上，组织17名审计人员对27家一级预算单位上年度公务支出公款消费进行专项审计，对下属单位、重要事项进行必要的延伸和追溯。对审计中发现的问题，提出推进政策宣传培训、完善政策体系建设、发挥主管部门内部审计的作用、建立多方监督机制、实现审计监督常态化等审计建议。推动出台《余姚市行政事业单位会议费管理办法》《余姚市行政事业单位差旅费管理办法》《余姚市人民政府办公室关于调整乡镇街道机关事业人员工资发放方式的通知》等制度，推进全市“三公”经费管理不断规范。

【固定资产投资审计】

根据市政府意见，概算审核、变更审核的工作职能重新由市发展和改革局履行。全年完成工程决（结）算项目492个，送审资金79.40亿元，核减政府投资项目支出4.15亿元。完善政府项目审计管理、投资控制、跟踪审计等方面制度，投资审计项目复审部分引进第三方中介机构复核，通过复审再次核减工程支出2504万元。加强中介管理，健全建设单位、施工单位、中介机构等多方业务会商制，与协审单位签订廉政合同，进行纪律方面的培训，组织召开协审中介机构负责人业务经验交流座谈会，严格依法审计，廉政审计。

【重大政策措施落实情况跟踪审计】

根据上级审计机关工作要求，结合余姚实际，共派出14名审计人员开展各项重大政策措施落实情况审计。实施全国基本医疗保险基金和医疗救助资金审计、“浙商回归”政策落实和项目落地情况专项审计调查、“五水共治”政策措施落实情况跟踪审计、保障性安居工程跟踪审计、宁波市学前教育政策落实情况专项审计调查、四明山区域生态发展推进情况专项审计调查，促进党委政府重大决策的落地。此外，指派2人分别参与审计署对大型国企的审计和浙江省援疆资金审计。

【农村审计】

组织开展村级审计项目132个，其中财务收支审计93个，村干部经济责任审计9个、专项审计30个，审计总金额27.28亿元，查处违规违纪金额2047万元，收回各类款项368万元，落实审计整改措施333条。组织村级工程项目竣工结算送审846个，送审金额7.69亿元，核减4087万元。

【内部审计】

加强对全市内审机构的分类指导，全年组织15期571人次参加各类业务培训。全市各内审机构共完成审计项目2286个，审计资金总额103.7亿元，促进增收节支1.46亿元，采纳审计建议意见933条；3个内审项目被评为宁波市内审优秀项目，其中1个被评为省内审优秀项目、2个表彰项目。全市内审工作连续十年获省、宁波市“双优秀”。选派的1名内审人员获“奔跑吧，宁波好内审”活动优秀学员，市审计局获优秀组织奖，并承办“宁波好内审——走进余姚”巡演。

【市党政主要领导经济责任审计】

年内省审计厅对余姚市开展党政主要领导任期经济责任审计工作，分自查自纠、现场实施、报告反馈、整改落实4个阶段。市审计局7名局领导、多名科室负责人参与市经济责任审计工作领导小组及下设综合组、业务组和综合保障组工作，并为此次经济责任审计出谋划策，确保审计工作顺利开展。

（李其锋）

市场监督管理

【概况】

2016年，市市场监管局新培育环保、健康、旅游、高端装备制造等七大新兴行业主体1108户；办结“个转企”334户，完成年度目标的110.2%，其中转公司制占比达71.6%；帮助企业解决融资61.4亿元，“创二代”培育工作获省工商局等肯定。成功创建省放心农贸市场3家，培育首批一星级乡村农贸市场5家，中国塑料城市场集群被认定为全省“现代市场集群”和“网上网下融合示范市场”，中国塑料城和塑料城网上交易市场分别被认定为四星级和五星级市场。

培育2家企业获市长质量奖，引导10家企业参与国标、行标制定，有2家企业获中国标准创新贡献奖，6个宁波级农业标准化示范区获立项。全年新核准注册商标1880件，总量首次突破2万件；新增宁波市知名商标12件、省著名商标6件、省知名商号3件，新增省名牌6个、宁波名牌11个，各类品牌增量和总量均居宁波各县（市、区）前两位。成功申报“浙江制造”品牌培育试点县，4件产品入选全省“浙江制造”重点培育产品目录，并全部完成团体标准研制发布；市市场监管局“浙江制造”创牌“五字”工作法被省质监局评为年度创新奖。

特种设备安全知识宣传

结合护航G20杭州峰会及全国卫生城市创建、省食品安全市创建和重大活动餐饮安全保障等工作，先后实施食品安全“三大一严”“两违两超”“四周边两部位”食品安全顽疾治理，性保健品“龙卷风”专项执法，酱腌菜粗加工行业整治，新办药店规范化管理检查，美容美发行业化妆品使用情况检查等专项行动，集中力量开展小餐饮行业排查整治。全年督促整改“三小”（小餐饮、小作坊、小食杂店）行业各类问题1400余个，查处各类食品药品案件197起，罚没款455.47万元，移送涉嫌犯罪案件线索24起。完成食品定量抽检5783批次，比上年增加763批次，合格率98.34%；完成食品快速抽检1.31万批次，合格率98.44%。开展“蓝剑2号”和小区电梯、液化石油气充装站等专项检查，共巡查企业511家次，发现隐患240项，整改率达100%，停用重点管控设备21台，立案查处20起；检验电梯6129台，发现问题并整改347台。

推进企业信息公示与年报工作，完善经营异常名录和严重违法企业名单制度，完成首次企业年报信息双随机抽查，2100余家市场主体被列入经营异常名录并进行信用公示和信息抄送。同时，在宁波市内率先开展食品经营许可证依法注销、个体户依职权注销和长期未经营企业清吊工作试点，摸索出一套适合商事登记制度改革形势的市场主体便利化退出工作流程，在省和宁波专题会议上作经验交流。全年共完成简易注销登记4486户，实施个体工商户依职权注销3153户，吊销长期未经营“休眠”企业293户，完成食品经营许可证依法注销159件。

【市场主体总量首破十万大关】

年内推行个体工商户营业执照和税务登记证“两证整合”，推出“互联网+审批”网上登记、“免填表”即到即办照等便利化服务，并通过“商务秘书企业托管”、住所登记条件放宽等方式，降低创业门槛。全年共办理“先照后证”10130户，累计核发“五证合一”营业执照1.86万张，新登记各类市场主体14534户，增长17.2%，注册资本（金）218.36亿元，增长50.23%。截至年末，全市市场主体总量达102314户，总注册资本（金）1139.44亿元。

【“信用余姚”建设】

完成首次“守合同重信用”单位公示工作，累计公示各类“守合同重信用”单位99家，数量位居全省各县（市、区）前列；新增省级信用管理示范企业1家、宁波级3家。开发上线“信用立方”管理系统，市企业信用信息共享平台的“信用支点”作用逐步显现，纳入该平台的部门（单位）已达54个，全年新增数据近200万条，总量达617万条。

【重点领域执法】

先后开展电线电缆行业整治提升、塑料行业打假治劣、商业贿赂治理、“红盾网剑”等专项执法行动，查处假冒国际品牌火花塞、假冒“脉动维生素饮料”等一批大案要案，对朋友圈虚假广告首开万元罚单，对自封“第一品牌”的房产广告罚款40万元，对胡某无证销售食品罚款41万元。全年累计查办各类案件890起（其中大案333起），罚没款1190.59万元，其中入选全国食品药品稽查优秀案例、全省药品医疗器械化妆品领域十大典型案件和省质监系统五大典型案件各1起，局稽查大队被宁波市人社局和市场监管局记集体三等功一次。

【消保维权工作】

面对职业举报激增等新情况，加强消保维权规范化建设，建设视频调解室13个，配备自动录音电话16部，并尝试开展远程消费维权试点。加强投诉多发企业的消保定向约谈，开展母婴消费等热门行业的综合评价，深化格式合同“征霸反霸”专项行动，推进省、宁波两级放心消费示范区和消费维权服务站建设，完善消费纠纷就地快速处置机制。同时，借助微博微信、消费警示、消费体验、消费比对和抽检公示等途径，加强与消费者的互动，提升民众对维权工作的满意度。全年共受理投诉举报3574件，增长14%；成功调处率95%，为消费者挽回经济损失281.3万元。其中，接受职业举报712件，增长350%；办理诉转案43件，增长95%。主动预防消费维权次生矛盾，妥善处置“姚食汇”等群体性消费纠纷4起，全年未发生消费纠纷引起的重大群诉群访事件。

（市市场监管局）

物价管理

【概况】

2016年，全市居民消费品价格指数为101.6%，与上年相比，上涨1.6个百分点；工业品出厂价格指数为100.1%，上升0.1个百分点。八大类居民消费价格指数呈七升一降态势。其中，食品烟酒类上涨3.2%，列上涨类之首；其次为其他用品和服务类价格上涨2.9%，衣着类、教育文化和娱乐类、医疗保健类、生活用品及服务类和居住类分别上涨2.0%1.9%、1.8%、0.6%和0.5%；交通和通信类价格下降0.5%。全年共查处各类价格违法案件67起，实施经济制裁总额37.49万元，其中退还用户36.39万元，罚款1.1万元。共受理各类价格投诉举报307件，根据举报线索查处价格违法行为110件。

【天然气、水资源价格改革】

年内建立余姚市居民生活用管道天然气阶梯价格制度和居民气价上下游联动机制；调整非居民用天然气销售价格，由原每立方米3.52元调整为3.24元。贯彻落实以水资源费和污水处理费为主的全市水资源价格改革工作；完成城区中高层住宅二次供水管理体制改革；对全市13家战略性新兴产业高成长企业实行优惠差别水价。

（市物价局）

安全生产监督管理

【概况】

2016年，全市共发生各类事故（包括工矿企业、生产经营性道路交通、生产经营性火灾、水上交通、渔业船舶）71起，死亡56人，受伤29人。其中，工矿商贸（含生产经营性火灾）事故12起，死亡12人，受伤2人；生产经营性道路交通事故59起，死亡44人，受伤27人；未发生水上交通、渔业船舶生产安全事故。未发生较大及以上生产安全事故。

【安全隐患排查治理】

全市5800余家规模以上企业、高危企业通过宁波市隐患排查治理信息平台上报各类一般隐患5.2万条，各项指标居宁波市各县（市、区）前列。按期完成9个宁波市、余姚市挂牌督办的重大隐患。6月2日，组织全市各乡镇（街道）分管安全生产工作的领导、安监所长、安委会成员单位分管安全生产工作的领导及危化企业负责人观摩在市华华物资有限公司液氨罐区举行的危险化学品泄漏事故应急救援演练。8月初，下发《关于成立余姚市危险化学品事故应急救援专家库的通知》，在原安全生产专家库的基础上，新增9名专家组成危险化学品事故应急救援专家库，并进入实战待命状态。

危险化学品泄漏事故应急救援演练

【安全预防控制】

新创建二级标准化企业23家，三级、四级标准化企业935家。590家高危企业、小微企业委托中介机构开展技术咨询、安全检查、安全托管等社会化服务，提高发现整改隐患的能力。7063家五类重点生产经营单位中，已完成企业服务平台基本信息录入的5056家，完成率71.6%。在原有329个安全网格设置的基础上，融入全省“一张网”建设，全市网格化信息系统应用率达100%，手机移动终端应用率97%，协查企业14842家，覆盖率23.4%。

【防范遏制较大以上事故试点工作启动】

根据《国务院安委会办公室关于印发标本兼治遏制重特大事故工作指南的通知》《宁波市人民政府办公厅关于印发宁波市开展标本兼治遏制重特大事故试点工作方案的通知》要求，结合余姚实际，9月份出台《余姚市开展标本兼治防范遏制较大以上事故试点工作实施意见》，围绕安全生产体制难理顺、监管责任难落实、企业主体责任难落实、基础保障难到位、风险隐患“想不到、管不到”等五大问题，明确七大体系建设、33项主要工作任务和10个首批推进项目，启动为期3年的标本兼治防范遏制较大以上事故试点工作。

（胡　蓉）

交通·信息

交通管理与建设

【概况】

2016年，全市共改建公路28.8千米，公路建设投资163760万元。年末，全市公路里程1941.219千米，其中国道82.555千米，省道153.447千米，县道401.615千米，乡道341.812千米，村道961.79千米。按技术等级分，高速公路41.992千米，一级公路196.879千米，二级公路106.108千米，三级公路182.082千米，四级公路1414.158千米。全市公路密度127.1千米/百平方千米。

全年安排2000万元以上建设项目12个，完成年度投资13.6亿元。其中，329国道黄家埠段改建工程、329国道余姚段灾后恢复重建工程（除慈溪周巷段外）主体完工，杭州湾跨海大桥杭甬高速高架连接线工程高架桥梁大部分完成，G228陆埠互通、S319丈亭互通工程落实PPP咨询公司，S319丈亭互通工程接线工程作为试验段进场施工；建设农村联网公路36千米；投资1.1亿元，完成李俞线、周太线等6个公路大中修工程。投入日常养护资金4000余万元，实施路面坑槽、沉陷修补等工作；修订主干线公路预防性养护方案；投入140万元完成古乍线、329复线等路面预防性养护5800平方米。

开展公路治超“非现场执法”，全年检测货车524.2万辆次，检测出超限运输车辆3.98万辆次，发出违法告知信息4917份（条），完成非现场执法超限处罚案件1189件。共查处办结抛撒滴漏车辆等违章案件502起，收取公路赔（补）偿费53.7万元。开展“天网八号”等联合执法行动，共查获涉嫌无证营运黑车55辆，已处罚完毕29辆。配合相关部门开展机器人峰会、文明城市测评期间的综合整治工作。联合运管、路政、城管等部门，打击和查处各类重型货运车辆擅自改装等违法违规行为，处罚违章大客车148辆。全年作出行政处罚1334起，其中简易程序917件，一般程序417件，收缴罚款123.45万元，发生行政复议案件1起，无行政诉讼。

完成大隐、梁弄两个公交首末站场新建及火车站公交站场改造，启动临山、鹿亭、大岚和河姆渡公交站场建设。对31条公交线路进行优化调整，新增648路（梁弄—百丈岙—紫溪）、653路（梁弄—桃花岭）、503路夜班线（南站—梁弄）、655路（大漕头—姚驾桥）公交线路4条。累计完成运营公交车维修29824台次。取消全市2016年出租车营运权有偿使用费。

市交通运输管理所全年共巡查航道125天次，巡航里程约1500千米。全年水路客运量5574人次，客运周转量27870人千米；货运量62800吨，货运周转量1272万吨千米。杭甬运河过境船舶5445艘次，通过货运量131.95万吨。杭甬运河余姚港航管理码头工程通过竣工验收；杭甬运河余姚段疏浚有序推进；蜀山待泊区工程进展顺利。

【大隐、梁弄公交站投入运营】

1月11日，梁弄公交站通过验收，25日正式启用。该站占地面积10118平方米，建筑面积2932平方米，设有候车大厅、汽车保养场、调度室、监控室、盥洗室、驾驶员休息室与安全教育大厅、机动车与非机动车停靠点等设施，有公交线路13条，投入客运运力64辆，每天客运班次284次。同月22日，大隐公交首末站正式启用，天下玉苑公交站同时停运，原公交线路走向保持不变。

【公路客运实行实名制售票】

5月23日起，全市高铁长途车站、高速汽车站同时实行实名制售票。旅客在购买车票时，需主动出示身份证、护照、港澳台通行证、军官证等有效证件。未成年人购票时须出示户口本、学生证或当地公安机关出具的身份证明。旅客在售票窗口、实体代售点购买多张车票时，也应出示被代买者的有效身份证件，一张有效身份证件在同一车次，线上线下只允许购买一张实名制车票。旅客通过网站等线上平台购票时，须准确填写乘车人身份信息。在办理改签或退票时，应出示与车票信息相符的身份证件。与此同时，办理货物托运也需实名登记。此外，货运站场也开始实行货物实名登记工作。

【甬余线改建工程开工】

6月6日，甬余线（姚州大桥至余姚大道段）改建工程正式开工建设。工程全长4963米，项目总投资30029万元，计划2017年12月底全线完工。改建后，由原四车道一级公路提升改建为带城市道路功能的六车道一级公路，路基宽度40米，沿线设中、小桥83.62米/2座，箱涵117.65米/6道，圆管涵476.0米/6道，与其他主要公路平面交叉5处。

【杭甬运河余姚港航管理码头竣工验收】

6月24日，宁波市港航局在市交管所组织召开杭甬运河余姚港航管理码头工程竣工验收会议并通过验收，工程正式交付使用。该工程位于开丰桥上游西北侧岸线，与开丰桥净距约140米。采用重力式结构形式，码头长28米，宽3米，最大可靠泊300吨级的港航执法艇1艘。项目设计年限为50年，总投资约250万元。该码头的建成，填补杭甬运河余姚辖区内港航管理码头的空白，为杭甬运河余姚段水上动态监管、快速搜救、巡航执勤等工作提供保障。

杭甬运河余姚段航道

【杭州湾跨海大桥杭甬高速连接线定名“慈溪—余姚高速公路”】

3月，根据省交通厅批复，杭州湾跨海大桥杭甬高速连接线公路工程的线路编号为S8，线路名称为慈溪—余姚高速公路，线路起点为规划的杭甬高速复线小曹娥枢纽，终点为杭甬高速肖东枢纽。该工程是宁波市规划“三连”高速公路网中重要的“一连”，全长23.26千米，为双向四车道高速公路，采用高架桥结构，设计行车速度100千米/小时，沿线经过小曹娥镇、泗门镇、朗霞街道、阳明街道、马渚镇、兰江街道，共6个乡镇（街道）。该工程于2014年开工建设，计划2017年前后完工通车。

（市交通局）

海 事

【概况】

2016年，海事余姚办事处辖区有渡口4处，登记渡船5艘，年渡运量8万人左右。全年开展船舶安全检查初查49艘次，复查16艘次，查出缺陷99项。现场巡航384次，巡航时间917小时，巡航里程4845海里，出动人员792人次；陆上巡查155次，计423小时，出动人员311人次；运河过闸船舶检查1995艘次，客渡船检查150艘次。查处违章船舶14艘次，罚款近10万元。全年未发生一起交通事故，水上安全形势持续保持稳定。

（海事余姚办事处）

邮 政

【概况】

2016年，余姚市邮政分公司实现业务总收入13747.18万元，完成宁波市分公司年计划的101.24%，比上年增长7.96%；实现净利润1098.77万元，增长152.48%；劳动生产率人均达23.09万元，增长11.53%。其中，金融业务收入8120.13万元，增长11.46%，全年储蓄余额新增10.9亿元，累计达53.42亿元；金融总资产新增16.2亿元。包裹快递业务收入1437.94万元，国内件业务量达158.96万件，增长297.21%，实现收入1066.9万元，增长124.12%。全年农村电商批销额365.57万元，列宁波地区第三位；邮掌柜进销存211.8万笔，金额1.99亿元，列宁波地区第一位；“邮乐购”站点保有量267家，新增政府挂牌电商服务站34个，农产品微邮项目获全市电商创业大赛二等奖。函件业务创收847.76万元，集邮业务创收652.23万元，报刊业务创收922.66万元，分销业务创收452.14万元，邮政传统基础性业务转型工作正式启动。

【网点网路建设】

年内完成三七市、历山和四明山邮政所3个网点的标准化装修改造工程。以贴近包裹快递市场为原则，启动邮运网整合提升计划。将123条投递邮路整合为100条，汽车邮路由14条增至24条，电瓶三轮车邮路由8条增至16条。推进网格化的块状组网投递，开展“营、揽、投”一体化模式的揽投站建设。组建邮政物流分部，提升包裹专投能力。

（任 斌）

电 信

【概况】

2016年，中国电信余姚分公司累计完成税后主营业务收入37392万元（国内口径），完成率居本地网各县（市、区）分公司第八位。其中，移动用户新增11.70万户，宽带用户新增3.41万户，ITV用户新增3.14万户，创新业务新增占比超40%。

【助力“智慧城市”建设】

年内加快网络基础设施建设，累计完成网络投资6000万元，其中完成光接入网络投资3000万元，建设接入能力15万线，主要覆盖四明山区域，对其他乡镇原薄覆盖区域进行网络优化和补点。截至年末，市境已实现光网全覆盖，全年共计完成4G网络工程投资2000万元，新增4G基站300个，实现城区、乡镇、高铁、高速等4G网络无缝覆盖。同时优化完善i-YUYAO网络，完成核心城域网的扩容工作，合计出口带宽达800G。还依托高速光网络和终端优势，助推宁波市基层社会服务管理综合信息系统、余姚市社会治安动态视频监控系统等项目建设。

（中国电信余姚分公司）

移动通信

【概况】

2016年末，中国移动余姚分公司通信用户达100万户，累计净增用户3万余户，运营收入增长率在5%以上。累计净增份额100%，日通份额较上年底提升1个百分点，提升幅度位居宁波地区第二位。流量增长1倍以上，改善度处于宁波地区第四位。响应省、市公司资费一体化改革，50元流量包改善幅度、“飞享18”以上套餐占比改善均居宁波地区前三位。服务考核累计排名宁波地区第二位，继续保持区域与宁波市领先地位。全年通过以小微站点模式——小区广告、高楼美化对打、山区H杆体、室内小系统等解决一大批难点和热点，S213省道实现4G全覆盖，累计开通LTE站点近200个。

【行业信息化业务】

年内突破市互联网中心政府大数据IDC（互联网数据中心）托管，电子政务网新增移动占比100%，净增13线；签约市人社局21个乡镇、街道的就业专线组网项目，同步切入医保专线二期新增租线；签约市公安局督察系统租线、350M集讲系统租线、交警数字电路出租；签约市人民法院数字法庭改造项目；交通质监专线100%签约；中标市旅游局“唐诗之路”无线网络覆盖项目。

（中国移动余姚分公司）

联通余姚分公司

【概况】

2016年，中国联合网络通信有限公司宁波市余姚分公司下辖6个营业厅、3个区域营销中心、15家员工/社区沃店，以及市场部、综合部、网络部、政企客户部4个分部门。共有员工100余人，其中8名员工年内承包“员工沃店”。3月，与市经信局联合在规模企业中开展“智慧宿舍，幸福工厂”信息化建设。12月，在市互联网促进中心支持下，联合4家运营商召开余姚首届智博展。年度全面实施实名制入网。响应国家提速降费工作要求，高速率宽带、低月费资费全面释放，提升4G发展登网率，加速用户向4G网络迁移。

推进小区（场景）的“光进铜退”（从“窄带+铜缆”为主网络向以“宽带+光纤”的网络转变）工作，同时完善城区光缆城域网，部署重要乡镇的光缆网、接入网规划，配合城建部门开展城区道路改造和新建重点工程管线改迁工作。

（中国联通余姚分公司）

城建 · 环保

城乡规划

【概况】

2016年，市规划局编制完成市域总体规划，中心城区控规实现全覆盖，批复乡镇总体规划11个。全市在编村庄规划100余个，其中获批复的66个，通过评审的73个，村庄规划覆盖率达93%。全年办理建设项目选址意见书73件、建设用地规划许可证123件、建设工程规划许可证144件、临时建设用地规划许可证4件，办理农转用报批手续261件，出具规划设计条件书87件，办理“退二进三”项目17件，既有土地改扩建项目32件，出具土地征收证明16件。

【市域总体规划修编】

1月，在广泛征求部门、乡镇、街道、人大代表、政协委员及社会各界人士意见和建议的基础上，最终形成市域总体规划方案并通过评审。2月，提交市城市规划委员会第二十三次会议审议。3月，提交市政府常务会议审议，并通过《余姚日报》和市政府网站进行公示；同月通过市人大常委会审议。9月，提交宁波市级部门及专家审查，并提请宁波市城乡规划委员会城市发展策略委员会审议。年末，经多轮修改和完善，形成规划报审成果，并提请宁波市人民政府审查。

【历史文化名城名镇名村保护】

年内，临山镇被公布为第五批省级历史文化名镇，柿林、中村、金冠3个村被评为第五批省级历史文化名村。编制历史文化名城保护三年行动计划，同时根据省住建厅部署，开展《浙江通志•历史文化名城名镇名村》编纂工作，先后完成余姚名城篇、梁弄名镇篇、横坎头名村篇。研究起草《余姚市历史文化名城名镇名村保护办法》，于8月由市政府颁布实施。在完成历史文化名城保护规划和府前路、武胜门历史文化街区保护规划的基础上，完成中村、金冠及柿林3个历史文化名村保护规划宁波市、县两级评审，新启动保庆路历史文化街区及晓云村和浪墅桥村历史文化名村保护规划编制工作，完成大运河（浙东运河）余姚段保护利用规划。全年争取到保护专项补助资金483万元，其中规划编制类补助金额60万元，古建筑修缮类补助金额423万元。对补助保护项目开展全过程跟踪，配合开展方案把关、工程验收、项目审计等相关工作，同时根据宁波市名城办的部署，完成2017年度补助资金申报工作。

【低效用地报批】

会同国土资源、环保、消防、安监等部门，对符合城乡规划和土地利用总体规划的238宗共计78.9公顷低效用地，出具规划审批手续。先后完成市城南编制单元、市城西工业园区一期控制性详细规划等。对全市范围内的历史遗留用地、低效用地进行梳理，完成29个项目的农用地规划审批手续。

（市规划局）

测绘与地理信息

【概况】

2016年，市测绘与地理信息局完成《余姚市基础测绘“十三五”规划》评审和报批。组织开展涉密地理信息成果使用保密检查和地图市场检查，组队参加“美丽中国”第三届全国国家版图知识竞赛和少儿手绘地图大赛等国家版图意识宣传教育活动。对全市102座三等以上永久性测量标志进行巡查，及时掌握测量标志状况，避免测量标志遭破坏。

完成中心城区带状、区块及要素1∶500地形图的修测更新。完成全市0.5米高分辨率卫星影像的新一轮全覆盖。首次实施全市1∶2000大比例尺地形图测绘，启动一期1000平方千米1∶2000地形图测绘及入库项目。完成第一次地理国情普查，同时开展地理省情“一区两率”（城市建成区首次普查和城市建成区监测，建成区绿化覆盖率、绿地率）普查和地理市情的监测更新工作。完成地理信息公共服务平台和“天地图·余姚”全市影像数据融合及更新，“天地图·余姚”在年度全省节点评估工作获评五星级节点。

【全市第一次地理国情普查完成】

2013年，市规划局启动全市第一次地理国情普查，至2016年12月，全面完成普查工作。通过普查，摸清全市“山、水、林、田、湖”等地表自然资源要素和人工设施现状及其空间分布，完成12个一级类、58个二级类、135个三级类的地表覆盖数据，涉及地表图斑101910个、地理国情要素27553个。开展地理省情确定的城市建成区调查、城市建成区绿化覆盖率及绿地率调查工作。完成全市19个消防站、中心城区25条主干道（88千米）和59条次干道（101千米）的1414个消火栓普查，以及城区救灾避难场所、人防避难场所、其他避难场所和58908幢建筑的高度普查等地理市情普查工作。

【数字余姚地理空间框架建设获国家银奖】

11月上旬，由市规划局送报的数字余姚地理空间框架建设项目获2016年中国地理信息产业优秀工程银奖。数字余姚地理空间框架建设项目是由省测绘与地理信息局、宁波市规划局和余姚市人民政府三方联合共建的项目，2015年11月通过由省测绘与地理信息局组织的专家验收。该项目通过“一库、一平台、七示范和一支撑”建设，建成满足城市建设管理和社会公众需要的权威、统一、现实的地理信息公共服务平台，纵向实现省、宁波市、余姚市三级数据互联互通，横向实现跨部门、跨行业的信息资源在线服务共享。

【政务地理信息资源采集共享】

9月下旬，市政府启动全市政务地理信息资源采集工作，按照“政府组织、部门采集、测绘校核”的分工协作机制，将全市52个相关部门15个大类、104个小类的5294条地理信息汇聚至政务地理信息共享平台。平台内的政务地理信息资源，不仅涵盖位置信息，还增加公众关注的属性信息，如公共交通、医疗卫生、人力社保、文化教育、旅游信息等各类民生保障及公共管理信息。通过政务地理信息资源采集共享，政府部门原本分散、碎片化的信息资源得到整合汇聚，成为政府宏观决策、科学治理的数据支撑之一。

（市地理信息中心）

住房和城乡建设

【概况】

2016年，市住建局累计完成建设投资11.28亿元。组织开展水质定时及临时抽检工作，共核发排水许可证694本，对10家违规排水户发放整改通知单。创新道路、桥梁养管新模式，引入政府购买服务。十六户、翁方、柿林、南新庵4个村的农房改造示范村工程均通过宁波、省级考核验收。发布“十三五”治堵规划；开展美丽县城创建，完成年度投资任务目标；完成宁波市“改旧”试点村申报工作。开展小城镇环境综合整治相关工作及农村危旧房排查启动工作。

年内启动山西新村原二轻宿舍区块、花园新村区块一期2—6号地块、山后新村区块等3个成片危旧小区，建筑面积15.1万平方米，户数2720户，均已签约成功。新增保障性住房家庭372户，其中经济适用房家庭27户，限价房1套，公租房配租344户，共计发放公租房租金补贴684户，总额462.37万元。全市房产新开工面积53.99万平方米，竣工面积111.6万平方米，房产开发总面积与上年基本持平。商品房合同预售面积126.64万平方米，增长152%。城区普通住宅均价10516元/平方米，价格基本稳定。

推进建筑质量治理两年行动，全面实施项目部关键岗位人员脸部识别考勤系统。组织开展安全生产专项检查8次，检查在建工程项目184项次，发出整改通知单165份，其中停工整改24份，限期整改141份，通报批评56家次，行政处罚20次。

出台《关于进一步加强物业服务企业项目经理管理的通知》，完成全市物业项目经理信息采集和数据整理，实行项目经理备案制和动态信用计分制。专项开展违规装修整治工作，全年受理违法装修投诉97起。同时开展小区消防隐患排查、电梯安全检查和电梯知识培训等。

【道路建设工程】

四明西路（箐江路—直江路）污水管道新建工程、北滨江路东延三期工程完工，舜汇路（兴城路—新建北路）道路新建工程完成94%，老年公寓西侧配套道路新建工程及新建北路（金型路至北环西路）道路新建工程等4条道路完成80%以上，四明东路（城东路至南排江路）道路新建工程进场施工。

【保障性住房建设】

城东穴湖二期工程、兰墅桥二期2个保障房续建项目竣工交付。其中，城东穴湖二期工程5.6万平方米共486套，兰墅桥二期工程2.96万平方米共288套（经济适用房144套，公租房144套）。启动舜南新村、南园新村等老小区整治改造工程。

【市政基础设施】

新增公共自行车站点8个，全年公共自行车累计租用量达178万次，多项运营数据在全国同类城市中名列前茅。完成谭家岭路、南雷南路道路绿化提升工程，同时完成主要公园绿地内的水体、水池整治工作。完成中心城区排涝工程一期，城区污水纳管一期、二期工程，大隐镇污水外排管工程等项目。实施梁周线污水管道改造工程、中心城区排涝工程二期、剑江村排涝泵站迁移工程。

【市公共自行车服务系统正式运营】

1月13日上午，由市住建局、团市委、市治堵办、市公安局交警大队主办，市网络文化协会协办，杭州金通公共自行车科技股份有限公司余姚分公司承办的“市民体验暨‘网民看看看’走进公共自行车活动”举行，标志市公共自行车服务系统正式运营。市民租车前，需关注“i单车”微信公众号，然后扫描锁止器上的二维码，填写手机号码在线注册并支付200元押金后，即可在相应站点无卡租车、还车。

（市住建局）

公共项目建设管理

【概况】

2016年，古路头安置房四期、白鹂江景安置地块、康山五圣殿安置小区项目均已竣工并交付；文字地项目完成竣工验收；牟山湖二期完成全部主体结构及内外墙粉刷；兰墅三期二地块项目完成地下室、主体结构及二次封闭。

二职校改扩建（党校）5月底完成所有子项工程的竣工验收并交付使用；实验高中项目于7月完成室外附属工程的竣工验收并投入使用；老年大学项目一期通过验收，二期启动工作对接及前期准备。残联康复医院交付并投入使用；二院迁建工程6月完成交工验收，等待业主确认装修方案；中医院迁建工程完成粉刷、幕墙主龙骨、外墙保温和屋面防水，正进行外墙石材干挂安装等。

机器人峰会场馆总用地1.03公顷，建筑规模11318平方米，建设过程历时3个月，6月初交付使用；府前路北侧地块改造一期工程基本完成；人武部附属用房装修工程5月底完成竣工验收，9月中下旬交付并投入使用；金融中心附属工程完成装修图纸设计，等待装饰工程前期招标。

（市公建中心）

环境保护

【概况】

2016年，市环保局修改完善生态环保区划规划，开展全市饮用水源地例行性水华预警监测工作。针对榨菜废水进水浓度波动过大等原因，要求榨菜主产地4个乡镇扩建调节池，增加蓄水能力。会同市农林局关拆畜禽养殖场602家，完成市级验收375家，并启动第四轮生态化治理验收工作，新验收生态化整治畜禽养殖场96家。在百日环保执法专项行动期间，查处环境违法行为235起，作出处罚决定书123件，罚款504.75万元，移交公安案件3件，完成G20杭州峰会环境质量保障的各项工作任务。年度全市生态满意度总分提高13.5%，在宁波市各县（市、区）排名前移4位。

全年共办结环保项目529件，其中审批397件，“三同时”（建设项目中防治污染的设施与主体工程同时设计、同时施工、同时投产使用。）验收132件，否决咨询项目60件；完成监督性监测118家次，竣工验收监测141家次，出具各类监测报告497份。打击涉危险废物环境违法犯罪行为，共立案297件，作出处罚决定288件，罚款1193.91万元，申请法院强制执行30件，移交公安部门10件。联合市商务、国土等部门对13家加油站油气回收情况和6家拥有国土部门采矿证的矿山企业进行现场执法检查。

制定年度减排计划，重点督促宁波光耀热电、宁波众茂姚北热电2家热电企业烟气超低排放改造和桐张岙垃圾填埋场渗滤液处理设施提升改造减排重点工程建设。加强91家重点废水污染源和6家省控废气污染源的刷卡排污系统运行管理，完成4家企业的废水刷卡排污系统建设。对117家企业征收年度排污权有偿使用费，总额1724.31万元。有5个工业建设项目新增排污权指标进行交易，交易金额86.32万元。对34家企业发放排污许可证。

【市生态环保工委成立】

5月，余姚市生态环保工作委员会成立，为宁波市各县（市、区）首家。下设办公室以及综合保障专业环保委员会、文教卫专业环保委员会、农林水利专业环保委员会、商贸专业环保委员会、城建交通专业环保委员会及工业专业环保委员会等6个专业环保委员会，明确各专业委员会工作职责，根据工作职责细化全市生态环保工作制度，构建各级政府负主体责任、多部门协同参与的生态环保良好机制。

【环境功能区划编制完成】

上半年完成《浙江省环境功能区划》余姚区域编制工作，并于7月获省政府批复。全市共划定六类环境功能分区37个。第一类是生态保护红线区，面积占国土空间的28.42%；第二类是生态功能保障区，占21.00%；第三类是农产品安全保障区，占28.94%；第四类是人居环境保障区，占11.32%；第五类是环境优化准入区，指开发强度已经较大、污染较重的工业园区，占8.57%；第六类是环境重点准入区，指用于重点开发、产业集聚的区域，占1.76%。生态保护红线区和生态功能保障区，已占全市国土空间的近二分之一。

【挥发性有机污染物（VOCS）治理】

年内对印染、化工、化纤、涂装、塑料、印刷六大类行业进行整治提升，并将VOCS治理工作纳入市民生实事工程。年初完成全市270家企业的调查摸底工作，并分阶段对乡镇、街道VOCS治理工作进行督察。全年超额完成80家VOCS企业治理，完成率达133%。

【黄标车全面淘汰】

全年超额淘汰黄标车217辆，2014年以来已累计淘汰黄标车16133辆。此外，购置机动车尾气遥感检测设备协助上路执法，加强黄标车和高污染车辆检测，并完成黄标车领取补贴的全部审核工作。

【闲置辐射源收贮转移】

对全市42家涉源企业、54家射线装置应用单位和14家废旧金属熔炼企业开展辐射安全专项检查，并督促实施9家停产、转产和放射源闲置企业39枚放射源的收贮或外省异地转让工作，其中收贮16枚，转让23枚，有效杜绝因企业转型升级、停产导致放射源长期闲置存在丢失、被盗等辐射事故安全隐患。

【断面水体达标工作】

2015年年底，为减少向姚江的污染物排放，启动开展断面水体达标考核工作。编制断面水体保持（稳定）方案，并落实具体措施，确保断面水质逐年提升并在规定时间内达到目标要求。通过对姚江浦口闸、车厩2个水体断面实地踏勘，对全市各乡镇、街道的主体工程落实相关实施意见和要求。2016年9月，《宁波姚江浦口闸、车厩断面水体达标（稳定）方案》经市政府常务会议通过。

（市环保局）

城市投资建设管理

【概况】

2016年，余姚城投集团公司共筹资96.05亿元，其中融资85.94亿元，收入10.11亿元。3月23日、7月21日、11月7日，集团公司所属市城市建设投资发展有限公司分三期在深交所非公开发行公司债券30亿元，期限五年，发行利率分别为4.95%、4.6%和4.04%。全年投入城建资金12亿元，其中拨付区块开发征地拆迁资金1.74亿元，市政工程项目3.93亿元，安置房等工程建设资金6.33亿元。归还借款利息10.64亿元。新口径借款规模171.56亿元，老口径借款规模185.47亿元。年末集团公司合并总资产348.5亿元，净资产105.91亿元，资产负债率69.61%。

全年在建安置房项目6个，共投入资金6.33亿元。其中，白山头安置地块（白郦江景）、古路头村安置房四期、兰墅公寓三期地块一、文字地块安置点地块（安馨华苑）、康山五圣殿安置小区等5个项目竣工并完成验收，已交付使用；兰墅公寓三期二地块，完成总工程量的75%。按年度拆迁安置计划，阳光“房票”安置7套。对现有可出售房屋包括不适合做安置房的房屋，经报国资核准后公开拍卖153套，建筑面积13676.72平方米，回笼资金10589.80万元，完成年初目标任务的341.92%。

所属市政公用企业全年供水7963.91万吨，其中自来水公司4202.90万吨、第二自来水公司3761.01万吨；水费回收率97.67%以上，其中自来水公司为99.55%、第二自来水公司为97.67%；供气3199万立方米，气费回收率99.845%；污水收集量约5573万吨，处理工业废水约2919.34吨，供应再生水约64.3万吨，中心城区生活污水集中处理率达 83.4%。

【城投公司首单非公开发行公司债券挂牌】

3 月 22 日下午，市城投公司 30 亿元非公开发行公司债券第一期 10 亿元在杭州浙商证券总部完成簿记，超额认购 2.5 倍，发行票面利率 4.95%，期限五年。此为城投公司调整融资结构，降低融资成本，拓展融资渠道，由间接融资转向直接融资的又一成功实例。这笔资金用于置换成本高、期限短的借款，降低企业债务风险。

【城投公司融资平台获评 AA+ 信用评级】

11 月，大公国际资信评估有限公司发布评估报告，对城投集团所属余姚市城市建设投资发展有限公司主体信用评级由 AA 上调至 AA+，为全省县级市融资平台首例，也是余姚国投公司最高外部信用评级。市城投公司自 2013 年启动主体信用评级，当年底即获评 AA 信用评级。此次信用评级的上调，标志余姚城投公司债券的安全性得到市场认可。

【两宗国有建设用地使用权挂牌出让成功】

10 月 19 日，城投公司挂牌出让的南兰江西路南侧、开丰路西侧地块和南兰江西路南侧、开丰路东侧地块两宗商住用地，分别被恒大地产集团上海盛建置业有限公司和温州泰多投资管理有限公司（碧桂园）以 7.13 亿元、4.64 亿元的价格竞得，两宗土地合计面积 13.51 公顷，收入资金 11.8 亿元。

【抗寒潮保供水】

1 月，全市遭遇 30 年一遇的强寒潮，自来水管严重受损。在十余天时间内，集团公司共计受理热线电话 15382 个，调动抢修人员 5000 余人次，完成抢修 11756 处，对 2700 余户受损供水立管免费安装临时立管。春节过后，投入 477 万元，采用承包方式，于 5 月底完成户表外墙临时立管改造，总计修复立管 2981 根。

【“保供水供气”民生工程项目】

截至年末，姚西北供水干管联网工程已累计完成投资 8500 万元，铺设管道 22 千米，约占总工程量的 55.5%；姚西北乡镇供水管网改造工程累计完成投资 1380 万元，安装企业倒流防止阀 45 只，围墙内水表外移改造 609 只；姚东水厂及原水管网铺设工程已基本完成水厂工程，供水管网分四标段按计划实施；马渚、渚山水厂新建污泥脱水系统于 9 月启动实施。年内天然气公司在建项目 34 个，完成投资 2358 万元，其中新建工程在建项目 10 个，完成投资 1159 万元；续建工程在建项目 24 个，完成投资 1199 万元；敷设天然气主干管 20.7 千米、庭院管 23.778 千米；完成老小区用气改造 2066 户，完成年度计划的 103.3%。

（姚辰子）

城市拆迁安置

【概况】

2016 年，全市完成房屋征迁面积 33.3 万平方米，签约户数 1579 户。其中，上年度延续项目完成签约面积 4.1 万平方米，签约户数 96 户；新启动项目完成签约面积 29.2 万平方米，签约户数 1483 户。夏巷一号互通工程（一期）、市城区堤防加固工程（一期）、四明湖水库下游河道整治一期工程、马渚镇棚户区改造一期、谢家路江拓宽工程等 13 个地块均全部完成签约。

【成片危旧房改造房屋征收】

年内启动危旧房改造项目 7 个，分别为原二轻宿舍地块、山后新村地块、花园新村二至六号地块，共计面积 15.1 万平方米，2720 户。其中，原二轻宿舍地块面积 1.3 万平方米、233 户，已完成签约，签约率 97.85%；山后新村地块面积 4.8 万平方米、893 户，房屋征收意愿征询同意率 94.74%，于 12 月 29 日开始签约；花园新村 2 号、3 号地块于 12 月 28 日开始签约。

【房屋征迁模式多样化】

兰江街道夏巷互通项目、马渚镇棚户区改造一期二期，均已引入“房票”安置模式。其中，夏巷互通区块房票安置面积达 85%；方桥互通工程房票安置正在实施中；剑江周边地块、史家地块等意向采用房票安置；华狮北侧地块拟采用安置房回购模式。同时，选择性开展模拟征迁，一般要求同意征迁的户数须在90%以上才可进入模拟征迁程序。全年启动模拟征迁项目3个，分别为剑江村周边地块改造项目南片区块、城西工业园（徐家、白墙门）和剑江村中下河江区块，共涉315户，面积106897平方米。

（市动迁办）

城市秩序整治管理

【概况】

2016年10月，余姚市城市管理行政执法局正式更名为余姚市综合行政执法局（简称市城管局）。围绕省政府确定的21个执法领域，推行以“横向扩大执法领域、纵向推进重心下移”为主要内容的综合行政执法改革,组建直属中队和18个基层中队，共计派驻执法人员101人。全年开展全市性集中整治行动3次，参与人员1207人次，现场纠正违章行为1879起，实施证据先行登记保存1267件。

执行城区“一级道路18小时、二级道路14小时”保洁工作制，落实专人每天对垃圾桶、房至少清运2次。7月1日起，对中心城区零星建筑装潢垃圾实行属地管理。全年共清运生活垃圾52.76万吨，转运建筑垃圾69378吨，清理粪便10924吨。在城区范围内清理满车灰尘、破烂不堪、无人问津、长期占用公共资源的机动车32辆、非机动车4辆。提升城市管理智慧化水平，全年共发现各类问题29731件（含简易案卷），应处置27833件，已结案27829件，及时处置27088件，年结案率99.99%。

【城市管理审批事项开通网上办理】

3月7日，城市管理审批事项纳入浙江政务服务网，正式开通网上办理。申请人只要注册登录浙江政务服务网，填写电子表格并上传相关材料后即可完成申请。申请获同意后，市行政服务中心城管局窗口工作人员会以电话形式通知申请人到窗口领证，申请人也可通过手机“浙江政务服务网”APP进行网上政务查询。

【建筑垃圾综合利用分拣处理试点项目建成】

10月18日，市建筑垃圾综合利用分拣处理试点项目在小曹娥垃圾填埋场建成并投入调试运行。该试点项目采取民间资本参与的运作模式，由企业负责前期建设及日常运营管理，风险自担，自负盈亏。试点区内设办公生活区、分拣区、骨料堆放区、生产车间、破碎车间等，配有建筑垃圾处理设备、自动化制砖设备、营养土培育设备、除尘降噪设备等，实现建筑垃圾无害化、资源化、减量化终端处理。

（黄益灵）

国土资源管理

【概况】

2016年4月，市和乡镇、街道两级土地利用总体规划，经省政府、宁波市政府批准，为四明湖下游水库河道整治一期工程（余姚段）、G228国道陆埠互通及S319省道丈亭互通建设工程等重点项目提供用地保障。全年上报新增建设用地13个批次和4个单独选址，新增建设用地261.2公顷，比年初上级下达的年度计划用地指标增加141.1公顷。公开出让土地39宗，面积99.2公顷，出让金总额18.58亿元，比上年增加1.1亿元。其中，城区经营性用地6宗，面积32.9公顷，收获出让金13.63亿元；乡镇经营性用地7宗，面积12.5公顷，收获出让金2.04亿元；工业用地26宗，面积53.7公顷，收获出让金2.91亿元。年末市土地储备中心投入资金25.15亿元，储备土地36宗，面积263.7公顷。共盘活存量建设用地114.3公顷。

年内，完成全市永久基本农田划定工作，划定永久性基本农田34053.3公顷。共设立保护标志牌298个，其中市级保护标志牌1个、镇级保护标志牌41个、村级保护标志牌256个，设置保护界村

1700个。以行政村为单位向农户发放永久基本农田保护卡6889份。完成并通过竣工验收土地整理项目10个，建成标准农田700.3公顷；实施四期围涂横塘区块“旱改水”项目，新增水田270.3公顷，完成3253.3公顷耕地质量提升任务。推进农村土地综合整治，新增耕地53.3公顷，实现年度全市耕地总量不减少、质量有提高的占补平衡目标。

全年办理村民建房1085户。对梨洲街道、陆埠镇、梁弄镇和大岚镇50户地质灾害隐患点农户实施避让搬迁。对全市20个地质灾害点进行工程治理或排险治理，地质灾害点全部消除。全年共立案查处土地违法案件348宗，面积156.8公顷，其中耕地15.3公顷。拆除违法建筑物72072.2平方米，没收地上建筑物143231.8平方米，罚款1212.37万元，申请法院强制执行294件，作出党纪政纪处分15人。处理非法开采矿产资源案件81件，收缴罚款246.30万元，会同市公安局开展矿山专项整治行动，处理重大典型非法开采案件8件，移送公安机关批捕涉案人员11人。

【不动产登记工作开局良好】

2015年12月11日，市不动产登记中心挂牌成立。2016年4月28日，颁发全市第一本不动产权证书，开始正式受理不动产登记业务。截至年末，全市共颁发不动产权证书31510本，其中集体土地证书190本，发出不动产登记证明14177份，办理抵押登记融资890.1亿元。

【建设占用耕地表土剥离实现常态化】

2008年，全市开始实施建设占用耕地表土剥离再利用措施，已累计实施表土剥离项目245个，面积780公顷，剥离并利用优质表土234万立方米，使600公顷新垦造耕地的土壤得到改良，全部达到优质耕地标准。其中，2016年全市共实施建设占用耕地表土剥离项目27个，面积103.2公顷，剥离优质表土33万立方米。

（市国土资源局）

高铁新城

【概况】

2016年末，高铁新城项目尚需使用资金约4.5亿元，预计资金缺口约1亿元。指挥部通过商谈PPP合作项目，以存量项目作为融资途径，争取融资20亿元。在推进PPP项目的同时，与中山证券、华夏银行宁波分行、浦发银行等进行项目贷款对接，确保资金链安全。另外进行AA评级，以提升公司形象。

【高铁新城项目征迁】

高铁新城核心区块一期0.8平方千米征迁基本完成，二期1.2平方千米已完成集体土地上房屋拆迁签约610户，面积约18.94万平方米，拆除约18.02万平方米。国有土地上房屋拆迁签约14家，面积约6.5万平方米；推进中山北路以东区块房屋拆迁，开展人工湖、舜宇东路前期相关工作。以函件形式上报主管部门，要求铁路部门尽快完成环境噪音影响评估验收审核工作。

【高铁新城核心区基础设施建设】

屯山公园建设工程建成开放，并委托物业公司进行管理。继续开展舜宇东路、金盛北路南延工程、人工湖及周边景观绿化等项目的前期工作，进行项目可行性研究和方案设计，并结合周边地块招商工作进行布局和调整。五星村、永丰村两个安置小区占地面积约13.1公顷，总建筑面积约27.8万平方米，已建设完成并通过验收，可安置分配，交付使用。

（张佳捷）

文化·旅游·传媒

文化事业

【概况】

2016年，市文广局先后承办全国农村电影发行放映工作座谈会、第八届中国·宁波农民电影节暨首届中国戏曲电影展开幕式、聚焦“小康中国，富美乡村”主题放映启动仪式等活动。起草《关于全市加快构建现代公共文化服务体系的实施意见》和《余姚市推进基层综合性文化服务中心建设实施方案》。市公共文化服务中心完成配送425场次，并首度与上海大学公共艺术协同创新中心合作。市文化馆“周末课堂”免费配送各类培训85期，四明阁“天天演”全年演出365场次。姚剧新戏《浪漫村庄》入选省文化精品扶持工程第十一批扶持项目，获省第十三届戏剧节“新剧目奖”。

配合国家历史文化名城申报，开展府前路整治工程，编制龙泉山历史风貌区保护发展规划、保庆路历史街区整治方案。完成6家国有单位8628件（套）可移动文物数据整理，普查古籍3120部34009册。先后实施成之庄、祝江大桥、鸡山学堂、周氏老洋楼、天兴庙等维修工程，文物开放点接待游客110余万人次。开展“我快乐，我是河姆渡小传人”远古文化体验活动等主题活动33个，其中“走进青瓷”活动被评为全省首届优秀青少年博物馆教育项目。举办书画展览20个，启动《河姆渡文化综述大型图录》《童年气派——河姆渡卷》编撰。命名第五批市级非遗名录，完成国家级非遗代表性传承人沈守良的抢救性记录专项，组织举办与参加非遗课堂培训和非遗传承人进校园培训百余次。举办第二届“阳明文化日”活动，先后赴孔子文化院、贵阳孔学堂等开展阳明文化课题调研。

在市审批服务中心单独设立文化审批窗口，窗口直接签批率达100%。专项清理审批事项前置条件和材料，取消所有文化类审批项目最低注册资本限制等。推出“二维码扫码办件功能”，网上办件率达88.4%。全年受理审批服务事项699件，按期办结率100%。新增文化经营单位97家。开展网吧、出版物市场专项整治和“扫黄打非”系列专项行动，共出动执法人员1270人次，检查各类文化经营单位2704家次。联合消防、工商、电信等部门起草《余姚市网吧等级评定办法》，开展联合执法13次。

【浙东抗日根据地旧址群全新开放】

在闭馆整修一年后，2016年元旦，浙东抗日根据地旧址群景区重新对外开放。浙东四明山抗日根据地是全国十九块抗日根据地之一，也是解放战争时期江南七大游击区之一，根据地旧址群所在地梁弄镇年均游客60万人次，累计游客量400余万人次。2015年1月，启动四明山抗日根据地旧址群景区改造提升工程，总投资912万元，主要涉及浙东行政公署与浙东抗日军政干校旧址、中共浙东区委旧址、浙东银行与新浙东报社旧址等展陈改造提升，新增新四军浙东游击队军史陈列馆展陈布展，布展总面积2485平方米。

【市第六届全民读书节】

4月22日，由市文明办、市文广局联合主办的市第六届全民读书节开幕。该届读书节以“风雅颂余姚，书香满城乡”为主题，一直延续到10月，共安排“书香余姚”全民阅读数字服务平台上线启动仪式、“美丽乡村行”主题征文比赛、“邮政杯”读报读刊知识竞赛、“书香余姚”主题摄影大赛等12项活动。

【肖东一小学生获省少儿戏曲小金桂奖】

5月8日，由省剧协和宁波市文联联合主办的首届“浙江省少儿戏曲小金桂奖”闭幕。市肖东第一小学学生罗刚铖凭借姚剧表演《陆文龙》获“小金桂奖”，另两名学生王伊凡、雷天禧乐分获“小银桂奖”和优秀演唱奖。“浙江少儿戏曲小金桂奖”是“浙江戏剧奖·金桂表演奖”的补充，是省剧协为培养戏曲接班人，鼓励少年儿童学习戏曲，为戏曲可持续发展而设立的奖项。近年来，肖东一小作为国遗姚剧教学传承基地，为姚剧的传承发扬作出贡献，被评为全国优秀文化艺术传承学校。

【市第十二届未成年人读书节】

5月21日，由市文广局主办的市第十二届未成年人读书节在余姚影城启动。该届读书节以“我读书、我快乐、我智慧”为主题，历时1个月，至6月18日结束。先后举办“红色四明薪火相传”向少先队烈士中队授旗暨赠书仪式、“‘悦’读‘阅’快乐”书友沙龙亲子阅读推广与分享、“小小志愿者在行动”等活动，并向全市各社区、中小学“送书上门”，扩建流动图书馆。

【梨洲文献馆古籍资源库查阅平台上线】

7月，市文保所梨洲文献馆古籍资源库查阅平台（www.lzwxg.cn）上线。该平台依托族谱、志书、古籍、姚江名人著作等馆藏，向社会提供数字化在线检索及网络版全文阅览。第一批上传族谱类和姚江名人著作类古籍27部，至年末，共上传50部、256册。

【河姆渡遗址博物馆与韩国开展学术合作】

11月2日，河姆渡遗址博物馆在博物馆学术报告厅与韩国高阳市家瓦地水稻博物馆签订学术合作协议。距今七千年的河姆渡文化是中国南方地区史前农耕文化的杰出代表，河姆渡几乎是世界稻作农业起源的代名词；家瓦地遗址出土距今五千年的稻谷，是韩国迄今发现最早的人工栽培稻。学术界普遍认为，人工栽培稻起源于长江中下游地区，通过山东半岛传入韩国，再传往日本。两馆将开展资料与信息沟通、学者互访、参加学术会议和野外工作、双边学术研讨、考古研究、共同发表学术研究成果、馆藏出土文物研究和互展等活动，加强在农业史、水稻起源、古生物与古环境的演化等领域的学术研究。

【保庆路历史文化街区保护规划通过评审】

11月，市文广局召开保庆路历史文化街区保护规划评审会，并通过该规划方案。保庆路历史文化街区规划范围东起南雷路，南至舜水南路，西至大黄桥路，北至笋行弄以北70米，总面积11.3公顷，是余姚古城现存的三片传统街区之一，曾培育一大批对余姚乃至全国产生深远影响的历史人物，是余姚仕宦文化的重要承载地。评审会认为，该规划对“市井南城、宰辅故里”历史文化资源挖掘到位，对保庆路历史文化街区的情况梳理清晰，对现状调查深入系统，符合保护规划的编制要求。

【余姚姚剧团纪念建团60周年】

11月25日，余姚姚剧团在龙山剧院举行建团60周年纪念大会。1956年11月，余姚姚剧团正式成立。60年来，姚剧从一种传唱于田间地头的民间曲艺，不断吸收融合新的艺术元素，创作出一部部脍炙人口的经典作品，给广大群众带来艺术享受。

（方其军）

市姚剧团下乡演出

文化产业

【概况】

2016年末，全市共有规模（限额）以上文创产业法人单位238家，其中亿元以上龙头骨干文创企业36家。全年实现文创产业增加值47.25亿元，占全市GDP的5.33%。编制完成《余姚市“十三五”文化产业发展规划》，府前路历史文化街区建设等15个项目列入宁波市“十三五”期间文化建设重点项目。全年兑现文化产业扶持资金280余万元，争取上级文化产业发展专项扶持资金840万元。组织企业参加北京、上海、深圳、厦门等文化产业推洽会及2016中国（宁波）特色文化产业博览会，获宁波市文化产业招商工作进步奖和2016中国（宁波）特色文化产业博览会优秀组织奖。文山创意广场、阳明一八八文化创意园被命名为宁波市级文创产业园，大丰实业被命名为国家企业技术中心。丹山赤水等3家公司入选宁波市八大文创重点产业排行榜十强企业，阳明一八八青创空间被评为年度十大创新项目。

（市文产办）

旅　游

【概况】

2016年，全市共接待国内外游客1113万人次，增长10%；实现旅游收入102.61亿元，增长11%。编制完成《阳明故里旅游策划方案》。指导大岚镇创建宁波市乡村全域旅游示范区，完成投资约8000万元的四明湖国际会议中心项目，投资约650万元的唐诗之路景观小品项目完工。梁弄镇山水络活项目、四明湖湖东哲学小镇、大岚镇四丰村“俭屋”项目签订意向合同，鹿亭中村精品民宿项目签约。

全年举办中国余姚杨梅节等节庆活动40余项，规划余姚春夏季旅游精品线路，组织旅游企业参加省旅交会、上海世界旅博会等旅游促销活动。认定旅游推荐饭店13家、旅游推荐餐馆8家，电商合作平台增至6家。团队景区游览接待27万余人次，团队住宿接待房间14811间，分别增长30%和52%。继续开展“幸福家乡欢乐游”活动，5家收费景区累计接待市民12.19万人次。对挂靠中心的140名社会导游进行业务技能培训。

全年农家乐休闲旅游共接待游客528万人次，直接营业收入5.13亿元，分别增长20.5%和17.3%。制定《四明山区域实施乡村旅游的奖励办法》，对新建项目且实际投资额在100万元（含）以上的项目，按实际投资额的10%给予不超过50万元的补助。开展“余姚市十佳特色农业精品线”评选活动。与市台办联合承办“2016浙江·台湾周之甬台乡村旅游民宿交流”活动。全年新增旅行社3家，河姆渡国际旅行社成为具备出境资质的国际旅行社。

【2016宁波四明山旅游节在余姚开幕】

4月9日上午，以“多彩山水美丽四明”为主题的2016宁波四明山旅游节在余姚市大岚镇主会场开幕。开幕式后，在大岚镇举行“樱花之旅”徒步大会、“闻香识余姚”赏金验客大赛、樱花带你觅美食、探访中国最美丽茶园、“无我茶会——四明论道”、樱花花瓣DIY亲子活动、寻找最美“樱花仙子”等系列旅游活动。此次旅游节由宁波市委宣传部、宁波市旅游局、四明山区域办和余姚市、奉化市、鄞州区人民政府共同主办，全年分为“花开四明”“清凉四明”“枫动四明”“冰火四明”四大主题，共有20项特色活动。

【“上山下乡游四明山”活动】

5月，市四明山旅游开发建设办公室推出“上山下乡游四明山”旅游营销系列活动。活动时间为期1年。包含春夏秋冬四个篇章，根据不同季节特色，结合赏樱、观枫、挖笋、采摘、漂流、登古道、住民宿、品年味等活动推出特色旅游线路，基本集聚全市山区和平原的旅游亮点项目，尤其注重游客的体验活动。

【甬台乡村旅游民宿交流活动在余姚举行】

9月18日，作为2016年浙江·台湾周的宁波专场活动“甬台乡村旅游民宿交流活动”在余姚四明湖开元山庄举行。此次活动由市人民政府主办，邀请两岸经济、文化、民宿等各界知名人士和专家、学者等，围绕“民宿产业与乡村旅游的转型升级”进行专题探讨。会后，台湾南投县民宿观光协会、上海原圃投资发展有限公司以及大乐之野与余姚市3个民宿项目进行签约。

【奥运冠军助阵“枫”跑四明活动】

10月16日下午，2016宁波四明山浪漫金秋节暨七彩之巅“枫”跑四明活动在四明山镇举行，吸引500余名中外跑步爱好者参加。此次活动由宁波市旅游局、余姚市人民政府主办，余姚市旅游局、新浪网承办。起点和终点分别设在地质公园和仰天湖山庄，全程5.7千米。活动邀请伦敦和里约两届残奥会游泳冠军王益楠、北京奥运会体操金牌得主杨伊琳作为特邀嘉宾为队伍领跑。

【浙东首家集装箱民宿开业】

12月24日，位于梁弄镇四明湖畔的浙东首家集装箱民宿——“梁弄集约部落”正式开业。占地面积约0.4公顷，是一个用70余个废旧海运集装箱搭建的特色时尚民宿，总投资1000余万元，共有4组民宿建筑群，建有世界不同风情的主题客房46间。开业典礼上，集约部落向社会各界承诺：从该民宿成立这一天开始，每预订出一个房间都将会抽出1%的利润捐赠到“贫困山区专项爱心助学基金”，资助山区贫困学生，并将举行和参与其他爱心慈善活动。

（方其军）

牟山湖旅游开发

【概况】

2016年，市牟山湖休闲度假区管委会按计划推进招商引资、规划编制、拆迁安置、基础配套等工作，全年投入开发建设资金3.42亿元。

【基础配套建设】

年内完成全长2.2千米的长安西路西延（丰南至斗门）道路工程前期对接工作，总投资约9000万元，待拆迁完成后施工。完成环牟山湖绿道新建工程的设计准备，规划全长约15千米，宽3—6米，总投资约2800万元，已完成项目可行性研究报告和施工设计。完成牟山湖东入口供水主干管建设工程（总投资约1500万元）、镇东路DN400管供水管道工程（总投资约300万元）、镇东路综合通信管道工程、天然气、电力排管工程等。牟山湖天然气主干管接入工程已完成85%，全长8.3千米，总投资约1000万元。

【拆迁安置工程】

按照“拆一块，平一块，清一块”的分期节奏，开展一期清零扫尾工作，其中砖瓦、大园2个自然村已基本拆迁完毕。年末启动湖山竺山片、牟山湖新富片2个自然村的模拟拆迁工作。同时，牟山湖休闲度假区拆迁安置小区正有序建设，计划总面积25.9公顷，在全市率先尝试采用“限房价，竞地价”、全面推向市场化运作模式。一期工程占地面积约5.5公顷，总投资约4.86亿元，已基本建成，正按计划推进二期安置房建设，已累计完成投资额3350万元，占总投资额的47.86%。

（黄炳全）

广播电视

【概况】

2016年，市广播电视台围绕学习宣传中共十八届六中全会精神、经济转型升级、“五水共治”、“三改一拆”、“十二五”成就、“十三五”规划、“两学一做”学习教育、争创国家卫生城市、争创全国文明城市等重点工作，以及市十六届人大五次会议、市政协十二届五次会议、第七届中国余姚·河姆渡农业博览会、第三届机器人峰会暨全球海归千人宁波峰会、第十八届中国塑料博览会、市十五次党代会等重要会议、重大活动，先后推出专题报道。同时围绕全市经济发展大局，策划推出“姚商好故事”“我的创业故事”两个专栏。

年度《今晚播报》“今日快评”板块的评论话题，由每天2个增至3—4个。广播系列报道《舜宇的坚守》、电视短消息《余姚田螺山发现中国最早的人工种植茶树遗存》等13件作品获宁波市广播电视政府奖、宁波市新闻奖等奖项18个，其中一等奖2个。电视长消息《应收账款债权流转：化解政府“白条”》，获由宁波市委宣传部组织的2015年度重大主题报道评选二等奖。在中国广播电影电视联合会相关分会组织的评奖中，新闻部选送的5件作品获奖，其中一等奖2个。

通过开通微信公众号和数字电视网等手段，方便用户通过网络完成缴付数字电视维护费和维修预约等。已安装数字电视约31.4万户、机顶盒约63万只，安装宽带用户数约1.18万户；全年创收约8189万元，其中基本视听维护费收入约6789万元，增值业务费收入约594万元，其他各类创收约806万元。先后组织汽车团购会、上市会、广电大型车展等活动，同时对三个自有创收节目重新定位，并对所有时段广告重新定价，全年完成广告创收约1820万元，与上年基本持平。将舞台走进农村、走进群众，开发农村娱乐文化资源，传播公司全年完成创收约316万元。此外，工程公司全年完成创收约1722万元。

【“中国新歌声”登陆余姚】

3月，由市广播电视台承办的“中国新歌声余姚赛区海选”开幕。共安排4场初赛、2场复赛以及半决赛、决赛。海选决出的余姚赛区前二十强，除感受《中国新歌声》官方体验舱，录制歌曲，获丰厚奖品，还能经组委会包装，参与《中国新歌声》LIVEHOUSE巡演。获余姚赛区前三强的选手，则直接晋级省预选赛。总决赛结束后，周董董与蔡雨诺两名学员参与在上海灿星录制的中国新歌声LIVEHOUSE节目。

（市广播电视台）

余姚日报

【概况】

2016年，余姚日报社先后推出《学习贯彻中共十八届五中全会精神，建设现代化创新型生态城市》《全民共建美丽家园》《创客故事》《践行核心价值观，做文明崇德余姚人》《治国理政新实践，加快发展谋新篇》《两学一做，知行合一》等专栏，统一推出《四明聚焦》新闻监督栏目。全年出版发行日报357期，累计版面2784版。完成营收5150万元，增长13%。

制定出台《余姚日报社媒体融合和改革发展三年行动计划》，组建管理保障中心、新闻采集发布中心、产业运行中心及新媒体事业中心，共下设10个工作室；实施同工同酬绩效考核机制，4人通过竞争上岗与双向选择后得到提拔或重用，提前退岗或辞退、转岗、待岗分流8人。

开发“新闻+服务”的“姚界”新闻移动客户端，形成日报微信、新闻网微信、余姚理财汇等微信微博矩阵，覆盖用户30余万户，初步形成

“中央厨房”式的全媒体采编发流程再造架构。先后举办《余姚日报》创刊60周年纪念活动和第四届“读者节”，设立“姚报微公益众筹平台”以及余姚日报博爱专项基金。社长总编走访“千人计划”专家系列报道获宁波新闻奖重大主题报道奖策划创新奖，有3件作品分获宁波新闻奖重大主题报道奖优秀作品奖一等奖、二等奖、三等奖。

【《余姚日报》创刊60周年纪念大会】

5月30日上午，举行《余姚日报》创刊60周年纪念大会，同时举行“姚界”新闻移动客户端上线仪式。市委书记毛宏芳，宁波日报报业集团党委书记、社长蒋旭灿等出席会议并讲话，市委常委、宣传部部长陈长锋主持会议。余姚日报社社长、总编辑黄桂树汇报《余姚日报》创刊60年来的主要工作和下步打算。

【余姚日报博爱专项基金成立】

11月19日，在《余姚日报》第五届读者节开幕式上，余姚日报博爱专项基金正式成立，余姚日报社旗下公益平台“姚报微公益众筹平台”同步开通。宁波富华阀门有限公司首捐5万元善款。余姚日报博爱专项基金主要用于开展各类社会慈善公益活动，包括在市内外开展贫困家庭学生助学、对贫困落后地区结对帮扶、应对突发重大灾害的人道主义救援行动及其他社会慈善公益活动等。资助项目由余姚日报社和市红十字会共同商议决定后实施。基金使用管理遵循“量入为主、用量控制”“专款专用、规范高效”和“公开公平公正”的原则，由余姚日报社负责项目的运作实施，接受市红十字会、政府有关部门、社会各界和捐赠方的监督检查。

（余姚日报社）

“姚界”新闻移动客户端上线仪式

教育·科技·卫生

教　育

【概况】

2016年，全市共有各级各类学校151所，在校学生（幼儿）142407人，在编教师7697人。其中，普通高中10所（含姚中书院），在校学生10441人；职业高中7所（含姚江旅游学校和技工学校），在校学生8694人；初中30所，在校学生27803人；小学83所，在校学生67142人；特教学校1所；其他学校20所（教师进修、卫生进修、成校）；幼儿园219所（公立幼儿园29所、民办幼儿园190所），在园幼儿36864人。年内梦麟中学、小曹娥镇中心小学、泗门中心幼儿园夹塘分园、丈亭第一幼儿园先后投入使用，梨洲学校初中部新建、余姚中学改造项目进展顺利。全市认定普惠性民办幼儿园107所，公办和民办普惠性幼儿园招生覆盖率达80%。10月中旬，余姚市通过省第三批基本实现教育现代化县（市）督导评估。

全年招聘教师214人，其中全日制普通高校应届优秀毕业生61人，教育高层次人才8人。2人入选“宁波名校长”，1人入选“浙江省杰出教师”推荐名额。推进“一校一品”“一校多品”特色创建，全市义务段109所学校，97所有特色项目。推荐国家级足球特色学校2所、省级足球特色学校6所。数字化校园达标学校100所，达标率88%，其中优秀级学校18所。全年各类帮困助学支出9000万元。营养午餐范围覆盖山区乡镇2200余名学生。共组建8个教育共同体和30对结对帮扶学校。

围绕全市产业特色需求，各职校组建技能集训队参加各类技能大赛，获宁波市级一等奖53项、省级一等奖4项、国家级一等奖4项。设立校外实习基地7家，与90余家企业签订长期合作协议。成立4个职教集团。全年累计开展非学历培训40万余人次。编印地方德育教材《姚江魂》《姚江神》《姚江行》。保证义务教育段学生每天1小时体育活动时间，全市中小学国家体质健康测试合格率达97.81%，92%以上学生掌握至少两项体育技能。累计组织学生6.5万人次参加实践学习体验。全市中考平均分492.34分，合格率85%以上，列宁波市第4位。

【高考取得历史最好成绩】

全市普高第一批上线977人，上线率23.1%，比上年提高2.2个百分点。余姚中学第一批上线率96.4%，列全省第四位、宁波第二位，其他各普高第一批上线人数500余人。被“211”和“985”大学共录取310人，其中清华、北大11人，复旦大学、上海交大11人，浙江大学74人。职高本科上线140人。考入体育艺术类的学生256人，其中被北京体育大学录取1人，被上海音乐学院录取1人，被中国美院录取9人。

【梦麟中学投入使用】

余姚市梦麟中学系公办普通高中，位于市经济开发区月梅路1号。学校按省一级重点中学标准进行规划建设，设计规模60班。占地约11.3公顷，总建筑面积7.79万平方米，总投资6.5亿元，是余姚有史以来投资额最大的教育投资项目，也是市级重点民生实事项目。学校于8月投入使用，12月6日举行落成暨蒋梦麟陈列馆开馆仪式，北京大学校长林建华发来贺信，副市长王安静，蒋梦麟曾孙、北京大成国测技术有限公司董事长、欧美同学基金会理事兼副秘书长蒋梦等出席仪式。

【第四十六届市中小学生田径运动会】

10月19—22日，由市教育局、市文体局共同主办的第四十六届余姚市中小学生田径运动会在职成教中心学校举行，来自全市79所中小学的751名运动员参加比赛。经过两天半的比赛，共有2人次破1项纪录，东风小学、长安小学和实验一小获小学组团体前三名，舜水中学、子陵中学和兰江中学获初中组团体前三名，四中、余姚中学和七中获高中组团体前三名。

（陈汉春）

科学技术

【概况】

2016年，全市实现高新技术产业增加值136亿元，增长14%，比规模以上工业企业增幅高6个百分点，占规模以上工业企业增加值的比例达50%。认定高新技术企业39家，新认定余姚市企业工程（技术）中心25家，新申报宁波市企业工程（技术）中心17家、省级高新技术企业研发中心2家、省级企业研究院1家。全市累计拥有各级企业工程(技术)中心316家，其中国家级1家(浙江大丰实业股份有限公司研发中心)、省级37家、

余姚市梦麟中学

宁波级89家、余姚级189家；拥有省级重点企业研究院3家（全宁波市17家）、省级企业研究院3家、宁波市级企业研究院8家。全市规模以上工业企业完成科技经费投入411810万元，完成R&D经费投入270806万元。7家企业申报的宁波市智团创业项目获立项支持240万元；7家企业承担的项目已列入宁波市重大（重点）科技项目，获上级科技经费支持830万元。2个项目列入宁波市农业重大项目，资助经费分别为150万元和100万元。4个项目列入宁波市科技富民项目，1个项目列入宁波市科技惠民项目，3个项目列入宁波市自然科学基金项目。征集企业技术难题50余项，牵线60余家企业与高校院所洽谈，签约合作项目40项，完成引进技术成果成交额9217万元。

【江丰电子一项目获省技术发明一等奖】

3月23日，浙江省科学技术奖励大会在省人民大会堂召开，余姚市共有4个项目成果获2015年度省科学技术奖。其中，宁波江丰电子有限公司主导完成的“超大规模集成电路制造用溅射靶材关键技术研究及产业化”获省技术发明一等奖，也是年度宁波市唯一的省一等奖。此外，宁波丰茂汽车零部件有限公司自主开发的“双层防渗透汽车管路系统的研发与产业化”项目获省技术发明三等奖；市农村水利管理处主持的“经济型喷滴灌技术与开发”项目、宁波舜宇光电信息有限公司完成的“闭环路控制的高精度低功耗自动对焦摄像模组”均获省技术进步三等奖。

【参加省青少年科技创新大赛获3金2银】

4月23—24日，由省科协、省教育厅、省科技厅、团省委联合举办的第30届浙江省青少年科技创新大赛在舟山举行，余姚市学生获3金2银。其中，东风小学东江校区郑尚勤的“书法教学演示台”获创新项目一等奖，也是该项目小学组第一名；世南中学郑奕馨、宓林颖、柳嘉颖等人的《“五水共治”下姚江支水系的调研报告》获科技实践活动项目一等奖，东风小学吴悠的科幻绘画作品“磁悬浮电梯”获科幻项目一等奖，新城市小学徐楠的科幻绘画作品“盗墓笔记”获科幻项目二等奖，实验学校裘镇榕、郑之航的“牧鱼机器人”获机器人创意项目二等奖。

【首次“知识产权进军营”宣传活动】

4月26日是“世界知识产权保护日”，市科技局（知识产权局）开展首次“知识产权进军营”宣传活动。由余姚德盛专利代理事务所刘世勇为驻姚部队官兵作专利和著作权知识讲座，使官兵了解专利，知晓在哪些情况下可以申请专利，该如何申请专利。

（沈柳瑜）

医疗卫生

【概况】

2016年，全市有各级各类医疗卫生机构533家，实有床位3251张，卫生技术人6174人，其中医生2344人、注册护士2521人。按户籍人口统计，每千人口拥有床位3.22张、卫技人员6.11人、医生2.32人、护士2.5人。全年医疗机构门急诊总量1005.78万人次，增加3.24%；出院人数9.27万人次，增加4.62%。平均住院床日8.72天，与上年基本持平。全市平均期望寿命80.74岁，常住婴儿死亡率2.15‰，户籍孕产妇死亡率为0/万。

【医疗改革】

公立医院综合改革 全年公立医院医疗服务收入（不含药品、耗材和大型设备检查收入）78092万元，上升11.59%。住院均次费用8595.88元，与上年基本持平，百元医疗收入（不含药品收入）消耗的卫生材料费用下降4.23%。市人民医院通过JCI正式评审，成为宁波地区首家一次性通过的医院。

分级诊疗体系构建 市域内就诊率达82.2%。市人民医院与省人民医院建立全面协作关系；市二院肛肠外科与宁波二院建立专科托管关系，并成立消化病诊疗中心；市三院心身医学中心委托湖州市三院管理；市四院与宁波市医疗中心李惠利医院建立全面托管关系；市康复医院挂牌成为邵逸夫医院余姚康复分中心。市二院外科门急诊人次增长12.71%，开展胃肠镜检查2549例；市三院心身障碍科门急诊人次增长110.6%，出院人次增长51.8%；市四院出院人次增长16.18%。5家市级医院的25个学科与杭州、上海等城市三甲医院建立学科协作关系。全年市级医院累计下派管理人员、医疗业务骨干2231人次，双向转诊病人52134人次，较上年明显增加。

契约式家庭医生服务 制作家庭医生专用病历卡，召开全市契约式家庭医生新闻发布会。凤山街道社区卫生服务中心开展“互联网+慢病管理”居家血压健康管理远程监测项目，泗门镇社区卫生服务中心开展有乡村医生参与的家庭医生服务模式。全市已有87994名居民签约，签约率10.54%；重点人群签约83090人，签约率39.5%。

社会资本办医 年内有1家100张床位的民营二级骨科医院和1家口腔医院通过执业验收。全年开展医师多点（自由）执业220人次。

智慧健康体系建设 全市6家市属医院均建成远程会诊中心，每周固定时间面向基层医疗机构提供远程医疗服务；全市20家社区卫生服务中心、乡镇街道卫生院均开设云诊室，面向患者开展在线医疗服务。所有公立医疗机构均实现传染病报卡数据实时上传。

【医疗服务品质提升】

医疗服务能力提升 全年市级医院门急诊总量426.57万人次，下降2.47%，出院人次85293人次，上升5.91%；基层医疗机构门急诊总量579.21万人次，上升7.90%，首诊在基层趋势有所显现。各市级医院已建成胸科、肿瘤、颈肩腰腿痛等7个多学科联合门诊，泌尿肾病中心、消化病诊疗中心等9个一站式专科（病）诊疗中心。先后开展“百名医疗卫生专家强基层”“百名医疗骨干急救技能强化培训”“百名基层医师中医药经验方培训行动”医疗卫生强基提能“三百”行动。18人被评为市操作技能标兵，在宁波市护理技能竞赛中获基层组团体第一名，并有1人获个人一等奖；市中医医院在宁波市中药技能竞赛中获团体第二名；市代表队在宁波市基层卫生综合技能竞赛中获二等奖，凤山街道社区卫生服务中心获团队项目二等奖。

基层医疗机构内涵建设 全市12家卫生院（社区卫生服务中心）创建全科门诊、中医药门诊及健康管理中心，星级化建设完成率达57%。有39家村卫生室创建成为甲等村卫生室，27家创建成为乙等村卫生室，12家社区卫生服务站创建成为星级社区卫生服务站，其中五星级社区卫生服务站4家。

中医药工作 河姆渡镇卫生院“中医馆”成为全市首个基层标准“中医馆”，并增设省名中医马伟明基层工作室。举办中医药培训班4期，合计培训600余人次。全市21家基层医疗卫生机构均能开展10项以上的中医药适宜技术，96%的社区卫生服务站、98%的村卫生室（规划内）能开展5项以上的中医药适宜技术。举办“百名基层医师中医药经验方培训班”3期。市中医医院成立“治未病中心”，提供14种体质辨识、养生保健服务，已累计服务群众2500余人次。

【优质医疗资源供给】

基础设施建设 编制完成《余姚市医疗卫生服务体系规划（2016—2020）》《余姚市卫生计生“十三五”发展规划》初稿。市第二人民医院迁建工程内部装修设计完成图审。市中医医院迁建工程主体结构完成，幕墙工程已进场。市精神卫生中心完成土地征用，启动围墙及土地平整。市人民医院二期工程——肿瘤治疗中心完成立项审批。陆埠中心卫生院住院部改造工程、梁弄中心卫生院住院部装修工程、四明山镇卫生院改造提升工程先后完工；马渚中心卫生院公共卫生楼新建工程主体结构完工；兰江街道社区卫生服务中心扩建工程开工建设。

人才队伍建设 调整市中医医院等领导班子成员24人。确定新一轮局管副职后备干部39人。全年招录卫生专业技术人才146人，其中硕士及以上学历8人。有59名医生下基层服务。分别有364人、42人取得卫生专业技术资格证和执业护士资格证。推荐148人申报卫生高级专技资格评审，有114人通过宁波市高评委评审。

教育培训工作 市人民医院消化内科被评为第五批浙江省县级医学龙头学科，心肺脑复苏实验室被列为宁波市重点实验室。开展第一批全市基层医疗机构特色学科（专科）中期评估工作，陆埠中心卫生院中医科等3个学科被评为优秀等级。7个学科被列入第三批全市医学重点学科，9个学科被列入第三批医学重点扶植学科。住院医师规范化培训覆盖率达到100%，累计培训基层卫技人员1352人次。继续医学教育对象（中级及以上）达标率99.22%。479人参加低年资医务人员三基考试，通过率95%。

【公共卫生保障】

疾病防控 年度针对人感染H7N9流感疫情，通过加强疫情监测、普及预防知识、开展医疗救治工作等措施，使疫情得到有效控制。全年报告甲、乙、丙类传染病22种，共13896例，报告2起麻疹暴发疫情，均得到有效处置。艾滋病、结核病等重点传染病“四免一关怀”政策有效落实，肺结核病人DOTS（对非住院肺结核患者实行全面监督化学治疗，从而可保证患者规律用药，提高治愈率。）覆盖率达到100%。全市高血压患者规范管理率63.61%；糖尿病患者规范管理率64.80%，均超省级要求。为全市9265名小学二年级学生开展窝沟封闭，封闭率94.65%。

基本公共卫生服务 全市基本公共卫生服务项目综合达标率93.48%。建立居民规范化电子健康档案89万份，建档率88.27%，合格率91.91%，动态使用率70%以上。筹建2个免疫规划实践教学基地，全市刚满周岁本地儿童和流动儿童七苗覆盖率分别为95.04%和91.65%，无重大接种安全事故发生。为113067名老年人进行健康体检、健康评估，体检率67.72%，健康体检表完整率72.5%。举办各类健康教育讲座1714场，参加群众7.3万人，发放宣传资料12万份。

依法行政工作 按上级要求完成单独二孩社会抚养费征收情况及2016年1月1日前违法生育二孩征收情况的调查工作。对全市37家民营口腔诊疗机构开展专项整治。取缔无证行医窝点27家（次），行政处罚24家。市卫生监督所获宁波市卫生行政处罚案卷质量评审第一名，承办的一起案卷被评为2016年宁波市优秀行政处罚案卷。

爱国卫生工作 建成区病媒生物密度控制水平达到国家C级标准要求。新增3个健康主题公园和3条健康步道。国家卫生城市创建工作以较好成绩通过国家级暗访。梁弄镇国家卫生镇创建、泗门镇国家卫生镇复审工作顺利推进，即将命名确认。小曹娥镇、牟山镇分别通过省卫生镇复评和宁波市级卫生镇创建工作。

精神卫生、院前急救、无偿献血等工作 联合6个部门下发《关于认真落实严重精神障碍患者以奖代补监护责任的实施意见》，有71名患者家属享受以奖代补监护责任。新增马渚急救点。市急救中心全年受理有效电话18120人次，长途转运938次，行驶里程37万千米。全市献血总量245万毫升，临床用血总量191万毫升，无输血安全事故发生，被省政府评为2012—2015年度省“无偿献血先进县（市、区）”。

【《妇科良方》通行本整理出版】

3月，经市国家级名老中医药专家学术经验继承人、省基层名中医俞承烈校点注释的中医药古籍《妇科良方》通行本，由中国中医药出版社出版发行，成为首批出版的《中国古医籍整理丛书》之一。《妇科良方》约成书于1751年，全书1.8万字，无单行本，是清代医家何梦瑶在继承前人学术观点的基础上，结合个人的临床心得编纂而成。俞承烈于2013年3月参与由国家中医药管理局组织的“中医药古籍保护与利用能力建设项目”研究，主持承担《妇科良方》的整理校勘事务。

【全市所有医疗机构实行实名制挂号】

根据宁波市卫计委统一部署，从5月4日起，余姚市所有医疗机构全面实行实名制挂号就诊。患者须持本人有效身份证件（包括居民身份证、户口簿、护照、港澳台通行证、居民健康卡、社会保障卡）进行挂号就诊。同时要求患者将手机号码作为有效的联系方式，以便医疗机构能在第一时间联系到，患者也能接收卫生院发送的信息。患者的联系方式发生变更时，要及时告知工作人员进行更新。实名制挂号就诊已在市人民医院、二院、三院、四院等医疗机构实施，其中市人民医院从2013年就开始实施，是宁波地区较早实施就医实名制的医院。

（市卫生计生局）

人口与计划生育

【概况】

2016年，实施“全面二孩”政策，按“老人老办法，新人新办法”原则，开展政策调整前后各项计划生育工作的衔接和政策解答。对全市56040户非独一孩育龄妇女家庭，开展生育意愿调查。联合相关部门对全市设置妇科专业的医疗机构进行治理，查处“两非”（非医学需要的胎儿性别鉴定和非医学需要的选择性别的人工终止妊娠行为）案件4起，其中移送公安机关立案查处2起。2015年10月至2016年9月，全市出生性别比为100∶108.82，完成上级下达的目标考核任务。

全年汇总核实农村部分计划生育家庭奖励扶助对象22246人，发放金额3540万元；汇总核实独生子女父母奖励家庭31065户，发放金额622万元。坚持流动人口出生情况月度分析制度和孕妇重点管理对象信息反馈制度，组织乡镇（街道）对全市近20万名外来育龄妇女婚育证明持证情况进行清查。

创新开展妇幼健康服务能力提升年活动，全市高危孕产妇管理率达到100%，5岁以下儿童和婴儿死亡率分别为2.31‰和1.48‰。婚前医学检查8849人，婚检率96.5%。孕前优生检查8003例，户籍孕妇产前筛查率达98.15%，新生儿疾病、新生儿听力筛查率分别为99.79%和99.69%。全市分娩产妇叶酸服用率99.47%，叶酸服用依从率98.34%；农村孕产妇分娩补助率97.92%。免费开展妇女健康检查87975人次，发现癌症病人34人并及时诊治。开展“助你好孕”工程，已使62对不孕不育夫妇怀孕。

为全市434名60岁以上失独老人办理计生特殊家庭综合保险，对90户70岁以上失独家庭及失能人员家庭开展生活照料项目。在兰江街道三凤桥村连心公寓创建流动人口协会示范点，开展育龄群众生殖健康等六大服务。市计生指导站成立健康讲师团，针对全市育龄群众开展生殖健康、优生优育等宣传教育。

（市卫生计生局）

体　育

【概况】

2016年，全市实现市级、乡镇（街道）、行政村（社区）、自然村四级体育设施全覆盖。创建各类省级体育先进26家，其中小康体育村15个。新建或改建篮球场34片、健身路径30条，新增市级协会3个、社体指导员107人。全市已拥有各类球场516片、健身路径1273条、市级体育社团28家、社体指导员1999人。人均体育用地面积1.81平方米，所有公共体育设施和符合条件的学校体育场地设施均向社会开放，基本形成10分钟城乡体育健身圈。获浙江省首批“体育现代化县（市、区）标准单位”称号。

先后承办举办“味香园杯”第三届全国气排球邀请赛、“鑫源杯”全国钓友邀请赛等国家级交流赛事2场，“体彩富佳杯”2016年浙江省春季少儿围棋段位赛、省幼儿体育大会首届幼儿教师健身操舞大赛、“烨达杯”浙江省老年人兜球邀请赛等省级赛事5场，第五届甬台木球交流赛、宁波市美丽乡村奥运会马拉松接力赛第四站（鹿亭）等宁波级赛事7场。全市开展各级各类有届次的全民健身活动、各类杯赛及体育特色趣味活动300余场。

组队参加省女子体育节获团体二等奖、优秀

组织奖和体育道德风尚奖。市老体协参加第一届中华老年体育舞蹈(香港)国际艺术节获最佳编排奖、“排舞”一等奖，市武术协会参加“西诺杯”第二届台州国际传统武术暨绝技大赛获14金12银8铜，残疾人运动员王益楠参加里约残奥会获3金2铜。

全年向上输送优秀体育苗子17人，共拥有省级阳光体育后备人才基地2所、省体育特色学校6所、宁波级训练点（传）校13所、余姚级训练点(传)校20所。在国家队长期集训1人(闻人云涛)，在省队长期集训13人，在宁波长期集训90余人。引进选手李玲在亚洲室内田径锦标赛中获第一名，并刷新由她本人保持的亚洲室内纪录和亚洲纪录；子陵中学输送选手虞佳如在第17届亚洲青年田径锦标赛上获1金1银；世南小学输送选手闻人云涛在克罗地亚跆拳道公开赛中获女子49公斤级冠军，并获跆拳道世界杯团体赛女子团体冠军。

全市体彩网点共计140家，其中专营店93家，竞彩店39家，兼营店8家。全年体彩销量2.127亿元，增长20%，为余姚市募集公益金约1000万元。

【市户外运动协会每月举办户外公益讲座】

10月25日晚，由市体育总会主办、市户外运动协会承办的第八期户外公益讲座在市社区学院报告厅举行，邀请户外国家职业资格培训教师、攀岩国家职业资格培训教师、宁波市户外运动协会培训部副部长冯静平主讲。户外公益讲座是面向全市开展登山户外安全教育与宣传的大型公益活动，旨在倡导“安全、科学、环保”的户外活动理念，增强户外安全意识，普及户外安全常识。该讲座每月举办一期，共安排12期，市民可关注“余姚新闻网”微信公众号了解相关信息并参与报名。

【余姚选手参加国际武术赛获63枚金牌】

11月4—6日，由省体育局主办的2016年中国普陀国际武术比赛在舟山举行，共有来自13个国家和地区2100余名选手参加。余姚市武协和精武体育会、王西安拳法余慈会华武术馆分别组队参赛，共获63枚金牌。其中，王西安拳法余慈会华武术馆派出的15名选手获45金7银，在集体项目陈氏太极49式剑中获第一名；余姚武协临山分会派出12名选手，获5金，并获陈式太极拳集体一等奖。余姚精武体育会临山组9名选手获13金6银，并获集体项目二十四式太极拳和精武功力拳一等奖，同时获“最佳运动队”称号。

【陆埠干溪村门球队获国际门球锦标赛桂冠】

3月6日，在2016年泰国国际门球锦标赛决赛中，陆埠镇干溪村中青年门球队夺取冠军，这也是该门球队首获国际门球赛事奖项。此次比赛共有来自中国、泰国、印度、日本等国家和地区的64支代表队参加。

【实验一小获全国大赛冠军】

10月24日，由10名小运动健将组成的市第一实验小学代表队，参加在北京举行的第六届“鸟巢杯”全国少儿趣味田径运动会，以总分179.5分的成绩获第一名。是为该校继5月获浙江省青少年学生阳光体育比赛团体总分第一名后，首次获得的全国级运动会团体冠军。该届运动会共有来自全国各省市的31支代表队310名运动员参赛，共安排短跑跨栏接力、十字跳、撑竿跳远、速度阶梯、投掷软式标枪、一级方程式、越过障碍掷准、8分钟耐力跑等8个团体项目比赛。

（方娟英）

社会生活

人才人事

【概况】

2016年，全市招考公务员77人（其中选调生村干部6人），招聘录用事业人员20人（另有70人进入体检考察阶段），协助教育、卫生系统招聘354人。“千人计划”余姚产业园以“一园三基地”为平台，新增注册项目26个，累计注册项目78个，累计引进“国千”专家50人、“省千”专家19人。产业化基地启动区10万平方米标准厂房已入驻企业10家，宁波市智能制造产业研究院聚焦创建下一代产业革命新业态的“智能生态网”，累计注册、签约或意向落户产业项目23个，参与完成“第三届中国机器人峰会暨全球海归千人宁波峰会”等相关大型人才活动。

【人才政策体制创新】

年内市委、市政府出台《余姚市引进高端创业创新团队“姚江英才”计划实施意见》，围绕新装备、新材料、新能源与节能、新一代信息技术等战略性新兴产业，分3个层次面向海内外引进一批具有自主知识产权、能够突破关键技术、引领产业发展的高端创业创新团队，集聚一批新兴产业领军人才。市人社局会同市委人才办在《中国组织人事报》《浙江日报》《宁波日报》《余姚日报》同步发布《2016年浙江省余姚市引进高端创业创新团队“姚江英才”计划公告》，共有29个团队（项目）报名，24个团队（项目）通过初审，19个团队（项目）参加项目评审工作。

【高层次领军和拔尖人才分级分类培养】

推荐申报2016年度国家、省“千人计划”、宁波“3315计划”团队及个人分别为9人（6人参加答辩）、10人（6人参加答辩）、12人（入选2人）和7人（入选2人）；推荐申报享受政府特殊津贴人员3人（入选1人），推荐申报宁波市突出贡献专家2人（入选1人）；推荐申报省“151”人才工程第一层次人选1人，第二层次人选3人。申报省级博士后工作站3个（入选3个），推荐申报2016年中国留学人员回国创业启动支持计划和留学人员科技活动项目择优资助3人（入选1人）。全年共有20人上报海外工程师年薪资助执行情况，涉及资金320万元，推选7家企业技术创新团队参加2016年度宁波市级企业技术创新团队评选，

5家进入终评答辩，入选4家。

【人才多元化评价模式探索】

联合市总工会、市教育局等组建成立市高技能人才培训学院，实现职业技能培训“资源共享，优势互补”，同时为全市高层次的农民技能培训提供师资力量。实施“技能宁波”行动计划，探索政府主导、企业自主、行业协会为主的各类人才多元化评价模式，新建13家技能人才自主评价示范基地，累计达25家，超额完成宁波市下达的目标任务。实施农民转移就业技能培训1266人，转移就业率81%。完成农村劳动力培训10038人、农村实用人才培训1672人、高技能人才培训2038人，分别完成目标任务的130%、111%和102%。

【人才服务活动】

开展高层次人才创业创新服务联盟宣传推广，推行拟审批、联合验收模式，落实专人为高层次人才提供从洽谈引进到注册落户，从创业创新到生产生活的全过程、全天候服务。元旦和春节期间，共走访慰问十类专家233人，发放慰问金28.4万元；100套人才公寓342个房间全部出租。全年出具外国专家来华工作许可46份，办理外国专家证（延期、注销）59本。

【技工教育】

根据年度《政府工作报告》“大力发展职业教育，推动现代职业教育示范学校和重点专业建设，积极筹建市技师学院”任务安排，开展余姚技师学院筹建准备工作，已完成4个高级专业160人的联合招生，部分职成教中心教师参加技工院校教师职称转兼评。同时，成立技师学院筹备领导小组，已完成《余姚技师学院建设方案》《余姚技师学院“十三五”发展规划》等申报材料和评估资料的准备工作。

【2015年度机关事业人员考核】

全市参加2015年度公务员考核共4411人，其中优秀等次714人，优秀比例16.2%；事业人员参加考核共14214人，其中优秀等次2123人，优秀比例14.9%。根据年度考核情况，组织发放2015年度目标管理考核奖，办理市级机关公务员记三等功155人以及嘉奖603人的手续。

【机关事业单位工资福利制度规范】

全年核准考核工资晋级23963人次，审定职务变动、人员调动、浮转固等4600余人次，转正定级729人，新录用人员工资工龄核定464人，办理退休手续147人，完成机关工作人员工资结算4683人次，完成机关离退休人员和事业单位离休人员、中华人民共和国成立前老工人生活补贴调整2179人次。发放2016、2017年度机关事业单位健康体检卡48729张。市人社局会同市委组织部实施公务员职务与职级并行制度，市人社局会同财政等部门开展规范津贴补贴工作。

（方月华）

社会保障

【概况】

2016年，市人社局推进全民社保参保登记，建立全民参保登记信息动态管理，实现全市信息系统与省、宁波全民参保登记信息系统的实时对接，初步实现社保业务跨层级、跨地区、跨部门的信息共享和业务协同，有效开展精准扩面工作。全市户籍人员参加养老保险（障）率92.8%，医疗保险参保率95%。

【社保扩面征缴工作】

截至年末，全市职工基本养老保险、职工医疗保险、失业保险、工伤保险、生育保险、城乡居保、被征地养老保障、城乡医保分别达46.9万人、37.25万人、22.9万人、31.28万人、22.39万人、32万人、16.9万人和47.3万人。全年累计征缴各项社保基金51.87亿元，累计支付各项社保待遇51.08亿元，历年累计结余110.9亿元。全市事业单位参加养老保险276家，在职参保人数1.59万人，离退休参保人数0.72万人；全年征缴基金2.5亿元，发放待遇3.06亿元。落实《余姚市建筑施工企业从业人员参加工伤保险暂行办法》，扩大工伤保险惠及面，参加工伤保险的建筑施工项目337

个，企业从业人员25118人次。贯彻落实《国务院关于机关事业单位工作人员养老保险制度改革的决定》，审核完成机关事业单位工作人员基本工资调整和津补贴冲销工作，完成机关事业单位离休人员离休费增加工作。已有34家单位（在职人员835人，退休人员356人）进入省养老保险操作系统进行正常征缴和发放养老金。

【社会保险政策完善】

外来务工保险与基本社会保险并轨，完成人员类别和费率批量调整。调整职工医保个账计入清算办法和个账历年结余资金用途，统一大病保险办法，把职工医保综合减负办法调整为大病保险办法。整合原城镇居民医保和新农合，建立城乡居民基本医疗保险制度。落实定点医药机构协议管理新办法，实现医保定点从“行政审批”到“协议管理”的转变，提升医保基金使用绩效。贯彻落实市政府关于进一步降低企业成本、减轻企业负担、推进实体经济稳增促调精神，对失业保险费率单位缴费部分实行临时性下调，从本单位全部职工工资总额的1.5%降至1%，工伤保险平均费率从1.15%降至0.83%，生育保险缴费费率从0.8%降至0.5%，全年减征各类社保费14762万元。

【提高社会保障待遇】

完成2016年度企业退休（职）人员基本养老金调整工作，1月起，12.56万名符合条件的企业退休（职）人员人均月增资143.74元，人均月养老金达2135元（含100元月贴）。根据市政府要求，向全市11.64万名企业退休（职）人员发放一次性补贴2000元；向12.4万名具有余姚市户籍年满60周岁及以上享受城乡居民基本养老保险基础养老金的城乡居民，每人发放春节慰问金500元，向3865名55周岁以上60周岁以下的被征地养老保障、农民养老保障和城镇老年居民养老保障待遇享受人员，每人发放补贴300元，共计发放2.96亿元。改革医保支付制度，调整基本医保付费办法，实行中药饮片帖均费用控制，对三类疾病7个病种试行单病种结算，人均医疗费年增长率由原20%以上降至9%左右。

【社保基金监督管理】

成立社会保险基金网上监管监督工作领导小组，通过社保基金监管软件，建立健全预警信息分析和加大社保经办机构内控机制建设工作力度。配合上级审计部门完成对全市公益性岗位、职业培训、就业见习三项就业政策和规范津补贴实施情况的审计。监管社会保险基金时刻处在阳光下运行，全年共追回多发养老金及其他非统筹待遇享受共计人民币149.2万元，查处医保违规案件20起、工伤骗保案件36起。

【人社信息系统建设】

完成养老信息系统本地化业务，梳理余姚政策与宁波政策的不同之处，其中政策类36条，操作类5条；完成宁波市社保局发布的数据标准与余姚本地数据标准的比对工作，整理数据标准的差异点，提出解决方案，确定征缴方式，初步完成养老信息系统一体化项目第一次数据采集。推进社会保障卡项目建设，全年新增社保卡持卡人数15万人，完成宁波目标任务的107.1%。扩大社保卡应用范围，提高社保卡金融账户激活率。

（方月华）

就业与劳动关系

【概况】

2016年，全市新增城镇就业人员23000人，城镇失业人员再就业5580人，其中困难人员再就业1180人，分别完成指标任务的109.52%、124%和163.89%，城镇登记失业率1.8%。受理劳动关系行政复议案件6件、行政诉讼12件，已结案件15件，其中复议申请人或原告自动撤诉12件，复议机关或法院维持3件，无败诉案件。

【农村电子商务创业就业扶持】

出台《余姚市电商（农村电子商务）创业园评定办法》，对符合标准的电商创业园给予补贴。举办首届农村电商创业大赛，有89支团队报名，提交方案91份。组织召开项目资本相亲会，有14个项目现场申请免担保创业担保贷款，额度累计210万元，其中9个项目获银行授信共计1580万元，10个项目与投融资公司达成投融资意向，共计3940万元。配合省就业局农村电商精准服务团队开展服务活动，现场指导农产品网络销售、产品附加值提升、电商园区运营、人才引进与培养等事项。全年培训农村电商1958人，扶持农村电商创业425人，农村电商创业带动就业3205人，分别完成指标任务的195.8%、102.86%和102.86%，建成村级电商服务站258个、电商创业基地9个，培育物流企业2家，推荐宁波级大学生创业园1家。

【全民创业乐业增收和“两创”工作】

下发《关于继续深入实施全民创业行动进一步促进城乡居民乐业增收的意见》，启动2016—2018年新一轮乐业增收工作。成立市就业创业联合会，召开第一次代表大会，选举产生第一届理事会。巩固提升充分就业市和创业型城市的“两创”成果，建立覆盖城乡的创建工作格局。组织2016中国（宁波）大学生创业大赛余姚市初赛，同时深化大学生人才资源开发“百千万”工程，以余姚特色产业园为依托，推进大学生创业孵化和优化大学生创业服务，全年新增大学生创业297人，扶持大学生创业实体1182家，分别完成年度目标任务的123.8%和131.3%。新增创业实体12250家，创业带动就业73530人，创业带动就业比例达1∶6，创业企业一年以上生存率87%，发放创业担保贷款2130万元。推进城乡公共就业服务均等化，提高公益性岗位进村率，托底安置困难人员就业，开发公益性岗位362个，完成指标任务的100.56%，农村覆盖率达80%。

【就业创业服务】

年内余姚人力资源网升级改版为余姚就业创业网，为群众提供更为方便、快捷的网上服务。发挥中小微企业稳定就业岗位、增加就业机会的作用，对企业新招用劳动者并符合相关条件的给予政策支持。全年组织互联网人才对接招聘会、残疾人专场招聘会等111场，达成就业意向12057人。组织25家企业去外地开展“订单式”招聘活动2次，帮助企业招引技工等紧缺人才310人。确定2016年度市高校毕业生实践基地10家，同时入选宁波市高校毕业生就业示范基地1家、宁波市高校毕业生就业实践基地1家。开展高校毕业生就业服务工作，签订就业协议2048人，发放高校毕业生一次性就业补贴142.36万元、中小微企业招用高校毕业生社保补贴29.08万元、创客人才和基础人才购房补贴798万元，离校毕业生实名信息登记率和有就业意愿未就业毕业生帮扶率达到100%。

【基层平台建设】

制订基层平台“一清单三手册”，对47名高校毕业生从事基层公共服务岗位人员进行资格认定和审核。会同市财政局联合下发《关于对失业保险基金和就业专项资金中列支下拨到乡镇街道的各类补贴下拨使用情况进行检查的通知》，对下拨到乡镇、街道的各类补贴下拨使用情况进行检查，特别是对高校毕业生从事基层公共服务岗位补贴是否专款专用、收入待遇是否按市政府相关文件标准发放到位等情况进行检查。

【和谐劳动关系构建】

开展“双爱”促和谐技能助转型、企业工用法规政策实务操作培训、企业职工工资集体协商提质扩面、高技能人才金蓝领提升、企业劳动保护分级管理、企业与企业家文化建设提升等6项行动，确保规模以上企业“双爱”活动参与率达到100%。对全市100家企业进行薪酬调查，为上级政府提供决策依据。根据《劳动派遣行政许可实施办法》要求，对已许可的20家单位进行年度报告核验，全年受理劳务派遣许可申请16件，分公司备案5件，共办结21件，按期办结率100%。

【打造“无欠薪余姚”】

制定《余姚市处置大规模劳资纠纷事件应急预案》《护航G20国际峰会突发性劳资纠纷和群体性欠薪防范处置应急预案》，重视企业欠薪应急处置工作，坚持源头治理、属地管理，按照“城区半小时、其他地区一小时”的要求到达现场，调处事件化解矛盾。推进全市劳动监察预警应急指挥处置信息平台建设，有群体性劳资纠纷、恶性突发事件2小时内上报当地政府及上级业务部门，确保预警排查信息畅通。全年组织开展劳动保障专项监察6次，共检查各类用人单位1798家，清欠工资470.2万元，涉及职工11.8824万人。受理各类举报投诉案件474起，其中来信和有关部门转办件40件，结案率97.5%，为1777名劳动者追回被拖欠、克扣的工资4952.07万元，其中企业主欠薪逃匿等拒不支付劳动报酬而移送公安的案件9起，涉及职工396人，金额420.5万元。

【劳动保障监察执法网格化平台建设】

对照"两网化"建设标准要求，制定《余姚市劳动保障监察网格化管理办法》等多项"两网化"管理配套和动态监控制度，落实"一诉全查"（凡涉及投诉就一查到底）制度，督促用人单位规范用工行为。深化"两网化"管理手段，组织开展劳动关系反向调查，通过村级协管员定期和不定期对劳动者进行调查，反向了解用人单位在签订劳动合同、及时足额支付工资、依法参保缴费、遵守工时制度、实施劳动保护等方面存在的问题，及时提供预警信息，把问题发现在萌芽、化解在基层。全市18个乡镇、街道（山区乡镇除外）共调查劳动者9810人次，涉及用人单位2245家，排查及处置劳资纠纷隐患7件。对9家严重违反劳动保障法律法规的用人单位实施行政处罚，共处罚款45137元。开展劳动用工信息采集工作，下达任务数22823家，完成24311家，完成率106.5%。

【劳动人事争议调解】

全年共受理劳动争议案件1099件，涉及劳动者1682人，结案1098案件（包括上年结转的未结案件74件），其中调解732件，撤回仲裁申请155件，裁决211件，结案率93.6%，调解率80.8%，为劳动者追回劳动报酬、工伤补偿款、经济补偿金等损失3250.6万元。一裁终局案件119件，结案率100%。对集体争议案件实行快立、快审、快调、快结，年度发生的16件集体争议案件（包括欠薪逃匿）均得到快速妥善解决。推进基层调解组织规范化建设，引导乡镇、街道组建仲裁派出庭，已设立仲裁派出庭3个。构建劳动争议"大调解"格局，各基层调解组织立案2650件，涉及劳动者3276人，调解成功2397件，为职工追回劳动报酬、工伤补偿款等3817余万元。

【服务手段创新】

下发《关于委托乡镇街道办理集体合同审查、工资协议备案的通知》，发挥乡镇街道基层平台作用，方便企业办理集体合同审查备案事项。推进阳光政务网建设，共有173项行政审批和公共服务事项可在网上办理。全年承办建议提案16件，其中人大建议5件，政协提案11件，全部在规定时间内办结。编制《人社1000问》，把市人社系统各科室、部门为民服务的项目内容编制成服务卡，同时收集汇编一些服务特殊案例，"余姚人社12333"微信公众号也每周推出一期，向公众提供人力资源和社会保障最新政策、办事指南、信息查询、求职招聘等信息服务。全年"12333"电话咨询服务系统共受理咨询来电15.4万次，人工服务电话中的系统评价率60.29%，系统满意率97.57%。

（方月华）

住房公积金管理

【概况】

2016年，全市归集住房公积金102068.62万元，提取住房公积金78131.27万元，发放住房公积金个人贷款42594.5万元，发放公转商贴息贷款53943.3万元，回收贷款30250.37万元，实现增值收益3701.6万元，分别完成年度计划的108.8%、125.6%、121.7%、138.32%、121%和92.54%。公积金存贷比90.48%，住房公积金缴存余额263334.56万元，住房公积金个人贷款余额238275.69万元。发现并处理公积金骗提事件13起。

提请市府办下发《关于下达2016年度住房公积金扩面任务的通知》，把住房公积金扩面目标任务分解下达至各乡镇、街道和经济开发区。建立市住房公积金管理中心领导联系乡镇（街道）制度，协调解决扩面工作中遇到的问题和困难，对21个乡镇、街道及经济开发区开展全面对接。新增单位196家，新增职工10416人，净增4407人，完成宁波市政府年初下达的指标任务。

【住房公积金新系统上线】

将公积金新业务系统上线作为年度重点工作，成立以中心主任为组长、分管副主任为副组长、各科室负责人为成员的信息化工作领导小组，协调推进信息系统接入。10月末，投入80万元的公积金新业务系统上线，新老系统实现无缝连接，并运行良好。

【住房公积金存款招标】

根据市财政局有关文件规定，结合市住房公积金中心实际，起草制定公款竞争性存放实施方案，对住房公积金、住房公积金增值收益以及单位住房资金开户银行进行公开招投标。秉承公平、公正、合理的原则，同时兼顾住房公积金业务开展情况，在原工行、农行、中行、建行、交行5家国有银行承办基础上，进行公开招投标，确保资金存放的科学安全有效益。

【住房公积金缴存基数调整】

7月1日起，全市职工住房公积金月缴存基数下限调整为1860元，上限调整为28615元。业务办理时间为6月29日至7月8日，办理地点为宁波市住房公积金管理中心余姚分中心一楼营业大厅。新的缴存标准执行时间为2016年7月1日至2017年6月30日。

【住房公积金贷款取消单双方限额规定】

10月27日起，对最高贷款额度取消单双方限额规定，统一按户计算，并调整最高贷款额度。连续缴存住房公积金满6个月的职工，最高额度为60万元/户；连续缴存住房公积金满2年的职工，购买家庭首套自住房，申请住房公积金贷款最高额度为70万元/户；连续缴存住房公积金满2年的职工，首次申请住房公积金贷款购买家庭首套自住房的，最高贷款额度为80万元/户。

（杨　渭）

民政工作

【社会救助】

城乡居民最低生活保障　年度完成残疾人单人户施保工作，共将4199名残疾人转入低保，全市低保对象达9938户12704人，占全市总人口的1.52%。全市月均支出低保金370万元，月人均救助480元。为保障低保资金及时到位发放，将原按季下拨模式优化为一年两次，一次预拨、一次核拨。

医疗救助　全年救助患病困难群众1500人次，支出医疗救助金1270万元。继续开展大病致贫困难群众帮扶工作，共为58名困难群众提供帮扶基金261万元。继续实施白内障“复明工程”，帮助135名困难群众复明。

助房助学助困　完成农村困难群众危旧房改造202户，超额完成市民生实事工程100户的任务要求。继续实行困难群众子女助学工作，共下拨补助金285.2万元，惠及402名困难专、本科生。正式实施《余姚市困难群众临时救助实施办法》，市级层面支出临时救助资金88.7万元，帮助245名因临时性、突发性事件而受困的群众渡过难关。5月起，建立困境儿童基本生活费发放机制，标准为每人每月1031元，共惠及困境儿童640人，至年末，共发放困境儿童基本生活费206.98万元。全年共救助流浪乞讨人员789人。

防灾减灾救灾　完成宁波市巨灾保险水灾远程定损理赔系统63个试点的测绘工作。有2个社区（村）获“全国综合减灾示范社区称号”，2个社区（村）获“全省综合减灾示范社区”称号。

【养老事业】

机构养老　完成基督教城堂和陆埠康乐幸福院等7家养老机构改扩建工作，共新增养老床位数514张，超额完成宁波市下达的新增500张床位的任务目标。截至年末，全市共有养老床位8580张，每百名老人拥有床位数4.02张。开展养老机构安全专项整治，全市27家养老机构共排除房屋、消防、食品、卫生安全隐患292处。

“五保”供养 上调供养标准至每人每年13914元，全年安排“五保”供养资金1380万元。全市1008名“五保”对象，全部入住敬老院或实行户院挂钩集中供养。

居家养老 完成河姆渡区域性居家养老照料中心建设，新增AAA级居家养老服务照料中心9家，AA级居家养老服务照料中心23家。

【社区建设】

社区建设概况 全市共有社区37个，其中阳明街道8个，兰江街道5个，梨洲街道7个，凤山街道5个，低塘街道1个，泗门镇4个，马渚镇3个，丈亭镇1个，梁弄镇1个，经济开发区2个。

城乡社区建设 探索“全能社工”和“一门受理、后台协同办理”的运行模式，下发《关于推动“全能社工”队伍建设实施居民事务“一窗办”服务模式的实施意见》，编印《余姚市全能社工主要业务指南》，开展社区社工“全岗通”窗口服务政策培训，城区4个街道所有社区实施“全岗通”服务模式试点。会同市社区办制发《关于进一步推进“三社联动”的若干意见》，建立社区志愿服务激励保障机制，引导社会组织和社会工作者参与社区治理，为居民群众提供专业化、精细化的社区服务。至年末，全市拥有社区社会组织280余家，社区社会工作者116人。

【双拥优抚安置】

双拥工作 坚持双拥活动经常化，支持部队建设，开展科技拥军、法律拥军、文化拥军活动，协调有关部门为驻地官兵解决子女就学、家属就业等困难。全年社会各界向驻姚部队赠送慰问金及慰问品600余万元。

优抚工作 截至年末，全市享受定期抚恤补助的重点优抚对象共有1204人，其中“三属”102人，在乡老复员军人248人，精减老复员军人103人，带病回乡退伍军人126人，参战参核退役人员304人，在乡残疾军人233人，在职残疾军人92人。另有1955年退伍军人276人，1956—1959年退伍军人402人，60周岁以上农村籍退役士兵6795人。抚恤补助标准实现城乡一体目标，各类优抚对象的补助标准较上年有不同程度提高，其中三属抚恤金和在乡残疾军人定期抚恤金提高幅度较大。60周岁以上农村籍退役士兵老年生活补助标准提高至每服一年义务兵役每人每月补助25元，全年共计发放补助金1064万余元，义务兵家庭优待金基础标准提高至27041元，比上年提高34.75%，全市享受优待金人数为840人，共发放优待金2699万余元。

安置工作 发放2015年度退役士兵一次性经济补助金1622.5万元，标准为每人42485元；完成2016年度退役士兵报到接收工作，共接收秋季退役义务兵335人，冬季退役士官54人；完成9名转业士官安置任务；组织开展2016年退役士兵报名职业技能培训工作，参训率达85.9%。

【社会组织工作】

社会组织培育发展 提请市委、市政府出台《关于加快推进社会组织改革发展的实施意见》，明确全市社会组织发展的总体目标和工作措施。开展“情暖四明益起来”首届社会组织牵手四明山区公益集市活动、“宁波塑协杯”公益项目征集及“公益巴士”进余姚等活动，拓宽社会组织参与社会服务的渠道。

社会组织监管 完成社会组织年度检查642家，对年检不合格的及时启动整改、撤销等工作，共撤销民办非企业16家。开展社会组织评估工作，全年实际参评社会组织62家，有效期内参评的市级社会组织累计209家，评估率41%。

社会组织孵化平台建设 建立市级社会组织孵化基地1个、街道孵化基地2个、社区孵化基地4个，其中凤山街道益家人公益组织孵化中心进入实体化运作，已入驻公益团队12家。

【专项社会事务】

地名管理 组织开展市第二次全国地名普查工作，初步通过宁波市检查验收。推动《余姚市地名志》编纂，地名志初稿已完成。推荐余姚市、梁弄镇分别作为千年古县、千年古镇参加省级地名文化遗产评审。

婚姻收养登记 共办理结婚登记6621对、离婚1970对，补领结、离婚证2363本，办理收养登记48件。

福利彩票事业 全年福利彩票销售2.66亿元，为国家筹集公益金7700万元。

殡葬管理 全年整治滥建坟墓172座。继续实施惠民殡葬政策，全年减免各类基本丧葬费用共计415万元，惠及丧户5803户。

钦寸水库移民安置 基本完成钦寸水库移民安置工作，共安置移民340户计922人，成为宁波市首个通过钦寸水库安置工作自验、初验的县（市、区）。

【优抚社会化试点工作】

5月始，在城区4个街道和泗门镇各选取一个社区（村）开展试点，探索新形势下优抚工作体制机制创新，形成社会力量关心关爱服务优抚对象，与政府形成互补、互动、互联的工作态势。截至年末，共帮扶困难优抚对象100余人次，帮扶资金50余万元，帮助解决住房困难十余人，开展优抚服务送温暖活动30余次。

【农村“三老”人员生活补助标准调整】

7月1日起，对全市176名农村“三老”人员的生活补助标准进行调整。其中，抗日战争期间加入中国共产党的农村老党员，每人每月补助标准从原1030元提高到1122元；解放战争期间入党的农村老党员，每人每月补助标准从原1020元提高到1112元；老游击队员、老交通员（红色堡垒户），每人每月补助标准从原965元提高到1057元。

（市民政局）

民族工作

【概况】

2016年，市民宗局以民族工作“五进”活动为抓手，重点开展舜北小学、凤山街道季卫桥社区示范单位培育工作。同时推进民族工作“四微”（微组织、微窗口、微热线、微平台）建设，以少数民族合理需求为导向，开展就业、文化、维权等服务，新增“邮掌柜”“临城村少数民族篮球队”等4个载体。指导梨洲小学、天华小学举办校园民族文化节，指导华孚纺织、日樱电器、百隆纺织等企业为流动少数民族员工提供权益保障和服务管理，支持东溪村、大岚村、临城村等民族文艺服务小分队开展志愿服务。

年内重点学习宣传《中国公民民族成分登记管理办法》，结合统战系统干部“万名干部联万户”活动，进村入户开展面对面宣传。为35名少数民族高考生和185名少数民族中考生办理加分审核手续。先后组织开展以“共建共享共发展，团结进步促和谐”为主题的十大系列活动，重点举办“共谋民族团结新篇章”学习会、“民族互融心向党”余姚市纪念建党九十五周年文艺晚会、民族文艺下乡等大型活动。

【帕蒂古丽两部文学作品入围“骏马奖”】

6月，中国作家网公布第十一届骏马奖参评作品目录和参评译者名单，全国共有309部作品入围第十一届全国少数民族文学创作“骏马奖”。由市民族联名誉会长、维吾尔族作家帕蒂古丽创作的长篇小说《百年血脉》和散文集《隐秘的故乡》同时入选参评名单。3—4月，帕蒂古丽还受邀走进清华大学、北京邮电大学、中央民族大学、中国传媒大学、首都师范大学等高校，举办校园读书会活动，与广大师生分享创作经验及人生励志故事。

（市民宗局）

宗教工作

【概况】

2016年，市民宗局开展“十佳”宗教活动场所和“十佳”教职人员评选。会同乡镇（街道）与各宗教场所签订年度安全责任书，并开展假僧尼专项整治工作。春节期间，指导佛教场所和较大民间信仰场所开展“烧头香”安全管理；会同市委政法委、市公安局及低塘街道在农历二月十九“芦城庙会”期间开展安全维稳工作；5月天主教朝圣月及12月圣诞节期间，教育引导神职人员和信徒，确保活动安全稳定可控。此外，协助大隐、陆埠、泗门等乡镇调处宗教场所内矛盾纠纷，全年处置来信来访23件次，处置率达到100%。

【基督教“两会”换届指导】

换届前开展大量调研工作，在班子职数设置、新人培养、地区平衡等方面广泛听取基督教代表人士的意见和建议，并形成共识，于3月28日召开基督教“两会”换届大会。会后，指导基督教“两会”班子成员明确分工，建立健全会务安排、议事决策、教育培训、财务管理、责任追究等工作机制。此外，根据省民宗委部署，推选2人作为省基督教“两会”代表，参加2月在杭州召开的省基督教第八届“三自”爱国运动委员会和省基督教协会第六届第七次全体委员会会议。

【民间信仰事务管理】

巩固上年民间信仰场所专项整治成果，对首批50家登记编号的场所负责人进行政策法规和安全管理培训，同时完成第二批120家民间信仰场所登记备案工作，建立健全日常联动巡查、主办部门首办责任、联合执法、登记编号管理、责任追究考核等工作机制。强化民间信仰场所属地管理责任，会同乡镇（街道）及相关职能部门，开展小庙小庵的控新工作。全年审批非通常宗教活动28起，在城东万家桥江公园建立全市首个民族宗教文化园。

【教职人员队伍建设】

年内举办一期基督教界法规政策培训班，基督教团体班子及各场所负责人、专职传道人80余人参加培训学习和实地演练。5—6月，分别组织佛教、基督教团体和场所负责人、骨干外出学习考察。6月，推荐5名僧人参加宁波市佛教中青年骨干培训班。东明寺住持释有云在2016年宁波市第八届汉传佛教讲经说法比赛中获第一名；参加省讲经比赛，获二等奖。10月，指导市佛教协会举办全市首届汉传佛教讲经说法交流会。

（市民宗局）

老龄工作

【概况】

2016年末，全市有80周岁以上高龄老人3.16万人。年内继续实施高龄老人津贴制度，其中80—89周岁每人每月50元，90—99周岁每人每月100元，百岁老人每人每月300元。已连续7年给60周岁以上老年人发放500元的春节慰问金。全年有867名社区家庭困难、高龄、空巢老人享受政府购买服务，4200余户老年人家庭享受“一键通”电话服务，728名不同程度的失能失智老人享受养老机构运营补贴56.2万元，98名失能失智低保老人享受养老服务补贴合计17.8万元。市老年法律援助中心共援助涉老案件15件，接待来信来访40余次，办理老年优待证1.2万本。

【完善社会养老服务体系】

全市已建成区域性居家养老服务照料中心3家、居家养老服务照料中心299家，居家养老服务实现全覆盖，受益老年人达17万人次。年内对38家居家养老服务照料中心进行AA级以上转型升级工作，根据宁波市等级评定要求，共评选AAA级照料中心9家、AA级照料中心23家。全市已完成居家养老服务机构等级评定103家，其中AAA级10家、AA级48家、A级45家。此外，对27家养老机构开展安全专项整治工作，其中公办养老机构20家，民办养老机构7家，截至年末，已有23家养老机构基本完成消防整改。

【丰富老年人精神文化生活】

全市共设置老年电大及教学点249个，在校人数8000余人，累计结业24万余人次。先后开展市第十三届街道社区老年人运动会、喜迎重阳老年人书画摄影展、建设美好家园文艺下乡活动、趣味乡村老年运动会、老年健身绝活展、戏曲舞台、老年才艺表演等活动。组织“以老助老”“银龄互助”行动，探索实现“老有所为”新形式，全市共有银龄互助协会255个，老年志愿者1万余人。

（市老龄办）

街道·镇乡

凤山街道

【概况】

2016年，凤山街道完成财政总收入8.79亿元，比上年增长7.5%；村级集体经济收入达6608万元，增长8%。全街道50家规模以上工业企业实现产值44亿元、利润1.8亿元，分别增长10%、20%。优化东郊工业功能区配套功能，重点完成蜀山C514线、夜飞C516线双回路工程建设，以及朝霞路建设设计及用地申报、余大通信临时道路建设。全年实现工业技改投入1亿元，高新技术企业增加值增速11.5%，完成高新技术产业投资目标任务数的130.5%；实施“机器换人”项目9家，申请发明专利60件，宁波市创新型初创企业10家。

全年完成商贸服务业税收入库数9.96亿元，完成商贸服务业投资17亿元。依托文山电子商务产业园，引进吉贝克信息技术有限公司、宁波博聚网络科技有限公司等电商9家，重点企业互联网经济总量已达2.4亿元。全年实到外资2500万美元，宁波市外实到内资2.02亿元人民币，余姚市外实到内资2.22亿元人民币，浙商创业创新实到资金2.32亿元。

年内，试点推进九垒山村土地承包经营权确权登记颁证工作，涉及农户535户，已完成信息摸底调查和承包地测绘。完善杨梅主产区基础设施建设，新建上山台阶7258米。投资481.56万元的“凤山杨梅产业示范区”投入使用，并通过宁波市验收。

街道省文明城市复评成绩在城区四街道、经济开发区中名列第一。完成“三改一拆”面积12.6万平方米，对101个公厕按三级标准进行改造提升，完成东风垃圾中转站迁建工程。投入484万元完成九垒山村向东河打通工程，在永丰直江试点开展“生态浮岛”整治。投资近2亿元开展农村生活污水治理工程，其中蜀山、胜一2个村完成工程量的70%，九垒山村已开工。投资645万元实施丹凤小区西区排水改造工程。继续推进中江（联盟桥至萧甬铁路段左岸和金型桥段）、东江（文汇桥至子陵桥段右岸、冶山段右岸）等易涝地区的堤防加固加高工程。投入170万元新建九垒山村下畈泵站，以提升桐湖浦防汛防涝能力。

年内，拆迁征收项目主要有高铁新城核心区块、剑江区块、杭甬高速余慈连接线余姚段拓宽改造工程、凤山新村危旧房改造等17个，已完成拆迁征收签约户数170户，签约面积7.01万平方米。其中，剑江村前狮墩头区块完成模拟拆迁，凤山新村危旧房改造项目前期摸底调查结束。五星家园480套约50000平方米安置房及模具城三期118套约11000平方米安置房已完成分配。

全年新增就业1212人，城镇失业人员再就业743人，其中困难人员165人，开发公益性岗位125人。共发放各类救助金440.76万元、高龄补贴113.51万元、优抚费290.69万元。新建红十字服务站4家，实现红十字服务站社区全覆盖。在全市率先开展社会治理创新“一张网”建设，投入500余万元安装高清探头，基本实现高清探头全覆盖，还投入60余万元新建社会治理综合指挥室。

开展中共党员组织关系和档案集中排查，有5名失联党员被除名，撤销涣散党支部5个。推荐省级好书记2人，好党员4人。立案查处党员干部违法违纪案件10起。解除聘用机关工作人员1人，免去机关干部中层职务1人。推进“阳光工程”建设和基层权力规范运行，共实施招投标项目49个，节减资金255.88万元；完成各类审计项目79个，总审计金额2.998亿元，核减工程款429.27万元，提出整改意见18条。

【九垒山村向东河打通工程完工】

5月，九垒山村向东河打通工程完工并投入使用。向东河九垒山村段是凤山街道向东河的主要河段之一，因公铁立交、公交车站等城市建设，阻断向东河与向南河的沟通，导致河道淤积，河水无法流通，严重影响水质。2015年10月，凤山街道确定实施九垒山村向东河打通工程，总投资484万元。工程完工后，重新沟通向东河和向南河，形成九垒山村内的水系小循环和凤山街道东片水系的大循环。

【“益家人”公益组织孵化中心启动】

11月4日，凤山街道社会组织服务中心暨“益家人”公益组织孵化中心启动。共入驻公益性社会组织12家，服务范围立足凤山，逐步面向全市。其中，凤山小蚂蚁志愿服务队、凤山青鹰应急救援队、东江妈妈帮、“彩凤灵犀”心理关爱团队、“微笑翅膀”志愿服务队、“爱•书吧”青年书友会团队、“医者仁心”医护服务志愿者团队等7个初创型公益团队已接受孵化。同时引入宁波健康家园公益服务中心、宁波小娘舅握握团、余姚市蚂蚁公益服务中心、余姚爱心之家、余姚心灵港湾社区服务队等一批成熟的社会公益组织，以导师团队的形式入驻，为各待孵化团队提供专业帮扶。

（凤山街道）

阳明街道

【概况】

2016年，阳明街道有常住人口149587人，其中本地户籍人口95248人。全年完成规模以上工业产值249.5亿元、利润20.4亿元、增加值55.2亿元，分别增长22.8%、40.4%和21.3%；限额以上商贸企业实现销售79.2亿元，增长11.1%；完成社会固定资产投资27.5亿元，增长32%，其中工业固定资产投入20.2亿元，增长68.2%；完成财政总收入17.4亿元，一般公共预算收入8.1亿元，分别增长2.9%和11.5%。农民人均纯收入23282元，增长10%。

全年引进内资5.5亿元人民币、外资3000万美元。实施“机器换人”重点项目17个，余姚级工程中心2家，宁波市创新型初创企业26家，国家高新技术企业1家。阳明电子商务园区完成销售15亿元。舜宇千亿工程第一批生产用房于5月投产，第二批生产用房于9月动工。

全年实现农业收入6.6亿元，增长8%。完成400公顷粮食功能区和210公顷大棚葡萄、枇杷等地力提升项目，推广新型实用技术6项，降低生产成本500万元。新增土地流转面积87公顷，8家龙头企业和6家合作社实现销售5亿元。

新增美丽村庄3个、美丽庭院1015户。完成梁周线及食禄桥江拓宽改造，按计划推进61省道拓宽改造。拆除违章建筑面积 14.65 万平方米；新增休闲公园 1 座，改造公厕 14 座；清理垃圾 8000 余吨。北郊等 6 个村污水治理工程竣工，100 家企事业完成污水纳管。关停禁养区内畜禽养殖场 57 家，拆除建筑面积 1.8 万平方米，完成生态化治理 15 家。

全年提供就业岗位 1500 个，达成用工意向 4000 余人，达成创业投资意向 3940 万元。有 3 个村（社区）居家养老服务晋级 AA，发放补贴 712 万元。投入 500 万元，完成校舍维修工程 12 项以及 3 所学校的专项工程，启动舜北小学综合楼改造工程，完成街道社区卫生服务中心分中心建设。以平安护航 G20 峰会为重点，调处矛盾纠纷 253 起，化解信访 563 件，成功率均为 100%。完成“天网”工程软件建设，成立街道消防工作站 1 家，社区微型消防站 2 家，娱乐场所、宾馆等重点单位工作站 34 家。

实施“阳光村务”“四屏联动”制度，纠正问题 32 个。完成党建“两整”任务，归整档案 6700 册，找到失联党员 161 人，不合格党员除名 16 人。开展党风廉政建设专项督检 61 次，发现风险点 3 处，提出整改意见 5 条，立案查处违纪党员 15 人，开除 3 人，严重警告 2 人。对 8 个村（社区）及街道老年服务中心财务收支，以及阳明 188 文化创意园区等 33 个工程项目进行审计，审计资金 1.95 亿元，查出违规资金 356.8 万元，落实整改措施 11 条。实施项目招投标 581 次，代理机构、监管单位工程比选招标 73 次，节减资金 227 万元，节减率 8%。

【“星级美丽家庭”创建活动】

3 月，阳明街道启动“星级美丽家庭”创建活动。该活动以建设“庭院环境美，家居人文美，创业致富美，邻里和睦美，爱心奉献美”的“美丽家庭”为目标，共组织家风故事讲座 5 期，征集家风故事 31 则，家规、家训 1000 余条。街道妇联还组织举办“美丽家庭大课堂”“女性大讲堂”活动，并每季度评选一次“最美家庭”，有 5 户家庭获余姚市“最美家庭”称号，有 1 户家庭获浙江省“最美家庭”称号。

【阳明街道设置建筑垃圾中转站】

7 月初，为解决建筑垃圾随便倾倒的难题，阳明街道和市环卫处利用群立村余梁公路西侧一块闲置空地，设置建筑垃圾临时消纳中转站。今后各工地、小区、商户及运输单位产生的建筑垃圾，需就近倾倒的，先到街道办理清运手续，凭清运证统一运至中转站进行处理。同时，城管部门还对街道内存量建筑垃圾进行清理。

【叶氏宗祠修复工程竣工】

2016 年 1 月，位于阳明街道新桥村西虹桥东首的虹桥叶氏宗祠修复工程竣工。宗祠始建于清代嘉庆年间，占地面积约 1200 平方米，有前后两进和东西侧楼。2011 年 11 月，被认定为市级文物保护点。2015 年冬，由新桥村筹资 100 万元进行修复，并辟为家园馆，陈列有关村史资料。

（黄士宏）

梨洲街道

【概况】

2016 年，梨洲街道完成工业总产值 148 亿元，其中 69 家规模以上企业完成工业总产值、销售、利润分别为 45.4 亿元、42.9 亿元和 1.4 亿元。完成固定资产投资 22.6 亿元，其中工业投资 9 亿元。实现重点企业互联网经济总量 9 亿元。占地 4.3 公顷的街道电子商务产业园于 9 月开园，入驻商家 50 余家。新增商贸企业 5 家，限额以上商贸企业实现销售 31.5 亿元。

全年合同引进外资 5400 万美元，实到外资 2600 万美元；引进余姚市外资金 2.1 亿元、宁波市外内资 2 亿元、浙商创业创新实到资金 2.8 亿元。实现科技经费投入 1.5 亿元，新增创新型初创企业 13 家；申报高新技术企业 4 家，金龙机械有限公司等 4 家企业被认定为余姚市级工程（技术）中心。实施高污染燃料锅炉淘汰三年行动计划，年内完成 75% 的锅炉淘汰。共走访企业 387 家，收集企业发展难题34个，破解其中的25个。筹措资金6000余万元，用于改善街道工业园区基础设施。

全年100家企事业单位完成截污纳管，拆除各类违章建筑19万平方米。投资1.8亿元的姜家渡村集中安置房结顶，完成下山移民二期零星安置工作，新增安置户100户。投资2000余万元推进四明山区域统筹发展项目，金冠村综合停车场、上王岗叶郎山古道修复工程等先后建成投用；启动大岭岗、流水潭和狮子山三条古道的建设与修复工程。申报完成民宿项目9个、宁波市旅游节庆项目1个。

有6个行政村、4个居住小区、1条公路、3家企事业单位和742户家庭参与“全民共建美丽家园”活动，并通过市级主管部门的三轮督察和复评。投资3008万元的东排二期建设工程进入扫尾阶段；投资4000余万元的最良江加固工程政策处理工作完成，主体工程建设推进顺利；启动扶贫经济开发区防洪排涝工程。已有1个行政村的农村生活污水治理工程投入运行，燕窝、章雅山、茭湖、明伟、苏家园、双桥等6个村的治理工作即将完工。完成最良江、姚江等“两江”流域和梁辉水库上游水源地畜禽养殖污染综合整治“回头看”工作，拆除关停畜禽养殖场15家，拆迁面积12200余平方米。

花园新村危旧房改造5个地块于10月完成意愿征询，入户评估等相关工作已启动，12月中旬开始征收签约。投入1100余万元，实施南园新村东区、西区老小区改造。白山头整村拆迁安置房交付工作基本完成，347户农户得到安置，共交付房屋667套。搬迁地质灾害户16户，改造提升1处，梁辉水库右坝肩建设工程完工，黄明水库周边地质灾害点整治工程加快推进。

平安志愿者夜巡

全年新增就业1983人。新型合作医疗参保12956人，参保率达97.48%。调解各类劳动纠纷21起，涉及资金102余万元。发放各类困难补助160余万元、各类低保资金900余万元。启动街道农村土地承包经营权确权登记颁证工作和第三次全国农业普查工作。

年内完成无证幼儿园整治工作，投资3000万元的梨洲学校初中部建设启动。有3人当选“余姚好人”，其中1人被评为“浙江好人”。各级调解组织共受理矛盾纠纷290起，调处成功率达100%。受理群众来信来访373件，化解历史积案10起。实施南门小商品市场安全隐患整治工作，完成天然气长输管道周边23个隐患点的拆除治理任务。全年共发生刑事案件658起，下降38.4%。

【梨洲街道群创电子商务产业园开园】

9月，梨洲街道群创电子商务产业园一期开园。占地4.3公顷，总建筑面积约4万平方米，已入驻电商企业50余家。对符合国家产业政策支持的电子商务项目，由街道协助园区为其申报和争取专项资金支持；对高校毕业生创业者，提供办公场地和设施费用优惠措施并放宽贷款额度；对考核达标、签约期达3年的入驻企业，给予租金补助；同时与高校对接，为园区各类企业提供人才资源。园区还引进顺丰物流中转站，占地近35000平方米，业务范围覆盖余慈周边34个网点。

【“地球村”为老年人义务理发五年】

自2011年开业起，位于巍星路上的“地球村”美发店，就推出为65周岁以上老年人免费理发活动，时间是每周二下午12点30分至18点，已坚持整整五年，受到周围群众尤其是老年人的好评。

（梨洲街道）

兰江街道

【概况】

2016年，兰江街道实现工业总产值158.5亿元，增长7.1%。财政总收入8.8亿元，其中一般公共预算收入4.7亿元，分别增长11.5%和20.8%。固定资产投资17.1亿元，增长27%。

全年实现规模以上工业产值98.8亿元、利润4.5亿元，分别增长6.2%和9.8%。新增工业项目8个，实现工业投入8.5亿元，增长30%。引进总投资3000万元以上项目2个，新注册2000万元以上项目1个，新批优质外资大项目2个。全年投入科技经费2.5亿元，实现新产品产值32.1亿元。完成“机器换人”项目10个，减员690余人，完成发明专利申请150件，新增创新型初创企业10家。宁波佳音机电科技有限公司在“新三板”挂牌。

新增限额以上商贸企业4家，实现限额以上社会消费品零售额50亿元，增长7%，限额以上住宿餐饮业营业额1.3亿元。实现商品市场成交额5亿元，增长5%。实现互联网经济产值11亿元，浙江飞智电商创业园签约入驻电商企业31家，入驻率93%，年销售额2亿元。实现自营进出口总额7.36亿美元，增长22%。新登记进出口企业12家，境外注册成立企业2家，实现境外承包工程劳务合作营业额1500万美元，服务外包执行总额2亿美元，其中服务外包离岸执行额1400万美元。实到外资2800万美元，合同利用外资5600万美元，实到宁波市外内资3亿元、余姚市外内资3.3亿元，实到浙商创业创新资金2.2亿元。

兰墅公园戏曲角

全年投入资金215万元完善农业基础设施建设，先后完成笙竹、凤亭2个村水毁耕地修复和夏巷村20.8公顷标准农田建设。实现集体可用收入总额3200万元，增长0.6%。推进农村土地确权登记颁证工作，基本完成13个村土地调查摸底，同时启动第三次全国农业普查工作。

锦凤公路延伸段、四明西路延伸（余梁公路—直江路段）、黄甲巷路新建等工程先后竣工，启动兰凤路和街道老年服务中心南首道路新建工程。市政府东侧临时停车场新建工程完工，新增公共车位204个。完成兰馨路建筑垃圾中转站建设工程，剥皮龙垃圾中转站、四明西路垃圾压缩站完成前期准备，改造、新建公厕12座。完成夏巷一号互通立交工程“清零”任务，集体土地房屋拆迁房票安置面积占总面积的86.3%。完成三凤雅苑交房任务，共签约安置405户。兰墅公寓三期一地块即将交房，兰墅公寓三期二地块主体建筑基本完工。郭相桥安居工程进入前期准备阶段。实施凤亭、笙竹等2个“美丽村庄”、名仕花园等6个“美丽小区”、浙东垂钓中心等3个“美丽单位”及余梁公路“美丽公路”创建。共拆除违章搭建面积12.3万平方米，整改蓝色屋面17万平方米。

总长度约1500米的姚江城区段堤防加固一期工程基本完工，总投资8000余万元。史家庄河新建工程完成工程量的90%。完成颜家江提升改造、姚江江堤石婆桥江二期加固加高工程和7条河道清淤、磨刀桥村雨水管道改造等工程。直江路污水总管铺设新建工程竣工，完成江南新城沿四明西路周边商铺污水纳管100余家。推进农村生活污水治理工程，4个村完成总工程量的50%，5个村完成图纸交底或进场施工。笙竹村农民饮用水提升保障工程完工，冯村村供水保障能力提升工程启动。

完成13个村被征地人员养老保障和辖区内所有学校学生城乡居民基本医疗保险。共举办各类务工培训班9期、人才招聘会2场。发放各类社保补贴、补助资金704.2万元，落实保障性住房配租13户。组织开展“慈善一日捐”活动和企业“冠名基金”募集工作，共筹得善款208.4万元，发放扶助款135.8万元。调解各类劳资纠纷、欠薪案件40起，涉及金额195万元。

完成郭相桥村文化礼堂建设，新建健身路径7条，完成冯村15千米原生态健身步道建设。举办街道第二届全民运动会和第十一届“兰江家园情”群众文化节活动，策划举办各类文化活动27场，电影、戏曲等演出177场。投入资金480余万元，完成11所学校的校园警务联络室规范化建设。启动街道社区卫生服务中心扩建工程，完成四明社区“博爱家园馆”建设并投入使用。

【兰江街道年度民生实事工程基本完成】

截至年末，兰江街道2016年十二件民生实事工程基本完成，共投入建设资金8470余万元。其中，姚江中学各建筑主体结构全部完工，附属设施施工和室内装修工程已启动；完成冯村便民服务中心建设、街道老年服务中心宿舍楼装修、康岭公墓“一站式”服务装修、凤亭老年活动室等工程，启动保庆路历史街区保护和修缮、舜南新村南北小区改造等工程；规范提升世南小学等3个避灾中心，姚江小学升级成为市避灾中心。

【梁星心视察兰江街道避灾中心建设情况】

6月21日，省民政厅副厅长梁星心在宁波市民政局副局长王建云陪同下，到兰江街道姚江小学视察避灾中心建设情况。梁星心在实地查看避灾中心的场地设置、物资配备、后勤保障等情况后，评价该中心是充分利用公共资源推进避灾安置场所建设的典范。

（兰江街道）

朗霞街道

【概况】

2016年，朗霞街道实现财政总收入7.33亿元，比上年增长8.5%，其中一般公共预算收入3.79亿元，增长17.5%。实现工业总产值230亿元，其中规模以上工业产值88亿元、销售84.1亿元、利润3.89亿元，分别增长3.9%、6.2%和6.3%（剔除上年因朗迪上市超额上报利润等因素）。实现商品市场成交额34.9亿元，增长15%。

年内，完成杨家、龙王堂、西墟、干家路、天中、朗霞、新南王等7个行政村的村庄规划成果报批，实现城市规划区外村庄规划全覆盖。完成余姚模客小镇城市设计规划成果，为下步控制性详细规划修改完善和余姚模客小镇开发建设提供技术支持。编制完成从弥陀寺至熊汝霖纪念馆的旅游规划。

总投资1.8亿元的邵巷安置房四期建设工程完工。总投资5900万元的长泠江堤防加固工程一期完工，二期景观绿化建设正按计划推进。总投资3280万元的街道成职校迁建工程完成招标。投入1800万元，新建（维修）桥梁3座、网络（市政）公路5条。投入1500万元，新建污水主干网8.4千米。启动模客小镇配套建设，进士第路（巷桥路至晋涵路段）开工建设，329国道南复线完成立项。

完成329国道两旁立面整治，整改广告牌722

模客小镇鸟瞰图

块。调处梁周线、朗马路两侧违章建筑案件36起，清运垃圾800余吨。推进农村生活污水治理工程，有7个村已完成工程量的70%。完成企业污水纳管45家。实施第二轮畜禽养殖整治，关停拆除畜牧养殖场11家，23家完成改造提升工作。河道清淤12万立方米，拆除违章建筑10.9万平方米。

全年辖区内符合政策生育率98.4%，出生人口性别比106.8。举办第七届园区文化艺术节，累计开展公共文化配送24场。13个行政村全部实施"一把扫帚扫到底"的村级环卫保洁模式；投入170万元聘请专业队伍，对辖区168条河道进行日常保洁。重启姚北实验学校初中部新建工程。全年发放各类临时救助金240人次25.5万元。核实退出低保10户20人，新增33户45人，对全街道235户359人次的城乡低保家庭发放低保救助金180万余元。全年完成财务审计8个、工程审计72个，总送审金额1亿2616万元，总审定金额1亿1989万元，总核减626.84万元，核减率达4.97%。年度刑事案件发生数比上年下降19.7%。

【熊汝霖纪念馆开馆】

3月30日，位于朗霞街道熊家街村的熊汝霖纪念馆正式开馆。该馆由熊汝霖九世族孙熊续强捐资1500万元兴建，历时3年，于2014年冬竣工。熊汝霖，字雨殷，又字梦泽，乳名八祥，明万历二十五年(1597)出生于熊家街。明崇祯四年(1631)中进士，历任同安知县、户部给事中、福建按察司照磨、南明弘光政权吏部给事中等官职。清军入浙后，熊汝霖联合邑人孙嘉绩在余姚举兵抗清，并迎鲁王朱以海监国于绍兴，以军功擢兵部尚书兼东阁大学士。清顺治五年（1648年），被拥兵自重的南明永胜伯郑彩所杀。

（邵锭婷）

低塘街道

【概况】

2016年，低塘街道实现工农业生产总值252亿元。在215亿元工业产值中，规模以上工业产值62亿元，其中以帅康、明峰、泰联为龙头的17家亿元企业产值45亿元。全社会固定资产投资20.81亿元，增长33%，其中工业投资16.7亿元，增长29.4%。完成财政总收入6.2亿元，增长4%，其中一般公共预算收入2.27亿元。农民人均纯收入29320元，增长9%。

全年实现新兴产业产值9.6亿元，高新技术产业增加值增长4.31%，申请各类专利416件。规模以上企业投入科技经费2.1亿元，其中19家企业投入"机器换人"资金超8500万元。泰联照明、澳乐比、斯曼尔电器分别创建为余姚工程技术中心和宁波知名商标。18个街道重点工贸项目累计投资15.1亿元，增长8.1%。

年内，姚北新城低塘产业园完成园区布局，已出让土地15幅，合计45.3公顷，入驻项目15个，其中投产5个、在建6个。洞池湖小微企业集聚区控制性详规获批复，有5.5公顷土地具备出让条件，6个项目开始意向洽谈。众创空间—电子商务园物流基地及园区停车场、健身活动场地等均已建成投用，入驻企业31家，年发单量超250万件，实现销售额12.3亿元，增长110%。通过"互联网+实体经济"对接活动，有12家实体企业增加销售额1.5亿元。依托新堰路商贸一条街建设，限额以上社会消费品零售额达21.6亿元，增长8.9%；商品市场成交额10.1亿元，增长6.3%。

全年实到内资2.7亿元人民币，实到外资2500万美元。帅康集团与上市公司"日出东方"签订合作意向协议；姚北新城产业园引进企业3家；黄湖工业孵化基地引入屋顶太阳能发电项目。有6个村的44幅"批而未供"土地办理规划手续，完成24宗5.2公顷低效用地的农转用工作。普天信息、振飞窗饰、明禾科技等“专精特新”企业全年产销增长近20%。

先后完成《市域总体规划》《土地利用总体规划》修编及《低塘街道发展规划研究》编制。指导黄清堰、洋山、历山、黄湖、姆湖、镆剑山、郑巷、西郑巷等8个村完成村庄规划。《洞池湖西侧地块控规》通过审批。启动《低塘建成区规划》编制，完善原帅康集团、低塘中学等地块城市设计工作。

年内先后改造新洋公路东段、帅洞路，新建新洋公路日月桥；329国道低塘段大修改造工程、新堰东路延伸、工一路新建等工程进展顺利；思贤路新建工程启动；新洋公路中段、共建路、项旷路（一期）等工程开始前期准备工作。历石公路至湖子路、历石线至龙口珠路、胜周线至剑江路（一期）等农村公路竣工通车。完成329国道、城东路等道路两旁立面整治；新洋线、环镇东路绿化景观、新堰东路健身步道和主要道路夜景等工程建设竣工。启动329国道南侧、胜周公路污水管网建设和6个村生活污水治理工程，完成企业污水纳管45家。开展第二轮畜禽养殖整治，关停拆除畜牧养殖场11家，23家完成改造提升。疏浚河道11千米，清淤9万立方米。开展环境执法305次，查处废塑等环境违法点195家次。

全年完成残疾人施保290户，发放各类救助金250.5万元，计1760人次。核实退出低保11户12人，新增15户22人，对247户385人次的低保家庭发放救助金290余万元。就业补全率在80%以上，新增城镇就业1987人，困难人员再就业284人，城镇失业人员再就业456人，安排公益性岗位16人。

先后投资50余万元用于校安工程、标准化学校建设、教育信息化工程。家庭医生签约居民4806人，提供健康管理方案4.35万人，建档率78.11%。全年符合政策生育率98.72%，出生人口性别比108.58。举办第三届“千古高风·绚丽低塘”文化艺术节，围绕四大系列开展大型活动14项。推进农村土地确权登记颁证，已有80%的村完成测绘工作。完成低塘社区及11个行政村的居家养老服务中心建设，实现居家养老服务全覆盖。

全年调处各类纠纷和信访件258起，调处率100%。完善天网工程，报案率和刑事案件发生数分别下降12.3%和35.7%。消除出租房、群租房、校园周边等各类安全隐患53起。完成村级财务审计6个、工程审计90个、单位审计3个，收回各类款项12.05万元，提出审计建议21条；核减基建造价583.92万元，核减率6.06%。

【汤家闸村文化礼堂投入使用】

3月，汤家闸村投入200余万元，以“创客星村·睿智汤闸”人文元素为主题，按照“整合资源、综合利用”的建设原则，启动以“一馆一台两堂五室”为主要阵地的文化礼堂工程，10月竣工并投入使用。建设过程中，热心村民向民俗特色馆捐赠物件近150件。

（低塘街道）

泗门镇

【概况】

2016年，泗门镇实现地区生产总值81亿元，比上年增长7.5%。全年完成财政总收入7.3亿元，公共财政预算收入3.4亿元。完成固定资产投资41亿元，其中工业投资24.6亿元。城镇居民人均可支配收入45560元，农村居民人均可支配收入35500元，分别增长11.1%和12.7%。

投资950万元，先后完成滨海现代农业先导区基础设施工程、加工型蔬菜产业示范区工程项目建设。划定永久基本农田3160公顷，土地流转率达59.4%，申报宁波首批全程机械化示范项目2个。“万亩加工型蔬菜+美丽乡村”特色精品线入选“余姚市十佳特色农业精品线”。全年规模以上工业完成产值124.5亿元、销售118亿元、利润5.4亿元，分别增长1.5%、2%、3%。镇电子商务产业园开园，电子商务公共服务中心启用，全年实现规模以上(限额以上)工贸互联网经济总额10.6亿元，农业互联网经济总额4596万元，申报成为省现代商贸特色镇建设试点。

全年实到外资 3033 万美元，余姚市外资金到位 4.4 亿元人民币，浙商创业创新实到资金 2.7 亿元人民币。美国国际济丰集团纸业包装项目完成相关协议签订；投资 6 亿元的丰轩仓储物流一期竣工，通过二次招商引进一家俄罗斯物流公司进驻，二期完成土地出让前期准备，三期也已签订意向协议。完成“机器换人”专项 13 个，总投资约 1.06 亿元。长振铜业、容合电线、瑞曼特新材料 3 家企业已在宁波股交所成长板、创新板挂牌，东大空调在“新三板”上市实质性启动。

启动镇总体规划修改，制定绿地系统规划修改方案，工业功能区控规获报批，村庄规划修编实现全覆盖，古镇保护、天然气、给水等专项规划加快推进。全年开工重大项目 88 个，其中完工 78 个。四海公园工程项目推进顺利，制定宁波市级智慧物流特色小镇方案并申报。北二环路(西段)新建及配套管网、丰轩物流一期配套、湖边东路南段改造等工程先后完工，农村路网公路、道路硬化、背街巷弄改造等工程开工建设，制订出台《泗门镇交通治堵保畅五年行动计划》。329 国道两侧环境整治提升改造工程(泗门段)完成试验段建设，河塍路北沿绿化工程、329 复线绿化西延工程、谢家路江亮灯及景观提升工程先后竣工。推进城区污水纳管工程、城乡污水收集管网工程（二期)，完成企事业单位截污纳管 35 家。数字市政指挥大厅建成启用，形成市政设施主动预警、科学监管、精细管理“一张网”建设。实施拆迁清零行动，新增拆迁集体 3 户、国有 4 户，面积 1350 平方米。拆除违章建筑 80560 平方米。

2 月 22 日，泗门镇举办谢迁学术文化研讨会

年内，陶家路江二期整治工程 47 公顷土地征用基本完成；先后完成夹塘村宁波市水环境整治和镇南村余姚市水环境整治工程。更新和新增河长公示牌 144 块，排查标识河道排污（水）口 1825 个，河道清淤 4.85 万立方米，续建和新建农村生活污水治理工程 12 个，关停拆除畜禽养殖场 62 家，生态化治理提升 13 家。镇北村省级森林村庄、小路下村美丽森林村庄、万圣村和东蒲村中心村等创建完成工程建设，启动浙江省美丽乡村示范乡镇、示范（合格）村，以及谢家路省美丽宜居示范村创建申报。

全年新增就业人员 900 余人，户籍人口养老参保达 94.4%，医疗参保率达 98.1%，累计发放一卡通 48486 张。发放各类慈善救助资金 358.13 万元，受益群众 3315 人次。镇中心幼儿园夹塘分园开园，启动省历史文化名镇申报，宁波市文联工作现场推进会在泗门镇召开。成立集生产、供销、信用“三位一体”的泗门镇农民合作社经济组织联合会，启动第三次全国农业普查工作。

【《余姚日报·卫星城导刊》增为每月两期】

2011 年 1 月，余姚日报社与泗门镇党委、政府合作创办《余姚日报•泗门城事》。2013 年 3 月，更名为《余姚日报·卫星城导刊》，并成立导刊编辑室，报社指派专人到泗门开展组稿、采访、编辑等工作。为进一步开展泗门卫星城建设和省小城市培育试点的宣传报道工作，提高新闻时效性，使更多的鲜活新闻能及时刊登，更广泛地反映泗门基层干部群众的心声，从 2016 年 1 月起，将原每月一期的对开四版《余姚日报·卫星城导刊》改为每月两期，出版日期为每月 12 日和 28 日。

【泗门镇举行规范提升电线电缆行业推进会暨国际认证战略合作协议签订仪式】

泗门镇于 2007 年被中国农村特色经济之乡命名委员会命名为“中国电线电缆之乡”。为提升传统支柱产业的核心竞争力和可持续发展能力，2016

年6月2日，泗门镇举行规范提升电线电缆行业推进会暨国际认证战略合作协议签订仪式。镇党委副书记、镇长成立海代表泗门镇人民政府，与美国UL公司电线电缆事业部、泗门镇商会线缆分会共同签订三方战略合作协议。根据协议，美国UL公司电线电缆事业部将定期地提供客户所需的UL相关产品安全标准、工厂检查的技术交流和培训，利用美国UL公司认可的当地测试实验室资源向线缆企业提供产品安全测试、认证服务，并给予适当的价格优惠，还将邀请线缆企业参观美国UL公司苏州实验室、参加美国UL公司的技术高峰论坛等，开展技术交流。

【谢家路村成立全国首个村级党建研究室】

3月，全国首个村级党建研究室在泗门镇谢家路村成立，一批全国知名党建理论专家受聘担任顾问。谢家路村党委曾获“全国先进基层党组织”称号，村党委书记钱建康被评为全国优秀党务工作者。多年来，村党委把强化基层党建作为农村经济社会各项事业发展的总龙头，创造性探索出“小板凳工作法”“阳光村务（党务）八步法”等先进经验，受到中组部、浙江省委和宁波市委的肯定。为巩固创新基层党建经验，该村党委经上级有关部门批准成立党建研究室，为加强基层党建提供智力支持。

（谢纯尧）

马渚镇

【概况】

2016年，马渚镇实现工农业生产总值181.3亿元。财政总收入5.7亿元，增长11%；一般公共财政预算收入27384万元，增长22%。农民人均纯收入24182元。

全年完成规模以上工业产值53.6亿元、利润2.714亿元、增加值12.27亿元，分别增长0.8%、32.1%和3.87%，规模以上工业万元增加值能耗下降率6.74%。实到外资2208万美元，增长9.3%；宁波市外内资2.28亿元，下降1.5%。确定“机器换人”项目20个。聘请浙江大学教授严建苗团队，调研并起草《马渚镇化妆品包装行业（2016—2020）发展规划》。成立马渚镇化妆品包装行业协会，基本落实第二十二届中国美容博览会马渚馆展位。总投资1.8亿元、占地1.86公顷的宁波劳仕塑业科技化妆品包装材料项目完成主体建设，新建厂房4万平方米。占地2.33公顷的顺铃汽车4S店项目新建各类厂房2万余平方米，已开始内部装修。

全年实现农业总产值5.5亿元，全面完成各项粮食生产任务。完成总投资153万元、总面积29.77公顷的斗门村标准农田建设。配合国土部门指导全佳桥、沿山23个村开展土地整理项目，整理土地面积6.59公顷。总投资400余万元的马渚利惠水产精品园项目基本完成。成立马渚镇“三位一体”农民合作经济组织联合会。出台《马渚镇关于村级集体经济增收减负化债的实施意见》。瑶街弄村完成土地流转859户，累计流转面积180公顷，为全市首个农村承包地整村流转项目，流转后的土地将作为“多彩农业”及都市农村示范区基地。

调整《马渚镇土地利用总体规划（2016—2020）》，完成《马渚镇老镇区控制性详细规划及核心区城市设计》《马渚镇新区控制性详细规划及重点区块城市设计》。完成斗门村等9个行政村的村庄规划编制。总投资10.5亿元的旧城棚改项目，年内一期拆迁基本清零，二期拆迁工作启动。其

姚家村村民采收红菱

中，一期喻家畈区块拆迁户102户，总拆迁面积20497.15平方米，已基本完成签约。二期拆迁完成评估公示及每户清单校对，10月下叶东侧区块开始签约，配建镇中心幼儿园新建工程开工建设。

投资1000余万元的农业综合开发项目进入设计阶段。启动姚江、中河堤防加固增高工程。实施"一事一议"项目3个，总投资141万元。完成"三改一拆"任务85935平方米，整改"蓝色屋面（立面）"23万余平方米。开展畜禽养殖污染治理，关停拆除畜禽养殖场134家，提升改造26家。完成企业污水纳管35家。

【斗门村俱乐部落成】

11月25日，以"品质斗门、运河欢歌"为主题的市政协教文卫体文史委、民进余姚市基层委员会送文化下乡活动在斗门乡村俱乐部大舞台举行，标志全市首个乡村俱乐部——马渚镇斗门村俱乐部正式落成并使用。斗门村俱乐部于上年11月动工兴建，建筑面积1720平方米，与运河广场、运河大舞台、儿童乐园连成整体，总投资530余万元，为宁波市财政一事一议美丽乡村建设项目。这是该村继村落文化宫、文化礼堂、儿童公园、老年活动室等后，又一处集娱乐、文化、集会于一体的文化休闲阵地，同时为村民提供举办喜事、寿宴的场所。

【瑶街弄村家园馆落成】

瑶街弄村家园馆设于村便民中心内，3月动工建设，11月竣工，投资15万元。建筑面积200平方米，展览分村情村史、民俗风情和崇文尚德三个篇章，全方位展示瑶街弄村的民俗风情、经济社会发展历程及美丽家园建设过程。

（蒋申骏）

陆埠镇

【概况】

2016年，陆埠镇实现工业总产值139.4亿元，增长6.7%，其中规模以上工业企业产值30.5亿元，增长7.5%。全社会固定资产投资9.8亿元，增长29.2%，其中工业投资5.48亿元，增长67.6%。财政总收入3.48亿元，增长5.6%，其中一般公共预算收入1.66亿元，增长18.4%。

年内，镇小微企业集聚区入驻企业15家，电子商务创新产业园基建进入扫尾阶段，已入驻电商企业4家，预申报"机器换人"重点项目10个。引进宁波市外内资8074万元人民币，浙商创业创新到位资金9054万元人民币，实到外资500万美元。完成浙江余姚宝湾国际物流有限公司注册落户，浙江宝业建设集团有限公司开发老镇政府、农机厂地块商住项目签约。

镇土地利用总体规划获宁波市政府批复实施，北部新镇区、五马工业园区二期、东港区、西园区4个控制性详规尚在编制和报批，新启动3个村的村庄规划编制。重点工程宝湾物流一期20公顷土地完成摘牌；胜陆公路完成初步方案设计和政策处理前期调查摸底工作；陆埠大溪整治一期三标段房屋征迁工作有序推进；陆埠公交客运站建设完成初步方案设计；镇老年服务中心改建提升工程完成招标并进场施工；完成洋溪河下游堤防应急加高和西片自来水主管网改造。

年内全面落实"河长制"，平原片河道实施社会化保洁新模式。陆埠大溪整治一期1标段基本完工，实施官路沿老排涝站维修加固、郭姆排涝站纠偏加固、沿山河东江沿、乌丹堵漏等排险工程。完成白鹤桥横河等4条河道生态化治理。启动新一轮畜禽养殖污染整治，关停拆除养殖场19家。实施陆埠水库上游饮用水源地保护和农民饮用水保障提升工程，新启动3个村的农村生活污水治理。对产值500万元以上有环评的工业企业建立"一厂一档"，落实46家烟控企业停产停业。完成新建环卫所搬迁。

兰山村成功创建宁波市文明村，新建兰山、翁岙2个村级文化礼堂。主办首届户外运动体育大会和首届环陆埠水库骑游大会，承办市社会主义新农村门球赛，干溪村门球队获泰国国际门球锦标赛冠军。完成大樟殿、翁家老宅等文保单位和

陆埠镇兰山村党务、村务、财务公开栏

石门水碓非遗保护项目的修缮，推荐陆埠豆酥糖申报省非遗保护项目。

实施洪山小学操场改造，整改取缔无证幼儿园4所。完成农村劳动力培训980人，新增就业再就业人员1289人。成立市劳动仲裁庭陆埠派出庭。实施陆埠卫生院住院部改造工程，契约式家庭医生签约完成年度目标，申报创建AA级居家养老服务照料中心3个，发放各类救助资金1300余万元。完成陆埠派出所迁建。

【市劳动人事争议仲裁委员会陆埠镇派出庭成立】

9月30日上午，余姚市劳动人事争议仲裁委员会陆埠镇派出庭正式成立，并进行第一次开庭。这是继朗霞街道、泗门镇后全市成立的第三家市劳动人事争议仲裁委员会派出庭。此次开庭由市劳动人事争议仲裁院院长韩范霞担任首席仲裁员，市仲裁院仲裁员孙立栋及陆埠镇仲裁员陈苗龙、钱峰作为仲裁庭组成人员参加仲裁活动。经调查询问、举证质证、争议辩论等仲裁程序后，陆埠镇某企业跟员工之间的劳动争议得以解决。

【陆埠大溪一期整治工程项目签约】

经前期将近半年的准备工作，12月26日，陆埠大溪一期整治工程项目正式进入签约阶段。签约分两批次进行，第一批次从2016年12月26日至2017年1月4日，第二批次从2017年2月14日至2月28日。该项目房屋征收范围为陆埠镇树场弄及新庵弄，东至五星桥，西至陆埠大溪河岸，南至树场弄33号，北至陆埠大溪河岸，共计征收41户，房屋建筑面积约3500平方米。

【袁马村重修袁宝山烈士墓】

袁宝山烈士于1916年2月出生，1943年冬入党，曾担任袁马村党支部书记，新四军浙东游击纵队北撤后，他主动留下来坚持斗争，不幸于1946年夏天被捕，同年12月牺牲。2016年初，袁马村出资40余万元重修袁宝山烈士墓，8月底竣工。

（陆埠镇）

梁弄镇

【概况】

2016年，梁弄镇实现农村经济总收入51.68亿元，增长7.11%。

其中一产收入1.95亿元、二产收入36.05亿元、三产收入13.68亿元，分别增长7.14%、5.66%和11.13%。二产中的工业总产值30.03亿元，增长5.07%；建筑业产值6.02亿元，增长8.66%。财政一般预算收入14944亿元，增长12.61%。农民人均纯收入17360元，增长11.71%。旅游总收入1.72亿元，增长2.38%。全年帮扶困难群众800余人次，组织各类职业培训472人次，推出公益性岗位20个，新增就业人员882人。

年内总投资1000万元的“集约部落”集装箱特色民宿开始营业，总投资8000万元的红色主题民宿“浙东原舍”开工建设，正蒙街口小型商业中心开发建设项目即将挂牌出让，全年接待游客110万人次。相继建成总投资2亿元的省委党校四明山分校和四明湖国际会议中心，承办第三届中国机器人峰会暨全球海归千人宁波峰会，全年接待会议培训人数突破10万人次，营业收入突破1亿元。特色水果休闲观光基地提升等项目相继完工，启动第三次全国农业普查和农村土地确权登记颁证工作。

东溪、汪巷、横路、白水冲4个村被评为余

姚市十佳“最洁美村庄”，其中汪巷村还入选宁波市第二批“最洁美村庄”。先后实施梁弄入口标志至开元山庄沿线景观提升、正蒙街牌坊改造、梁弄入口标志改造等工程项目，全年完成绿化改造2.2万平方米，整治“蓝色屋面”26万平方米，生态修复面积14.7公顷。处理各类违章建筑54起，拆除违建面积3.04万平方米，创建为宁波市“基本无违建乡镇”。总投资2000余万元，先后完成东溪整治、下坞溪治理、桃花岭水库引水工程及4座山塘水库整治工程，新中溪整治工程创建为全市唯一的浙江省河道生态建设优秀示范工程，后杨岙水库创建为省首座标准化管理样板工程。完成集镇建成区及工业功能区污水纳管企业20家，全镇23条溪道195个排水口管网全部设立标识标牌。

【梁弄镇灯商联谊会成立】

2月16日，梁弄镇灯商联谊会正式成立，在外经商的梁弄籍灯具企业代表及梁弄本地灯具企业代表近百人参加成立大会。梁弄是中国灯具之乡，也是中国灯具制造基地，经过20余年的发展，全镇灯具企业已达400余家，在全国各地的灯具经销商达5000余人。镇灯商联谊会的成立，为灯具企业、经销商及政府之间搭建交流沟通的平台，方便企业之间的资源互通、信息互通和人才互通，有利于加快行业优势资源整合，从而提升行业整体水平，更好地服务消费者。

【《四明孙氏宗谱》完成续修】

3月，在孙瑞堂、孙家强、孙雅庆、孙志荣等十余名老人的努力下，历经二年半时间，《四明孙氏宗谱》完成续修。孙氏自唐代时迁居梁弄，已繁衍四十一世，其中不乏南宋临安知府孙子秀等名人。主要分布于梁弄镇东溪、甘宣、白水冲、汪巷、东山、雅贤等村，共240户、785人。

（梁弄镇）

牟山镇

【概况】

2016年，牟山镇实现工农业生产总值64.8亿元，增长8%。其中工业总产值45.51亿元，农业总产值19.29亿元。财政总收入2.93亿元，一般公共预算收入1.39亿元，分别增长24.8%、28.9%。全社会固定投资11.74亿元，增长25.3%；工业投资4.76亿元，增长22.26%。农民人均纯收入24800元，增长8.77%。

全镇规模以上工业产值47.42亿元、销售25.26亿元、利润26311万元，分别增长6.41%、8.50%、24.97%。累计引进余姚市外资金16473万元，增长5.53%；引进浙商创业创新11704万元，增长57.65%；完成合同外资500万美元，实到外资250万美元。累计实施技改投入4.48亿元，增长56.64%，有6家企业实施“机器换人”项目。

年内通过余姚市美丽集镇和宁波市卫生镇创建验收。6月始，全镇投入317万元实行环境卫生保洁市场化运作。全年拆除违章建筑3.51万平方米。投入550万元完成振中路建设。投入130万元完成牟临公路绿化工程，绿化面积17642平方米。投入10万元完成新东吴村吴昂头内江、魏家村荷花池清淤疏浚，累计清淤近万立方米。拆除禁养区内畜禽养殖场12家，18家非禁养区养殖场通过市、镇两级生态化治理达标验收。投入30余万元，对全镇7个行政村的河道障碍物进行集中清理。投入515万元，完成魏家村委至镇政府、王剡作至新东吴村委、张房至孙家污水管网建设。投入627万元，开展新东吴村农村生活污水纳管工程，牟山村后店、桥头桥272户农村生活污水纳管工程竣工。

投入70万元在镇中、镇校部分教室安装电子白板，在全市率先完成校园警务联络室建设工作。镇第一幼儿园通过省二级幼儿园评估验收。举办第三届“姚西明珠·魅力牟山”文化节活动。调处各类矛盾纠纷85起，调处成功率100%。受理案件165起，下降27%，其中立刑事案件82起，下降27%,抓获各类犯罪嫌疑人43人；立行政（治安）案件83起，下降28%，处理违法人员49人。

全年举办各种就业培训8期合计270人次，新增城镇就业800人。调解工伤纠纷11起，涉及金额54.42万元；其他纠纷2起,涉及金额20.8万元。小微企业劳动合同签订率达到100%。

【市“银辉”志愿者牟山分会成立】

12月15日，余姚市“银辉”志愿者牟山分会成立，为全市首个“银辉”志愿者乡镇分会。下设银龄互助团队、建言献策团队、帮困助学团队、科技助农团队、巾帼文体团队、美丽庭院建设团队、网吧监督团队等7个志愿服务团队。

（牟山镇）

丈亭镇

【概况】

2016年，丈亭镇完成工农业总产值140.39亿元，其中工业总产值136.4亿元，农业总产值3.99亿元。实现固定资产投资13.95亿元，其中工业投资10.35亿元、技改投资9.98亿元。公共财政预算收入3.1亿元，农民人均纯收入22781元。

全镇60家规模以上企业完成产值、销售、利润、工业增加值分别为48.01亿元、45.66亿元、2.61亿元和11.5亿元。年内实施工业投资项目25个，已全部开工。全年协议外资2829.42万美元，实到外资1357.41万美元；宁波市外实到内资20517万元人民币，余姚市外实到内资25517亿元人民币；浙商创业创新资金7601万元人民币。科技经费投入总额15200万元，研发经费投入总额9300万元。申请受理发明专利85件，获发明专利5件。实现浙商创业创新总额1.32亿元。

总投资600万元的宁波市农业综合开发粮食生产功能区高标准农田提升工程，年内已完成总工程量的90%。投入1000万元，基本完成胡界、应王、平湖等8座排涝站。投入4650万元，完成马家浦、朱家浦、潺子浦三大浦塘除险加固工程。总投资6500万元的集镇段堤防加固工程，一期工程738米已完成工程量的80%。编制完成胡界、丈亭、渔溪等7个村的村庄规划，完成镇土地利用总体规划报批工作。开展环境卫生集中整治6次，清理建筑及生活垃圾2400余吨，刷新墙体20000平方米。发现并阻止新违章建筑十余起，强制拆除2起，自行拆除3起，拆除面积2400余平方米。

实施全民创业乐业增收工程，新增创业实体480余家。发放助医、助学、扶困等各类救助资金350余万元。投入400余万元，先后完成镇中教学楼改造、镇第一幼儿园一期改造工程。新建渔溪村“欢乐大舞台”，完成三江社区、龙南村等7个村文化礼堂建设。

【丈亭镇推行党员“分色预警”制度】

年初，丈亭镇党委决定对全镇2118名党员实施“分色预警”机制。具体做法是：以122个基层党支部为单位，根据各位党员平时表现、先锋指数考评及年底民主测评等情况，设红色、黄色、绿色、蓝色四个层级。其中红色代表该党员能正常发挥党员作用，而对存在一定问题的党员进行黄色预警，对存在较大问题的党员进行绿色预警，因患病或年事较大难以发挥作用的党员则定为蓝色。“分色预警”机制将处置工作与党员的党性教育结合起来，通过专项活动，增强党员的党性责任意识，达到“教育在先，处理在后”“处置一个，教育警醒一片”的效果。

【九旬老人罗国连自办报展】

94岁高龄的罗国连老人集报已有21年历史，共收藏报纸20个大类7300余种8万余份。2004年成立家庭藏报馆，累计吸引来自北京、上海、江苏等地的3万余人阅览。集报之余，他还义务出黑板报883期。2016年建党节、国庆节期间，又先后在丈亭镇中等企事业单位举办报展。

（李玉胜）

三七市镇

【概况】

2016年，三七市镇实现工农业总产值90.93亿元，增长10.26%。其中工业总产值81亿元，增长10.2%；农业总产值9.93亿元，增长5%。全年财政总收入2.18亿元，其中一般公共预算收入1.11亿元，分别增长10.3%和25.3%。完成固定资产投资8.7亿元，增长20.1%，其中工业投资6.6亿元，增长16.7%。农村居民人均纯收入27255元，增长16.9%。

全镇规模以上工业实现产值34.18亿元、增加值5.04亿元、主营业务收入32.74亿元、利润13.38亿元、新产品产值11.3亿元，分别增长13.5%、12.5%、14.3%、29.1%和16.2%。新增创新型企业6家，完成“机器换人”重点项目8个，项目改造资金近6000万元，申请发明专利33件，“新三板”“新四板”挂牌企业3家。实施1000万元以上投资项目10个，竣工8个，其中投资8000余万元的儿童安全座椅生产项目已投产。全镇完成合同外资1000万美元，实到外资270万美元、内资1.8亿元，引进浙商创业创新资金7500万元。“千人计划”产业园第二轮土地征用基本完成，实施“机器人小镇”建设，完成低效用地再开发5.89公顷。

组建成立农民合作经济组织联合会，新增家庭农场2家、农民专业合作社3家。完成粮食生产功能区建设267公顷，划定永久性基本农田2204公顷，完成辛夹岙山塘、莫家岙大溪等小农水项目8个。启动实施农村土地承包经营权确权登记颁证和第三次全国农业普查。6家生产主体列入农产品质量安全追溯体系。

全年实现商贸投资9400万元，增长5.6%。商品市场成交额1.4亿元，增长17.1%。完成互联网投入700万元，电子商务营业收入3亿元。实现自营出口8200万美元，服务外包执行总额2000万元。华东地区最大的冷运仓储中心——宝真食品冷链物流项目落户。

编制完成9个村的村庄规划，金川路东延段主路硬化工程竣工，新建农村网络公路16.9千米，三河线、杨梅旅游专线等主干道改造停车位80个。完成大池墩水库溢洪道和慈江沿线堤防修复工程，改造镇级自来水总管6.2千米。拆除违章建筑面积10.3万平方米，关停拆除禁养区范围内畜禽养殖场129家，淘汰高污染燃煤锅炉9家，整治VOCs（挥发性有机污染物）企业4家。

开展农村劳动力职业技能培训261人，新增城镇就业人员682人，城镇失业人员再就业136人，城镇登记失业率控制在2%以内。累计发放各类救助金650万元，帮扶各类困难家庭730户。“邻里守望”居家养老模式在试点基础上向各村推广。

全年调解化解各类矛盾纠纷87起，各类案件发案率下降31.2%。梳理确定权力清单164项、责任清单156项、公共服务事项63项，所有事项均在省政府服务网公开。开展财政财务收支、投资项目和村属单位等审计，核减资金合计509.3万元。

【两处市级文保单位维修工程通过竣工验收】

3月2日，市文广局在三七市镇组织召开鸡山学堂旧址、祝江大桥两处市级文物保护单位维修工程竣工验收会议。经实地勘验，验收组认为两项工程总体符合设计要求，施工质量和各项技术指标评定为合格，同意通过竣工验收。鸡山学堂位于官桥村，1946年由陈布雷捐资并仿广州黄埔军校建筑风格设计建造。祝江大桥南北横跨慈江，建于20世纪60年代，是国内最早建造的自锚式悬索桥之一。

（楼锋聚）

河姆渡镇

【概况】

2016年，河姆渡镇完成工农业生产总值95.55亿元，其中农业产值7.05亿元、工业产值86亿元、第三产业产值2.5亿元。全年财政总收入2.38亿元，农民人均纯收入 26950 元，完成固定资产投资 7.02 亿元。

新增规模以上企业 3 家，完成发明专利申请 18 件，新增“机器换人”项目 7 个。罗江工业园区引进项目 6 个。全年实到内资 1.92 亿元，增长 2.07%，其中宁波市外 1.6 亿元，浙商创业创新回归资金 5282 万元。合同外资 504 万美元，其中实到外资 230 万美元，实现自营进出口 9150 万美元。万元工业增加值能耗降低率 6%。

全年茭白产值 1.4 亿元，粮油产值 3200 万元，畜牧养殖业产值 9400 万元，渔业产值 4600 万元，名优茶、杨梅、春笋等林业特色产业产值 9480 万元。推广“余茭 4 号”茭白新品种，茭白田套养甲鱼、泥鳅、蛋鸭等循环种养面积逾万亩，先后完成有机稻米示范基地、粮食示范区建设。

9 个村完成村庄规划。实施重点民生项目 23 个，实现社会基础设施投资 1.7 亿元。集镇公交首尾中心站前期工作完工；完成河姆渡、车厩 2 个村的农民饮用水供水保障能力提升工程建设；车厩大道北接线打通；翁方、罗江等村生活污水处理工程基本完成。开展车厩村、五联村农业综合开发小流域治理，车厩大溪整治提升、庙下山塘治理等项目完成主体工程。

全年培训农村劳动力 240 人。累计发放市、镇两级各类帮扶资金 142 万元。实施镇中校舍改造等教育设施提升工程。完成镇文体中心装饰装修工程及东澄村文化礼堂建设，更新提升部分村落文化宫的设施设备。组织举办第十届“书香河姆渡”全民读书节、第五届“古韵河姆渡”乡土文化节，“欢乐大舞台”开展各类文体活动 20 余场。调处各类矛盾纠纷 260 起，调处成功率 100%。未发生重大恶性刑事案件。

【河姆渡书画院成立】

6 月 24 日，由河姆渡镇退休干部支部发起的河姆渡书画院正式成立，旨在为广大老干部搭建一个相互学习、促进友谊、陶冶情操的平台。同时，通过组织书画进村、进企、进校等活动，向社会各界传播书画文化。退休干部支部的 16 名书画爱好者成为书画院首批会员。

河姆渡书画院成立典礼

【河姆渡镇卫生院中医馆开馆】

6 月，河姆渡镇卫生院中医馆开馆，为全市首家乡镇中医馆，开设针灸推拿、中医骨伤科、中医内科等科室，并成立省名中医马伟明工作室和针灸名家胡树清工作室，还邀请宁波和余姚的中医名家定期坐诊。开馆后，门诊人数每天在 100 人次以上。

（河姆渡镇）

小曹娥镇

【概况】

2016 年，小曹娥镇有耕地面积 1780.3 公顷，年末常住人口 44169 人，其中本地户籍人口 28682 人。全年实现工农业生产总值 159.14 亿元，其中工业总产值 152 亿元，农业总产值 7.14 亿元。实现财政总收入 2.86 亿元，其中一般公共预算收入 1.35 亿元。农民人均纯收入 26500 元，增长 10.3%。

全镇 41 家规模以上企业实现产值 109.8 亿元、销售 98.5 亿元、利润 3.26 亿元，分别增长 5.3%、2.1% 和 23.1%。规模以上工业分别实现增加值 10.6 亿元、高新技术产值 17.2 亿元、新产品产值 39.6 亿元；科技经费投入 11874 万元，其中研发经费投入7202万元；实施“机器换人”项目6个；申请专利115件。实施固定资产投资项目58个，完成固定资产投资14.2亿元，增长22.3%；其中工业投资项目23个，投资9.88亿元，增长9.1%。实到外资335万美元，余姚市外内资18428万元人民币，浙商创业创新资金8900万元人民币。服务外包额1800万美元，实现“个转企”8家、“小升规”3家。淘汰燃煤锅炉10台，万元工业增加值能耗下降15.33%。新增商贸企业投资额8350万元，实现商贸规模企业销售1.2亿元，出口交货值5.6亿元。

全镇11家榨菜企业产值3.5亿元。复种面积4533公顷次，复种指数达254.74%，新增土地流转面积28.8公顷。通过专业合作社、家庭农场、农民经纪人共销售农产品1.1万吨，销售额5300余万元。先后完成总投资450万元的余姚滨海现代农业先导区基础设施提升工程和总投资220万元的第三轮标准农田质量提升工程，改良五塘江以北土地743公顷。

投资3000万元的一号公路一期工程竣工通车。投入940万元实施道路河道两侧绿化提升工程。实施总投资217万元的集镇环境提升工程，同时在集镇新区建设区域启动占地约2.67公顷、投资约3000万元的文体公园，已进入设计招投标阶段。完成总投资2000余万元的农村土地综合整治项目，复垦面积4.69公顷。完成全省农村土地承包经营权确权登记试点工作任务和农村经济合作社股份制改革。

投入3600万元推进农村生活污水改造工程，改造农户2300户，完成企业生活污水纳管20家。拆除禁限养区内畜禽养殖场68家，关停2家，改造提升15家。基本完成总投资1.03亿元的镇中心小学迁建工程。新型农村合作医疗覆盖率达99.48%，报销医药费用1182万元，受惠群众9.9万人次。完成劳动技能培训400人，推荐就业67人，城镇新增就业16人。全年调处各类劳资纠纷11起，工伤（小工伤）认定15起。累计发放各类救助救济资金1400万元。完成朗海、人和2个村的农村居家养老服务照料中心建设。全年受理各类信访218件，回复216件；调处各类矛盾纠纷195件，调处成功192件。整体治安发案率与刑事案件发案率分别下降7.5%和21.9%。投入430万元完成镇消防工作站和专职消防队组建。

【“华夏孝德网”开通】

3月30日，“华夏孝德网”在小曹娥镇正式开通。市委宣传部、市关工委、市教育局领导以及孝文化研究专家、热心人士等50余人出席开通仪式。“华夏孝德网”以小曹娥镇中心小学孝德研究团队为创作核心，将孝德文化建设与互联网融合，旨以宣传、引领、示范孝德文化。

【小曹娥镇中心小学新校区投入使用】

9月1日，小曹娥镇中心小学1000余名学生到新落成的学校报到。该校迁建工程总投资1.03

小曹娥镇中心小学

亿元，建筑面积1.97万平方米，包括两幢教学楼、图书实验楼、行政楼、食堂体育综合楼以及室外篮球、场排球场、250米田径运动场等。

（张吉春）

临山镇

【概况】

2016年，临山镇实现工农业生产总值161.4亿元，增长1.64%。其中工业产值122亿元、农业产值12.9亿元、第三产业产值26.5亿元，分别增长1.67%、4%和0.5%。财政总收入3.34亿元，增长5.4%；社会固定资产投资26.5亿元。

全年规模以上工业产值46.5亿元，增长4.49%。中杭磁材与南京大学合作建立院士工作站；凯威特、日樱电器等公司“机器换人”项目通过市级验收。盘活工业闲置土地8公顷，增加经济效益超亿元。其中，原飞佳达厂房转让给宁波太阳花有限公司，在原造纸厂地块引进世峻汽配科技公司。以南塘路、迎凤路为主轴的集镇新区已集聚餐饮、商贸、服务等各类商铺100余家，大型商场1家，第三产业经济主体投资资金达7.36亿元。

由上海客商投资1000余万元的无花果种植项目一期已挂果，从签约到种植到挂果仅用一年时间。由宁波六禾农业科技公司投资600余万元的欧姆龙智慧农业果蔬生产线，一期0.67公顷土地已完成种植；由市农林局投资300万元的温室蔬菜大棚建成启用。投资760万元的现代农业园区美丽园区项目、投资2000万元的备塘建设项目以及投资2200万的刺绕湾整治工程先后启动。全年接待葡萄采摘游客12万人，经济效益近2亿元。

年内投资320万元的迎凤北路大修工程完工，投资200万元的临海大浦二桥重建工程完成招标。完成南塘西路、开发一道、开发二道等路灯安装和老街新能源路灯改造，安装防护栏8千米，延伸农村网络公路4.2千米。全年新植绿化6万余株，增配环卫设施1000余万元。临南、临海、临浦、汝东、湖堤、邵家丘、兰海、梅园等8个村完成村庄规划评审。投资4200万元的两江四岸整治工程基本完工；投资1460余万元的污水收集工程（二期）建成投用，新建污水管道8.2千米；投资280万元推进北区工业污水排海工程二期，临南、汝东2个村安置小区的纳管工程已完工。投资130余万元的南门岭整治工程竣工，初步编制完成《余姚临山卫历史文化古镇保护规划》。

“好碧园”植物工厂内景

年内全镇养老、工伤、失业、医疗、生育五大保险人数分别为11796人、11086人、7160人、9432人和7551人，被征地人员养老保障参保人数7103人。完成社保系统整合更新工作，制作发放新社保卡2万余张。开展农民技能培训4个班、183人次，在岗职工培训3个班、133人次。处理工伤、工资拖欠等劳动维权案件72起，帮助务工人员追回工资、经济补偿金等130余万元。累计发放各类救助资金930余万元，结成阳光帮扶对子113对。新建临海村AA级居家养老中心，汝东村居家养老服务中心改造升级为AAA级。

全年调解各类矛盾纠纷82起，调解成功80起，2起转司法途径解决。参与重大项目、重点工程及政府采购等监督招投标活动25次，节减资金243.6万元；审计镇村两级工程项目35个，净核减资金461.67万元。立案查处党员违法违纪案件

10起，开除党籍5人，党内警告5人。

【临山获批省历史文化名镇】

7月27日，浙江省人民政府公布第五批浙江省历史文化名镇名村街区名单，余姚市临山镇入选为省级历史文化名镇。临山镇旧属东山乡，为晋太傅谢安游寓之地。明洪武二十年（1387），信国公汤和奉旨建临山卫。明嘉靖三十六年（1557）至三十八年，戚继光任宁绍参将期间曾戍守临山卫。明清时期，临山卫以三里长街、百货丛集而号称“小扬州”，至今卫城整体格局依然保存完整。

【余姚榨菜博物馆建成开放】

5月，位于临山镇滨海现代农业先导区内的余姚榨菜博物馆正式落成并对外开放。该馆占地400平方米，集中展示余姚榨菜产业的发展历史，以及榨菜加工工具、加工流程、本土榨菜品牌等，为全市首个以当地特色农产品为主题的博物馆。余姚是农业部命名的中国榨菜之乡，全市榨菜年种植面积超6670公顷，总产量30万吨左右，是姚西北农民的主要收入来源之一。

（任铖美）

黄家埠镇

【概况】

2016年，黄家埠镇实现工业总产值168.2亿元，增长7%。其中规模以上企业产值58.2亿元、销售52.3万元、利润2.1亿元，分别增长7.1%、7.6%和11.1%。自营出口额2.7亿美元，增长5.8%。社会固定资产投资14.4亿元，增长9.5%，其中工业投入10.2亿元，增长12.9%。财政一般公共预算收入2.93亿元，增长6%。

年内休闲用品、电子能源、汽配五金三大新兴产业产值占总产值的比重为57%，比上年提高8个百分点。规模以上企业电商市场涉足率由上年的20%上升到50%。惠美公司生产出全市第一辆锂电池新能源汽车，通迪成为第三代核电技术压力管道制造商。实施“机器换人”项目5个，总投资0.8亿元。全年完成合同外资1300万美元，增长5%；实到外资660万美元，增长7%；实到内资1.6亿元，增长3%。杰立公司投资1.8亿元的扩产项目一期投产；中河路南侧总面积20公顷的消防产业园，一期8.67公顷园区已签订落户企业6家，总投资4.57亿元，其中3个项目建成投产。

投资376万元完成宁波农业先导区项目建设，改造标准农田13.87公顷，全镇1867公顷耕地基本实现标准化并推进永久性基本农田保护工作。建设完成总投资480万元的加工蔬菜示范园区，项目实施面积233公顷，覆盖横塘、十六户2个榨菜主要种植区块，带动500余户农户年增收1200万元。明凤生态稻渔示范区作为省级现代渔业园区，年产值1750万元，利润700万元，辐射带动300余户农户。全年现代农业服务中心累计培训农民2000余人次，开展果蔬农残、土壤重金属等检测340余次，农业咨询400余人次，农技上门服务2000人次，提供水稻等良种5万千克，完成全镇600公顷土地政策性农业保险。

配合市交通局完成总投资2.6亿元的329国道黄家埠段拓宽改造提升。新修杏山村环线公路、五塘江至解放塘路2条宁波市级农村联网公路，总长4.4千米。完成4个村的村庄规划编制及报批。回龙村农村土地综合整治项目140套安置房及附属工程完成建设，拆迁户签约核对工作同步进行。投入666万元，先后完成329国道两侧、抢险公路韩夏段、329国道复线黄家埠村段、高兰公路黄家埠村原河道段等绿化建设。全年拆除违章建筑5.02万平方米。投入860万元完成中河路北侧、回龙安置小区周边生活污水集中纳管及高桥村五星片分散式污水处理工程。关停禁养区域内畜禽养殖场86家，拆除53家。镇中体艺食堂综合楼及横塘小学附属楼建成投用。年内本地户籍人员养老保险保障参保率达92%，新型农村合作医疗参保20696人。实施失地农民补助203人，计121.8万元。办理被征地人员转基本养老保险174人，上缴基金1298万元，全镇累计参加城乡居民保险13326人。

全年发放各类救助资金480余万元。

【王益楠再获残奥会“三金王”】

9月18日，在第15届里约残奥会男子4×100米混合泳接力34分决赛中，代表中国队出战的黄家埠籍运动员王益楠与队员合作，以4分06秒44的成绩获冠军，并打破残奥会纪录，为中国队夺得里约残奥会游泳比赛的最后一枚金牌，这也是王益楠在该届残奥会上获得的第三枚金牌。此前，王益楠已获男子S8级50米自由泳和S8级100米自由泳的金牌。这是他继2012年伦敦残奥会后，又一次成为残奥会“三金王”。

【市第二十二届四明山电影节在十六户村开幕】

9月9日，以纪念“中国工农红军长征胜利80周年”为主题的第二十二届四明山电影节，在黄家埠镇十六户村开幕。开幕式以舞蹈《十送红军》拉开序幕，有歌手演唱《红旗飘飘》《映山红》《老阿姨》等经典红色主题歌曲。开幕式后，现场300余名村民观看国产影片《我的长征》。此届电影节由市委宣传部、市文广局和黄家埠镇政府主办，市电影公司承办，历时4个月，共安排8项活动。

（黄家埠镇）

大隐镇

【概况】

2016年，大隐镇有常住人口8847人，其中本地户籍人口3657人。完成财政总收入11739万元，增长11.8%。其中公共财政预算收入4516万元，增长12.9%。实现工业总产值16.46亿元，增长4.2%。其中规模以上企业产值6.16亿元、销售6.04亿元、利润4157万元，分别增长8.2%、6.5%和9.5%。商贸重点企业销售1780万元，增长12.6%，商品市场成交额2950万元，增长13.2%，商贸服务业投资完成1210万元，实现商贸服务业税收入库数575万元，增长10.5%。全年旅游人数增加10%，旅游收入增加15%。《大隐镇志》于1月启动编纂。

推进“五水共治”专项行动，拆除隐溪河两侧畜禽养殖场12家，拆除面积46418.39平方米，关停禁养区畜禽养殖户2家。投入40余万元用于河道保洁，清理养殖场周边下凉亭河段740米。投入370万元实施堤防绿化工程，改造面积31107平方米。投入150万元，清理河道砂石、淤泥共计3万立方米。投资283万元，在工业园区东首地块建造集镇污水收集总泵站，实现大隐污水与高桥镇对接。投入900万元，实施隐溪河以南、山王北路以东区块污水管、自来水管、雨水管改造工程。经年内一系列污水治理，隐溪河水质自上年初的劣Ⅴ类提升至Ⅲ类。拆除违章建筑19处，累计拆违面积21730平方米。

开展省森林城市创建工作，各村均完成立体式绿化改造，全镇增绿复绿面积5.73公顷，其中乔木1200余棵、灌木700余棵。全年发放生态公益林森林生态效益补偿资金867528元，涉及绿植面积1808公顷、农民1392人。芝林村于10月底完成中材林抚育工作。

【“我眼中的大隐”美图微文征集比赛】

3月，大隐镇党委、镇人民政府举办“我眼中的大隐”美图微文征集比赛。经半个多月的征集、专家评审和微信投票，共收到投稿作品63件，获有效投票13000余人次，最终有10名参赛者分获一等奖、二等奖、三等奖，一等奖奖品为省级非遗传承人金星乔大师制作的“石猴献宝”石雕。

（大隐镇）

大岚镇

【概况】

2016年，大岚镇开展毁林开垦专项整治，生态修复面积68.8公顷。全年改造低产茶园10公顷，种植新品黄金芽1.33公顷，引导大宗珠茶合理减产，促进茶叶产品结构调整。将番薯枣子、柿子、粉丝、笋干等农产品纳入镇主推特色产品体系，同时引导发展蓝莓、中华肾果、百香果等高山特色果业，对包装、价格、质量等进行统一规划。

投资2000万元的大俞四窗岩户外运动项目基本竣工。投资80万元实施以农业观光、鲜花婚庆为主题的南岚七彩山丘项目。新加坡泌屋酒店、云龙山庄、大乐之野“谷舍”、“不二谷”农业综合休闲项目合计2.65公顷用地完成报批。投资490万元建造柿林村民宿发展指导中心。

通过PPP模式引入民间资本，建设“姚江源乡村客栈”管理服务指导中心。提升“老柿林山居”品牌，开办樵苏园、丹湫谷、山沁居等民宿15家，321个床位入住率在50%以上。先后举办“第十一届神奇大岚茶文化旅游节”“第十四届丹山赤水柿子节”和“醉美大岚”余姚市第二届全民登山大会。全年共接待游客78万人次，营业收入3950万元，带动周边消费1844万元。其中农家乐接待游客39.98万人次，总收入1599万元；民宿接待游客4.61万人，营业收入1060万元。

推进四明山区域生态发展项目，8个村完成村庄规划报批，四窗岩景点修缮、姚江源头改造工程、李俞线及细北线环境整治工程先后竣工。完成江子畈等3座山塘水库除险加固工程。完成3座1000千瓦以上电站发电许可证办理以及3个电站省三级标准化电站建设工作。投入604万元，完成2个村庄整治提升工程；投入140万元，完成2个村“一事一议”工程；3个行政村完成生活污水治理。镇中心小学综合楼新建工程完成规划设计。

大俞村文化长廊

新农合转城乡居民医疗保险系统8000余人，收费上缴330余万元。

【第十一届“神奇大岚”茶文化旅游节】

3月18日，由大岚镇政府和市茶文化促进会、市农林局、市文广局（旅游局）、市户外运动协会联合举办的第十一届“神奇大岚”茶文化旅游节开幕。此届茶文化旅游节以“品茗、赏花、问道”为主题，至5月18日结束，共开展“汇天下茶人·话神奇大岚”——天下茶人会暨大岚旅游推介会、“四明茶韵”——紫砂、茶叶、书画主题展、“闻着茶香游大岚”——探访中国最美茶园、“纵情山野·健康你我”——余姚市第二届全民登山大会樱花之旅、“乡愁踏古道，谁是乡间人”——全网搜索大岚旅游达人等9项活动。

【第十四届丹山赤水柿子节暨乡村民谣节】

10月9日上午，由宁波丹山赤水旅游发展有限公司、大岚镇柿林村主办的第十四届丹山赤水柿子节暨乡村民谣节在柿林村开幕。此届柿子节作为2016四明山旅游节“枫动四明”秋季活动之一，以“美丽乡村，律动柿林”为主题，历时18天，除柿子采摘外，现场还举行柿林古韵大岚乡村文艺团队表演、“柿”接（拾级）而上登山比赛、老柿林山居星空音乐趴等活动。

（大岚镇）

四明山镇

【概况】

2016年，四明山镇实现工农业生产总值7.81亿元，增长8.8%。其中农业总产值2.14亿元、工业总产值5.1亿元、第三产业总产值0.57亿元，分别增长9.18%、8.5%和9.6%。实现公共财政预算收入1765万元。农民人均纯收入18505元，增长15%。

引导发展“一村一品”特色产业，在梨洲、茶培和北溪等3个村新建总面积20公顷的香榧示范基地，完成生态修复177公顷。在唐田村建设生态果园2.7公顷，并配套建设景观工程。在梨洲村小罗岗一期投资200万元，建设樱花红枫农业生态观光园，投资350万元完成梨洲红枫谷一、二期工程建设；完成青虎湾岗四明山（宁波）最高峰项目工程建设，建设唐田—溪口栖霞坑、集镇—仰天湖等游步道。完成镇总体规划编制，实现行政村村庄规划编制全覆盖。承办宁波市群众登山大会第二站活动，举办第十一届中国四明山红枫樱花节以及四明之巅嬉水节、四明山帐篷音乐节、枫跑四明等系列活动。全年接待游客112万人次，增长11%；旅游收入6400万元，增长17.4%。

全年完成固定资产投资6700万元，实现年增长10%的任务目标。投入500万元完成棠溪村村庄整治，完成梨州、宓家山、大山等6个村的村庄污水纳管工程，投入350万元实施集镇公共服务及基础设施品质提升工程。投入740万元实施山塘水库整治以及集镇、杨湖村、梨洲村等5个村的村庄饮用水提升工程。投资900万元实施镇中心幼儿园迁建工程。建成宁波市云诊室，实现患者与市级医院专家面对面视频就诊，投资110万元的镇卫生院装修工程通过验收。

全年向201户低保户发放低保金175万元，向160名低收入残疾人发放救助金119万元。20户家庭困难群众获医疗救助金27.8万元，3名重大疾病患者获救助金12.9万元，向19户因病因灾困难群众发放临时救助金3.6万元。向全镇低保户、低保边缘户、重点优抚对象、五保户、重度残疾人发放每户1200元的春节慰问金，共计43.2万元。困难群众危旧房改造10户，发放救助资金11万元。14户困难群众家庭获助学金9.4万元。

全年12个行政村非生产性开支总额54万元，下降14.4%；其中招待费4.3万元，下降73%。安排4个行政村和镇中心小学开展财务审计，完成工程项目审计38个，审计工程总金额2200余万元，核减工程金额110余万元。

【四明之巅嬉水节】

7月16日，2016四明山旅游节“水悦四明”篇“四明之巅嬉水节”在四明山地质公园开幕，来自市内外的3000余名游客陆续登上四明山，在泼水大赛、溪水摸鱼、皮筏水仗中享受夏日的一份清凉。四明山镇平均海拔700米，夏季平均气温比市区低6—7℃。镇境内有国家森林公园、省级地质公园等景点和四明山自驾车、高山露营两大基地，还有一批特色民宿，是集森林、山水等自然风光与农家风情为一体的旅游休闲度假胜地。此次活动由四明山702度假山庄、四明山地质公园主办，四窗岩漂流、北溪漂流景区协办，为期1个月。

四明山地质公园

（冯小雨）

鹿亭乡

【概况】

2016年，鹿亭乡竹笋总产量2679.25吨，产值857.11万元。春茶（干茶）总产量30.44万千克，总产值1469.11万元。其中名优茶产量5.3万千克，产值1179.38万元。年内实到外资50万美元、余姚市外内资500万元人民币、宁波市外内资450万元人民币，到位浙商创业创新资金200万元。全年游客超31万人次，增长12.2%；旅游收入2922万元，增长23.2%。先后举办首届石斛花养生文化节和宁波市美丽乡村奥运会马拉松接力赛。以鹿亭为主要取景点的电影《白云桥》在全国上映并赴法国戛纳参展。

全年完成固定资产5350万元，增长7%。其中，计划总投资2000万元的香泉湾山庄改造项目，年度投资970万元，累计完成投资1843万元。计划总投资1260万元的晓云村古村落改造提升工程，已完成投资682万元。小流域治理项目年度完成投资765万元；总投资551万元的鹿文化产业园，年度完成投资196万元；总投资1968万元的农村污水处理项目开工。占地约8350平方米的中村村算坑精品民宿项目开工，项目总投资3600万元。计划总投资1800万元的晓云大坪生态园项目，年度列入四明山区域旅游发展五年行动计划新建类观光游览重点项目，已累计投入资金1000余万元。

投入750余万元实施龙溪上村水库除险加固工程和上海湾、后抚、山头山塘治理工程。投入1066万元完成4个村农村生活污水治理工程，总计接户1040户。投入105万元完成中姚村溪道维修工程，溪道防洪排涝标准达到20年一遇。投入330余万元实施中姚村村庄整治提升工程。中村村郑永年书斋、艺术沙龙、美化彩化工程均已基本完成。与宁波大学签订共建美丽乡村协议，新设大学生实践基地4个。全年拆除违章建筑面积1612平方米，处理各类生态案件9起。

全年开展农村劳动力技能培训5次，培训人数600余人次。户籍人口养老保险参保率达90.92%。发放各类救助资金32万元，受惠家庭457户。投入150万元实施高山村居家养老服务中心扩建工程。由宁波太平洋慈善基金会出资60万元援建的沿夹岙村文化礼堂进入内部装修阶段，新建石潭村、高山村文化礼堂和李家塔村欢乐大舞台，上庄村冬青、金家村民服务用房开工建设。投入200万元对乡中心学校教学楼和乡卫生院门诊大楼进行维修改造。全年排查解决矛盾纠纷20起，接待群众来信来访43起，矛盾纠纷排查调处率达到100%，群众信访调处率达97%。

鹿亭乡李家塔村欢乐大舞台

【鹿亭乡与宁波大学签约共建“美丽乡村”】

4月20日，鹿亭乡人民政府和宁波大学共建“美丽乡村”签约仪式在香泉湾山庄举行。宁波大学党委书记郭华巍、宁波市农办副主任舒翔、余姚市统战部部长李森苗、鹿亭乡党委书记赵阳军等出席签约仪式。共建内容包括村庄建设规划设计、旅游经济规划、村干部培训、旅游宣传策划、学生实践调研等项目，弥补鹿亭乡在旅游管理、规划设计、“互联网+”等专业领域的不足，为鹿亭乡持续健康发展生态旅游经济提供智力支撑和人才保障。同时，鹿亭乡也为宁波大学师生提供课外实践、师生活动基地。

【642路公交线路延伸至郑洋村】

2月5日起，原陆埠开往沿夹岙方向的642路城乡公交线路延伸至鹿亭乡郑洋村运营。642路公交线路延伸后，在原有站点基础上，新增“大岭头”“郑洋”两个站点，每日安排5个班次。其中，7点50分、16点50分，各有一班642路公交车从郑洋村发车，其余三班运营区间不延伸。

（张　晨）

组织机构及主要负责人名录

市级机构及主要负责人

中共余姚市委

书　　记：毛宏芳（11月止）　奚　明（11月始）
副 书 记：奚　明（11月止）　诸晓蓓（12月止）
　　　　　潘银浩（12月始）　叶枝利（12月始）
市委常委：潘银浩（12月止）　杜　瑾
　　　　　赖根法（12月止）　叶枝利（12月止）
　　　　　谢勇毅（12月止）　李森苗　傅沧海
　　　　　陈长锋（12月止）　余承嗣（12月始）
　　　　　张丽娜　韩柏顺　卢建国（12月始）
　　　　　王娇俐（12月始）　林　伟（12月始）
　　　　　郑传统（12月始）

市委办公室

主　　任：俞剑清（7月止）　潘帅轶（7月始）
副 主 任：黄少波　方黄军（7月止）
　　　　　王明江（7月止）　俞斌权
　　　　　王文权（7月始）　倪金伟（7月始）
　　　　　宋小根（兼）　茅建刚（兼）
　　　　　罗旭光（兼）　陈江龙（兼）
　　　　　毛柏生（兼）
办公会议成员：徐文华（1月止）　黄　洋（7月止）
　　　　　缪伯鸿（1月始）
第一纪检组组长：缪伯鸿
第一纪检组副组长：王岳良
政研室主任：方黄军（7月止）　黄少波（7月始）
政研室副书记：黄科威（5月止）　王利锋
督查考核办主任：倪金伟（7月止）
　　　　　卢雪聪（7月始）
机要局局长：徐文华（1月止）　严立峰（7月始）
市委保密办主任（市保密局局长）：李美芳（7月始）

市人大常委会

主　　任：孙钜昌
副 书 记：韩永丰（1月始）　魏利民　宋建勋
　　　　　沈相国　胡　青　姚桂珍

人大常委会党组

党组书记：孙钜昌
党组副书记：诸晓蓓（12月始）　韩永丰
党组成员：宋建勋　沈相国　胡　青
　　　　　谢勇毅（12月始）　严忠苗（11月始）
　　　　　李国建

人大办公室

主　　任：李国建
副 书 记：吕银淼　吴旭翡　吴　宁

法制工作委员会

主　　任：闻　学
副 书 记：姚文昌（7 月始）

财政经济工作委员会

主　　任：陈吉锋
副 书 记：李　明

城建环保工作委员会

主　　任：赵银海

教科文卫工作委员会

主　　任：郑先锋
副 书 记：吴建平（8 月始）

代表工作委员会

主　　任：汪忠宝
副 书 记：韩　健（7 月始）

农业和农村工作委员会

主　　任：张建荣
副 书 记：顾素君

人大常委会机关党组

党组书记：李国建
党组成员：吕银淼　吴旭翡　闻　学　陈吉锋
　　　　　郑先锋　汪忠宝　张建荣

市人民政府

市　　长：奚　明（11 月止）
　　　　　潘银浩（代市长，11 月始）
副 市 长：潘银浩（11 月止）陈为能（5 月止）
　　　　　郑桂春（11 月止）卢建国
　　　　　范焕平（11 月止）于　雪（7 月止）
　　　　　王安静（11 月始）张丽娜　林　海
　　　　　谢雅贞（11 月止）黄　琪（11 月始）
　　　　　毛丕显　薛晓伟（11 月始）
　　　　　叶向东（11 月始）
党组成员：郑传统（7 月始，12 月止）黄和庆
市长助理：周　升（8 月始）

市政府办公室

主　　任：黄和庆
副 书 记：陈立山　沈继忠　黄建军（8 月止）
　　　　　冯彦增　洪　波　鲁海滨（8 月止）
　　　　　沈小坤　金浩明（8 月始）岑忠良
　　　　　郑铭钧（11 月始，12 月止）龚共军
　　　　　岑建航（兼）
党组成员：何　良（8 月止）
第二纪检组组长：孙文氢
第二纪检组副组长：杜建红
法制办主任：黄和庆
法制办副书记：李吉达（8 月止）王根福（8 月始）
　　　　　　　朱蓉蓉（8 月始）
发展研究中心主任：杜晓东
发展研究中心副书记：劳永定　刘颖苗（8 月止）
　　　　　　　　　　姚竞雄（8 月始）
应急办主任：鲁海滨（8 月止）金浩明（8 月始）
应急办副书记：王根福（8 月止）刘颖苗（8 月始）
流管办主任：洪　波
流管办副书记：韩德余
接待办主任：赵　婕
外事办主任：孙雪丹
督查室主任：诸仲玖（8 月止）唐　炜（8 月始）
金融办主任：马民龙
电子政务办主任：周少亥

市政协

主席、党组书记：陈建泰

党组副书记：孙蝶双（2月止） 陈长锋（12月始）
副 主 席：孙蝶双（2月止） 吴 展（2月止）
陈洪逵 叶文龙 周银燕 徐栋芳
俞剑清（2月始）
秘 书 长：张建乔

政协办公室

主 任：徐嘉雄
副 书 记：唐亚明（7月止） 黄 方

提案委员会

主 任：朱初雷

经济科技和城建资源环境委员会

主 任：徐 峰
副 书 记：徐泉华（7月止） 郭 靖（8月始）

教文卫体和文史委员会

主 任：李臻颖
副 书 记：陆要真（7月始）

社会法制和港澳台侨委员会

主 任：陈孟娇（8月止） 万科达（8月始）
副 书 记：黄克勤

委员工作委员会

主 任：王卫锋
副 书 记：孙亚君

中意（宁波）生态园管委会

党工委书记：毛宏芳（11月止） 奚 明（11月始）
主任、党工委副书记：奚 明（11月止）
潘银浩（11月始）
副 书 记：郑利刚（1月始）
严忠苗（1月始，11月止）
杨文祥（11月始）
副巡视员：马建利（1月始） 陈亚南（11月始）

中意（宁波）生态园直属单位

办公室主任：周 强
经济发展局局长：诸跃波（8月始）
生态促进局局长：黄建军（8月始）
综合服务局局长：励成亮（1月始）
综合服务局副局长：李 舰（1月始）
财政局副局长：韩胜余（8月始）
建设管理局局长：吕军云（8月始，12月止）
陈为梁（12月始）
建设管理局副局长：邹云乔（8月始）
开发建设管理中心主任：孙雪波（8月止）
鲁树峰（8月始）
开发建设管理中心副书记：孙兆琦（8月始）
李永飞（8月始）

市纪委（监察局）

书 记：杜 瑾
副 书 记：朱卫东（12月止） 诸跃波（9月止）
吕军云（12月始） 熊剑锋（12月始）
常 委：孟剑锋 丁素兰 余炯炯
宓贤通（7月止） 万名杰（7月始）
办公室主任：韩 哲
信访室主任：周 涛
纪检一室主任：余炯炯
纪检二室主任：俞少杰（7月始）
纪检三室主任：苏朝阳
案审室主任：陈巧儿
案管室主任：丁素兰
党风政风监督室主任：万名杰（7月止）
蒋伟儿（7月始）
宣教室主任：赵钧鑫（7月止） 帅琪峰（7月始）
干部室主任：沈小悱
巡查办副书记：方晓英

监察局

局 长：朱卫东

副 局 长：阮岳军　万名杰（7月始）

市检察院、法院、人武部

市人民检察院

检察长、党组书记：吴　超
副检察长：王金夫　陈吉明（5月止）
　　　　　凤　丹　王　钢（5月始）
政治处主任、党组成员：胡建勇
纪检组组长、党组成员：蒋晓波
反贪局局长：方建军（8月止）
反渎局局长：俞东瑾
检委会专职委员：诸伟峰
泗门检察室主任：沈叶钏

市人民法院

院长、书记：应启明
副 书 记：姜慧军，姚明泉
常务副院长：姜慧军
副 院 长：余国英　韩利荣
政治处主任：杨瑶娜
纪检组组长：徐和庆
审判委员会专职委员：夏　洁　俞永慧
执行局局长：张建军
马渚法庭庭长：施佰军
泗门法庭庭长：徐鸿星
低塘法庭庭长：王永军
丈亭法庭庭长：干闻宇
陆埠法庭庭长：朱浩梁
梁弄法庭庭长：徐鸣捷

市人武部

部　　长：傅沧海
政　　委：毛　波
副 部 长：余卫兵
党委委员：曹　睿　丁向坡

党群各部门

市委组织部

部　　长：叶枝利（12月止）林　伟（12月始）
副 部 长：余　烽　黄红珍（5月止）
　　　　　杨国元（5月始）韩夏芬（兼）
　　　　　方斌全（兼）陈为梁（兼）
人才办主任：余　烽
人才办副书记：夏向明
“两新”组织党工委书记：黄红珍（12月止）
“两新”组织党工委副书记：顾　展（1月始）
第三纪检组组长：严建根
第三纪检组副组长：单时芬
部务会议成员：严建根　吴微勋（7月止）
　　　　　金　军　王　钢（5月止）
　　　　　顾　展（1月始）张　磊（8月始）

市委宣传部

部　　长：陈长锋（12月止）王娇俐（12月始）
副 部 长：李　军　柳　科　周　斌
第四纪检组组长：阮伯均（2月始，8月止）
　　　　　诸建立（9月始）
第四纪检组副组长：黄雪芬
部务会议成员：阮伯均（2月始，8月止）
　　　　　诸建立（9月始）
　　　　　张　红　严春晖
　　　　　张　伟（8月止）杨　波
　　　　　陈　励
外宣办副书记：张　伟（8月止）
文明办副书记：马金浩
社科院（联）副院长（副主席）：杨鹏飞
　　　　　张　红（5月止）

市委统战部

部　　长：李森苗

副 部 长：周松庆　顾赛波（兼）　黄孟丹（兼）
　　　　　杨荷锋（兼）　胡建波（兼）
第五纪检组组长、部务会议成员：劳达峰
第五纪检组副组长：施德明

市台办（台联会）

主　　任：顾赛波
副 书 记：胡晓霞

市侨办（侨联）

主　　任（主席）：黄孟丹
副 书 记（副主席）：周姚平

市民族宗教事务局

局　　长：杨荷锋
副 局 长：沈学键（8 月止）　陈狄君（8 月始）

市工商联（总商会）

主席（会长）：戎伟军
党组书记、副主席（副会长）：胡建波
副主席（副会长）：何　明　朱彩虹

市委政法委（综治办、防范办、维稳办）

书　　记：诸晓蓓（兼，12 月止）
　　　　　叶枝利（兼，12 月始）
副 书 记：张银龙　姚劭明　许建生
委　　员：许林康　汪新华　应立清
　　　　　李吉达（8月始）

市农办

主　　任：陈江龙
副 书 记：孙建平（9 月止）　谷棋明（9 月始）
　　　　　周丽芳

市编委办

主　　任：方斌全
副 书 记：胡洪杰　陈纪平

市直机关党工委

书　　记：罗旭光
副 书 记：诸永刚　李文娟
纪工委书记：戚莉莉
党工委委员：任庆标（8 月止）

市委老干部局

局　　长：韩夏芬
副 局 长：叶　银　严　芸（7 月止）
　　　　　徐　毅（7 月始）

市史志办公室（市委党史研究室）

主　　任：黄桂树（7 月止）　吴一柱（7 月始）
副 书 记：罗　捷　楼莉波（7 月始）

市委党校（行政学院、社会主义学院）

党委书记、常务副校长、行政学院常务副院长、社会主义学院常务副院长：徐耀华
副 校 长：毛建忠　赵瑞林　赵奇伟（8 月始）

市档案局

局　　长：孙启明
副 局 长：邵亚辉　陈伟根　史红科（5 月始）

市总工会

主　　席：沈相国（2 月止）　徐栋芳（2 月始）
党组书记：杨玉红
副 主 席：严定汉　杨万里

共青团余姚市委（青联）

书记（青联主席）：马颖颖
副书记（青联副主席）：赵科伟　王罕杰（1 月止）
　　　　　　　　　　　叶文溢（1 月始）

市妇女联合会

主　　席：张丽红（10 月止）　周红霞（10 月始）
副 主 席：杜红卫　沈李利

市科学技术协会

主　　席：胡百钦（8月止）鲁建灵（8月始）
副 主 席：鲁劲松　黄苏洲（2月始）
　　　　　陆哲学（8月始）孙河军（2月止）

市文学艺术界联合会

主　　席：严文龙
副 主 席：俞文胜　干亚群（9月止）
　　　　　孙百荣（9月始）王建军（兼）
　　　　　徐渭明（兼）

市残疾人联合会

理 事 长：陈思红
副理事长：孙建惠　阮吉章

市慈善总会

会　　长：郑孝华
副 会 长：柳贵芳　杨智枫　谢建明

市关心下一代工作委员会

主　　任：诸晓蓓（兼）
常务副书记：余家其
专职副书记：刘正学

市红十字会

会　　长：陈为能（兼）
专职副会长：魏晓萍

余姚上海建设促进会

常务副会长：干凤苗

市革命老区开发建设促进会

常务副会长：王林君

政府各部门

市发展和改革局

局　　长：郑利刚（7月止）周成伟（7月始）
副 局 长：叶文权　陈茂多　朱明富　鲁夏芬
　　　　　周　峰　丁坚强（8月始）
党委委员：郑静波（8月止）

市经济和信息化局

局　　长：黄红珍
副 局 长：魏　明（8月止）陆军华　胡巍峰
　　　　　洪安祥　俞传传（5月始）
　　　　　江振华（8月始）
第八纪检组组长：俞姚红
总经济师：潘文卿

市科技局

局　　长：沈纾丹（11月止）
副 局 长：姚登峰　吴春莉　谢悦敏

市公安局

局长、党委书记：赖根法（11月止）
　　　　　　　　余承嗣（11月始）
政委、党委副书记：余爱忠
党委副书记、常务副局长：章国庆
副 局 长：郭　磊（6月止）郑国耀　陈　见
　　　　　钟后毅　周海江　孙　峰
副政委、纪委书记：李向国
党委委员、政治处主任：胡国南
党委委员、交警大队大队长：陈冠民
指挥中心主任：方永尧
警务督察大队大队长：姚建新
警务督察大队教导员：鲁国万（7月止）
　　　　　　　　　　刘学伟（7月始）
治安大队大队长：杨立华
治安大队教导员：赵　坚

刑侦大队大队长：张永康（11月止）
刑侦大队教导员：陈光初
监管大队大队长：赵宁桥（7月止）
　　　　　　　　谢建仕（7月始）
监管大队教导员：谢建仕（7月止）
　　　　　　　　卢建义（7月始）
国保大队大队长：俞如康（7月始）
　　　　　　　　杨卫丰（7月始）
国保大队教导员：马学良（7月止）
　　　　　　　　陈　彪（7月始）
网警大队大队长：余坚强
网警大队教导员：陈　彪（7月止）
　　　　　　　　赵宁桥（7月始）
禁毒大队大队长：徐升高
禁毒大队教导员：谢利良
经侦大队大队长：张伟奇
经侦大队教导员：吕晓伟
交警大队教导员：陈光辉（7月止）
　　　　　　　　严侔泓（7月始）
巡特警大队大队长：符勇武
巡特警大队教导员：胡　波
法制大队大队长：倪剑江
法制大队教导员：金飞岳
出入境管理大队大队长：谢群芳
出入境管理大队教导员：卢孟君
协辅警管理大队大队长：金文芸
协辅警管理大队教导员：杨卫丰（5月止）
消防大队大队长：付英博
消防大队教导员：张雪峰

市司法局

局　　长：顾天祥
副 局 长：唐裕康（5月止）　戚国芳　鲍燮壮
　　　　　俞永健
党组成员：倪志丹

市信访局

局　　长：毛柏生
副 局 长：黄其君（8月止）　庄振午　顾春雷
　　　　　陈利炳（8月始）
专职信访督查专员：鲁祖彭（8月始）

市民政局

局　　长：王文辉
副 局 长：方元文　柳万兴　朱月娟（6月止）
　　　　　姚　坚　朱建梁　闻雪芬（1月始）
　　　　　杜红卫（8月始）

市老龄办

主　　任：闻雪芬（1月始）

市财政局（地税局）

局　　长：施建苗
副 局 长：鲁永飞　施钧旻　宋建忠
　　　　　韩胜余（6月止）　周益忠
　　　　　郑科（8月始）　罗怀乾
总经济师：郑　科（8月止）
纪检组组长：杜浙霞（1月始）
党委委员：韩士其

市审计局

局　　长：何吉忠
副 局 长：张焕昌　沈悦华　车成友　鲁　君
审计分局局长、政府投资项目审计中心主任：
　　　　　黄琼筱
农村集体经济审计中心主任：张碧珍
经济责任审计工作联席会议办公室主任：韩玉仙

市人力资源和社会保障局

局　　长：陈为梁
副 局 长：徐小军　褚贵炎　沈建平（8月止）
　　　　　金利明　毛立波　俞永民（8月始）
党委委员：何琪均

市安全生产监督管理局

局　　长：张志红

副 局 长：唐仕辉　戚建华　唐永根　谢林权

市统计局

局　　长：陈亚南
副 局 长：史习先　郑　杰（8 月止）　茅定威
　　　　　郑静波（8 月始）
总统计师：刘国锋
农村社会经济调查队副队长：熊建明

市住房和城乡建设局

局　　长：缪正刚
党委书记：陈明明（7 月止）　谢　高（7 月始）
副 局 长：陈明明（8 月止）　谢　高（8 月始）
　　　　　周烈钢　周佰勤　俞永民（8 月止）
　　　　　宋文钦　李利定（8 月始）
总工程师：翁洪波（6 月止）　胡铁钧（8 月始）
第九纪检组组长：张宵飞
党委委员：褚泉良（8 月止）

市公共项目建设管理中心

主　　任：缪正刚

市环境保护局

局　　长：周成伟（8 月止）　鲁海滨（8 月始）
副 局 长：马　骎　吴建军（8 月始）
　　　　　陈启昂（8 月始）　金苏红（8 月始）
　　　　　邵剑波（8 月止）
总工程师：陈启昂（8 月止）　李　鹏（8 月始）

市交通运输局

局　　长：蔡柏灿
副 局 长：熊剑锋（7 月止）　丁长生　张建立
　　　　　茅立明　褚校军　吴东共（8 月始）
总工程师：王建永

市规划局（市人防办、市测绘与地理信息局）

局　　长：黄晓帆
副 局 长：李利定（8 月止）　唐亚明（8 月始）
　　　　　毛金坤（7 月始）　杨文鸽　冯江川
党组成员：毛金坤（市人防办副书记 7 月止）
　　　　　石运通
纪检组组长：王岳良（1 月止）
总工程师：周先平（8 月止）　石运通（8 月始）

市综合行政执法局（11 月由市城管执法局改名）

局　　长：茅建刚
副 局 长：陈四清　范建祥　陈攀峰
　　　　　罗旺文（5 月始）
党委委员：孙建芬
直属中队中队长：史尚杰（11 月始）

市动迁办

主　　任：马丽萍
副 书 记：周宏刚　劳剑锋　史红科
　　　　　史红科（5 月止）　王丽丽（5 月始）

市互联网经济促进中心

主　　任：宋越敏
副 书 记：郑　平　马安平

市国土资源局

局　　长：项立秋
副 局 长：方文辉　干　华　翁松涛　陈海滨
　　　　　沈永苗（1 月始）　许军辉（1 月始）
纪委书记：任春波（1 月始）
不动产登记服务中心主任：邹小华（1 月始）

市农林局

局　　长：张建培
副 局 长：柯勤夫（5 月止）　俞安辉
　　　　　徐利奎（6 月止）　符娟娣（8 月始）
　　　　　金武昌　张焕钦（8 月始）
第六纪检组组长：袁惠萍
总农艺师：俞永裕（6 月止）　经仰贤（8 月始）

市水利局

局　　长：姚俊杰
党委书记：朱　刚
副 局 长：朱　刚　毛洪翔　沈培荣（8月止）
　　　　　何　明（8月始）　徐亚红（8月始）
党委委员：汪湖江（8月止）
总工程师：吴劭辉
海涂围垦和海塘管理局局长：杨国军
四明湖水库管理局局长：汪湖江（8月止）
　　　　　　　　　　　黄于波（8月始）

市农机局

局　　长：方茂道　周林杰（8月始）
副 局 长：魏园园（6月止）　孙建平（8月始）
　　　　　施立明　郑　业

市老区办

主　　任：傅仲尧
副 书 记：韩庆良　汪长海

市商务局（粮食局）

局　　长：刘国钧
副 局 长：邹钧孟　潘　彪　杨钱波（8月始）
　　　　　孙　萍（8月始）　杨宇光（11月止）
　　　　　鲁树峰（2月始，8月止）
　　　　　陆要真（7月止）
党委委员：胡晓勇（8月止）　马建萍（12月止）

市招商局

局　　长：岑　杰
副 局 长：武　彦（5月止）　顾伟卫　邵建立
　　　　　金黎君

市工业国资管理领导小组办公室

经　　理：陈建华
副 经 理：任　跃　顾志峰

市供销联社

主　　任：诸建立（7月止）　赵阳军（7月始）
副 书 记：邵黎明　赵忠尧　胡　云
　　　　　袁树连（7月始）

市教育局

局　　长：熊培军
副 局 长：朱小国　丁维钧　吴　文
党委委员：方晓英（12月止）　魏代明（12月始）
　　　　　张文表　孙青苗

市文化广电新闻出版局（旅游局）

局　　长：李岳定
副 局 长：姚核军　吴清波　徐松炎（6月止）
　　　　　王国滨　王建军　何建军　朱月芬
　　　　　高李生
党委委员：王永江　韩茂洪（8月始）
　　　　　严　芸（8月始）

市广播电视台

台　　长：万科达（8月止）　马军辉（8月始）
副 台 长：姚文昌（8月止）　陈妙意　叶逢春
　　　　　黄越明（8月始）　谢宇安（8月始）

余姚日报社

社长、总编辑：黄桂树
副总编辑：倪久芳　徐渭明　徐　千　杨华平

市卫生和计划生育局

局长、书记：陈永润
副局长、副书记：余银虎（5月止）
副 局 长：鲁建忠　叶　文（7月止）
　　　　　吴建荣（5月止）　张柏锋　陈映青
　　　　　干亚群（8月始）
党委委员：陆可可　韩永庆　黄胜利　魏晓萍
　　　　　袁海鸿
计生协会专职副会长：陆朝辉（8月始）

市行政审批管理办

主　　任：孙伟强
副 书 记：沈　丹（5月止）　韩立波　单世农
　　　　　徐迪红　任建集（8月始）
党组成员：谢荣华

市招投标管理办

主　　任：叶立峰
副 书 记：黄越明（8月止）　程尧洪　邱伟平
　　　　　叶初江　施建泳（8月始）

宁波市住房公积金管理中心余姚分中心

主　　任：许亚芬
副 书 记：张　萌　陆哲学（6月止）

市机关事务管理局

局　　长：钱　泽
副 局 长：施海霞　沈向阳

余姚经济开发区管委会

主任、党工委书记：韩柏顺
副书记、党工委副书记：孙雪波
副 书 记：周　强（2月止）　邹云乔（8月止）
　　　　　李永飞（8月止）　阮伯均（8月始）
　　　　　史晓红（8月始）　罗浩杰（8月止）
党工委委员：郑启波（8月止）

浙江千人计划余姚产业园管理中心

主　　任：韩柏顺
党组书记、副书记：孙雪波
副 书 记：罗浩杰　郑启波（8月始）

中国塑料城管委会

党工委书记、主任：董朝晖
党工委副书记：周煜铭（1月始）
副 书 记：鲁树峰（2月止）　马立红（8月止）
　　　　　周煜铭（2月始）　王海强　陆　峰
　　　　　钱彩芬（8月始）

杭甬铁路客专余姚段指挥部

副总指挥：陈国军　楼科挺　毛旭智（8月止）
　　　　　熊建苗（8月始）

市牟山湖休闲度假区管委会

主　　任：范焕平（兼，12月止）
　　　　　黄　琪（兼，12月始）
党组书记、常务副书记：杨国元（2月止）
　　　　　　　　　　　龚　宁（2月始）
副 书 记：万建龙（兼）　周能君　谢海东

市城西开发建设指挥部

总 指 挥：陈仰富
副总指挥：陈剑芸　吴迪华　陆仁祥（兼）

余姚城投集团有限公司（管理办）

主任、党委书记：吴志林
董事长、总经理：吴志林（7月止）　胡益蓉（7月始）
副总经理：章意锋　张　维（3月始）
　　　　　陈军军（3月始）
党委委员：胡益蓉（5月始）　董国明　章意锋
　　　　　赵漫可

宁波市驻余姚机构

市国税局

局　　长：周望转
副 局 长：王建新　施焕明　俞传传　诸冬敏
　　　　　王海军
纪检组组长：王立武（2月始）

余姚市市场监督管理局

局　　长：蒋狄波
副 局 长：陈晓明（6月止）　郑少军　罗以军
　　　　　孙建莹　沈立群　林国红　唐孟立

李　敏　周煜铭（2月止）马　斌
杨文峻
第七纪检组组长：高　巍
党委委员：叶志千　朱剑钟（7月止）

余姚出入境检验检疫局

局　　长：陈明良
副 局 长：袁荣胜　刘　宁

宁波海关驻余姚办事处

主　　任：章江桥（11月止）
副 书 记：汪　诚　徐祥民

海事余姚办事处

主　　任：项孝婷
副 书 记：黄成栋

市气象局

局　　长：刘建勇
副 局 长：龚涛峰　郯立辉

市盐务管理局

局　　长：陆志明（6月止）　金守相（6月始）
副 局 长：姜　岚

市烟草局

局长（经理）：杨道贵
副 局 长：陶传坤
副 经 理：许豪杰

国网市供电公司

总经理、党委副书记：郯宏伟
党委书记、副总经理：陈高辉
党委副书记、纪委书记：李建明
副总经理：孙维国　潘杰锋　董　平
工会主席：杨力奋

余姚市邮政分公司

副总经理：吴水军（主持工作）
范力源（10月止）王岫颖（10月始）

中国电信余姚分公司

总 经 理：陈焕明（1月止）　杜可君（1月始）
党委书记：徐　钧（1月止）　陈焕明（1月始）
副总经理：徐　钧（1月止）　李　玲（1月止）
张颖杰（1月始）　周荣根
党委委员：沈吉芳（1月止）　李　玲（1月止）
杜可君（1月始）　张颖杰（1月始）
顾赛红（1月始）

中国移动余姚分公司

总 经 理：张　永
副总经理：陈俭健　邢益民（1月始）
屠　骏（7月止）　徐锡涛（7月始）

中国联通余姚分公司

总 经 理：张正明
副总经理：戚红霞

中国人民银行余姚市支行

行　　长：龚柏新
副 行 长：王道丁　黄金世

宁波银监局余姚监管办

主　　任：包学彪（8月止）　史剑波（8月始）
副 书 记：史剑波（8月止）

工商银行余姚支行

行　　长：张伟明
副 行 长：胡　炫　管大纲　成银芬
高级经理（副处级）：胡菊青

中国银行余姚分行

行　　长：郑　波

副 行 长：袁卫勇　吴晓锋　胡　巍

建设银行余姚支行

行　　长：周红绩（8月止）董　全（11月始）
副 行 长：朱百奇　邹　文（8月止）
　　　　　孙永雷（8月始）王建勋（12月始）
　　　　　邵钟斌（12月始）

农业银行余姚市支行

行　　长：王仲辉
副 行 长：张　冉（9月止，赴上海挂职交流）
　　　　　顾忠强
　　　　　潘达整（9月止，挂职交流结束）
　　　　　严闻霞（5月始）徐央军（5月始）

余姚农村商业银行

董 事 长：万克俭
行　　长：谢宇辉
监 事 长：周冠毅
副 行 长：孙继峰　郑元杰

交通银行余姚支行

行　　长：宋春海
副 行 长：韩　勇　韩书军（6月始）
　　　　　闻人永勇（6月止）周文伟（8月止）

浦发银行余姚支行

行　　长：戴建东
书　　记：袁志红
副 行 长：沈树波　王　武　燕　燕

农业发展银行余姚支行

副 行 长：劳向东（主持工作）劳科尖

宁波银行余姚支行

行　　长：周　军
副 行 长：黄燕燕　华君波　陈彦浩

人保余姚中心支公司

总 经 理：吴小荣
副总经理：黄海峰　王　凌

中国人寿余姚支公司

总 经 理：沈　勇

太财保余姚支公司

总 经 理：胡静波
副总经理：劳建国

镇乡（街道）机构及主要负责人

凤山街道

党工委书记：吕军云

党工委副书记：鲁建灵（7月止） 茅文杰
张　伟（7月始） 章　勇（7月始）

党工委委员：徐晓飞　帅琪峰（7月止）
施建尧（7月始） 周建红（7月止）
胡亿钧（7月始） 罗　平（7月止）
何　明（7月始） 徐龙淼
周伯海（5月始）

人大工委主任：方祖伟（9月止） 宓贤通（9月始）

人大工委副书记：张伯炎（9月止）
罗　平（9月始）

办事处主任：鲁建灵（8月止） 茅文杰（8月始）

办事处副书记：章　勇（8月止） 胡晓勇（8月始）
章　敏　施利森　周吉炎
周伯海（5月止）

纪工委书记：帅琪峰（7月止） 施建尧（7月始）

政协联络委主任：周建红（7月止）
胡亿钧（8月始）

阳明街道

党工委书记：胡建立

副 书 记：孙启春　王欢亮　周海江（5月止）
方建军（8月始）

党工委委员：唐飞琴（7月止） 姚云飞（7月始）
吴东共（7月止） 袁文庆（7月始）
徐　毅（7月止） 黄国锋（7月始）
陈山君　姚永尧（5月始）

人大工委主任：邵金耀

副 书 记：屠柏荣

办事处主任：孙启春

副 书 记：俞建立　陆仁祥　钱　瑛（1月止）
谢东海（1月始） 赵建永

纪工委书记：唐飞琴（7月止） 姚云飞（7月始）

政协联络委主任：徐　毅（7月止）
黄国锋（7月始）

梨洲街道

党工委书记：李　斌

党工委副书记：阮坚定　翁贤权（8月止）
谢丽庆（8月始） 姜学东（8月止）
严鸿炳（8月始）

党工委委员：史晓红（8月止） 严浩迪（8月始）
蒋柏松　钱彩芬（8月止）
谢建英（8月始） 王建忠　严侔泓
张剑波

人大工委主任：丁金康（9月止） 姜学东（9月始）

人大工委副书记：赵佳铭

办事处主任：阮坚定

办事处副书记：何前明　陈　杰
邵华荣（8月止）孙　恒（8月始）
杨建苗
纪工委书记：钱彩芬（8月止）蒋柏松（8月始）
政协联络委主任：黄银龙（6月止）
蒋柏松（6月始，7月止）
谢建英（7月始）

兰江街道

党工委书记：王文权（8月止）诸剑军（8月始）
党工委副书记：诸剑军（8月止）韩光成
陈哲明（8月始）
吴微勋（挂职，8月止）
党工委委员：陈哲明（8月止）孙惠清
张国东（8月始）周罗建（8月始）
丁义伟（5月止）刘学伟（8月止）
方青山（8月始）魏柏腾（8月始）
方鑫淼（8月止）
人大工委主任：余张新
人大工委副书记：厉海表　谢建英（8月止）
办事处主任：诸剑军（8月止）
办事处副书记：方黄军（8月始）姚泉高
郑银权　周罗建（8月止）
邵华荣（8月始）罗旺文（6月止）
黄科威（6月始）
葛　超（挂职，6月始）
纪工委书记：方鑫淼（8月止）孙惠清（8月始）
政协联络委主任：孙惠清（7月止）
周罗建（7月始）

朗霞街道（余姚工业园区管委会）

党工委书记：陈岳阳
党工委副书记：沈　权　俞炳洪（7月止）
黄　洋（7月始）吴建传
党工委委员：徐莹峰　张叶飞　李真龙（1月始）
黄冠龙　朱剑钟（7月始）
张海文（7月止）鲍永良（7月始）
人大工委主任：王茂政
人大工委副书记：张剑耀（9月始）
办事处主任：沈　权
办事处副书记：孙建强（8月止）陈　波（8月始）
马荣丰　沈国平　熊建苗（8月止）
毛旭智（8月始）董利群
纪工委书记：徐莹峰
政协联络委主任：劳建标（6月止）
李真龙（6月始）

低塘街道

党工委书记：潘帅轶（7月止）张丽红（7月始）
党工委副书记：张丽红（7月止）毛绍炯
徐世海　王明江
党工委委员：孙　恒（7月止）姜春良（7月始）
岑　斌　黄佳娜　苏岳明（7月止）
叶伟松（7月止）魏　达
人大工委主任：朱开方
人大工委副书记：王恩惠（5月止）
马立红（8月始）
办事处主任：张丽红（7月止）王明江（8月始）
办事处副书记：陆建波　何　明（8月止）
苏岳明（8月始）吴琴芬
宋叶忠
纪工委书记：孙　恒（7月止）姜春良（7月始）
政协联络委主任：夏永祥（6月止）
黄佳娜（6月始）

泗门镇

党委书记：徐康林
党委副书记：成立海　姚惠平（1月止）
吴一柱（7月止）韩杭城（7月始）
徐周康（7月始）
党委委员：韩杭城（7月止）卢　杰（7月始）
施建尧（7月止）赵钧鑫（7月始）
谢丽庆（7月止）施彩仙（7月始）
骆高峰　孙　峰　钱建康
人大主席：王秀荣（1月止）姚惠平（1月始）
人大副主席：施天军（8月始）

镇　　长：成立海
副 镇 长：杨钱波（8月止）马林锋（8月始）
　　　　　杜海军（8月止）毛善龙（8月始）
　　　　　梁红霞　徐亚红（8月止）
　　　　　罗立伟（8月始）
纪委书记：施建尧（7月止）赵钧鑫（7月始）
政协联络委主任：谢丽庆（兼，8月止）
　　　　　　　　施彩仙（兼，8月始）
组织员：宋　烈

马渚镇

党委书记：赵明明
党委副书记：蔡亚红　毛建良（8月止）
　　　　　　沈　飞（8月始）胡嘉良（8月始）
党委委员：胡文书　鲁科萍（8月始）李渭清
　　　　　周建虎　袁文庆（8月止）
　　　　　胡嘉良（8月止）
人大主席：李春贤
人大副主席：韩　健（8月止）胡蔚波（8月始）
镇　　长：蔡亚红
副 镇 长：周建芳（1月始）姚黎明　李　宽
　　　　　郑　祯
纪委书记：胡文书
政协联络委主任：王丽丽（6月止）
　　　　　　　　李渭清（6月始）

陆埠镇

党委书记：高　权
党委副书记：褚立军　金苏红（7月止）
　　　　　　沈学键（7月始）周松岳（7月止）
　　　　　　张信钿（7月始）
党委委员：严浩迪（7月止）郑东明（7月始）
　　　　　叶旭彬　袁荷满　姜春良（8月止）
　　　　　马　挺（8月始）张金龙
人大主席：黄万灿（8月止）周松岳（8月始）
人大副主席：余国荣（8月止）魏建永（8月始）
镇　　长：褚立军
副 镇 长：张信钿（8月止）吴东晓（8月始）
　　　　　袁树连（8月止）魏建锋（8月始）
　　　　　魏建永（8月止）谢霞波（8月始）
　　　　　邹小华（1月止）赵永良（1月始）
纪委书记：姜春良（8月止）马　挺（8月始）
政协联络委主任：张伟斌（6月止）
　　　　　　　　叶旭彬（6月始）

梁弄镇

党委书记：王燎民
党委副书记：何张辉　马伟军（8月止）
　　　　　　唐飞琴（8月始）诸仲玖（8月始）
党委委员：黄建友　倪永淼　周　优　胡鹤云
　　　　　鲍永良（8月止）
人大主席：万小平
人大副主席：鲁才定（12月止）魏安芳（12月始）
镇　　长：何张辉
副 镇 长：王沛然　黄银强　曹　丹　鲍文建
纪委书记：黄建友

牟山镇

党委书记：龚　宁
副 书 记：万建龙　钱　瑛
党委委员：卢　杰（8月止）解　俞（8月始）
　　　　　戎丹丹（8月始）孙百荣（8月止）
　　　　　洪亚军（8月始）周　晋
人大主席：龚　宁（12月止）毛建良（12月始）
人大副主席：谷迪川（8月止）沈雁鸣（12月始）
镇　　长：万建龙
副 镇 长：孙百荣（8月止）洪亚军（8月始）
　　　　　郑其龙　谷棋明（8月止）
纪委书记：卢　杰（8月止）解　俞（8月始）

丈亭镇

党委书记：黄佰坚
党委副书记：戚红军　陈映东　徐周康（8月止）
党委委员：钱夏珍　郑焕根　叶吉松　陈红国
　　　　　马士杰（7月始）魏柏腾（8月止）
人大主席：符娟娣（8月止）俞炳洪（8月始）

镇　　长：戚红军
副 镇 长：张　忠　祝永权　韩茂洪（8月止）
石利萍（8月始）　郑东明（8月止）
沈巍伟（8月始）
纪委书记：钱夏珍

三七市镇

党委书记：金浩明（7月止）　史勇军（7月始）
党委副书记：史勇军（7月止）　何　良（7月始）
马军辉（7月止）　张四海
党委委员：卢素芬　杜海军（7月始）　周丽培
吕幼萍　王伟波（7月止）
朱　涛（7月始）　姚永尧（5月止）
周建铭（5月始）
人大主席：俞国军
人大副主席：毛善龙（8月止）　任庆标（8月始）
镇　　长：史勇军（8月止）　何　良（8月始）
副 镇 长：沈建峰　阮吉章（8月止）
王伟波（8月始）　张文培
陆　超（8月止）　褚泉良（8月始）
纪委书记：卢素芬

河姆渡镇

党委书记：岑忠良（8月止）　严文渊（8月始）
党委副书记：严文渊（8月止）　柳雅敏
胡坚强（8月止）
党委委员：施渭桥（8月止）　徐　存（8月止）
鲁炎峰（8月始）　郑军传（8月始）
卢国君　韩银裕（8月始）
郑　达（8月始）
人大主席：岑忠良（8月止）　胡坚强（8月始）
人大副主席：郑军传（8月止）　翁桦桦（8月始）
镇　　长：严文渊（8月止）　吴微勋（8月始）
副 镇 长：陈鲁峰（8月止）　经仰贤（8月止）
张国东（8月止）　吕　伟
徐　存（8月始）　诸鸿军（8月始）
唐高勇（8月始）
纪委书记：周夏琴

小曹娥镇

党委书记：丁建军
党委副书记：梅百烽　沈　飞（7月止）　鲁岳彪
党委委员：朱佳齐（7月止）　董　斌　徐展豪
张剑耀（7月止）　鲁定峰（10月始）
杨建胜（7月始）　董秋明（7月始）
钱建平
人大主席：方娟芬（8月止）　翁贤权（8月始）
人大副主席：朱红良（8月始）
镇　　长：梅百烽
副 镇 长：钱　军　胡　建　周力平
鲁定峰（8月止）　朱佳齐（8月始）
纪委书记：朱佳齐（7月止）　徐展豪（7月始）

临山镇

党委书记：郑铭钧（10月止）　周建铭（10月始）
党委副书记：周建铭（10月止）　杨宇光（10月始）
陶建民　江振华（8月止）
党委委员：黄苏洲（1月止）　张国伟（1月始）
张小利　徐　楠　刘　峰（8月止）
俞建桥（8月始）　赵建梁（8月始）
人大主席：孙保定
人大副主席：苗建平（8月始）
镇　　长：周建铭（10月止）　杨宇光（10月始）
副 镇 长：缪俊杰　罗　洁　胡铁钧（8月止）
鲁庆怀（9月始）　赵建梁（8月止）
周旭明（9月始）
纪委书记：黄苏洲（1月止）　张国伟（2月始）

黄家埠镇

党委书记：谢　高（8月止）　王华威（8月始）
党委副书记：王华威（8月止）　张国安（8月始）
陈　斌
党委委员：俞素珍　王其明　毛黎明
施建森（7月止）　邱雷杰（7月始）

魏水明（5月始）
人大主席：胡伟龙
人大副主席：杨剑波
镇　　长：王华威（8月止）张国安（8月始）
副 镇 长：孙　萍（8月止）郑永孟（8月始）
沈登灿　马水娟　姚国锋
纪委书记：俞素珍

大隐镇

党委书记：沈　红
党委副书记：陈　辉　朱汉明
党委委员：黄其君（8月始）朱汉明　张焕军
谢龙华
人大主席：沈　红（8月止）黄其君（8月始）
人大副主席：茅豪杰（8月始）
镇　　长：陈　辉
副 镇 长：茅豪杰（8月止）龚云先（8月始）
干肖彦（8月止）赵奕挺（8月始）
施建军　黄文建
纪委书记：沈维军（5月止）张幸程（8月始）

大岚镇

党委书记：潘剑波
党委副书记：肖鹤峰　黄　强
党委委员：马文文　李基坚　徐志军　谢超炯
郑文杰
人大主席：俞国强
人大副主席：苏　瑜（8月始）
镇　　长：肖鹤峰
副 镇 长：沈巍伟（7月止）方烈君（8月始）
郑文杰（8月止）朱铁炯（8月始）
李基坚
纪委书记：蒋伟儿（8月止）马文文（8月始）

四明山镇

党委书记：周林杰（8月止）谢向前（8月始）
党委副书记：谢向前（8月止）陆　超（8月始）
唐成波
党委委员：陈　灯　符志英（8月止）
韩银裕（8月止）符金义（8月始）
杨建忠（8月始）潘志磊（8月始）
蒋文杰（8月始）
人大主席：李义建
人大副主席：谢向炯（8月始）
镇　　长：谢向前（8月止）陆　超（8月始）
副 镇 长：符志英（8月止）孙　治　丁东青
杨建忠（8月始）
纪委书记：赵永良（2月止）陈　灯（2月始）

鹿亭乡

党委书记：赵阳军（8月止）陈晓珍（8月始）
党委副书记：陈晓珍（8月止）郑杰（8月始）
黄伯忠
党委委员：黄国锋（8月止）茅巧女（8月始）
姚军达（8月始）林　宇　陈福明
人大主席：赵阳军（8月止）马伟军（8月始）
人大副主席：马友明（1月止）段丹群（8月始）
乡　　长：陈晓珍（8月止）郑　杰（8月始）
副 乡 长：林　宇　孙建芬（1月止）
马友明（1月始）谢　晨
纪委书记：黄国锋（8月止）茅巧女（8月始）

先进集体·先进个人

先进集体

【2016 年余姚市获国家级表彰的先进集体】

2016 中国最具幸福感城市：余姚市

共青团系统全国“百县千乡”优秀示范县：余姚市

2015 年中国电子商务百佳县第 17 名：余姚市

全国首批基本实现主要农作物生产全程机械化示范县（市、区）：余姚市

2016 中国县域经济 100 强第 12 名：余姚市

2016 年中国跨境电商创业二十五佳县（市）第 3 名：余姚市

全国老干部工作先进集体：市委老干部局

全国节约型公共机构示范单位：市人民医院

2015 年度全国医疗服务价格和成本监测工作先进单位：市人民医院

2015 年度全国百强县级社：市供销联社

2015—2016 年度国家文化出口重点企业：浙江大丰实业股份有限公司

2016 年度全国妇女新闻宣传阵地建设先进单位：市妇联

全国科普日活动优秀组织单位：市科协

全国关工委先进集体：市教育局关工委

2016 年度全国检察宣传先进单位：市人民检察院

2015 年度全国“安康杯”竞赛优胜单位：国网余姚市供电公司、市电力设备厂

2016 年度全国实施用户满意工程先进单位：国网余姚市供电公司

2015 年度全国安康杯竞赛优胜班组：马渚供电所

2016 年度全国优秀质量管理小组：国网余姚市供电公司鲁强宇工作室 QC 小组

2015—2016 年度总行级青年文明号：建行余姚陆埠支行

第六届全国服务农民、服务基层文化建设先进集体：市姚剧保护传承中心

第三批“中国淘宝村”：低塘街道芦城村、历山村

第九届中国十佳小康村：泗门镇谢家路村

全国重点镇：泗门镇、陆埠镇、梁弄镇

2016 中国名村百强：泗门镇谢家路村、小路

下村

第三批全国农村优秀学习型乡镇：泗门镇

全国2015—2016年度群众满意的乡镇卫生院：河姆渡镇卫生院

【2016年余姚市获省级表彰的先进集体】

2015年浙江省农博会组织工作先进县（市）：余姚市

全省首批体育现代化县（市、区）标准单位：余姚市

连续第九年“省平安市”：余姚市

2015年浙江省县（市、区）经济竞争力、发展潜力和创新力30强：余姚市

全省第一批节水型社会建设县（市、区）：余姚市

2015年度全省农田水利标准化建设考核优秀县：余姚市

“十二五”期间浙江省农田水利标准化建设工作先进县：余姚市

2016年度浙江省市县水利工作综合考核优秀市县：余姚市

2015年度全省人才工作目标责任制考核优秀单位：市委组织部

全省2013—2014年度教科研先进集体：余姚中学

2011—2015年全省法治宣传教育先进单位：市委宣传部

2016年度全省党校系统“工作先进集体”：市委党校

省“森林医生”服务先进集体：市森防站

浙江党政新闻发布十强：市政府新闻办公室官方微博“@余姚发布”

2015年度浙江省供销社系统综合业绩考核特等奖：市供销联社

2015年度全省“五水共治”工作先进集体：市“五水共治”工作领导小组办公室

2015年度浙江省严重精神障碍管理治疗工作先进集体：市卫生计生局

浙江省技术发明一等奖：宁波江丰电子材料有限公司

全省粮食收购工作先进单位：市商务局(粮食局）

2015年度浙江省实行最严格水资源管理制度工作成绩突出集体：市水利局

2016年度全省水政队伍考核优秀单位：市水政监察大队

第一届浙江省企业管理创新奖：舜宇集团

全省地方志系统服务农村文化礼堂建设十佳先进单位：市史志办

民进浙江省2012—2016年度先进集体：民进余姚市基层委员会

2015年度省巾帼文明岗：市青少年宫、市瑞云学校小学部语文组、市疾控中心艾性科、国网余姚供电公司营业厅、临山供电所营业厅、浙江义韬律师事务所、市社会救助管理服务中心、余姚市春秋国际旅行社有限公司导游部、余姚广播电视台电台节目部

省农函大工作先进集体：市科协

“十二五”省残疾人工作先进集体：市残联

省公安系统执法质量优胜单位：市公安局

省政法系统百日维稳攻坚行动先进集体：市公安局

省公安厅集体二等功：市公安局G20杭州峰会安保特援队十四方队

浙江省检察机关“平安护航G20峰会先进集体”：市检察院侦监科

全省法院刑事审判工作先进集体：市人民法院

全省法院涉外商事海事审判工作先进集体：市人民法院

省法院系统G20杭州峰会维稳安保工作先进集体：市人民法院

全省法院先进集体标杆：市人民法院

省五星级规范化司法所：马渚司法所

2011—2015年全省法治宣传教育先进单位：市司法所、市公安局

省G20杭州峰会森林消防安保工作先进单位：市森林消防指挥部

2015年度全省农业工作目标责任考核优秀单

位：市农林局

2016年度浙江农民信箱工作考核优秀单位：市农林局

省畜牧业转型升级先进集体：市农林局

全省经济和信息化工作优秀县（市、区）：市经信局

浙江省“安康杯”竞赛优胜单位：市宏宇输变电工程公司

2014—2015年度国网浙江省电力公司电网先锋党支部：马渚供电所党支部

2015年度省级开发区综合考评第一名：余姚经济开发区

浙江省2015年度利用外资十强开发区：余姚经济开发区

2016年全省外商投资企业服务年成绩突出单位：市招商局

全省供销社系统综合业绩考核特等奖：市供销联社

全省供销社综合改革先进单位：市供销联社

全省地税系统先进集体：市地方税务局临山分局

2016年度浙江农信系统文明规范服务示范单位：余姚农村商业银行陆埠支行、丰南支行

2016年度全省内部审计业务指导和监督工作优胜单位：市审计局

全省基层市场监管（工商）部门创先争优先进单位：市市场监管局

省青年文明号：市市场监管局泗门分局

全省工商学会系统先进会员单位：市工商学会

全省平安护航G20杭州峰会先进集体：市交通运输局、市环保局

省城市道路照明行业先进单位：市路灯管理处

2016年度浙江省环境监察执法优胜大队：市环保局

2016年度浙江省“无偿献血先进县（市、区）”：市卫计局

2016年度浙江省严重精神障碍管理与治疗工作先进集体：市精神卫生工作办公室

2016年度浙江省新生儿疾病筛查先进集体：市新生儿听力筛查中心省体育现代化乡镇（街道）标准单位：兰江街道、梨洲街道、凤山街道、马渚镇、河姆渡镇

第七批省级生态街道：朗霞街道

第五届浙江孝贤：黄家埠镇回龙小学

浙江省综合减灾示范村：兰江街道三凤桥村

浙江省第七批森林村庄：兰江街道冯村村、梁弄镇东溪村

浙江省基层科普示范单位：兰江街道舜南社区

浙江省科普示范社区：兰江街道四明社区

2016年度浙江省美丽乡村特色精品村：朗霞街道天华村

浙江省先进基层党组织：低塘街道党工委

浙江省美丽乡村示范乡镇：泗门镇

浙江省气象防灾减灾标准化村：陆埠镇兰山村、梁弄镇梁冯村

浙江省革命老区建设先进集体：梁弄镇

浙江省示范性农场：梁弄镇大山生态农场

浙江省乡镇专职消防队先进集体：河姆渡镇

“十二五”浙江省计生协先进单位：河姆渡镇计生协

浙江省体育特色乡镇：河姆渡镇

浙江省特级综合文化站：河姆渡镇文化站

浙江省第五批历史文化名镇：临山镇

浙江省历史文化名村：梨洲街道金冠村、大岚镇柿林村、鹿亭乡中村村

省级规范化农村公路管理站：临山镇公路管理站

2016年度浙江省森林城镇：大隐镇

先进个人

【2016年余姚市获国家级表彰的先进个人】

2015中国科学年度新闻人物：蔡祖聪（余姚籍）

全国社科工作先进个人：谢建龙（市史志办）

全国法院党建工作先进个人：邵培莉（市人民法院）

全国乡镇卫生院优秀院长：李斌（市卫计局）

【2016年余姚市获省级表彰的先进个人】

1月份“浙江好人榜”敬业奉献类：黄宝康（临山镇）

2月份“浙江好人榜”见义勇为类：潘春光（市四院）

2015年度全省“五水共治”工作先进个人：杜海军（泗门镇）

2016年浙江省五一劳动奖章：周涨辉（市公安局交警大队）

第二批省千名好支书：朱建立（兰江街道）

浙江省万名好党员：魏嫔美、俞文利、韩文革、赖剑仕（兰江街道）G20杭州峰会森林消防安保工作先进个人：黄建乾（梁弄镇）

浙江省“五水共治”信息工作先进个人：汪疆疆（临山镇）

2016年度全省党校系统工作先进个人：徐耀华（市委党校）

民进浙江省优秀会务工作者：钟春科（民进余姚市基层委员会）

第2季度浙江“最美家庭”：张孟桂家庭（阳明街道）

第3季度浙江“最美家庭”：戚柏生家庭

第十届省文明家庭：俞柏善家庭、冯爱芽家庭、张洪泉家庭、周建英家庭、宋长洪家庭

2015年度百名浙江“最美妇女主任”：严建芬（临山镇）

2016年省级绿色家庭：孟镒镁家庭、符佰丰家庭、严战江家庭

省关心下一代工作先进个人：陈云海（市教育局）、李树强（小曹娥镇）

全省检察机关平安护航G20峰会先进个人：谢品荣（市人民检察院）

全省检察机关“案件管理业务能手”：陆军（市人民检察院）

省法律服务“三改一拆”“五水共治”工作成绩显著个人：马燕尔（市司法局）

2015年度全省司法行政新媒体——政务微博、微信编辑普法成绩突出个人：邵亮（市司法局）

2011—2015年全省法治宣传教育先进个人：戚国芳、杨艳（市司法局）

2015年度全省伏休执法管理工作先进个人：汪建波（市农林局）

浙江省畜牧业转型升级先进个人：姜柏芳（市农林局）

2015年度国网省电力公司级优秀专家人才：宣玉华（市供电公司）

2014—2015年度国网省电力公司优秀党支部书记：阮文波（市供电公司）

2014—2015年度国网省电力公司经济法律工作先进个人：景杨光（市供电公司）

2014—2015年度国网省电力公司优秀集体企业先进工作者：刘林江（市供电公司）

2016年度浙江农信系统优秀领导干部：周冠毅、孙继峰（余姚农村商业银行）

G20杭州峰会食品药品安全保障工作作出突出贡献个人：董永徐（市市场监管局）

G20杭州峰会食品安全驻点保障监管工作作出突出贡献个人：毛佳明（市市场监管局）

G20杭州峰会服务保障工作中作出突出贡献的个人：陈利锋、谢福源（市市场监管局）

省万名好党员：谢福源、谢依群（市市场监管局）

全省交通系统平安护航G20杭州峰会先进个人：蔡柏灿、陆林军（市交通局）

全省平安护航G20杭州峰会先进个人：茅立明（市交通局）

全省“交通行业百名最美”：张杰（市交通局）

省白蚁防治先进个人：鲁胜利（市住房保障中心）

省城市道路照明行业先进个人：邹浩军（市路灯管理处）

浙江省首届身边的好医护：姚亚强、章波（市卫生计生局）

2016 年余姚市国民经济和社会发展统计公报

【概况】

2016 年，面对错综复杂的国内外形势，全市人民在市委、市政府的正确领导下，以习近平总书记系列重要讲话精神为引领，主动适应经济发展新常态，牢牢围绕稳中求进总基调，紧扣“去产能、去库存、去杠杆、降成本、补短板”五大重点任务，大力推进供给侧结构性改革，全市经济运行总体平稳，产业结构不断优化，质量效益逐步提升，社会民生继续改善，各项事业取得新的进步。

【综合数据】

地区生产总值 2016 年全市实现地区生产总值887.11亿元，按可比价格计算，比上年增长7.3%。其中，第一产业实现增加值45.15亿元，增长2.7%；第二产业实现增加值486.89亿元，增长6.3%；第三产业实现增加值355.07亿元，增长9.4%。三次产业之比为5.1∶54.9∶40，第三产业增加值占地区生产总值比重比上年提高1.8个百分点。按户籍人口计算，全市人均地区生产总值为105973元（按年平均汇率折合15954美元）。

财政收支 2016 年，全市财政总收入139.11亿元，比上年增长3.8%，其中一般公共预算收入81.16亿元，增长7.8%。在税收收入中，增值税和个人所得税分别增长21.3%和6.8%，营业税和企业所得税分别下降43.7%和7.1%。全市一般公共预算支出93.69亿元，增长1.2%，其中教育等民生支出74.37亿元，占总支出的比重达79.4%。

就业和再就业 2016 年全市城镇新增就业岗位2.37万个，5541名失业人员实现再就业，其中困难人员1316人。全市有3272家企业进入市人力资源市场招聘，发布就业信息41035条，12057人达成就业意向。稳步推进“大众创业、万众创新”，全年新增创业实体12450家，创业带动就业74700人，新增大学生创业297人，开发公益性岗位1207个。全年完成技能人才培训0.39万人；各级投入农民培训资金共383.6万元，完成各类农民培训1万人次。年末城镇登记失业率为1.68%。

市场价格 2016 年居民消费价格上涨1.6%，涨幅比全国、全省农村平均水平分别低0.3和0.2个百分点。八大类商品和服务项目价格涨跌呈“七升一降”格局：食品烟酒类上涨3.2%，衣着类上涨2%，居住类上涨0.5%，生活用品及服务类上涨0.6%，教育文化和娱乐类上涨1.9%，医疗保健类上涨1.8%，其他用品和服务类上涨2.9%；交通和通信类下降0.5%。

【农业、农村、气象】

农业生产　2016年，全市实现农林牧渔业总产值为69.75亿元，按可比价格计算，比上年增长3.0%。其中，完成农业产值48.32亿元，增长3.8%；林业产值3.84亿元，增长0.4%；牧业产值10.8亿元，下降1.1%；渔业产值5.87亿元，增长1.9%；农林牧渔服务业产值0.93亿元，增长22.1%。据粮食生产统计监测数据显示，全年粮食作物播种面积2.89万公顷，下降3.5%，粮食总产量19.45万吨，增长0.7%。生猪存栏、出栏分别下降12.8%和1.6%；家禽存栏、出栏分别下降31.7%和7.2%。全年新增市级农业龙头企业3家，累计114家，其中产值上亿元的达15家。现代农业生产建设进一步推进，新建宁波市级标准化粮食功能区标准化区1333公顷，扎实推进现代农业先导区建设，组织实施主导产业示范区2个、特色农业精品园6个，完成先导区现代农业综合服务中心榨菜博物馆、检测中心等项目建设，并投入运营。

新农村建设　2016年共申报宁波市美丽乡村合格村28个，美丽乡村示范村4个、示范乡镇2个，美丽乡村风景线2条。培育中心村2个，建设特色村3个。共组织实施农村生活污水治理项目43个，其中PPP项目40个、乡镇自建项目3个，受益农户3.59万户。

气象　2016年，全市总日照1701.3小时，总降水量1792.0毫米，全年平均气温18.0℃；全年降水天数167天，最长降水天数9天（9月11日至9月19日）；最长连续降水量为286.7毫米，日最大降雨量156.0毫米（9月15日）；年极端最高气温38.8℃（7月29日）；年极端最低气温-7.0℃（1月25日）；无霜期总天数278天。

【工业、建筑业】

工业经济　2016年，全市规模以上工业企业实现增加值269.18亿元，增长8.1%。分行业看，在31个行业大类中，18个行业的全年增加值呈上升态势，行业发展普遍向好；占比前十位的行业共完成工业增加值217.42亿元，占全部规模以上工业增加值的比重达80.8%，比上年提高3.3个百分点，其中电气机械和器材制造业完成增加值55.7亿元，居各行业之首；仪器仪表制造业增长25.7%，增速居前十位行业之首。全年规模以上轻工业完成增加值87.97亿元，增长5.6%；重工业181.21亿元，增长9.3%，轻重工业之比由上年的1∶1.92变化为1∶2.06。全年规模以上工业企业实现销售产值1354.4亿元，增长5%。其中，内销为987.5亿元，增长4.7%；出口交货值为366.9亿元，增长5.8%，出口增速高于内销1.1个百分点。全年规模以上工业企业实现利润75.37亿元，增长18.7%，实现利税总额115.6亿元，增长11.8%。规模以上工业亏损企业91家，占企业总数的7.8%；亏损额2.75亿元，下降12.9%。

工业创新转型　2016年，全市规模以上工业企业新产品产值率达40.2%，提高3.4个百分点。全年实现规模以上战略性新兴产业增加值110.98亿元，规模以上高新技术产业增加值136.05亿元，分别增长24.3%和14%，占规模以上工业增加值的比重分别达41.2%和50.5%。全年规模以上工业企业科技活动经费支出27.78亿元，比上年增长16.9%，占主营业务收入的比重达2.1%，提高0.2个百分点。“机器换人”自动化技改不断推进，全年规模以上工业企业资产增长5.1%，而从业人员平均人数上升0.2%，劳动生产率达13.38万元/人，增长6%，人均创利税5.75万元，增长11.7%。

建筑业　2016年，全市完成建筑业产值167.24亿元，比上年增长3.2%。2016年，房屋建筑施工面积1071.6万平方米，下降8.6%。全年建筑业从业人员平均人数6.3万人，比上年增加0.52万人。

【固定资产投资、城市建设】

固定资产投资　2016年，全市完成固定资产投资584.97亿元，比上年增长3.8%，其中民间投资265.86亿元，下降30.9%，占固定资产投资的比重为45.4%。分产业看，第一产业完成投资8.72亿元，增长38.3%；第二产业完成投资278.13亿元，增长9%；第三产业完成投资298.12亿元，下降1.3%。三次产业投资额之比为1.5∶47.5∶51。全年完成工业技改投资237亿元，下降1.1%。全年完成房地产开发投资90.27亿元，下降25.8%，商品房销售面积125.97万平方米，增长17.8%。

城市建设 2016年末，中心建成区面积50.54平方千米，比上年扩大1.3平方千米。全年对舜南新村、南园新村、丹凤新村等老小区进行整治改造，改造面积35万平方米。努力推进11项道路工程建设，四明西路（箐江路—直江路）污水管道新建工程、北滨江路东延三期工程完工，启动实施新建北路改造、金山路一期新建工程等一批道路建设改造项目。全年公共自行车累计租用量达178万次。公园绿地方面，完成谭家岭路、南雷南路道路绿化提升工程和主要公园绿地内的水体、水池整治工作。排涝治污工程方面，完成中心城区排涝工程一期，城区污水纳管一期、二期工程，大隐镇污水外排管工程，富巷新村泵站改建工程等项目。

【贸易、旅游】

贸易业 2016年，全市商品销售总额1446.59亿元，比上年增长15.2%。其中批发业销售额1056.17亿元，增长14.4%，零售业销售额390.42亿元，增长17.5%，全年完成社会消费品零售总额390.17亿元，增长11%。限额以上社会零售业按销售单位所在地分，城镇单位实现零售额143.92亿元，增长23%，农村单位实现零售额3.06亿元，下降1.3%；分商品类别看，粮油、食品类增长36.4%，服装、鞋帽、针纺织品类增长32.7%，石油及制品类增长11.8%，汽车类下降12%。年末全市限额以上贸易企业达232家，全年实现营业收入510.31亿元，实现利润总额4.51亿元。

旅游业 2016年，全市共接待国内外游客1113万人次，实现旅游收入102.61亿元，分别增长10%和11%。全市农家乐休闲旅游共接待游客528万人，增长20.5%；直接营业收入5.13亿元，增长17.3%。成功举办中国余姚杨梅节、四明山旅游节“花开四明”篇、“水悦四明”篇、“枫动四明”篇及“新春到余姚，猴年行大运”等40余项节庆活动。创建国家级品牌3个、省级品牌12个、宁波市级品牌4个。鹿亭乡中村村创建成为中国美丽休闲乡村，香泉湾山庄创建成为全国休闲农业与乡村旅游五星级企业（园区），戚海庄园创建成为全国休闲农业与乡村旅游四星级企业。四明山镇大山村成为省级农家乐精品村，青港渔绿园渔庄、久远生态农业有限公司、牟山湖华馨园休闲农庄成为省级农家乐特色点，香泉湾山庄、戚海庄园成为五星级省级农家乐经营点，青港渔绿园渔庄、久远生态农业有限公司、牟山湖华馨园休闲农庄成为四星级省级农家乐经营点，香泉湾山庄成为省中医药文化养生旅游示范基地，戚海庄园成为省果蔬采摘基地，余姚市水上人家农庄成为省级休闲渔业精品基地。鹿亭乡中村村成为宁波市农家客栈（民宿）集聚村，柿林村、大山村成为宁波十大特色民宿特色村，戚海庄园成为宁波十大休闲庄园。

【对外经济】

对外贸易 2016年，全市外贸自营进出口总额93.11亿美元，增长4.8%，其中出口65.89亿美元，下降3.1%；进口27.22亿美元，增长30.4%。三资企业和贸易流通企业分别完成出口20.63亿美元和11.31亿美元，分别下降8%和9.5%，自营生产企业完成出口33.95亿美元，增长2.7%。机电产品出口47.27亿美元，下降3.2%，占全部出口比重为71.7%。高新技术产品出口5.26亿美元，增长4.6%。欧美市场仍然是出口的主要地区，其出口额占出口总额的60.8%，其中对美国、俄罗斯的出口额实现1.1%和5.6%的增幅；对非洲、亚洲、大洋洲出口额分别下降11.5%、3.8%和5.8%。全年新增对外贸易经营备案登记企业364家，累计达4388家。自营出口实绩企业2182家，比上年净增122家，其中超五百万美元企业297家，超千万美元企业140家。

招商引资 2016年，全市新批外商投资项目59个，合同外资9.55亿美元，增长0.2%。实到外资5.03亿美元，增长9.3%。新批现代服务业项目22个，下降4.4%；新批国家鼓励类项目18个，下降21.7%。余姚市外实到内资73.79亿元人民币，增长2.9%；宁波市外实到内资63.80亿元人民币，增长1.8%；新引进注册资本2000万元人民币以上内资项目（含增资）8个，增长100%；新引进总投资3000万元人民币以上内资项目11个，增长22.2%；浙商创业创新实到资金42.16亿元人民币，下降26.8%。

【交通、邮电】

交通运输 2016年，完成公路客运量308万人次，公路客运周转量37883万人千米；公路货运量1012万吨，公路货运周转量102206万吨千米。截至年末，境内各类等级公路里程1941.22千米，其中一级及以上公路196.88千米，高速公路41.99千米。境内铁路营业里程80.7千米，拥有火车站点2个。全年共对31条公交线路进行优化调整，新增公交线路4条，完成大隐、梁弄两大公交首末站场新建及火车站公交站场改造，临山、鹿亭、大岚和河姆渡公交站场建设全面启动。年末出租汽车拥有量460辆；城区公交线路21条，投放运营车辆314辆；城乡公交线路81条，投放运营车辆349辆。年末小型汽车保有量251093辆，其中私人小汽车212984辆。

邮电业 2016年末，全市共有固定电话用户27.55万户，移动电话用户158.05万户，互联网宽带接入用户42.67万户。完成电信业务收入13.82亿元，下降0.7%。完成邮政业务收入1.37亿元，增长8.0%。

【银行、保险】

银行业 2016年末，全市金融机构本外币存款余额1376.07亿元，比上年增长8.4%；金融机构本外币贷款余额1203.46亿元，下降3.7%。全年银行业金融机构实现税后利润5.14亿元，下降58.9%。年末全市银行业金融机构达32家，其中政策性银行1家，大型银行4家，股份制商业银行12家，城市商业银行12家，邮储银行1家，农村合作金融机构1家，新型农村金融机构1家；非银行金融机构44家。

保险业 2016年，全市实现保费收入24.68亿元，比上年增长13.9%。其中，财产险保费收入12.20亿元，增长7.4%；人身险保费收入12.47亿元，增长21.1%。赔款和给付9.76亿元，下降0.8%。其中，财产险赔付支出7.21亿元，下降0.5%；人身险赔付支出2.55亿元，下降1.4%。

【科技、教育、人才】

科技创新 2016年，共组织申报国家级计划项目3项、宁波市级（省级）计划项目64项；已立项26项，其中省领军型创新创业团队项目2项、宁波市重大项目9项、宁波市智团创业项目等其他项目15项。余姚市人民医院心肺脑复苏实验室被认定为宁波市重点实验室。企业研发机构不断壮大，新增国家企业技术中心1家、省级研发中心1家、宁波市级11家、市本级25家；累计拥有市级以上企业工程(技术)中心312家，其中国家级1家，省级38家、宁波市级99家、市本级174家；新增宁波市企业研究院1家，累计拥有省级重点企业研究院3家、省级企业研究院3家、宁波市企业研究院9家。新增高新技术企业21家，累计拥有139家。新增宁波市创新型初创企业177家，累计拥有978家。新增专利申请7310件，授权4978件，分别增长7.4%和1.1%；其中新增发明专利申请2019件，授权675件，占专利总量的比例分别为27.6%和13.6%。产学研合作进一步深化，全年组织各类合作活动5次，征集企业技术难题50余项，牵线60余家企业与高校院所洽谈；签约合作项目40项，技术合同金额9217万元。

教育事业 2016年末，全市共有各级各类学校335所，在校学生总数15.12万人。其中，普通高中10所，在校学生1.04万人；中职学校7所，在校学生0.87万人；初中30所，在校学生2.78万人；小学83所，在校学生6.71万人；幼儿园205所，在园学生3.69万人。年内全市投入建成学校2所，投资7.3亿元。小学、初中适龄人口入学率均达到100%；小学升初中比例为100%；初中升高中比例达99.16%。全市通过浙江省标准化学校评定学校111所，占全市现有义务段学校总数的98.2%。数字化校园达标学校总计103所，其中优秀级学校18所，达标率80.5%。全年共实施教育基建项目32个，投入资金2.3亿元。经过两轮公办幼儿园建设，实现乡镇（街道）公办园全覆盖的目标。

人才开发 2016年，全市新增各类人才0.8万人，年末全市人才总量达26.4万人，比上年增长3.1%。其中，新增博士、博士后21人，总量达118人。新增国家“千人计划”专家3人，省“千人计划”专家3人，宁波市“3315计划”人才2人、团队2个。引进国外人才27人，总量达138人。新建院士工作站1家，累计10家。新建技能大师工作室2家，累计5家。新增高技能人才2038人，总量达2.75万人。新引进人力资源服务机构3家。

【文化、卫生、体育】

文化建设 组织举办第六届全民读书节、第二十二届四明山电影节、2016年余姚市农民器乐演奏大赛、纪念建党95周年和长征胜利80周年等主题文化活动。实现“书香余姚”全民阅读数字服务平台的上线运行，免费提供100万种电子图书、8700万篇报纸文章、3亿条中文文献数据的阅读资源。市公共文化服务中心完成各类演出配送425场次，四明阁“天天演”全年演出365场次，市电影公司完成农村电影放映配送3000场。组织开展周末课堂85期。市图书馆共计接待读者超20万人次，个人外借图书近55万册次。河姆渡遗址博物馆、余姚博物馆、王阳明故居等文物开放点共计接待游客110万人次。开展2016年度余姚市企业文化中心建设工作，评选示范性企业文化中心6家，新创建企业文化中心5家。

卫生事业 城乡居民医疗卫生条件进一步改善，2016年末，全市实有病床3251张，卫生技术人员6174人，其中执业医师（含助理）2344人，注册护士2521人。按常住人口统计，每千人床位数、卫技人员数、执业医师（含助理）数和注册护士数分别达3.22张、6.11人、2.32人和2.50人。全市适龄儿童七苗覆盖率93.07%，免疫预防服务质量保持全省先进水平。加强妇幼保健服务与管理，实现孕产妇零死亡，全年常住人口婴儿死亡率2.15‰，5岁以下儿童死亡率3.47‰，均稳定在较低水平。全年全市无偿献血8084人次，献血总量245万毫升，用血3822人次，用血总量191万毫升，无输血安全事故发生。“健康余姚”微信公众门户正式运行，多数医院建立微信公众号，开通微信预约、就诊提醒等功能。积极推进挂号实名制、基层医疗机构云医院、医院自助服务等措施。

体育事业 完成创建省级体育先进单位26家，新建或改建篮球场34个，人均体育场地面积达1.81平方米。全年共承办第三届全国气排球邀请赛等国家级赛事3场，浙江省春季少儿围棋段位赛等省级赛事5场，宁波十峰登山大联动暨宁波市群众登山大会（青虎湾岗站）等宁波级赛事8场，重点举办“全民健身日”系列活动和第十二届机关运动会等全民健身活动。残疾人运动员王益楠在里约残奥会中获3金2铜；组队参加2016浙江省女子体育节，获单项团体一等奖5个、个人一等奖19个、总团体二等奖；组队参加宁波市青少年体育竞赛，获29金51银20铜，夯实青少年竞技体育基础。体育协会、体育俱乐部等社会力量参赛成绩喜人，如陆埠镇干溪村在2016年泰国国际门球锦标赛中夺冠；精武协会在第十四届世界精武武术文化大会中获23金9银2铜等。向上输送优秀体育苗子17人，其中李玲参加在多哈举行的亚洲室内田径锦标赛，获第一；虞佳如在第十七届亚洲青年田径锦标赛中获100米栏冠军和4×100米亚军；闻人云涛在克罗地亚跆拳道公开赛中获女子49公斤级金牌。全年体育彩票销售收入2.13亿元。

【人口、居民收入、社会保障、慈善事业、行政区划】

人口 2016年末，全市户籍总户数306332户，户籍人口837689人，其中非农业人口455374人；户籍人口男女性别比为100∶102.5；18周岁以下人口103012人，60周岁以上人口213958人。2016年，全市出生6164人，在出生人口中，男性3169人，女性2995人，男女性别比为105.8∶100。人口出生率、死亡率分别为7.36‰和6.89‰，自然增长率为0.47‰，比上年上升0.67个千分点。2016年末，全市流动人口登记在册人数为544527人，其中男性300619人；未成年流动人口84348人，60周岁以上流动人口9384人。

居民收入　2016年，余姚市全体居民人均可支配收入42493元，比上年增长7.9%。其中，城镇居民人均可支配收入48831元，增长7.7%；农村居民人均可支配收入28589元，增长7.9%。按一体化城乡住户调查新口径统计，城乡居民可支配收入比为1.71∶1。

社会保障　社保覆盖面不断扩大，年末职工基本养老保险、职工医疗保险、失业保险、工伤保险、生育保险参保人数分别达47.19万人、37.25万人、22.9万人、31.64万人、22.51万人，其中职工基本养老保险、职工医疗保险比上年末分别净增16083人、12863人。全市城乡居民社会养老保险、被征地人员养老保障参保人数分别为32万人和16.9万人，市户籍人口养老保险参保率达92.85%。

2016年，全市拥有各类社会福利机构32个、床位6581个，社区服务设施3096处。全市共有低保对象10010户、12793人。每月支出低保资金712万元。

慈善事业　2016年，全市慈善总会募集善款6022万元，比上年下降9.4%；全年救助支出5272万元，下降18.7%。至2016年末，全市慈善总会累计募集已达67649万元，累计救助支出55845万元，受助43万人次。2016年末，全市共有网站注册志愿者5.38万人，2016年，共开展各种市级志愿服务活动10场。

行政区划　2016年末全市共有6个街道办事处、14个镇、1个乡，265个村委会、19个居委会和37个社区。

【生态建设、社会安全】

生态建设　全市共有国家级生态乡镇8个、省级生态镇（街道）9个、宁波市级生态村186个。治污水方面，全年共查处涉水企业46家，罚款金额309.35万元，加强饮用水源保护，完成陆埠和梁辉两大水库的年度饮用水源评估，完成城乡集中式饮用水源地19块保护区界标和道路警示牌标识牌的维护更新。淘汰黄标车217辆，全市环境空气质量达标天数280天。

“平安余姚”建设　2016年，全市共发生各类生产安全事故71起、死亡56人、受伤29人，按可比口径，事故起数、死亡人数、受伤人数分别下降11.2%、6.7%、9.4%。其中，工矿商贸企业（含生产经营性火灾）发生生产安全事故12起，死亡12人，受伤2人；生产经营性道路交通事故59起，死亡44人，受伤27人。未发生水上交通、渔业船舶生产安全事故，也未发生较大及以上生产安全事故。加大食品药品检验力度，食品安全评价抽检合格率98.5%，药品监督抽检合格率98.4%。全年共立案查处食品安全各类违法案件136件，其中大要案84件，罚没款392.79万元。全年共办理交通肇事案件98起，移送起诉91起；查处交通违法623963起，其中现场查处80930起；重点违法中，共查处饮酒后驾驶778起、醉酒驾驶483起。全年共受理刑事案件1841件，审结1890件，分别下降7.2%和上升1%，判处罪犯2538人；受理各类民商事案件12758件，审结12876件，分别下降7.5%和上升3.5%；受理行政诉讼案件109件，审结110件，分别下降13.4%和12%。加大对社会高度关注的犯罪活动的打击力度，审结危害食品药品安全、醉驾、涉黄赌毒等犯罪案件共843件。坚决惩治腐败、不作为、滥作为，审结受贿、玩忽职守、滥用职权等犯罪案件18件。

注：（1）本公报所列各项数据均为初步统计数。

（2）全市地区生产总值、各产业增加值绝对数按当年价格计算，增长速度按可比价格计算。

（3）规模以上工业企业指年主营业务收入2000万元及以上企业。限额以上批发、零售、住宿、餐饮企业指：批发业，年营业收入2000万元及以上；零售业，年营业收入500万元及以上；住宿业，年营业收入200万元及以上；餐饮业，年营业收入200万元及以上。

（4）城镇和农村居民收入均指常住居民收入。

（市统计局）

文件选编

余姚市事业单位机构编制管理实施办法

为切实贯彻落实《宁波市事业单位机构编制管理办法》(甬政发〔2014〕36号),进一步加强和规范我市事业单位机构编制管理,促进事业单位机构编制总量控制、结构优化,结合余姚实际情况,特制定本实施办法。

一、机构管理

(一)事业单位设立应当具备的条件

1. 以社会公益为目的,符合经济社会发展需要;

2. 有明确的职责任务和举办单位;

3. 有合法稳定的经费来源、规范的机构名称和固定的场所;

4. 法律、法规规定的其他条件。

新设立事业单位原则上按照“撤一建一”的要求,严格控制总量。现有事业单位能够承担新增工作任务的,或新增社会公益事业事项能够由政府购买服务或者社会力量承担的,不再新设事业单位。

(二)事业单位设立应当提交的申请材料

1. 法律法规等设立依据;

2. 设立事业单位的必要性和可行性分析;

3. 事业单位职责任务、管理体制、机构名称、机构规格、机构类别、经费渠道、内设机构、编制员额、领导职数等;

4. 职责、业务范围涉及国家实行资质认可或者执业许可的事项,应提供法定机关的资质认可或者执业许可证明材料;

5. 机构编制管理部门要求提供的其他材料。

事业单位的名称应当规范、准确,与其承担的职责任务相一致,并与行政机关、企业、社会团体的名称相区别。事业单位一般称院、校、馆、所、台、站、园、队、中心等。未按规定权限批准,事业单位名称不得冠“中国”、“中华”、“国家”、“国际”等字样,也不得冠“浙江省”、“浙江”、“宁波市”、“宁波”等字样。

(三)事业单位类别的确定

按照社会功能,事业单位分为承担行政职能的事业单位、从事公益服务的事业单位和从事生产经营活动的事业单位。根据职责任务、服务对象和资源配置方式等情况,从事公益服务的事业单位又可分为公益一类事业单位和公益二类事业单位。今后,除法律法规和规章另有规定的,不再批准设立承担行政职能的事业单位和从事生产经营活动的事业单位。

面向社会提供公益服务的事业单位，探索建立理事会、董事会、管委会等形式的法人治理结构，不宜建立法人治理结构的事业单位，继续完善现行管理模式。

（四）事业单位机构规格的确定

事业单位的机构规格，根据国家、省、宁波市有关规定，结合事业单位的实际情况进行确定，一般不高于其举办单位内设机构的相应级别或规格。

在本实施办法实施前，已确定机构规格的事业单位，其机构规格按有关文件规定执行；尚未确定机构规格且单独运行的各级各类事业单位，其机构规格按相当于举办单位内设机构的规格确定；尚未确定机构规格且未单独运行的各级各类事业单位，其机构规格暂不确定。

（五）事业单位内设机构的设置

根据事业单位的职责任务、机构规格、编制员额等因素，综合设置内设机构。

机构规格相当于副科（局）级及以上的事业单位，根据工作需要可设置内设机构，其编制员额总数一般不少于8名；内设机构配备编制员额数原则上要求2名以上。

（六）事业单位经费预算形式的确定

事业单位的经费预算形式分为财政全额补助、财政部分补助、自收自支等类型。事业单位的经费预算形式应当在设立时根据其职责任务、类别等确定，并可随职责任务等情况的变化按规定程序进行调整。

（七）事业单位机构管理事项的调整

事业单位因举办单位、职责任务、机构名称、机构规格、机构类别、经费形式、内设（分支）机构、编制员额、领导职数等调整的，应当由举办单位向市机构编制管理部门申请调整。

（八）事业单位的整合

同一举办单位举办的多个事业单位，有下列情形之一的，应当进行整合：

1. 工作职能相近、相似或弱化、工作任务不足，人员编制少于5名，通过合并有助于扩大规模、整合资源、提高效益的；

2. 工作职责互相交叉，设置不合理，通过合并有助于理顺关系、提高工作效率的；

3. 因主管部门机构撤并或职能调整，需相应进行合并调整的。

（九）事业单位的转企改制

事业单位符合下列情形之一，条件成熟的，应当实施转企改制：

1. 各类生产经营性（含中介服务性质）及其他以赢利为主要目的；

2. 现承担的工作任务可由市场自行调节解决或通过政府购买服务等方式交由其他社会组织承担的。

（十）事业单位的撤销

事业单位有下列情形之一的，应当由举办单位向市机构编制管理部门申请撤销：

1. 法律法规和有关规定明确予以撤销的；

2. 举办单位决定撤销的；

3. 职责任务已完成或履行职责的依据已消失的；

4. 机构性质改变不再作为事业单位的；

5. 合并或者分设后原机构不再保留的；

6. 经批准成立无特殊原因满6个月未正式组建或者未履行职责任务的；

7. 停止业务活动满一年的；

8. 被事业单位登记管理部门依法吊销事业单位法人证书的；

9. 事业单位法人证书废止2年以上的；

10. 转企改制方案已按规定程序批准，且已基本实施完毕的；

11. 其他情形需要撤销的。

调整、撤销事业单位应当由举办单位提出申请，内容包括：调整、撤销的理由和依据；调整、撤销的实施方案；拟撤销事业单位的现有人员名册及安置方案、审计报告、资产清算情况等材料。

（十一）事业单位设立、变更、撤销后有关手续的办理

事业单位设立、变更、撤销后，其举办单位

应及时到市机构编制管理部门办理机构编制实名制管理相关手续，并按规定办理事业单位法人设立登记、变更登记或注销登记。

二、编制管理

（一）事业单位编制的核定

事业单位编制的核定应当综合考虑当地社会事业发展需求和财政承受能力。国家、省、宁波市已有定编标准的，按照标准并结合当地实际从紧从严核定；无定编标准的，应当根据事业单位的职责任务、规模大小、社会功能、服务范围等因素综合考虑，并按照精简效能的原则核定。各业务部门单独制定的行业标准仅作参考。

（二）事业单位编制的动态调整

事业单位编制应当按照“控制总量、盘活存量、优化结构、有减有增”的要求实行严格管理和动态调整。对经批准合并、分设的事业单位，编制应当重新核定；事业单位撤销的，编制应当收回或核销；职能减少的，编制应当相应核减。凡要求新增事业编制的，原则上在举办单位所属的同类经费预算形式的事业单位编制余额中调剂解决。

（三）事业单位领导职数的核定

事业单位的单位领导职数和中层领导职数，应当根据事业单位职责任务、编制员额等实际情况，从紧从严核定。

1．确定机构规格的事业单位的单位领导职数按编制员额核定。编制员额5名及以下的原则上核定1职；编制员额6—10名的原则上核定2职；编制员额11—20名的原则上核定3职；编制员额20名以上或工作任务特别重的，原则上可增加1职。未单独运行暂不确定机构规格的事业单位，根据实际履行该单位职能的在编人员数和上述规定核定领导职数；按规定配备的干部，其职级可按相当于举办单位中层干部的职级确定。

2．事业单位的中层领导职数按内设机构的编制员额核定。编制员额3名以下的原则上核定1职；编制员额4—6名的原则上核定2职；编制员额7名以上的或工作任务特别重的，原则上可增加1职。

3．市直属事业单位党、工、青、妇等专职干部职数配备及有关待遇问题按照市委有关文件规定执行。

中小学校（含中等职业技术学校、幼儿园）、医院、卫生院（社区卫生服务中心）内设机构设置、领导职数核定按有关规定执行。

（四）事业单位编制的使用管理

市机构编制管理部门应当严格执行实名制管理规定，有计划地控制事业单位编制使用，提高编制使用效率。

事业单位接收军转干部等国家政策性安置人员前，应当由市机构编制管理部门对编制余额、领导职数等进行审核。

三、审批权限与程序

（一）事业单位机构编制事项，由市机构编制管理部门专项办理。除专项机构编制文件外，各部门起草、拟订的规范性文件不得规定事业单位机构编制事项。

（二）相当于副科（局）级以上事业单位机构规格的确定，由市机构编制管理部门按规定程序报宁波市机构编制管理部门审批。承担行政职能的事业单位的类别和编制员额以及参照公务员法管理事业单位的编制员额的确定，由市机构编制管理部门按规定程序报宁波市机构编制管理部门审核。

（三）其他事业单位机构编制事项，由其举办单位报市机构编制管理部门按规定权限和程序审核或审批。

四、监督检查与评估

（一）市机构编制管理部门应当按照管理权限和规定程序，对事业单位机构编制执行情况进行监督检查；必要时，可会同监察机关和其他有关部门进行联合督查。

（二）事业单位及其举办单位应当配合市机构编制管理部门做好事业单位机构编制管理工作，如实向市机构编制管理部门提交本单位机构编制统计资料。

（三）任何组织和个人对违反事业单位机构编制管理规定的行为，均有权向市机构编制管理部门、监察机关等有关部门举报。受理机关应当及时查处，并对举报人的情况予以保密。

（四）市机构编制管理部门应当定期会同有关部门对本市已设立事业单位的运行情况开展综合评估，评估结果作为调整事业单位机构编制事项的重要依据。

（五）事业单位及其举办单位要严格遵守事业单位机构编制管理纪律。对违反事业单位机构编制管理纪律的，有关部门应当按照中央纪委《关于印发〈机构编制违纪行为适用《中国共产党纪律处分条例》若干问题的解释〉的通知》（中纪发〔2009〕15号）、中央机构编制委员会办公室和监察部《关于印发〈机构编制监督检查工作暂行规定〉的通知》（中央编办发〔2007〕5号）等规定进行严肃处理。

五、附则

（一）使用事业编制并纳入我市机构编制管理部门管理范围的其他组织，其编制管理参照本办法执行。

（二）法律、法规和国家、省、宁波市对事业单位机构编制管理另有规定的，从其规定。

（三）本办法自发文之日起施行。

——摘自《余姚市人民政府关于印发余姚市事业单位机构编制管理实施办法的通知》（余政发〔2016〕3号）

余姚市控制性详细规划管理规定

第一章 总则

第一条 为规范余姚市控制性详细规划的编制、审批、实施和修改，保障规划科学性、严肃性，强调规划实施刚性，同时为更有效地适应市场行为，提高可操作性，根据国家、省、市城乡规划的法律、法规，按照《宁波市控制性详细规划管理规定》（甬政发〔2014〕118号）和《余姚市城乡规划编制与审批管理办法》（余政办发〔2013〕66号）要求，并结合本市实际，制定本规定。

第二条 余姚市城市、镇规划区范围内控制性详细规划的编制、审批、实施和修改应当遵守本办法。

第三条 市城乡规划主管部门负责本市控制性详细规划的统一管理工作，并建立统一的控制性详细规划管理信息化系统。各镇人民政府、街道办事处、经济开发区（工业园区）管委会、指挥部按照职责负责、参与和配合相关工作。

第二章 控制性详细规划的编制

第四条 除历史文化街区、名镇保护范围内的保护规划和风景名胜区范围内的详细规划已经批准可不再编制控制性详细规划外，余姚市城市、镇规划区范围内的规划城镇建设用地应当实行控制性详细规划全覆盖。

第五条 控制性详细规划的编制应当遵循政府组织、专家领衔、部门合作、公众参与的原则，综合考虑资源条件、环境状况、人文因素、公共安全、公众意愿和经济社会发展需要，节约集约利用土地，体现提高环境质量和生活质量、保护基本生态和历史风貌的总体要求。

编制控制性详细规划应当符合市域总体规划、分区规划、镇总体规划等上位规划，严格遵守城镇建设用地控制线、生态保护红线、产业区块控制线、“四线”（绿线、蓝线、紫线、黄线）控制要求、主要市政基础和公共服务设施配套、公共安全标准等上位规划的强制性内容，并采纳专项规划、城市设计等相关规划成果。

第六条 为科学确定规划建设容量和设施配套，控制性详细规划编制应结合自然地形、交通路网结构以及基层社区界限等，划定若干控制单元，控制单元一般由多个地块组成，功能上具有内在关联性。

编制控制性详细规划应符合国家、省、市有

关规定和技术规范，并应当按照信息化管理的要求，使用统一的规划编制软件和制图标准。

对于城镇建设成熟地段，可根据具体情况确定控制指标及要求，并对今后更新改造提出规划指引。

第七条　余姚市城市、镇规划区范围内控制性详细规划的组织编制按以下情形执行：

（一）规划城市建设用地的控制性详细规划由市城乡规划主管部门会同各街道办事处、经济开发区（工业园区）管委会、指挥部编制；

（二）规划镇建设用地的控制性详细规划由镇人民政府组织编制。

第八条　控制性详细规划编制经费应当列入各地财政预算。其中主城区（阳明、凤山、兰江、梨洲四个街道）控制性详细规划编制经费列入市本级财政预算，其他控制性详细规划编制经费按照辖区范围分别列入各镇人民政府、街道办事处、经济开发区（工业园区）管委会、指挥部财政预算。

第九条　控制性详细规划编制成果分为法定文件、技术管理文件和附件三大部分。法定文件以控制单元为最小编制单位，技术管理文件以地块为最小编制单位。控规编制成果一般应同时包含上述3个文件。

第十条　编制控制性详细规划应按照分区分类的要求，合理确定相应区域的强制执行内容，明确执行规则和管理要求。

控制单元的强制执行内容应包括：主导功能、总建设容量、公园绿地面积、相应级别公共服务配套设施等。

地块的强制执行内容应包括：

（一）五线：基础设施用地的控制界线（黄线）；各类绿地范围的控制线（绿线）；历史文化街区和文保单位、历史建筑的保护范围界线（紫线）；河口线（蓝线）以及道路用地的边界线（红线）及控制要求；

（二）控制指标：用地性质、容积率；

（三）配套设施：市政基础设施、公共服务设施、公共安全设施等用地规模及控制要求；

（四）地下空间：开发范围及利用要求；

（五）历史街区等特定地段：建筑高度、建筑风格等；

（六）其他有必要强制执行内容。

第十一条　编制控制性详细规划时，建设用地兼容与用地性质混合的设定应符合《余姚市城乡规划管理技术规定》（余政发〔2015〕34号）。

第十二条　组织编制机关应当委托具备相应资质等级的规划设计单位承担具体编制工作。

第三章　控制性详细规划的审批

第十三条　组织编制机关根据实际需要，通过组织召开技术审查会议、专家评审会、部门联合会审会议等形式，对控制性详细规划草案进行技术论证，并由市城乡规划主管部门统一审查。

第十四条　控制性详细规划草案编制完成后，应当依法在政府信息网站或指定场所公告以征求公众意见，公告时间不得少于30日。但根据法律、法规和国家有关规定属于保密范围的除外。

规划城市建设用地的控制性详细规划草案由市城乡规划主管部门统一进行公告，各街道办事处、经济开发区（工业园区）管委会、指挥部配合做好意见收集和相关问题答复、解释工作；规划镇建设用地的控制性详细规划由镇人民政府进行公告，并做好意见收集和相关问题答复、解释工作。

第十五条　控制性详细规划草案报送审批前，组织编制机关将控制性详细规划草案附具审查意见、公众意见及处理结果提交市城乡规划委员会下设的专业委员会审议，并由专业委员会确定是否提交规委会全会审议。

第十六条　组织编制机关应将控制性详细规划草案并附具审查意见、公众意见及处理结果、规委会（或专业委员会）审议意见及修改情况等，报市人民政府批准。

第十七条　城市控制性详细规划经批准后，由市城乡规划主管部门报本级人民代表大会常务委员会和上一级人民政府备案。镇控制性详细规划经批准后，由镇人民政府报送镇人民代表大会和市城乡规划主管部门。

第十八条 控制性详细规划应当自批准之日起20个工作日内，由组织编制机关将控制性详细规划编制成果通过政府信息网站及当地新闻媒体等便于公众知晓的方式公布，但根据国家法律、法规和国家有关规定属于保密范围的除外。

第十九条 组织编制机关应将经批准的控制性详细规划编制成果、批准文件以及审查意见、公众意见及处理结果、规委会（或专业委员会）审议意见及修改情况等材料及时整理归档。

编制成果应纳入统一的控制性详细规划管理信息化系统。

第四章 控制性详细规划的实施

第二十条 经依法批准的控制性详细规划是市城乡规划主管部门作出行政许可、实施规划管理的直接法定依据。

在城市、镇规划建设用地范围内进行土地利用和开发建设的，任何单位和个人都应当遵守经批准并公布的控制性详细规划。

第二十一条 以划拨方式提供国有土地使用权的，应当依据控制性详细规划核定建设项目的位置、适建范围、建设容量、控制要求等，核发选址意见书。

第二十二条 以出让方式提供国有土地使用权的，应当依据控制性详细规划提出出让地块的位置、使用性质、开发强度等规划条件，作为国有土地使用权出让合同的组成部分。

第二十三条 控制性详细规划的实施深化是指在控制性详细规划实施阶段，根据具体情况，对控制性详细规划进行技术性修正以及进一步完善的行为，下列情形之一的，可以作为实施深化：

（一）红线、蓝线、绿线、黄线、紫线控制范围微调及相关地块边界进行对应调整的；因地块权属边界与规划用地边界不一致，或因市政工程方案设计引起的用地边界微调；

（二）不涉及城市次干路及以上等级道路调整的地块拆分与合并；

（三）未列入强制执行内容的建筑高度、建筑密度调整；

（四）非独立用地的公共管理与公共服务设施、交通设施、公用设施在控制单元内调整位置的；

（五）以划拨方式取得的公共管理与公共服务设施用地（A）、交通设施用地（S）、公用设施用地（U），在控制性详细规划中按现状保留，进行改扩建的；

（六）符合国家、省、市政策及标准，未列入近期改造，现状工业、仓储用地改扩建的；

（七）按照节约集约利用土地的相关政策精神，提高工业用地（M）、仓储物流用地（W）容积率的；

（八）市政工程管线优化调整不影响系统布局的；

（九）可以适用实施深化的其他情形。

实施深化的管理流程由市城乡规划主管部门另行制定。

第五章 控制性详细规划的修改

第二十四条 组织编制机关应定期对控制性详细规划的实施情况进行分析评估，建立动态维护制度，有计划、有组织的按规定程序进行完善。

第二十五条 为落实国家、省、市专项建设政策，相关职能部门会同市城乡规划主管部门编制专项建设规划，报市人民政府批准后，作为控制性详细规划的特别增补内容，控制性详细规划自动更新。

第二十六条 批准后的控制性详细规划具有法定效力，任何单位和个人不得随意修改，确需修改的，应按照规定程序进行。控制性详细规划修改分为重新修编和局部调整。

第二十七条 有下列情形之一的，经评估原控制性详细规划已经不再适用的，组织编制机关应按第三章规定的程序开展重新修编：

（一）所依据的城乡规划发生变更，对控制性详细规划确定的目标、功能与布局产生重大影响的；

（二）因行政区划调整确需修改的；

（三）因落实国家、省、市的重大建设工程，对控制性详细规划多个控制单元的强制执行内容产生重大影响，确需修改的；

（四）控制性详细规划审批机关认为应当重新修编控规的其他情形。

第二十八条　引起控制单元强制执行内容发生局部变化，但又不对控制单元的主导功能、发展目标、结构布局、设施配套产生重大影响的，属于控制性详细规划的局部调整。

根据局部调整内容，程序分为一般程序和简易程序。

第二十九条　控制性详细规划局部调整属于下列情形的，适用一般程序：

（一）提高居住用地容积率比例超过20%、提高商业服务业设施比例超过30%且突破控制单元总量的；

（二）绿地与广场用地（G）、道路与交通设施用地（S）、公共管理与公共服务设施用地（A）等城市基础配套设施调整为其他性质用地的；

（三）次干路及以上城市道路、20米及以上宽度城市河流线型、走向调整且涉及周边地块较大范围调整的；

（四）市政公用设施（U）调整涉及周边居民环境、安全影响关系的；

（五）可以适用一般程序的其他调整情形。

第三十条　控制性详细规划局部调整一般程序如下：

（一）申请：各镇人民政府、街道办事处、经济开发区（工业园区）管委会、指挥部根据发展需要向城乡规划主管部门提出修改申请，修改书面申请经市城乡规划主管部门初审，报请市人民政府批准同意后，方可按程序实施修改。

（二）编制论证报告：经市人民政府同意修改申请后，由各镇人民政府、街道办事处、经济开发区（工业园区）管委会、指挥部委托具有相应资质规划设计单位编制局部调整论证报告。论证报告应对调整必要性、可行性进行充分论证，并提交详细规划方案，包括用地布局、规划指标、公共服务设施和市政基础设施承载能力、交通组织、景观、日照分析等方面内容。

（三）评估、审查：组织编制机关根据情况通过组织技术审查、专家评审、部门联合会审会等形式对论证报告进行技术论证，并由市城乡规划主管部门统一审查。

（四）公告：组织编制机关应在政府信息网站或指定场所对调整内容进行公告，征求利害关系人及公众意见，公告时间不少于30日。但根据法律、法规和国家有关规定属于保密范围的除外。

（五）审议：根据调整内容，市城乡规划主管部门视情况提交规委会专业委员会审议。

（六）批准：组织编制机关报请市人民政府批准。

（七）归档：经批准后，组织编制机关应将论证报告并附具评估审查意见、公众意见及处理结果及修改情况等归入原控制性详细规划档案。

（八）备案、公布、入库：组织编制机关应定期备案并及时公布调整成果，并将其纳入全市统一的控制性详细规划管理信息化系统。

第三十一条　控制性详细规划局部调整属于下列情形的，适用简易程序：

（一）其他性质用地调整为绿地（G）、道路与交通设施用地（S）、公共管理与公共服务设施用地（A）的；

（二）居住用地（R）与商业服务业设施用地（B）相互调整的；

（三）行政办公与商业用地（批发市场除外）、商务用地、娱乐用地相互调整的；

（四）提高居住用地容积率比例未超过20%（含）、提高商业服务设施（B）容积率比例未超过30%（含）；

（五）提高公共管理与公共服务设施用地（A）容积率的；

（六）独立用地的公共管理与公共服务设施用地（A）、道路与交通设施用地（S）、公用设施用地（U）在控制单元内调整位置的；

（七）可以适用简易程序的其他调整情形。

第三十二条　控制性详细规划局部调整简易程序如下：

（一）申请：各镇人民政府、街道办事处、经济开发区（工业园区）管委会、指挥部根据发展需要向城乡规划主管部门提出修改申请，必要时并应编制详细规划方案，提出调整的理由和要求。

（二）审查：市城乡规划主管部门根据需要通过相应形式进行审查。

（三）公告：组织编制机关在政府信息网站或指定场所对调整内容进行公告，征求利害关系人及公众意见，公告时间不少于10日。但根据法律、法规和国家有关规定属于保密范围的除外。

（四）批准：市人民政府委托市城乡规划主管部门批准。

（五）归档、公布、入库：调整批准后，组织编制机关应将有关材料归入原控制性详细规划档案，定期统一公布，并将调整成果纳入全市统一的控制性详细规划管理信息化系统。

第三十三条　对于第二十九、三十一条未具体列举的局部调整按如下原则判定适用程序：

（一）未突破控制单元强制执行内容的适用简易程序，反之适用一般程序；

（二）有利于提高城镇人居环境质量、改善公共配套服务设施、缓解公共交通压力、增强公共安全且不损害周边利益的适用简易程序，反之适用一般程序。

第六章　附则

第三十四条　本规定实施前有关控制性详细规划的管理规定的内容与本规定不一致的，以本规定为准。

第三十五条　本规定自2016年3月1日起施行。

——摘自《余姚市人民政府关于印发余姚市控制性详细规划管理规定的通知》（余政发〔2016〕14号）

关于进一步降低企业成本减轻企业负担推进实体经济稳增促调的实施意见

为进一步减轻企业负担，提振发展信心，推进全市实体经济稳增促调，根据《宁波市人民政府关于进一步降低企业成本减轻企业负担推进实体经济稳增促调的若干意见》（甬政发〔2016〕14号）精神，结合我市实际，特提出以下意见：

一、切实降低制度性交易成本

（一）深化行政审批制度改革。

深化“四张清单一张网”改革，建立健全“权力清单”和“责任清单”动态调整机制。全面清理行政审批前置服务项目，没有法律法规依据的行政审批前置服务项目一律取消。深化行政审批中介服务改革，建立行政审批中介网上超市，行政机关委托开展的评估评审等中介服务，通过竞争方式选择中介机构，服务费用一律由行政机关支付并纳入部门预算。推进行政审批服务标准化建设，精简审批环节，市级部门设定的证明、盖章等审批前置条件和材料一律取消。推进行业联合审批标准建设，强化联审机制。按照审批层级一体化改革要求，做好上级放权事项的承接。加强行政审批集中管理，行政许可、行政确认、审核转报及年检、备案和其他审批事项进驻行政服务中心比率达到95%，窗口办结率达到90%。提高审批服务效率，进一步压缩审批事项的承诺办理时限，增加窗口即办的审批事项比例。

（二）深入推进商事制度改革。

全面落实注册资本登记改革，除国务院公布的银行、证券等27项暂不执行认缴登记制的行业外，其他全部实行实缴改认缴登记。进一步放宽我市市场主体住所（经营场所）登记条件，允许企业“一照多址”、“集中办公”、住宅商用、“商务秘书企业托管”和“工位号注册”。全面落实“五证合一、一照一码”登记改革，全面执行国务院取消的148项前置项目，保留34项前置事项的决定，建立全市前置改后置事项的共同监管机制。完善简易注销改革，建立便捷的市场退出机制。放宽小微企业经营范围登记，促进新兴产业发展。实行企业名称核准全程电子化，推进注册登记便利化。

（三）完善公共资源交易管理。

完善统一规范的公共资源交易平台，创新投标保证金收退模式，允许投标人依法使用工程投标保证金保险替代投标保证金。公共资源交易平台的各项交易服务费按50%收取，并免收信息服务费和场地租赁费，开放招标文件免费在线浏览功能，降低企业获得有效信息的成本。

二、切实降低企业税费负担

（四）落实税收优惠政策。

积极引进培育高新技术企业，对引进的市外高新技术企业享受本市高新技术企业同等政策，对处于培育阶段的科技型企业，符合高新技术企业条件的予以优先认定。严格落实高新技术企业减按15%税率征收企业所得税。支持符合条件的企业参加高新技术企业认定，对通过认定的企业按照国家税法规定享受相关税收优惠政策。落实企业研发费加计扣除政策，对企业开展研发活动中符合规定条件的研发费用，未形成无形资产计入当期损益的，在按规定据实扣除的基础上，按照本年度实际发生额的50%，从本年度应纳税所得额中扣除；形成无形资产的，按照无形资产成本的150%在税前摊销。企业符合研发加计扣除条件的工业设计费用，按照税法规定享受企业所得税前加计扣除政策。对符合条件的纳税人提供技术转让、技术开发和与之相关的技术咨询、技术服务免征增值税。落实固定资产加速折旧所得税政策，对规定领域重点行业小型微利企业2015年1月1日后新购进的研发和生产经营共用的仪器、设备，单位价值不超过100万元（含）的，允许在计算应纳税所得额时一次性全额扣除；单位价值超过100万的，允许缩短折旧年限或采取加速折旧方法。

（五）取消、免（停）征、降低部分行政事业性收费。

取消或停征征地管理费、企业注册登记费、个体工商户注册登记费、工业产品许可证审查费、组织机构代码证书费、计量认证费、海关知识产权备案费等56项行政事业性收费。对散装水泥专项资金和墙体材料专项基金等2项政府性基金按规定标准80%征收，水土保持补偿费、船舶及船用产品设施检验费、特种设备制造过程监督检验收费等4项行政事业性收费按规定标准的80%征收，住宿餐饮业计量器具检定收费按规定标准的50%征收。按规定新菜地开发建设基金征收标准降为零。落实按月兑现浙商回归项目墙体材料专项基金、散装水泥专项资金“即征即退”政策。厂区范围内的各类建筑免收人防工程易地建设费。残疾人就业保障金征收标准暂不上调，仍按2015年标准征收。自工商登记之日起3年内，对安排残疾人就业未达到规定比例、在职职工总数20人以下（含20人）的小微企业，免征残疾人就业保障金。对尚未建立工会组织的企业暂缓收取建会筹备金。

（六）实行部分企业稳增促调政策补助。

按照相当于当年收取（除淘汰企业、央企、国有企业外）的土地使用税、水利建设基金总额的60%，建立稳增促调专项资金，用于企业转型升级补助。具体办法由市委政研室会同相关经济职能部门根据上级要求另行制定。

（七）降低小微企业税费负担。

对月营业额不超过3万元（按季纳税9万元）的小微企业，免征增值税和营业税。对年应纳税所得额低于30万元（含）的符合条件的小型微利企业，其所得减按50%计入应纳税所得额，按20%的税率缴纳企业所得税。对金融机构与小微企业签订的借款合同免征印花税。免征小微企业土地登记费、房屋登记费、住房交易费等47项行政事业性收费。从2016年2月1日起，对按月纳税的月销售额或营业额不超过10万元(含)的缴纳义务人，免征教育费附加、地方教育附加、水利建设基金。税务机关应根据企业实际情况和相关政策规定确定小微企业税收征收方式，不得强制要求小微企业进行税务代理。

（八）加大企业兼并重组支持力度。

坚持“以兼并重组为主，破产清算为辅”的原则，全面落实国家和省、市支持企业兼并重组的相关优惠政策，减轻企业兼并重组过程中的税费负担，对非房地产开发企业实施的整体改建、合并、分立和以国有土地、房屋进行投资，符合国家政策规定条件的，暂不征收土地增值税。企业在资产重组中，通过合并、分立、出售等方式，将实物资产以及相关的债权、债务和劳动力一并转让给其他单位或个人，不征收增值税，涉及的不动产转让，免征或不征收营业税、契税，企业兼并重组中涉及的房产过户，免收房屋交易手续费。支持行业优势企业和上市公司开展兼并重组，由宁波市、县（市）区两级按照财政分担比例给予企业重组所涉资产增值额2%补助，最高300万元。按照就高不重复原则，对近三年内任何一年度销售超过5000万元并列入帮扶对象的企业和参与上述企业实施并购重组的企业，通过司法拍卖（变卖）转让不动产的，市财政按照竞买标的的5%以内对受让方给予奖励，单户（项）最高不超过200万元；通过协议形式转让不动产，并符合土地转让条件的，按转让价的5%以内奖励给受让方，单户最高不超过500万元。

（九）清理规范涉企收费。

全面实施涉企行政事业性收费、政府性基金、政府定价和指导价的涉企经营服务性收费目录清单管理并对外公开；凡目录清单之外的涉企收费，一律不得执行。建立行政审批中介服务收费、涉企进出口环节经营服务收费、执法检查、行政罚款等各类项目的清单。政府定价和指导价的涉企经营服务性收费，一律按下限执行。

（十）清理规范社会团体收费。

严格规范行业协会商会会费收取行为，严禁以各种方式强制企业赞助捐赠、订购报刊、参加培训、加入社团、指定服务。建立政府向行业协会商会转移委托职能的清单目录，切实推进行业协会商会与行政部门脱钩，严禁行业协会商会利用行政资源强制向企业收取费用行为。

三、适当降低社会保险费率

（十一）下调医疗、生育保险费率。

从2016年2月1日起，生育保险费率从原来的0.8%调整为0.5%，并适当提高部分生育保险待遇。根据国家统一安排，适时将生育保险并入医疗保险管理范围。

（十二）临时性下浮社会保险费缴费比例。

按省政府和宁波市政府的总体部署，做好部分企业临时性下浮社会保险缴费比例的实施工作。继续对“小升规”企业按规定实施临时性下浮社会保险缴费比例。

（十三）降低失业保险费率。

继续执行失业保险费率从3%下降至2%，用人单位和职工个人缴纳费率各降0.5个百分点。

（十四）下调工伤保险费率。

从2016年1月1日起，对不同工伤风险类别的行业执行不同的工伤保险行业基准费率，平均费率从1.15%降至0.83%。

四、切实降低企业财务成本

（十五）降低企业融资成本。

根据上级政府和金融部门相关规定，严格规范金融机构经营行为，严禁各种不合理收费和各种贷款附加条件，进一步减少涉企收费项目，调低收费标准。深化小微企业贷款“续贷”模式的增量扩面，引导银行机构通过产品创新、流程精简、服务提效等方式减少收费环节。引导商业银行加强利率定价能力建设，切实降低企业融资成本。完善政府对银行机构考评机制，将银行小微企业贷款利率和恶意抽压贷情况纳入考评内容，做到小微企业贷款利率考评分值权重与政府项目同等，同时对恶意抽压贷、不配合地方政府协调帮扶造成重大影响的银行，实行年度月考评一票否决，并通报恶意抽贷银行名单。

（十六）拓宽融资渠道。

落实推进上市和“新三板”扶持政策，市财政对企业上市和“新三板”挂牌分别给予最高不超过1200万元和50万元的扶持。鼓励扩大股权、债券等直接融资，大力发展应收账款融资。加快建立各类政府性产业基金，推动各类私募股权投资基金的引进和组建。发展普惠金融，争取各银行对我市扩大信贷投放和资金配置。落实定向货币政策，加大信贷资源向中小微企业倾斜。大力发展贷款保证保险、银税通与信用保单融资业务。扩大政府应急转贷基金规模，充分发挥政府性融资担保机构作用，落实《余姚市人民政府办公室关于促进融资担保行业健康发展若干意见》（余政办发〔2014〕76号），鼓励融资性担保机构积极为中小企业提供贷款担保等融资服务。

（十七）优化融资环境。

切实加强对非法金融活动的防控和打击，引导资金回流实体经济。推进产业与金融融合发展，加强政银企对接，完善困难企业金融帮扶机制，加快长期停产停业扭亏无望的困难企业退出市场，腾出资源、空间给优质企业。全面推进社会信用体系建设，建立健全市公用信用信息平台与银行征信系统的信息交换共享机制，降低企业获取金融服务的门槛与成本。

（十八）加快出口退税进度。

推行出口退税无纸化管理，实施分类管理和新的出口税收函调管理办法，加大宣传力度，进一步做好服务提醒工作，帮助出口企业加快退税申报进度，尽快完成应退税款及时足额到位。

（十九）加快工程造价结算款支付进程。

自2016年3月1日起，国有（政府）资金投资工程项目实施工程价款按合同结算模式，及时支付无争议工程款项。创新审计手段，有效缩短审计时间，在送审资料完整的前提下，原则上在一年内完成工程审计工作。在现行单价合同模式下以汇总业主审核后的计量款作为按合同支付工程款的依据，提高工程造价结算效率。

五、切实降低水电气等要素价格

（二十）落实电价气价水价调整政策。

贯彻落实省级部门电价政策，从2016年1月1日起，一般工商业用电价格每千瓦时降低4.47分。对农业服务业中的农产品初加工用电，执行农业生产用电价格。落实发电企业环保电价政策，对环保设施验收合格的热电机组执行每千瓦时上调2.7分（含税，下同），其中脱硫电价每千瓦时上调1.5分，脱硝、除尘电价每千瓦时上调1分、0.2分。对部分淘汰落后产业实施差别电价，地方差别电价增加的电费收入用于推动当地产业结构调整和节能减排等工作。积极推荐35KV及以上工业企业（除造纸、印染、水泥、平板玻璃、黑色金属冶炼和有色金属冶炼等高能耗高污染行业）参与省电力用户与发电企业直接交易试点。从2015年11月20日起，非居民管道天然气最高价格由4.37元/立方米下降到3.52元/立方米。对列入宁波市战略性新兴产业培育的企业继续执行每立方米0.2元的优惠差别水价政策，视情进一步扩大水价优惠幅度。

（二十一）降低企业非生产使用要素资源成本。

根据上级统一部署，推行公用事业部门打破行业垄断引入市场竞争机制，促使企业的供电、供水、供气、供热、电信、有线电视等管道（线）预埋或改造费用有较大幅度下降。对单独装表计量的企业内部职工集体宿舍用电，集体宿舍和食堂用水、用气，企业可根据消耗量自行选择居民或非居民价格。对企业消费电水气热和通信网络等垄断、准垄断要素资源，不得收取各种押金、保证金、担保金、预付款等费用。

（二十二）降低企业用地成本。

探索推行工业用地分年期出让、年租金制度、“先租后让”等灵活的土地出让方式，推动建立与企业生命周期相匹配的土地出让制度，争取列入宁波市试点，在全市范围内推广应用弹性出让机制，提供新的供地方式。继续实施低效土地再开发政策，明确在2016年继续推进城镇低效土地再开发的，仍按基准地价政策予以供地，激励优惠政策再延期一年。适当下调合同履约保证金，简化保证金退还程序，降低企业成本。创新产业用地出让合同履约保证金收取方式，研究以银行出具保函的形式来代替原有收取方式，对已缴纳地价10%的履约保证金，将工业用地履约保证金的退还方式由原来的竣工后一次性退还，调整为按期开工退还50%、竣工后再退还50%。优化企业融资环境和不动产登记服务，开展国土资源行政服务“提速、提质、提效”活动，土地抵押登记等业务，能当场办理的当场办理，不能当场办理的，压缩办理时间50%。

六、切实降低物流成本

（二十三）降低运输成本。

对宁波绕城高速公路浙B牌照车辆道行费按50%收取。

（二十四）清理规范物流收费。

清理规范公铁水运等环节和领域及进出口环节、海关监管区服务收费，取消不合理收费。

（二十五）优化通关环境。

深化区域通关一体化改革，全面推进关检合作

“一次申报、一次查验、一次放行”建设，提高通关效率。全面推进无纸化报检、“出口直放、进口直通”、通关单无纸化、电子协议扣款、入境集装箱货物提货单放行无纸化等措施，减少企业送单、换单、口岸查验等环节，缩短通关时间。

（二十六）降低通关费用。

严格执行出境货物、运输工具、集装箱及其他法定检验检疫物免收出口商品检验检疫费政策，开展产地证资源深度开发工程，加强区域优惠产地证政策宣传培训工作，提升余姚企业特别是中韩、中澳自贸区签证利用率，充分享受国外关税减免。

七、积极引导企业提质增效

（二十七）推动企业减员增效。

全面推进“机器换人”技术改造，支持企业通过自动化（智能化）设备改造提升劳动生产率，实现减员增效。引导企业协同创新与协同制造，支持企业通过组建技术创新战略联盟，实现上下游企业间的协作配套，实现技术和资源共享。鼓励企业加大研发投入，提高创新能力和水平，提升技术成果转化效率。

（二十八）推动企业降本增效。

引导企业建立现代企业制度，推广先进管理模式，促进降本增效。指导帮助企业规范用工，构建和谐劳动关系，降低用工风险。推行产品全生命周期管理，加强信息技术推广应用，提升企业管理信息化水平。

（二十九）推进企业降耗增效。

支持企业推广应用高效节能节水和环保安全的技术、工艺、装备，切实提高资源能源利用效率和安全保障水平。推动建设绿色工厂，实现厂房集约化、废物资源化和能源低碳化。加快企业和园区循环化改造，提高资源生产率。全面开展单位资源占用产出绩效评价，推进企业降耗增效绿色发展。

八、保障措施

（三十）加强组织领导。

建立由市长任组长、相关分管副市长任副组长，市级有关职能部门主要负责人为成员的市减轻企业负担和特困企业处置工作领导小组（详见附件），全面统筹协调全市帮助企业降低成本减轻负担工作。

（三十一）明确责任分工。

建立降低企业税收负担、清理涉企收费、土地资源利用、企业兼并重组、金融支持实体经济等五个专项行动工作小组，分别由市财政局（地税局）、市发展改革局、市国土资源局、市经信局、市金融办牵头负责，会同市级有关职能部门，抓好降成本减负担各项工作。

（三十二）提高服务水平。

坚持问题导向，健全工作制度，建立长效机制，积极营造宽松的市场经营和投资环境，保护各种所有制企业产权和合法利益，提高企业创新创业发展信心。

（三十三）加强督促检查。

以帮助企业降低成本减轻负担稳增促调为重点，定期开展督查检查，对政策执行不力、工作落实不到位的单位通报批评，并限期整改。加大对各种乱收费行为的查处曝光力度，坚决查处乱收费、乱摊派行为。

（三十四）加强宣传引导。

宣传部门和新闻媒体要广泛宣传各项惠企政策，营造全社会关心支持企业降本减负的舆论氛围。要加强对典型企业的正面宣传，鼓励引导企业敢于创新、做强主业，形成有利于推进实体经济稳增促调良好局面。

（三十五）实施范围和期限。

本意见自2016年2月2日起执行，有效期至2018年2月2日。国家、省、宁波市有新政策出台按上级政策执行。

——摘自《余姚市人民政府关于进一步降低企业成本减轻企业负担推进实体经济稳增促调的实施意见》（余政发〔2016〕22号）

关于健全农村产权流转交易市场体系的实施意见

为推动城乡生产要素平等交换，赋予农民更多的财产权利，根据宁波市人民政府办公厅《关于建立健全城乡统一的农村产权流转交易市场的指导意见》（甬政办发〔2015〕179号）精神，结合我市实际，现就健全我市农村产权流转交易市场体系，提出如下实施意见。

一、总体要求

以党的十八大，十八届三中、四中、五中全会精神为指导，以保障农民和村集体经济组织的财产权益，增进农民根本利益为目的，以尊重农民意愿、公开公正、便民利民、稳步推进和保值增值为基本原则，以构建“归属清晰、权责明确、保护严格、流转顺畅”的农村产权制度为核心，以规范农村产权交易行为和完善服务功能为重点，通过加快推进各类农村产权确权登记颁证，积极探索农村产权流转交易实现途径，拓宽农村投融资渠道，优化资源要素配置，增添农村发展活力动力，提升城乡一体化发展水平。到2016年12月，完成市、乡镇（街道）、村三级农村产权流转交易网络体系的完善工作，实行规范运作，促进城乡要素资源平等交换。

二、调整机构设置

“余姚市农村产权交易中心”调整到市招投标中心挂牌，乡镇（街道）公共资源交易分中心增挂“余姚市某乡镇（街道）农村产权交易分中心”的牌子，原机构设置不变，按职责范围为农村各类产权依法流转交易提供各种服务，稳步打造融信息发布、产权交易、法律咨询、资产评估、抵押融资等为一体的为农服务综合平台。

市农村产权交易中心完成机构调整后，会同农林等相关职能部门，督促指导各地抓紧完善乡镇（街道）、村社两级农村产权流转交易网络建设。

三、优化运作方式

开展农村产权流转交易，既可依托有形的交易市场，也要有效利用电子交易网络平台，采取招标、拍卖、竞价、协议转让等方式进行，反映市场需求变化，保护双方合法权益。市农村产权交易中心，主要受理市域内农村产权交易的咨询和申请，信息收集、审核和发布，交易鉴证等服务，承担大额农村产权的流转交易；对下级农村产权交易组织进行业务指导。乡镇（街道）农村产权交易分中心，是现阶段农村产权流转交易的主阵地，主要负责受理辖区内农村产权流转的交易，协调指导村级及其他渠道采集的农村产权交易信息的收集发布等服务。村级主要承担相关的信息收集、查询和公示等服务。要加大对农村房屋、林木资源、农村土地等中介评估机构的培育，鼓励引入相关银行、保险等金融机构及担保公司，为农村产权流转交易、融资提供专业化配套服务。

四、明确交易品种和范围

（一）交易品种。

主要包括：

1．农户承包土地经营权；

2．农村集体林地经营权和林木所有权、使用权；

3．符合规定的农村集体经济组织养殖水域承包经营权；

4．农村集体所有的“四荒”（荒山、荒沟、荒丘、荒滩）使用权；

5．农村集体经营性资产和集体资产股权；

6．农业生产设施设备、小型水利设施使用权、渔业船舶所有权；

7．符合规定的农民住房财产权；

8．农业类知识产权；

9．其他依法可以交易的农村产权。

同时，按照成熟一种进场一种、“先易后难、先试后推、循序渐进”的思路，积极创造条件，确定农村产权流转交易品种，原则上法律没有限制的品种均可以入市流转交易。

（二）主体范围。

参与农村产权流转交易的出让方必须是产权权利人，或者是产权权利人委托的受托人，农村产权交易中心要依法对各类交易主体资格进行审查核实、登记备案。现阶段农村产权流转交易的主体主要是农户、家庭农场、农民专业合作社、农业社会化服务组织、农村集体经济组织、涉农企业和其他投资者，凡法律、法规和政策没有限制的法人和自然人均可以进入市场参与流转交易。目前除农户宅基地使用权、农民住房财产权、农户持有的集体资产股权外，流转交易的受让方原则上没有资格限制。对工商企业进入农业领域市场流转交易，要依据相关法律、法规和政策，加强准入监管和风险防范。

五、完善配套措施

（一）推进确权登记颁证。

按照《不动产登记暂行条例》和《余姚市不动产登记改革工作方案》，加快推进各类农村产权确权登记颁证工作，为农村产权流转交易规范运行创造条件。同时，经依法自愿进中心交易流转的相关经营权利，及时办理和颁发他项权证。

（二）完善交易细则及工作制度。

市农村产权交易中心建立健全规范的市场管理制度和交易规则，制定统一规范的业务受理、信息发布、交易签约、档案管理等制度，提供统一的交易范本，明确流转交易程序，规范流转交易行为。涉及农村产权交易的农林、国土、住建、市场监管、金融保险等相关职能部门，围绕各类产权的确权登记颁证及流转交易，制定相应的管理办法和专项规则，保障交易双方的合法权益。建立健全纠纷调解和仲裁机制，进一步完善价格形成机制和价值评估机制。

（三）加强抵（质）押融资服务。

按照“明晰一种农村产权，建立一项金融服务”的要求，鼓励金融保险机构会同相关职能部门进一步研究完善和制定各类农村产权抵押担保贷款办法或实施细则，不断拓展流转交易项目贷款品种范围，逐步建立健全农村产权抵押、担保和风险补偿机制。探索建立农村产权流转交易与农业产业化项目、农业扶持政策相挂钩的机制。探索建立农村产权交易风险防范和风险保险金制度。

六、加强组织领导

（一）建立农村产权流转交易市场体系工作协调小组。

由市政府分管副市长任组长，市政府办公室

分管副主任任副组长，市农办、市编委办、市农林局、市招投标管理办公室、市财政局、市国土资源局、市法制办、市金融办、市市场监管局、市法院、人行余姚支行、余姚农村商业银行等单位主要负责人为成员，负责协调全市农村产权流转交易工作和重大事项。协调小组下设办公室，办公室设在市招投标管理办公室，市招投标管理办公室主任兼任办公室主任，市农林局、市国土资源局和市招投标管理办公室等单位的分管负责人为副主任，具体负责全市农村产权交易工作的指导、督促和管理。同时，依据甬政办发〔2015〕179号文件精神，对原《余姚市农村产权交易管理办法（试行）》（余党办〔2012〕18号）等相关政策文件进行完善，督促成员单位制订配套措施，分解落实目标任务等工作。

（二）确保依法规范实施。

要强化监督管理，结合农村小微权力规范运行管理，对该纳入交易而未纳入以及违反农村产权流转交易政策规定的行为实施责任追究。及时查处各类违法违规交易行为，对改变用途、破坏农业综合生产能力、破坏生态功能等违法违规行为要依法依规处理、及时纠正。根据宁波文件规定，对村集体和农户免收服务费用，对其他交易主体按规定收取相关费用。

本意见自2016年4月21日起施行。

——摘自《余姚市人民政府办公室关于健全农村产权流转交易市场体系的实施意见》（余政办发〔2016〕15号）

余姚市民宿管理办法（试行）

第一章 总则

第一条

为充分利用我市丰富的乡村旅游资源，扶持和挖掘具有乡村风情和地方特色的旅游住宿设施，更好地满足市场需求和促进旅游富民，根据有关法律、法规，结合本市实际，特制定本办法。

第二条

本办法所称的民宿是指经营者利用现有合法的农村房屋、闲置村集体用房或其他闲置建筑物，结合当地人文、自然景观、生态环境资源及农林渔牧生产活动，通过设计形成鲜明的文化主题特色和互动体验感受特征，以旅游经营方式为游客提供住宿、餐饮服务的旅游接待场所。民宿一般以提供住宿服务为主、兼以简餐，客房规模在5间以上、30间以下（含）（民宿集群村可适当放宽）。

第三条

民宿发展要坚持科学有序、注重品质、体现特色、保护环境、永续利用等原则，实现经济效益、社会效益和生态效益的统一。

第四条

本办法适用于本市四明山区域及全市A级景区和重点旅游区内。

第二章 基本条件

第五条

余姚市民宿申报须具备下列条件：

1．民宿选址应符合本辖区内的土地利用总体规划、城乡建设规划、环境功能区规划和乡村旅游发展总体规划，利用文物保护建筑开设民宿的须经文物管理部门批准。

2．民宿房屋建筑风貌应与当地人文风俗、村庄环境景观相协调，结构安全牢固；周边无地质灾害等自然灾害隐患点，远离危险动植物侵扰。

3．具有有效的土地和房屋使用证明。

4．具有必要的污染治理和安全防护等配套设施和措施，按要求进行生活污水纳管处理或设置符合标准的污水处理池，对生活垃圾进行分类处理。

5．经营者以及从业人员参加公安、消防、旅游、市场监督、卫生和计生等部门组织的培训并通过考核。

第三章 申报流程

第六条

建立民宿联合核验工作机制，由市民宿发展工作协调小组办公室牵头公安、消防、旅游、发展和改革、农林、安监、市场监管、卫生和计生等部门组成联合核验小组，实地勘察，联合审核。

1. 民宿经营者提出申请，村委会签署意见后提交所在乡镇（街道）。

2. 乡镇（街道）通过实地踏勘，对民宿选址的安全性、布局合理性及其他申报条件进行初审，对符合条件的签署意见提交市民宿发展工作协调小组办公室。

3. 市民宿发展工作协调小组办公室牵头，组织联合核验小组实地核查，集体评审，并将评审结果一次性告知申请人。

4. 民宿开业前，业主凭借市民宿发展工作协调小组成员单位予以通过的联合核验备案表，办理工商执照和税务登记。

第七条

公安、消防、市场监管、卫生和计生、税务、环保等职能部门依法、高效、优质地为经营业主办理相关证照。

第四章　监督管理

第八条

成立余姚市民宿发展工作协调小组，具体由市府办、旅游、发展和改革、农办、老区办、财政、公安、消防、市场监管、卫生和计生、安监、人力社保、国土、住建、环保、农林、交通运输、水利等部门组成，协调小组下设办公室，办公室设在市文广新闻出版局（旅游局）。协调小组负责民宿发展过程中重大事项的决策及管理过程中涉及全局性、政策性问题的协调和处置，办公室负责编制全市民宿发展规划、牵头民宿的联合核验、联合执法和日常管理的指导督查。各成员单位应当按照各自职责，制定相关监督管理措施和服务政策。

第九条

乡镇人民政府、街道办事处负责本辖区域内民宿的初审、推荐、规划、指导、培训、服务、统计、安全和日常管理工作，重点乡镇（街道）要落实人员，负责民宿日常管理工作。

第十条

加强行业自律。民宿发展规模较大的村或乡镇（街道）要推动成立民宿协会等行业组织，发挥行业自律作用。

第五章　法律责任

第十一条

建立民宿违法经营行为查处联动机制。乡镇（街道）负责日常巡查监管，发现违法经营行为及时处置并报市民宿发展工作协调小组，由协调小组督促相关部门依法查处，涉及多部门的，由市民宿发展工作协调小组牵头实施联合执法。

第十二条

民宿经营者为民宿安全生产第一责任人，对游客活动中可能出现危险的情况负有提醒告知义务，有安全隐患的区域必须设置警示标志，并采取必要的防护措施。民宿经营者应建立安全应急预案。当发生突发公共事件时，民宿经营者须迅速采取有效措施，实施应急处置，并按国家有关规定立即如实报告当地政府和相关部门。各乡镇（街道）要不断完善民宿集聚区的应急保障机制。

第十三条

当发生洪涝台等重大自然灾害，政府发出紧急避险或人员转移指令后，民宿经营者应做好游客的劝返或转移工作。对不服从人民政府和有关部门发布的决定、命令（指令）和其他紧急措施要求的，依据《中华人民共和国治安处罚法》和《浙江省防御洪涝台灾害人员避险转移办法》规定，由公安机关依法予以处罚，构成犯罪的，依法追究刑事责任。

第十四条

民宿经营者不得有下列行为，违者由相关部门按有关法律规定处理：

1. 不按规定对入住游客进行登记。

2. 纠缠消费者或强行向消费者销售商品、提供服务。

3. 产品销售和服务不实行明码标价，违反价格相关法律。

4．经营不符合食品安全标准等有害人体健康的食品。

5．经营国家保护的野生动物或者其制品。

6．经营国家明令禁止个人经营的物品。

7．破坏环境、乱搭乱建、乱占乱用土地。

8．其他从事违反法律法规的经营活动。

第十五条

出现以下情形之一的，由所在乡镇（街道）调查上报，经市民宿发展工作协调小组核实后，由相关行政许可单位吊销相关证件。

1．发生游客重大责任投诉事件的。

2．发生重大安全责任事故的。

3．发生重大消防事故的。

4．发生重大食品安全事故的。

5．存在重大安全隐患未按规定进行整改的。

6．不服从当地政府及行业主管部门管理的。

第六章　附则

第十六条

本办法自2016年6月1日起施行，试行期限2年，四明山区域农家乐住宿参照本办法执行。

——摘自《余姚市人民政府关于印发余姚市民宿管理办法（试行）的通知》（余政发〔2016〕30号）

关于推动智能经济（机器人产业）发展加快经济转型升级的若干意见（试行）

为贯彻落实市委、市政府加快培育和发展智能制造产业的重大决策部署，抢抓“中国制造2025”战略机遇，进一步培育壮大我市智能经济（机器人产业），提升产业核心竞争力，推动余姚制造向高端化、智能化、绿色化发展。现提出以下意见：

第一条　积极发展总部经济

大力招引国内外智能制造（机器人产业）领域的总部型、税源型企业迁入本市，两年内按企业当年绩效情况实施奖励。

第二条　加大研发总部招引力度

支持国内外智能制造（机器人）企业将研发总部迁入本市，对研发总部两年内500万元以上的有效投资（不含土地）项目，按实际投入额的10%以内给予奖励；超过3000万元的部分，按实际投入额的20%以内给予奖励。单个项目最高不超过1000万元，专项用于研发总部建设。

第三条　支持产业研究院建设

支持国内外知名高校院所来本市设立智能制造（机器人）产业技术研究院，对经市政府批准重点支持的，按当年新增的研发测试仪器、设备和软件投入额给予30%的补助，每年最高不超过1000万元。

第四条　引导龙头企业集聚发展

鼓励智能制造（机器人产业）龙头企业向“千人计划”产业园机器人小镇集聚，对成功入驻机器人小镇企业两年内有效投资（不含土地）500万元以上的项目，按实际投入额的10%以内给予奖励，对企业当年绩效突出的再给予重点奖励。每年最高不超过1000万元。

第五条　加快智能制造（机器人）设备推广应用

市财政每年安排1000万元专项资金用于鼓励企业采购使用本市地产智能制造（机器人）设备。对设备投入总额在500万元（含）以上的市“机器换人”重点专项，按设备投入额给予8%以内的补助，单个项目补助最高限额400万元。对采购本市地产智能制造（机器人）设备实施市“机器换人”重点专项，项目设备投入额在500万元(不含)以下的，本市地产智能制造（机器人）设备部分按设备投入额给予8%以内的补助；项目设备投入额在500万元（含）以上的，本市地产智能制造（机器人）设备部分按设备投入额给予10%以内的补助，单个项目补助最高限额500万元。对本市企业自主研发生产、国际领先的智能制造（机器人）国内首台（套）产品，在享受宁波首台（套）政策基础上，再给予不超过100万元的奖励。

第六条　招引高层次人才创业发展

鼓励和支持海内外智能制造（机器人）领域的高层次人才通过带技术、带资金、带项目、带团队等形式来姚创业发展，对入选“姚江英才计划”或经评审符合条件的海内外高层次人才创业创新项目，可给予最高500万元的创业扶持资金和最高500万元的创业种子资金支持，并自企业创办之日起3年内，给予最高500万元银行贷款额度同期贷款基准利率的全额贴息补助。鼓励高层次人才积极申报国家“千人计划”和“特支计划”、省“千人计划”、宁波“3315”计划，通过我市用人单位申报并成功入选的，分别给予一次性200万元、100万元、50万元的奖励。

第七条　提供企业用房支持

鼓励智能制造（机器人）领域相关企业入驻“千人计划”产业园机器人小镇，自入驻之日起3年内给予房租全免的优惠，优惠租用面积最高不超过1000平方米（其中研发与测试企业、设计创意企业优惠租用面积原则上按入驻团队人均使用面积10平方米配置，最高不超过500平方米），租期一般不超过3年。鼓励相关企业租赁我市民营企业的工业或商业用房，经认定，由各落地乡镇（街道）参照产业园项目待遇给予用房支持。优先保障符合条件的智能制造（机器人）设备研发或生产企业入驻市科创中心和各类科技孵化器（加速器），必要时可降低入驻条件。

第八条　加强产学研合作

对智能制造（机器人）企业与国内外高校院所和科技型公司开展技术引进（项目开发）合作，按企业所支付技术合作费用的30%以内给予不超过100万元的补助。支持企业成立智能制造（机器人）研发机构，对企业新设立国家级学会服务站，国家、省和宁波市级院士工作站、博士后科研工作站、高新技术研发中心、企业研究院、企业工程（技术）中心等，分别按照相应政策给予5—100万元资助。对主持起草智能制造（机器人）领域国际标准、国家标准和行业标准的单位，分别给予一次性补助80万元、30万元、15万元。对参与起草制定智能制造（机器人）领域国际标准、国家标准的单位（且在参与单位中排名前3名之内的），分别给予一次性补助10万元、5万元。

第九条　鼓励企业拓展市场

对智能制造（机器人）企业参加市政府组织的国内外各类展会给予一定经费补助，参加各类国内展会的按参展摊位费或摊位装修费的50%给予不超过1.5万元的补助；参加重点涉外展会的给予参展摊位费全额且每个摊位不超过3万元（含宁波）的补助，单家企业年度补助最高不超过20万元。

第十条　支持企业引才用才

鼓励智能制造（机器人）企业大力引进产业创新型人才和紧缺人才，对企业全职新引进符合《市委、市政府关于深入实施人才强市战略进一步加强人才工作的意见》（余党〔2010〕5号）规定条件的11类创新人才，给予10-150万元引进资助，其中对由我市企业单位正式引进、落户，并签订5年服务协议的具有全日制博士学位、硕士学位的人员，分别给予30万元、15万元的引进补助。对符合条件的引进高层次人才，优先享受人才专项房政策，优先入住人才公寓。对智能制造（机器人）企业引进的全日制普通高校本科及以上学历毕业生、全日制技师学院取得技师以上职业资格证书的毕业生，给予本科及技师每月300元租房补助，硕士及以上每月600元租房补助，补助时间累计不超过24个月（已入住人才公寓或已享受引进补助的人员不再享受租房补贴）。对来姚创业的智能制造（机器人）领域高层次人才或本市智能制造（机器人）领域的高新技术企业、上市公司的高管人员给予一定的经费资助，用于支持个人创业创新。

第十一条 建立智能经济（机器人产业）基金

充分发挥财政资金的引导和放大效应，设立智能经济（机器人产业）投资引导基金，加大国内外知名投资机构引进力度，并积极争取上级产业基金参与建设，加快形成每年10亿元、3年30亿元的智能经济（机器人产业）基金规模，用于支持智能制造（机器人）产业发展。对智能制造（机器人）领域创新创业领军人才、高端人才创办且销售收入、税收年均增速不低于20%的企业，市国有控股公司可按照企业每股净资产进行增资扩股，增资额度最高可达1000万元。被扶持企业做大做强或成功上市后，市国有控股公司股权适时退出，企业按银行同期贷款基准利率上浮30%进行本息偿还。

第十二条 鼓励企业多层次资本市场融资

鼓励和引导本地智能制造（机器人）股份有限公司积极参与多层次资本市场，在宁波股权交易中心挂牌的，按《关于推进宁波股权交易中心建设转移支付资金管理办法》（甬金办〔2016〕27号）予以奖励；在全国中小企业股份转让系统挂牌的，一次性奖励50万元（含宁波股权交易中心挂牌奖励）。拟首次公开发行股票并上市的公司申报材料获得境内证券管理部门受理的，奖励600万元（含宁波股权交易中心、全国中小企业股份转让系统挂牌等奖励）。对在境内首次公开发行股票并上市的公司，奖励400万元；公司上市后2年内募集的项目资金投资余姚本地的，再给予200万元的奖励。对在境外首次公开发行股票并上市的公司，奖励200万元。对我市企业通过买壳或并购等方式实现境内外上市，并把上市公司注册地迁入我市的，一次性奖励200万元。

第十三条 完善金融服务体系

按照《余姚市小微企业政保贷风险补偿管理暂行办法》（余政办发〔2016〕11号），鼓励商业银行加大对我市智能制造（机器人）企业的信贷支持力度，促进智能制造（机器人）企业又好又快发展。对智能制造（机器人）领域的科技型企业按照《余姚市科技金融专项资金使用管理办法》（余科〔2014〕13号）在同等条件下予以优先支持。积极探索融资租赁模式，加快设立设备融资租赁专项资金，大力发展融资租赁业务，切实降低企业应用智能制造（机器人）设备的资金门槛。

第十四条 对投资总额大、发展速度快、带动性强的智能制造（机器人）龙头企业或新引进的总部型、税源型企业，经市政府同意给予重点政策支持。

第十五条 本政策意见自2016年6月1日起试行，与上级政策、本市现有政策有重复、交叉的，按“从高、从优、不重复”的原则执行。具体操作办法和实施细则由相关主管部门会同市财政局另行制订。

——摘自《余姚市人民政府关于推动智能经济（机器人产业）发展加快经济转型升级的若干意见（试行）》（余政发〔2016〕40号）

余姚市历史文化名城名镇名村保护办法

第一章 总则

第一条 为加强历史文化名城、街区、名镇、名村的保护与管理，根据《中华人民共和国城乡规划法》《中华人民共和国文物保护法》《历史文化名城名镇名村保护条例》《浙江省历史文化名城名镇名村保护条例》《宁波市历史文化名城名镇名村保护条例》等法律法规，结合本市实际，制定本办法。

第二条 本市行政区域内历史文化名城、街区、名镇、名村以及历史建筑的规划、保护、管理和利用，适用本办法。

在历史文化名城、街区、名镇、名村以及历史建筑保护和监督管理中涉及文物保护单位、文物保护点、非物质文化遗产、古树名木的，按照文物、文物保护点、非物质文化遗产、古树名木保护的相关法律法规执行。

第三条 本市历史文化名城、街区、名镇、名村的保护，应当遵循政府主导、统一规划，整体保护、科学管理，保护优先、合理利用的原则，维护历史文化遗产的真实性、完整性、延续性。

第四条 市人民政府设立余姚市历史文化名城保护委员会（以下简称名城委），负责研究历史文化名城、街区、名镇、名村以及历史建筑保护与监督管理中的重大事项，组织、协调和推动历史文化名城、名镇、名村以及历史建筑的保护工作。名城委下设办公室，办公室设在市城乡规划主管部门，具体负责日常事务工作。

名城委设立专家咨询委员会，专家咨询委员会由规划、文物、建筑、园林、旅游等方面专家组成，负责对保护规划、保护措施等事项进行论证或者评审，为市名城委决策提供咨询意见。

第五条 各部门、乡镇、街道办事处的职责分工：

（一）市城乡规划主管部门会同文物主管部门，负责本行政区域内历史文化名城、街区、名镇、名村的申报，规划编制与实施，监督管理等具体工作；会同历史建筑保护主管部门、文物主管部门组织历史建筑确认及保护图则的编制和管理。

（二）市房产主管部门是本行政区内的历史建筑保护主管部门，负责全市范围内历史建筑的维护、修缮、利用和监督管理。

（三）发展和改革、财政、国土资源、民政、城市管理等主管部门和公安消防机构应当在各自职责范围内配合做好历史文化名城、街区、名镇、名村以及历史建筑的保护、利用和监督管理工作。

（四）历史文化街区、名镇、名村所在地的乡镇人民政府、街道办事处成立相应保护工作机构，并配备专职或兼职人员，负责各自辖区内历史文化街区、名镇、名村保护的日常管理工作，具体承担下列职责：

1．按照保护规划，制定历史文化名镇、名村保护实施方案，组织实施保护；

2．组织开展历史文化街区、名镇、名村内房屋的产权置换、政策处理等工作；

3．完善基础设施，合理利用文化资源；

4．开展消防安全宣传教育，落实消防安全责任，组织防灾抢险演练；

5．指导、督促村（社区）做好保护工作；

6．配合相关部门做好对历史建筑的普查、登记及挂牌工作。

（五）村（社区）配合乡镇人民政府、街道办事处做好下列工作：

1．依法修订村规民约，开展保护宣传；

2．引导村民按照保护规划，保护文物保护单位、文物保护点，合理利用历史建筑；

3．制定村民防火公约，建立微型消防站，配备必要的消防设施、人员和装备，提高灭火技能，降低火灾风险；

4．做好有损毁危险的历史建筑登记、报告工作；

5．收集、保护已经坍塌、散落的历史建筑构件，及时向乡镇人民政府、街道办事处报告；

6．对保护性生产经营活动进行指导和服务；

7．及时劝阻和制止违反保护规划的行为，并向有关部门报告。

第六条　市人民政府和历史文化街区、名镇、名村以及历史建筑所在地乡镇人民政府、街道办事处设立保护专项资金，用于保护规划编制、基础设施和居住环境改善、历史建筑维护和修缮补助等工作。保护专项资金的来源包括：

（一）本级财政预算安排的资金；

（二）上级财政专项补助的资金；

（三）历史文化街区、国有历史建筑有偿经营和服务获得的部分收益；

（四）境内外单位和个人捐赠的资金；

（五）其他资金。

第七条　市人民政府积极组织开展历史文化名城名镇名村保护和宣传活动，增强市民的保护意识，对保护历史文化名城名镇名村做出突出成绩的单位和个人，市人民政府予以表彰和奖励。

第八条　保护历史文化名城名镇名村是全社会的责任，任何单位和个人都有保护历史文化名城名镇名村的义务，并有权对保护规划的制定和实施提出建议，对破坏历史文化名城名镇名村的行为进行劝阻、检举和控告。

第二章　保护内容与范围

第九条　本市历史文化名城、街区、名镇、名村及历史建筑的保护对象主要包括：

（一）历史城区；

（二）武胜门、府前路、保庆路等历史文化街区；

（三）龙泉山自然历史文化风貌区、老西门历史文化风貌区；

（四）梁弄镇、临山镇等历史文化名镇；

（五）横坎头村、金冠村、中村、柿林村、晓云村、浪墅桥村等历史文化名村及中国传统村落；

（六）历史建筑、历史街巷和近现代工业遗产；

（七）古河湖水系、古树名木、古运河、古桥、古道、古文化遗址、古代石刻等历史环境要素；

（八）国家、省、宁波市及余姚市人民政府批准公布的其他保护对象。

第十条　本办法所称的历史文化名城保护范围是指《余姚市历史文化名城保护规划》（以下简称保护规划）所划定的保护范围。保护范围包括核心保护范围和建设控制地带。

第十一条　余姚市历史文化名城保护古城区的一水双城格局和山、水、城相依的城市自然历史文化特色。重点保护体现余姚城市历史价值、艺术价值和科学价值的各级文物保护单位、文物保护点和历史建筑等各类文化遗产；体现余姚格局风貌特色的历史文化街区和历史文化风貌区；体现余姚城市格局和发展特色的历史城区传统格局、历史风貌及山水环境和景观视廊。

第十二条　历史城区保护范围以龙泉山地区为中心，东起三官堂河东侧约30至170米、东旱门路东侧约50米，西至富巷北路、鸳鸯南路，南至舜水南路以南约30米，北至萧甬铁路。

第十三条　历史文化街区保护范围：

（一）武胜门历史文化街区东起健康路西侧约60米，南至阳明西路、西至山后新村、北至武胜桥以北约130米；

（二）府前路历史文化街区东起合宝弄、南至南滨江路、西至新建路、北至阳明东路；

（三）保庆路历史文化街区东起南雷路、西至大黄桥路、南抵舜水南路、北至笋行弄以北约70米。

第十四条　历史文化风貌区保护范围：

（一）龙泉山自然历史文化风貌区东起逊埭路和新建路、南至姚江、西至舜水南路、北至阳明西路。

（二）老西门历史文化风貌区东起舜水南路、南至老西门路南侧约100米、西至六浦桥西侧约130米，北至老西门路北侧约120米。

第十五条　名镇、名村应按照保护规划确定的保护范围执行。

（一）梁弄历史文化名镇的保护范围为镇中街以东、镇东路以西、横街弄以南、老城南路以北区域，即格局与风貌特色保护范围。重点保护古镇区的传统格局和其聚落形态、山形水体，保护上街、下街、晓岭街组成的商业街和五桂楼、代表会议旧址、司令部旧址等重点文保单位。处理好古镇区与新区的关系，建筑风貌与传统格局的继承与发展，保护革命史迹和延续革命传统。

（二）历史文化名村重点保护自然生态、整体历史风貌和成片的传统民居，保持巷弄的传统格局、尺度和肌理。保护历史文化名村范围内的文物古迹、历史建筑、传统古建筑和名树古木、水系、古井以及传统店铺、作坊、当地特色的习俗文化。

第三章　保护规划与管理

第十六条　历史文化名城、街区、名镇、名村保护规划的编制、审议、审批以及保护范围内的保护措施应当按照国家和省相关法规规定执行。经依法批准的历史文化名城、街区、名镇、名村保护规划，不得擅自修改。确需修改保护规划的，应当按照国家和省相关法规规定的程序重新报送审批和公布。

经依法批准的保护规划，应当作为建设项目规划管理的依据。历史文化街区、名镇、名村保护范围内的区域，不再编制相应区域的城市、镇控制性详细规划及村庄规划。

第十七条　历史文化街区、名镇、名村核心保护范围内，不得进行与保护无关的新建、改建、扩建活动，新建、扩建必要的基础设施和公共服务设施除外，损害传统格局、历史风貌、空间尺度的现有建（构）筑物，应当逐步改造或者拆除。核心保护范围内以居住功能为主的，应当延续保持其居住功能，延续传统文化业态，禁止擅自拆毁。核心保护范围内的土地使用权不得实施整体转让用于商业地产开发。

第十八条　在历史文化街区、名镇、名村建设控制地带内的土地利用和建设活动，应当符合保护规划的要求，体现传统建筑及空间形态，在高度、体量、色彩等方面与历史风貌相协调，保持原有自然环境、风貌特色，保护反映历史风貌的不可移动文物、历史建筑和传统格局。

第十九条　历史文化名城保护应突出其文化功能和商业中心地位，改善居住环境和配套设施，提升城市品质内涵。历史文化名城范围内不得建设影响城市景观的大型市政基础设施及大流量机动车通行道路，严格控制建筑高度，电力、通信、给水、燃气等管线应当在地下敷设。

第二十条　历史文化街区核心保护范围内对现有道路、街巷进行改建时，应当保持或者恢复传统格局和空间环境，不得新建、改建影响街区格局和风貌的高层建筑。历史文化街区核心保护范围内，应当以非机动车通行为主，适当限制机动车通行。

第二十一条　市人民政府按照集约用地原则，统筹安排建设用地指标，优先保障历史文化名镇、名村因保护规划实施需要进行的农村住宅建设。因保护需要另行择地新建村民居住区的，其新村建设规划及建设方案应当符合保护规划要求，确保新村建设风貌、产业安排与保护规划相协调。

历史文化名镇、名村根据保护规划实施要求，保护范围内的风貌需要整治的，所在地乡镇人民政府、街道办事处负责组织编制风貌整治方案，并报市城乡规划主管部门会同文物主管部门审查通过后组织实施。

历史文化名镇、名村保护范围内的历史建筑可以通过保留其原有用地性质的方式流转。乡镇人民政府、街道办事处可以依法通过货币补偿、产权置换的方式，收购历史文化名镇、名村保护范围内历史建筑的产权。

第二十二条　历史文化名村保护范围内禁止下列活动：

（一）开山、采石、开矿等破坏传统格局和历史风貌的活动；

（二）占用保护规划确定保留的园林绿地、河湖山系、道路等；

（三）修建生产、储存爆炸性、易燃性、放射性、毒害性、腐蚀性物品的工厂、仓库等；

（四）法律、法规禁止的其他行为。

第二十三条　城乡规划主管部门应当会同文物主管部门、房产主管部门对具有保护价值的建（构）筑物进行定期普查，根据普查结果，提出历史建筑建议名录，征求利害关系人和公众、专家意见后，报市人民政府批准公布。

历史建筑确定公布后，城乡规划主管部门应当会同文物主管部门、房产主管部门，编制历史建筑的保护图则，报市人民政府批准后公布。并将历史建筑的保护和使用要求，书面告知所有权人、使用人和物业管理单位。

房产主管部门应当根据历史建筑保护图则确定的保护类别和保护要求开展历史建筑保护工作，保护修缮采用的方法、技术措施应当符合真实性、完整性、可识别性、可持续性的保护原则。

国有历史建筑的使用人、非国有历史建筑的所有权人是历史建筑的保护责任人，应当根据保护图则要求进行维护和修缮。保护责任人不具备维护修缮能力的，由房产主管部门采取措施进行保护。

非国有历史建筑的所有权人按照历史建筑保护图则维护和修缮的，可以向房产主管部门申请费用补助，具体补助办法由房产主管部门会同财政部门另行制定。

第二十四条　传统风貌建筑的整饬和修缮须符合保护规划要求。鼓励非国有传统风貌建筑所有权人（国有传统风貌建筑使用人）按以下要求自行保护修缮，对符合保护规划要求修缮的非国有传统风貌建筑所有权人（国有传统风貌建筑使用人）给予一定的资金补助，具体补助办法另行制定。

（一）修缮加固，采用文物古迹的保护方式，加固建筑结构，使用传统材料和工艺修复重点部位，降低倒塌破坏的风险，保持历史风貌和传统特色；

（二）内部改造，在保证建筑安全、不改变外观特征的基础上，调整建筑内部布局，修补和增设防火墙，完善建筑内部的给水、排水、照明、燃气等设施，改善居民基本生活条件，安装独立式烟感火灾报警器和简易自动喷水灭火系统，提高建筑火灾防控水平；

（三）外观整治，对与历史风貌有冲突的建筑外观，进行屋顶、墙面和门窗整修，保持原有建筑形式、体量、高度、色彩，与历史文化街区、名镇、名村的整体风貌相协调。

第二十五条　历史文化名城、名镇、名村保护范围内，除从事新建、改建、扩建等活动需要申请办理选址意见书（或规划条件）、建设用地规划许可证、建设工程设计方案、建设工程规划许可证、乡村建设规划许可证、建设工程规划竣工核实确认书等行政审批事项外，从事以下相关建设活动，还应申请行政许可：

（一）历史文化街区、名镇、名村核心保护范围内拆除历史建筑以外的建筑物、构筑物或者其他设施审批；

（二）历史建筑实施原址保护的保护措施审批；

（三）历史建筑迁移异地保护或者拆除审批；

（四）历史建筑外部修缮装饰、添加设施以及改变历史建筑的结构或者使用性质审批；

（五）文物保护单位的建设控制地带内建设工程设计方案审批；

（六）历史文化名城、名镇、名村保护范围内进行影响传统格局、历史风貌或者历史建筑活动的保护方案审批。

第四章　保护措施与利用

第二十六条　市人民政府在历史文化街区、名镇、名村保护区的主要入口设置标志牌，任何单位和个人不得擅自设置、移动、涂改或者损毁标志牌。

第二十七条　历史文化街区、名镇、名村保护范围内的道路、交通、市政基础设施应根据保护规划要求分级分片优化完善，改善基础设施条件。

（一）道路改造在保持历史的格局和空间尺度基础上，优先采用传统路面材料及铺砌方式进行整修，尽可能满足消防车通行能力；

（二）给排水、燃气管道应当采用地下方式进行敷设，对历史文化街区、名镇、名村内现有影响传统风貌的给排水、燃气管道进行改造；

（三）电力电信等线路采用隐蔽式埋设，对年久老化的线路及时维修维护，减少火灾隐患；

（四）在历史文化街区、名镇、名村的街巷、历史建筑、传统风貌建筑内配置消防栓、灭火器，位置和外观必须与历史风貌相协调。

第二十八条　改善历史文化街区、名镇、名村保护范围内的整体风貌环境。

（一）对历史文化街区、名镇、名村保护范围内街巷两侧建筑进行修缮改造，对于历史风貌不协调的建筑进行立面整治或拆除；

（二）对历史文化街区、名镇、名村的出入口、标志性建筑、文保单位及历史建筑周围，以及广场、驳岸、文化馆、宗祠等公共空间进行景观环境治理；

（三）在历史文化街区、名镇、名村保护范围内增设污水处理设施、垃圾箱，设施的外观、色彩与历史风貌相协调；

（四）在历史文化街区、名镇、名村保护范围内主要街巷、人流集中场所设置公共厕所，外观、色彩与历史风貌相协调；

（五）在历史文化街区、名镇、名村保护范围内的主要街道、河流、山体以及其他开放空间进行植树绿化，保持完整的自然生态环境。

第二十九条　历史文化街区、名镇、名村核心保护范围内严格控制户外广告设置、并严格规范招牌等外部附加设施设置。

第三十条　修缮、整治后的历史建筑和传统建筑，可以结合自身特点进行保护性利用。鼓励和引导利用历史建筑开展以旅游业、文化产业和传统手工业为主的有偿经营活动。鼓励保护责任人将历史建筑对公众开放。

第三十一条　鼓励社会团体、单位和个人在历史文化名城、名镇、名村保护区内开设传统作坊、特色商铺、民俗客栈，从事民间工艺品开发、制作、收藏、展示、交易以及传统艺术、民俗表演等活动。鼓励投资者对历史文化资源实行保护性利用，充分发挥文物、文化展示功能。

第五章　监督检查

第三十二条　历史文化名城、街区、名镇、名村保护范围内从事各类活动的单位和个人，应当遵守本保护办法。违反本办法规定，有关主管部门、乡镇人民政府、街道办事处的工作人员在历史文化名城、街区、名镇、名村以及历史建筑监督管理工作中滥用职权、玩忽职守、徇私舞弊的，由有权机关对直接负责的主管人员和其他直接责任人员依法给予处分；构成犯罪的，依法追究刑事责任。

第三十三条　市人民政府定期组织有关部门和专家对历史文化名城、名镇、名村保护情况进行检查和评估。在检查中发现存在违反保护规划开发建设、对传统格局及历史建筑保护不力、对专项资金未按规定专款专用等问题的，及时提出整改意见。所在乡镇、街道办事处和有关部门应当加强历史文化名城名镇名村保护的日常监督检查，发现问题及时报告、纠正和处理。

第三十四条　在历史文化名城、名镇、名村保护范围内毁损、改建历史建筑、致使历史建筑受到破坏性影响的，由房产主管部门责令停止违法行为，按照相关法律法规，依法予以处理。

第三十五条　在历史文化名城、街区、名镇、名村保护范围内，对危害传统建筑安全，破坏历史风貌的建（构）筑物、进行违章搭建的，由城乡规划主管部门责令停止违法行为，按照相关法律法规，依法予以处理。

第六章　附则

第三十六条　历史文化名城、街区、名镇、名村保护范围因保护规划调整有所变动的，以依法批准公布的保护规划为准。

第三十七条　本办法中传统风貌建筑，指依法批准的保护规划确定的除文物保护单位、文物保护点、历史建筑以外的具有传统风貌的建筑。

第三十八条　本办法自 2016 年 9 月 1 日施行。

——摘自《余姚市人民政府办公室关于印发余姚市历史文化名城名镇名村保护办法的通知》（余政办发〔2016〕67 号）

关于加快推进残疾人全面小康进程的实施意见

为加快推进我市残疾人全面小康进程，根据《国务院关于加快推进残疾人小康进程的意见》（国发〔2015〕7号）、《浙江省人民政府关于加快推进残疾人全面小康进程的实施意见》（浙政发〔2015〕50号）和《宁波市人民政府关于加快推进残疾人全面小康进程的实施意见》（甬政发〔2016〕70号）、《宁波市人民政府关于进一步完善困难残疾人生活补贴和重度残疾人护理补贴制度的实施意见》（甬政发〔2016〕75号）等文件精神，结合我市实际，现提出如下意见：

一、总体目标

坚持普惠与特惠相结合，兜底保障与就业增收相结合，政府扶持、社会帮扶与残疾人自强自立相结合，统筹兼顾和分类指导相结合，健全完善困难残疾人生活补贴、重度残疾人护理补贴、残疾人康复补贴和残疾人社会保险补贴制度，对符合条件的残疾人，确保应补尽补、精准施补，全面加强残疾人民生保障，全力推进残疾人创业就业，加快残疾人权益保障和基本公共服务体系建设，加快推进残疾人全面小康进程。到2020年，在全省率先建成比较完善的具有余姚特色的残疾人社会保障和基本公共服务体系，促进残疾人共享经济社会发展成果，共享全面小康生活。

二、全面加强残疾人基本民生保障

（一）扩大残疾人低保覆盖面。

对符合城乡低保条件的残疾人家庭，确保应保尽保；对依靠家庭供养的成年重度残疾人和成年三、四级精神、智力残疾人，本人按规定核定的收入低于低保标准且财产符合低保条件的，以及低保边缘家庭中的重度残疾人，可按照单人户纳入低保范围，并享受与低保家庭同等的和个人直接相关的专项社会救助政策，其中，低保家庭和低保边缘家庭中的重度残疾人本人按最低生活保障标准的全额计发。

（二）加大残疾人社会救助力度。

对低保、低保边缘家庭中的未成年重度残疾人和未成年三、四级精神、智力残疾人，按照社会散居孤儿的养育标准全额或补差发放基本生活补贴。低保家庭残疾人初次就业、再就业的，3年内所获得的就业收入可不计入家庭收入。做好残疾人医疗救助工作，提高医疗救助标准，完善医疗救助即时即报机制；对纳入医疗救助的精神残疾人门诊服用基本抗精神病药物个人自付部分，实行全额保障。

（三）加大残疾人基本医疗康复保障力度。

严格执行《浙江省基本医疗保险医疗服务项目》支付医疗康复项目的规定，努力提高医保医疗康复项目的服务能力，推动将脑瘫、智障残疾儿童医疗康复项目纳入规定病种支付范围；将低保家庭的残疾人和低保家庭以外的残疾儿童、精神残疾人和“三瘫一截”等成年重度残疾人纳入基层责任医生签约服务范围，服务费个人承担部分，低保家庭对象由社会救助专项资金全额支付，低保家庭以外对象给予80%补助。

（四）健全残疾人福利补贴制度。

整合残疾人共享小康工程相关政策，建立完善残疾人生活、护理、康复和社会保险等补贴制度，并实行补贴标准的动态调整。

1．困难残疾人生活补贴。主要补助残疾人因残疾产生的额外生活支出，对象为生活困难的残疾人。对家庭人均收入在低保标准150%以下的残疾人或本人收入在低保标准150%以下的劳动年龄阶段残疾人，按照低保标准的30%发放生活补贴。对于原享受贫困重度残疾人的基本生活补助对象和残疾人基本生活保障对象未列入低保的，按照低保标准全额或差额发放困难残疾人生活补贴，差额发放不低于低保标准的30%。

2．重度残疾人护理补贴。主要补助残疾人因残疾产生的额外长期照护支出，对象为残疾等级被评定为一级、二级且需要长期照护的重度残疾人以及非重度智力、精神残疾人。按生活完全不能自理、基本不能自理、部分不能自理三档，分别给予每人每月540元、270元、135元的补贴。对符合条件的在机构集中托养的残疾人，可在上述补贴标准基础上分别上浮50%。补贴标准根据护理支出变化情况适时调整，并逐步推动形成面向所有需要长期照护残疾人的护理补贴制度。

3．残疾人康复补贴。主要补助残疾人因残疾而产生的额外康复支出。加大康复救助力度，调整项目设置，扩大受益覆盖面。保障实施残疾人康复服务补贴项目，健全残疾儿童康复救助制度，对符合条件的0—6周岁视力、听力、言语、智力（孤独症）、肢体残疾儿童免费实施手术、配置辅助器具和康复训练等基本服务；对7—18周岁贫困家庭中的重度残疾儿童少年提供集中养育康复。对残疾人自费配置人工耳蜗的，按当年国家人工耳蜗项目采购价给予定额补贴，电动轮椅车等其他残疾人自费辅助器具按当年公布的同类型号政府采购价给予定额补贴。

4．残疾人社会保险补贴。残疾人参加城乡居民基本养老保险，个人缴费部分给予补贴。资助低保和低保边缘家庭残疾人、重度残疾人参加城乡居民基本医疗保险，个人缴费部分由政府补助，其他残疾人参加城乡居民基本医疗保险个人缴费部分，给予适当补贴。对个体就业和自谋职业的残疾人，参加职工基本养老保险缴费有困难的，给予一定的补助。推动建立残疾人补充保险制度，支持各类商业保险机构开展残疾人意外伤害保险，对残疾人集中就业单位、辅助性（庇护性）就业单位和残疾人托养机构参加综合责任保险和意外伤害保险，给予一定的补助。

符合条件的残疾人，可同时申领以上四类残疾人福利补贴。对既符合困难残疾人生活补贴和重度残疾人护理补贴，又符合因公致残、离休等生活补贴（津贴）、护理补贴（津贴）条件的残疾人，可择高申领其中一类生活补贴（津贴）、护理补贴（津贴）。享受儿童福利基本生活保障政策的残疾儿童不享受困难残疾人生活补贴，可享受重度残疾人护理补贴。领取工伤保险生活护理费、纳入特困人员供养保障的残疾人不享受困难残疾人生活补贴和重度残疾人护理补贴。享受养老服务补贴的残疾人不享受重度残疾人护理补贴。以上四类补贴不计入城乡低保和低保边缘家庭的收入。

（五）保障和改善残疾人住房。

进一步完善残疾人住房长效救助机制，对符合住房保障条件的城镇残疾人家庭，优先提供公共租赁住房或发放住房租赁补贴。对农村残疾人危房建立“发现一户、改造一户”的动态消除机确保每个残疾人享有安全的住房，对困难残疾人家庭，给予一定的资金补助。有条件的地方可组织实施残疾人宜居、亮居工程，进一步改善残疾人的住房居住条件。

三、全力推进残疾人就业创业

（一）依法推进按比例就业。

建立用人单位按比例安置残疾人就业公示制度，将安置残疾人就业情况纳入企业信用信息公示范围。除创业3年内、在职职工总数不超过20人的小微企业外，对未达到安置比例要求的用人单位，严格依法征缴残疾人就业保障金；对超比例安置残疾人就业的企业，每多安置1人，每年按不低于当地4个月最低工资的标准予以奖励。党政机关、团体、事业单位、国有企业及所属机构应当为全社会作出表率，带头安置残疾人就业。到2018年，市政府残疾人工作委员会成员单位至少有1名残疾人在本单位安置就业；其他党政机关和乡镇（街道）要积极创造条件，安排一定数量的岗位用于残疾人就业。市残联要安排1至2名残疾人干部或职工。国有和国有控股企业应当设定或预留适合残疾人就业的岗位，每2年至少举办1次残疾人专场招聘会，并积极参与政府组织的残疾人专场（专区）招聘会。公办医疗机构应当积极吸纳符合条件的盲人医疗按摩人员就业。

（二）稳定发展集中就业。

全面落实促进残疾人就业税费减免、社会保险补贴等优惠政策，支持社会各种投资主体创办福利企业和工疗机构，在同等条件下，政府优先采购残疾人集中就业单位的产品和服务。对福利企业安置残疾人就业的，每安置1人，每年按不低于本市1个月最低工资的标准予以奖励，并对残疾人职业技能培训、无障碍设施改造给予补助。对残疾人辅助性（庇护性）就业机构，除根据规模给予一次性开办经费补助外，每安置1人，每年按不低于本市2个月最低工资的标准予以补助，并对场地（所）租赁、技能培训、康复器材（设备）配置、无障碍设施改造给予补助。对盲人按摩机构等其他残疾人集中就业机构，各地可按安置残疾人人数给予一定的社保缴费补助。

（三）促进残疾人多渠道就业创业。

全面落实促进残疾人就业的相关优惠政策，并对其从事个体经营、自主创业、灵活就业所需的场地（所）租赁、启动资金、设施设备购置等予以补助。推进残疾人电子商务就业，对安置残疾人就业的电子商务企业，每安置1人，每年按不低于本市2个月最低工资标准予以奖励，对辐射、带动残疾人从事电商就业创业的电子商务企业，给予适当资金补助。推动建立残疾人创业孵化机制，鼓励电子商务产业基地增设残疾人创业孵化区，对依托大众创业孵化平台或利用现有残疾人服务设施创办的残疾人创业孵化园（基地），给予场地（所）租赁、无障碍设施改造、设施设备购置补助。对残疾人创业孵化工作突出的机构给予一定的资金补助。政府开发的公益性岗位，优先安排就业困难残疾人和残疾人家庭成员就业。建立完善残疾人专职委员选拔聘用、教育培训、管理考核、激励淘汰等机制，配齐配强乡镇（街道）残联和村（社区）残协专职委员。乡镇（街道）残联和残疾人数较多的村（社区）残协的专职委员纳入社区专职工作者管理或享受社区专职工作者工资福利等待遇；其他村（社区）残协的专职委员待遇参照公益性岗位，按最低工资标准一定比例确定。

（四）推进农村残疾人增收。

把农村低收入残疾人作为重点扶持对象纳入精准扶贫工作机制和贫困监测体系，将其生活水平提高和数量减少情况纳入新农村建设考核指标。加大农村残疾人扶贫开发支持力度，符合条件的农村残疾人优先享受产业扶贫、就业扶贫、小额信贷扶贫、异地搬迁等财政专项扶贫政策。鼓励农业龙头企业、种养业大户等吸纳低收入残疾人就业，按其规模及安置或辐射残疾人数，并被相关部门确认为市级残疾人扶贫基地的，给予一定的资金补助，并可同时享受就业补助等其他政策。保障残疾人土地承包经营权和土地流转合法收益。

（五）加强残疾人就业服务。

各级残疾人就业服务机构和公共就业服务机构要免费向残疾人提供职业指导、职业介绍等就业服务，对符合条件的残疾人提供就业援助。加强残疾人就业服务信息网络建设。加大残疾人职业技能培训力度，建立培训成效与补助资金挂钩的绩效考核制度，定期举办残疾人职业技能竞赛，推动和健全残疾人技能培训基地建设。对残疾人自主参加职业培训，符合条件的给予培训费用补助。

四、加快推进残疾人基本公共服务

（一）加强残疾人康复服务能力建设。

加强和优化康复资源整合与配置，建立各级医疗机构和康复机构间的合作机制，实现机构间转诊转介有效对接。加强社区康复服务，加大社区康复在基层医疗卫生中的考核力度。提高儿童福利机构的康复服务能力，鼓励和扶持社会力量兴办残疾儿童康复服务机构。加强专业康复人才培养培训，实施康复从业人员各类培训和职业技能鉴定补贴。建立中高级专业人才引进激励机制，落实从事残疾人康复工作的高等院校和中等职业学校毕业生入职奖补政策。在临床住院医生规范化培训中强化医疗康复方面的内容。完善0—6周岁儿童残疾筛查工作，普及残疾预防知识，提高公众残疾预防意识。

（二）提高特殊教育发展水平。

完善残疾儿童学前教育布局，特殊教育学校普遍开展学前教育，对家庭经济困难残疾儿童的学前教育训练和生活费给予补贴。支持儿童福利机构特殊教育学校（班）建设。规范送教服务，提高送教服务质量，完善随班就读，全面推行全纳教育，探索个性化与医教结合的教学模式，提高残疾儿童义务教育入学率和教学质量。大力发展以职业教育为主的残疾人高中阶段教育。到2020年，基本普及残疾少年儿童十五年教育。进一步提高残疾学生和困难残疾人家庭子女资助水平，建立完善残疾学生特殊学习用品、教育训练、交通费补助政策。鼓励特殊教育教师终身从事特殊教育事业，在评先评优时给予适当政策倾斜。全面落实特殊教育津贴制度，绩效工资分配向特殊教育教师倾斜。

（三）强化残疾人服务设施建设和管理。

加快推进残疾人服务设施建设，鼓励、引导社会组织、民营资本等建设残疾人专业服务设施、参与无障碍设施改造等，加大政府购买服务力度，对符合政策条件的，给予重点扶持。到2020年，创建1家示范性残疾人专业康复机构，创建1家示范性残疾人专业托养机构，平均每百名残疾人的康复和集中托养床位达到3张以上。人口在1万人以上的乡镇（街道）至少建有1家残疾人庇护机构，鼓励、扶持村（社区）建立残疾人庇护照料机构。规范服务设施管理，制订残疾人康复、托养、庇护服务与评估标准。整合乡镇（街道）、村（社区）养老助残资源，为智力、精神和重度残疾人提供托养照料、居家安养服务。对民营机构开展的残疾人康复、托养、庇护、教育、文化体育等服务，参照养老服务业相关优惠政策执行。

（四）全面推进城乡无障碍环境建设。

贯彻落实国家《无障碍环境建设条例》规定，按照《无障碍设计规范》国家标准要求，对新建、改建设施的规划、设计、施工、验收严格监管，开展无障碍市建设。深入实施“无障碍设施进家庭”建设项目。加快公共交通、公共场所和设施的无障碍改造，公共交通运营单位应当根据实际需要，逐步配置无障碍车辆，并设置便于识别的无障碍运营标志。进一步提高公共场所出入口的坡道平整覆盖率。公共停车场（库）和大型居住区的停车场（库），应当在便利位置按规定比例设置无障碍停车位。公共服务建设项目无障碍设施竣工验收时，应吸收残联组织和残疾人代表参加。逐步推进各级政府信息以无障碍方式发布、影像制品加配字幕、食品药品添加无障碍识别标识。进一步优化市电视台手语栏目，主要新闻及气象栏目加配手语解说或字幕。残疾人免费乘坐城区公交车等交通工具，逐步推行爱心乘车IC卡制度，具体参照《宁波市人民政府办公厅关于中、轻度残疾人免费乘坐市区公共交通工具的实施意见》（甬政办发〔2015〕239号）执行。对视力、听力、言语残疾人及其他贫困残疾人使用有线电视、通信和网络等设施资费给予政策性减免优惠。对持有C5汽车驾驶证的残疾人驾驶专用汽车在公共停车场享受停车优惠照顾。对下肢残疾人在一定周期内购置（更换）符合宁波市注册登记车型的残疾人机动轮椅车，给予适当补贴。公共服务窗口设置醒目标志，为残疾人提供优先、优惠和辅助性服务。

（五）发展残疾人文化体育事业。

各地公共文化、体育设施建设，广播电视村村通、文化信息资源共享等文化惠民工程，要为残疾人参与提供便利。公共文化体育设施和游览参观点等公共场所对残疾人免费或优惠开放，并配备适合残疾人身心特点的文体活动器材。广泛开展群众性残疾人文化体育活动，每年组织开展残疾人文化艺术周和残疾人健身周活动。残疾人集中就业、康复托养、庇护照料等场所，配备适合残疾人康复健身的文体设施和用品，并定期开放开展各类文体活动；各地举办的文体活动和比赛，要将残疾人纳入其中。完善残疾人文体人才的管理、保障和激励机制，对残疾人文体人才的就学、就业、创业给予优先安排和政策扶持，对作出突出贡献的残疾人文体人才给予奖励。到2020年，创建市级以上残疾人文化艺术示范基地（团队）和残疾人体育训练（健身）示范基地各3个以上，每个乡镇（街道）至少创建1个市级残疾人体育健身示范点，配备2名以上残疾人体育健身指导员。残疾人社区文体活动参与率达到65%以上。

五、充分发挥社会力量和市场机制作用

（一）积极推动政府购买服务。

建立以残疾人康复、托养、护理、无障碍改造、文化体育、法律维权等服务为重点的政府购买残疾人服务指导性目录，加大政府购买服务力度，规范服务标准，为残疾人提供均等化、专业化、便利化的服务，健全监管机制，实现政府购买服务对残疾人服务供给的放大效应。

（二）大力发展残疾人慈善事业。

鼓励和支持社会公众、社会组织通过捐款捐物、扶贫开发、助学助医等方式，为残疾人奉献爱心，提供慈善帮扶。鼓励支持服务残疾人的各类公益慈善组织发展，采取公益创投等多种方式，在资金、场地（所）、设备、管理、岗位购买、人员培训等方面给予扶持，引导和规范其健康发展。大力培育残疾人慈善项目品牌。倡导社会力量兴办以残疾人为服务对象的公益性医疗、康复、特殊教育、托养照料、社会工作服务等机构和设施。

（三）广泛开展志愿助残服务。

突出需求导向和精准服务，健全志愿助残的招募注册、服务对接、服务记录、组织管理、评价激励、权益维护等制度。要积极搭建志愿助残服务平台，广泛开展助残志愿者“阳光行动”，引导更多人参与助残公益活动和志愿助残服务。重点依托康复、托养等各类残疾人服务机构，建设以“残健融合、志愿助残”为宗旨的具有示范性和辐射力的开放式志愿助残服务基地，支持党群组织、社会组织进残疾人服务机构开展经常性的互动活动。到2020年，全市助残志愿者注册人数达到户籍人口的1.5‰以上。

（四）加大残疾人事业宣传力度。

市级报刊、广播、电视和网站等主要新闻媒体要开设残疾人专版专栏专题，每年定期刊登播放助残公益广告。积极培育和宣传残疾人自立自强、创业致富和社会助残等先进典型。大力弘扬人道主义思想和残疾人“平等、参与、共享”的现代文明理念，在“全国助残日”“国际残疾人日”等残疾人重大节日期间，广泛开展特色主题宣传活动，进一步营造全社会理解、尊重、关心、帮助残疾人的良好氛围。

（五）加快发展残疾人服务产业。

充分发挥市场机制作用，加快形成多元化的残疾人服务供给模式，更好地满足残疾人特殊性、多样化、多层次的需求。统筹规划残疾人服务业发展，大力发展社会助残组织，培育一批服务品牌。完善残疾人服务业相关职业设置、专业技术人员和技能人员职业能力水平评价办法，加快培养残疾人服务专业人才。鼓励商业保险公司开发适合残疾

人的康复、托养、护理等保险产品。扶持盲人读物、残疾人题材图书和音像制品出版。扶持发展特殊艺术，培育残疾人文化艺术品牌。制定残疾人服务行业管理制度，发挥残疾人服务行业组织自律监督作用，营造公平、有序的市场环境。

六、加强对推进残疾人全面小康进程的组织领导

（一）健全组织领导机制。

各地、各部门要将加快推进残疾人全面小康纳入重要议事日程，列为政府目标管理和绩效考核内容，主要领导负总责，分管领导具体负责。市政府残疾人工作委员会要进一步完善工作机制，切实发挥统筹协调作用，明确各成员单位工作职责，及时解决突出困难和问题，对其年度工作任务完成情况进行考核和通报。对残疾人工作作出突出成绩的单位和个人，给予表彰和奖励。

（二）完善工作保障机制。

建立完善多渠道、全方位的资金筹措机制，保障残疾人事业发展所需经费。各级财政要建立稳定的残疾人事业经费保障机制，按照支出责任合理安排推进残疾人全面小康进程所需的经费。确保市级福利彩票公益金本级使用部分的10%以上用于为残疾人服务的福利设施、设备。加强残疾人就业保障金的征收、使用和管理。加强信息化建设，建立完善民政、人力社保、卫生计生、教育、公安、税务、市场监管、残联等部门和单位之间相关数据信息的互通共享机制。建立健全市级各类残疾人专门协会，落实活动场所和经费。

（三）完善残疾人权益保障机制。

深入贯彻落实《中华人民共和国残疾人保障法》和《浙江省残疾人保障条例》等法律法规，将保障残疾人权益维护纳入市级“平安建设”考核内容，加强对残疾人权益保障工作的督促检查，督导相关职能部门兑现职能范围内的助残政策规定。政府和有关部门研究制定重要政策和实施重大建设时，涉及残疾人权益的，要征询同级残联组织和残疾人代表的意见和建议。加强对残疾人的司法保护，严肃查处侵害残疾人合法权益的违法行为。加强对残疾人法律援助、法律救助和法律服务。畅通残疾人信访诉求渠道，保障残疾人合法权益，努力维护社会和谐稳定。

市级有关部门和单位要根据本意见要求，按照职责和重点任务分工，制订相关配套政策措施；市政府将适时组织专项督查。

本意见所指残疾人是余姚市户籍并持有余姚市填发的有效《中华人民共和国残疾人证》的残疾人。

市政府已有规定与本意见不符的，按本实施意见执行。

本意见自发布之日起施行。

——摘自《余姚市人民政府关于加快推进残疾人全面小康进程的实施意见》（余政发〔2016〕65号）

余姚市加快推进“浙江制造”品牌建设的实施意见

为持续推进我市“浙江制造”品牌建设，助推制造业提质增效与转型升级，打造区域经济“升级版”，进一步提升制造业竞争能力，根据《浙江省人民政府办公厅关于打造“浙江制造”品牌的意见》（浙政办发〔2014〕110号）和《宁波市人民政府办公厅关于推进“浙江制造”品牌建设的实施意见》（甬政办发〔2015〕221号），结合我市实际，特制定本实施意见。

一、指导思想

深入贯彻落实习近平总书记系列重要讲话精神，以党的十八大和十八届三中、四中、五中全会精神为指引，以“创新、协调、绿色、开放、共享”五大发展理念为统领，以质量强市为主线，以提高质量和效益为中心，以标准研制为基础，以对标达标超标为抓手，以提升质量管理、知识产权、品牌、标准化、认证认可能力为基础，紧紧围绕宁波市政府建设“质优宁波”战略目标，加快推进我市“浙江制造”品牌建设。

二、工作目标

（一）到2018年底，围绕“255”产业及LED、消防器材、化妆品包装、净水器等特色区域块状行业，开展“浙江制造”品牌建设，通过梯度培育行动，打造出一批国内一流、国际先进、产业带动作用明显的品牌企业，力争到2018年打造出3个以上“浙江制造”品牌企业。

（二）在“浙江制造”品牌培育企业中导入卓越绩效管理模式等先进管理方法的比率达到100%，主导产品采标率达到100%，“浙江制造”产品拥有自主知识产权率达到100%，品牌认证产品市场占有率位居同行业领先。

三、主要任务

（一）开展“浙江制造”品牌梯度培育工作。

结合“浙江制造”培育试点县工作，以新装备、新材料、家电等优势产业为重点，以单打冠军企业、“隐形翘楚”企业为主体，梯次选择一批试点企业为培育对象，按照“重点培育、分类指导、试点先行、梯次推进”的原则，逐步实施“浙江制造”品牌企业培育工程，形成一批品质卓越、技术自主、管理先进、美誉度高、带动力大、竞争力强，占据国内市场话语权和比肩国际先进水平的“浙江制造”品牌。（责任单位：市市场监督管理局、市

经济和信息化局）

（二）开展“浙江制造”产品团体标准制定活动。

组织培育试点企业联合行业协会或有关科研机构积极参与制定“浙江制造”产品团体标准，抢占创新成果和关键技术标准话语权和专利话语权，凸显“浙江制造”产品在同行业中的竞争优势。（责任单位：市市场监督管理局、市经济和信息化局、市科技局）

（三）开展“浙江制造”对标达标超标活动。

组织、指导品牌培育企业围绕“品质卓越、自主创新、产业协同、社会责任”四个方面“浙江制造”的认证特性，以及争创“浙江制造”品牌所需要达到的相关条件开展对标达标超标活动，对照目标找差距、促提升、共发展，努力达到“浙江制造”标准水平和认证条件。（责任单位：市市场监督管理局、市经济和信息化局）

（四）做好品牌认证推进工作。

引导品牌培育企业对照标准要求自愿及时申报认证，争取早日通过评审并取得“浙江制造”认证标志，以及在认证通过后品牌的正确使用和推广使用。（责任单位：市市场监督管理局）

（五）提升“浙江制造”产品国际竞争力，促进外贸产业发展。

以产品认证、质量提升和市场开拓为抓手，支持“浙江制造”走向国际市场。打造对外贸易技术服务公共平台，积极扩大与国际认证机构合作，构建“家门口”的国际认证服务网络；发挥“出口电器质量安全示范区”优势，提升“浙江制造”产品技术贸易壁垒应对水平，减少国外壁垒对出口企业的影响；发挥区域优惠产地证作用，积极配合装备“走出去”和消除过剩产能等国家战略，降低产品在进口国关税，有效服务外贸“优质优价、优进优出”；加大“浙江制造”产品在国外市场的开拓力度，对“浙江制造”品牌企业的境外商品注册、境外广告项目、境外展览项目、境外机构项目等，给予促进外贸发展相关资金扶持。（责任单位：市市场监督管理局、市出入境检验检疫局、市财政局）

（六）推进“浙江制造”人才队伍建设。

建立完善由协会牵头、社会培训机构参与的企业管理人员及技术人员协同培养的人才队伍培养体系，为“浙江制造”品牌建设培养一批高素质人才。加强对企业管理人员开展先进质量管理理念和质量战略等方面的培训，对企业技术人员开展法律法规、标准、检测、管理等方面的培训。（责任单位：市市场监督管理局、市人力资源和社会保障局、市科技局、市经济和信息化局）

四、实施步骤

（一）宣传发动（2016 年 3 月底前）。

依托“质量强市”工作领导小组协调开展“浙江制造”品牌建设推进工作，做好“浙江制造”培育试点县申报及自述工作，开展试点产业和企业的调查摸底工作，对相关行业协会、企业进行宣传动员，确定试点产业和首批培育企业名单。

（二）培育实施（2016 年 4 月—12 月）。

全面开展“浙江制造”培育工作，对列入培育的重点企业开展“浙江制造”试点调研，明确培育对象、培育举措。组织“浙江制造”标准体系宣贯培训、组织试点培育企业开展“浙江制造”产品团体标准制定、“对标达标”活动及申报认证工作。通过培育实施，摸索和积累“浙江制造”品牌建设的经验。

（三）常态推进（2017 年—2018 年）。

坚持“规划一批、培育一批、创建一批”的工作思路，建立“浙江制造”品牌建设的长效机制，通过“浙江制造”品牌培育和辅导，持续促进我市企业技术升级、标准升级、管理升级、产品升级、品牌升级，带动产业转型升级。

五、保障措施

（一）建立工作机制。

在市质量强市工作领导小组领导下，建立由市发展和改革局、市经济和信息化局、市科技局、市财政局、市商务局、市人力资源和社会保障局、市市场监督管理局、市出入境检验检疫局等部门共同参与的工作协调机制，明确各方责任，形成工作合力，统筹协调推进“浙江制造”品牌建设工作。

（二）完善政策支持。

完善财政资金和政策支持力度，出台整体配套政策，形成“浙江制造”品牌认证企业的“组合拳”，提高企业开展工作的积极性。对目标培育企业及产品，在品牌培育、标准制订、认证实施等方面实行优先对接。对为主制订“浙江制造”产品团体标准的企业参照执行现行政策中联盟标准的奖励政策，对通过“浙江制造”产品认证的企业参照现行政策中省名牌产品的奖励政策，并优先推荐参评各级政府质量奖及其他质量奖励项目；市本级在安排工业技改、信息化、商务促进、科技等专项资金时，要对“浙江制造”品牌建设企业予以倾斜；加大对“浙江制造”品牌企业的融资支持，优先将“浙江制造”品牌企业列入上市后备企业；支持“浙江制造”品牌推广应用，获得“浙江制造”认证的产品在政府采购、政府性投资及补助、国有企业投资等项目中，同等条件下予以优先；支持“浙江制造”品牌走向国际市场，对“浙江制造”品牌企业的境外商标注册、境外广告项目、境外展览项目、境外机构项目等，给予促进外贸发展相关资金扶持。

（三）加强宣传推广。

各有关部门和新闻媒体要加大对“浙江制造”品牌建设的宣传推广力度，整合资源，共同塑造“浙江制造”品牌形象，把“浙江制造”与“质优宁波”建设有机结合，将打造“浙江制造”品牌文化作为建设质量强市的重要内容。重点宣传开展“浙江制造”品牌认证对提高企业质量管理水平、提升产品质量、促进产业转型升级的作用，营造良好的社会舆论氛围。及时总结“浙江制造”品牌培育工作的好做法、好经验，挖掘“浙江制造”品牌企业的成功案例，加大复制和推广力度。

——摘自《余姚市人民政府办公室关于印发余姚市加快推进“浙江制造”品牌建设实施意见的通知》（余政办发〔2016〕110号）

索　引

说明：

一、本索引按主题词首字汉语拼音字母顺序排列。

二、索引名称后面的数字表示主题所在的页码。

A

B

C

D

F

G

H

J

K

L

M

N

Q

R

S

T

W

X

Y

Z